當代政治經濟學〔修訂版〕
Contemporary Political Economy

洪鎌德　著

序

　　距今二十二年前，作者曾經撰寫一本《經濟學與現代社會》，由當年台大文學院幾位教授合組的牧童出版社刊印。隨著牧童出版社的改組與消亡，我這本出過兩版的書也在書籍市場上消失，這不能不說是作者一生中一樁遺憾之事。

　　二十多年的歲月轉瞬消逝，作者也由南洋回歸故土，在台大擔任過客座教授的職務。如今改為專任，深感時不我予，再不奮力寫作，便屆退休之年，有愧對鄉土與同胞的栽培與愛護之恩。就憑著這份與時間競賽的心情，遂在返國服務的六年間分別出版了八本書。這冊新著《當代政治經濟學》勉強可列為本人晚年的第九本作品。

　　這本新著其實是在舊作的基礎上重加修緝、增補、改寫、新添的著作。不過增加的部分幾達一半，而且予以系統化、完整化。其中對馬克思主義、馬列主義、新馬克思主義和新左派的政治經濟學有詳細的闡述與客觀的析評。這點與近年間台灣同類的著作截然不同。後冷戰時期的台灣學界，在意識形態方面並沒有擺脫白色恐怖的陰霾，以致接受英、美、德、法主流派經濟學教育的回國學人，仍舊帶有畏懼、或輕蔑的態度，來對待馬克思派的經濟學說。不要說老馬（古典馬克思主義）的經濟理論在台灣乏人問津，就是西馬、新馬、後馬的政治經濟學理念，也只成為介紹當代西洋思潮的點綴而已。

　　有感於此，本書之特色為大量介紹馬派（老馬、新馬、新左派、激進經濟學）經濟學說，以及他們對正統西洋經濟學古典學派、新古典學派、制度派的抨擊。取材主要的是歐陸，特別是德國的文獻，也兼及近年間英倫與北美的新作品。

由於政治經濟學為社會科學中一個核心的學門，而與社會學關係更為密切，是故本書不只討論政治經濟學發展的演進狀態與其學術爭辯的內涵，尚析述經濟學與政治學之關係、經濟學與社會學之關聯，盼望由政治經濟學邁向社會經濟學。在此一意義下，本書用了四分之一的篇幅討論經濟社會學和科際整合。最後則討論經濟體制之分類與比較，資本主義近期的發展，資本主義與民主體制的關聯，社會主義與資本主義的分別與轉化，以及近三十餘年來世界經濟問題對當代人類的衝擊。

　　本書得以出版，應歸功於台大三研所博士生郭俊麟、陳俊榮兩位同學的協助，而碩士班的學生胡志強在電腦打字與改稿方面貢獻良多。現任職屏東省立高女教員的李世泉先生，在本書的排版上又是一次大力的襄助，謹致至深謝忱。

　　揚智文化出版公司葉總經理、林副總經理、賴經理、高副理等，以及該公司編輯部與營業部的諸先生、女士，尤其是范維君、閻富萍小姐和其他幾位編輯小姐，對本書的出版，都花費不小的心力與時間，特此敬禮與稱謝。

　　此書是獻給我的愛妻蘇淑玉女士及兩位愛女寧馨與琼如的小禮品，感激她們遠隔重洋的關懷與勉勵。希望我這名住在台北的獨居老人在退休之前，還能再出版幾本小書來貢獻給鄉梓。　　是為序。

洪鎌德

誌於台大研究室

1999 年 4 月 20 日

附註：初版三刷承蒙台大國發所博士生廖裕信同學與碩士班李宜芳同
　　　學之校對、更正，以及揚智副總編輯富萍小姐、執行編輯胡淑
　　　珮小姐的協助，再申謝忱。

2004 年 10 月 9 日

目　錄

詳細目錄

第一章　經濟、經濟學與經濟學派

一、經濟問題的產生與經濟活動的運作

（一）匱乏與選擇

　　自有人類以來，便遭逢著物資匱乏的情形。所謂的匱乏（scarcity）是指可以滿足我們生存的必需品，諸如衣食住行的民生必用品並非取之不盡、用之不竭、到處充斥，隨心所欲可以予取予求。到底人類活在物質條件不夠充足的世界之上。這種可資運用的必需品不夠來使我們的慾望與需求獲得滿足的情狀，便叫做匱乏的情境。其實匱乏的情形不僅是指物質條件、物質資源而已，還包括精神條件、文化資源，譬如我們需要更為淵博的知識，更為開闊的胸襟，更為深厚的文化素養，但卻發現這種精神或文化的需求難以獲得。因之，也遭逢另一類的匱乏。

　　不要把匱乏與貧窮混為一談。不錯，窮人是金錢與物資的匱乏者，但富翁也有匱乏的時候。富翁或富婆雖不欠缺金錢，卻可能欠缺時間、欠缺閒情逸緻去做其所欲之事（旅行、爬山、藝術欣賞的活動等）。對他們而言，時間、精力、心情可能是其所匱乏的可欲之物。是故，匱乏是指人們的需要超過滿足需要的資源（包括金錢、貨品、健康、時間等在內）而言。更何況人的慾望無窮，需要不斷增加，而可資援用的資源

或是數量太小，或是增加的速度比不上慾望增加的速度，這就造成人生到處都碰到匱乏的情境之因由。

然則人們不能因為物質或精神條件的匱乏，而喪失存活的勇氣。反之，要繼續營生，要繼續活下去，就要解決匱乏的問題。

在面對匱乏無時無刻不存在，無時無刻不威脅著我們的生活時，人只好去做選擇，選擇某些需要先行滿足，某些需要以後才滿足，或是兩者都同時滿足，但滿足的程度則有大小之別。基於同一時間很難做兩件事情的人生常理，普通人就要在資源匱乏（例如皮包中的閒錢有限）的情況下，先選擇做某事，而放棄做另一事。譬如說先選擇購買手頭上瀏覽把玩的這本心愛的小說，而放棄另一項想要購買的激光 CD 片子，這就是一種選擇。

每個人在進行選擇時，就會思考和估量，例如購買小說而不買光碟片兩者的得失。換言之，現在購買的是書，而非 CD 片子，為了購買小說而放棄購買光碟片，這失掉購買光碟片的機會，就稱為機會成本。機會成本乃成為匱乏的情況下，所作的任何選擇，必須付出的代價。這種代價可以用時間衡量，也可用金錢衡量。總之，在作選擇時，總有第二優先我們必須放棄，才能選擇第一優先，是以第二優先的價值也就是計量第一優先的一個標準。

其實所謂的選擇牽連到所欲的事物之間競爭的問題。以上述購買小說與光碟片為例，人們選擇買書而不買光碟片，就表示書與光碟片這兩者彼此展開競爭，其中只有一項可以購買。當然如果人們錢財充足，沒有匱乏，則兩者都可以同時購買，但因為處於錢財不足的匱乏情況，只能兩者選一購買，這便是書與光碟片競爭的原因。是故，由匱乏我們又引伸到競爭的問題。

不只貨品與貨品之間存有競爭，人們還為較佳待遇的工作而競爭。工人與工人之間、經理人員之間、同業同行之間都在競爭，不同行業之間更是存在競爭。擴而大之，國家與國家之間也進行軍事、外交、商貿、

科技、文化等方面的競爭。

　　要解決人類向來無法甩掉的匱乏之陰影，除了被迫去進行選擇，估量利害得失，付出機會成本，與別人展開競爭之外，是否人群可以透過合作的關係，把匱乏減到較低的程度，把滿足提昇到較高的層次呢？不管是競爭，還是合作，都要遵守遊戲規則，才會使競爭與合作發揮其效果。但競爭固然無法消除匱乏，合作也不會使匱乏消失，是故經濟問題乃由匱乏滋生出來的問題，匱乏成為人類經濟活動的驅力，經濟學乃是研究如何解決匱乏所滋生的選擇之學問，這也是經濟學稱做「陰霾之學」或稱為「憂悒的科學」（dismal science）之原因。

　　「經濟作為」、或「講究經濟的作法」（economizing）是指對可資運用的資源作最好的利用、最佳的挹注而言，也是節省的意思。此字與「權衡得失」（optimizing）有相同的意涵。權衡得失是在支出代價與獲取效益之間作一平衡的評估，俾收到最適量（optimum）的作法[1]。

（二）經濟活動，國內與國際的經濟

　　經濟活動、或簡稱經濟（economy）是指把稀少或匱乏的資源在各種競爭性的用途上作一分配（allocation）的活動與機制（mechanism）而言。這牽涉到什麼資源要加以分配？如何分配？分配給誰？這三個重要的問題。

1.什麼貨物（goods）與勞務（services）需要去生產、生產到何種的數量？這個問題與每個社會的需要有關，所以古往今來，任何一個社會的生產機關都有不同的答案。在自由市場的資本主義體制中，生產什麼東西、生產多大數量完全取決於「看不見的手」，亦即市場的供需律之運作，由產品的價格來決定。在前蘇聯與東歐共黨國家所採取的中央計畫或指導經濟體制中，則由中央（或地方）黨政機關事先計畫好，加以實施。這就說明兩種截然不同的經濟體制來決定財貨與勞務的生產問題。

2.如何生產？如何流通？這表面上涉及生產技術或科技運用的問題。事實上也是談到人力與原料如何搭配、勞力怎樣使用、人事怎樣管理、企業怎樣經營、產業怎樣升級，以及金融、外貿、外資、外援、就業等政策怎樣制訂與執行的財經問題。

3.為誰來生產這些貨物與勞務？為社會上收入極佳、擁有財富的少數人而生產？還是為廣大的中低收入群眾而進行貨務（貨物與勞務）之生產？這涉及的不只是貨務的分配，也是財富（個人所得收入）的分配問題。高所得者對貨務之消費多；反之，低所得者消費少。這說明所得與消費的密切，是故社會財富如何來重作合理的分配，私產、遺產課稅的公平與否，也成為左派或激進的經濟學者所關注的問題。

現代經濟學（economics）開始的 18 世紀下葉，在英國與法國一般稱之為政治經濟學（political economy），在德國則稱為「國民經濟」（Nationalökonomie；Volkswirtschaft），這是強調經濟活動主要與國家求取財富的活動有關，也與國民的經濟活動有關。但其後經濟活動已不限於國境內的貨務之生產、流通、分配、消費的活動，早已跨越國界而成為國際的經濟（international economy）、區域的經濟（regional economy）、乃至今天寰球的經濟（global economy）。

（三）經濟活動的主要成分

儘管在經濟活動中，小到個人大到寰球，都是經濟活動的主體、或行動主角，但我們仍可以粗略地分成兩部分，其一為決策者（decision makers）；其二為市場（markets）。

決策者

這是經濟活動的推動者，是經濟舞台的主角，由他（她）們來進行符合經濟理性的選擇與決斷，這包括了家計、廠商和政府三者。家計

（households）是由一群人（一般爲男女及其直系親屬構成的家庭，現時同性戀中的同志組成之家庭也宜視爲家計，也包括中國大陸曾經存在的公社）所組成的決策單位。家計有時限於一人或單親戶，也可能大到公社這個生產兼消費的大家庭。他們一樣要進行每日的開銷、支出，也擁有定時的收入所得，所以是經濟性活動最基本的單位。

其次是廠商（firms），包括公司行號、大小企業、乃至產業組織，這是貨務生產與流通的主要機關。一般而言所有的生產者、運輸者之組織，不管是隸屬於農、工、商、漁、礦等業，概稱爲廠商，它們也是經濟活動的推動者。

最後談到各級政府，這是提供貨務的機關，也是使社會財富獲得再分配的權威性機構。政府所提供的是法律與秩序，俾經濟生活在和平與穩定中得以展開。政府不只提供法律機制，還是提供公務員、官吏、軍人等就業機會的雇主，它也是提供國防、公衛、運輸等服務的最大「廠商」。

市場

通常我們把市場當作是以貨易貨，特別是使用金錢作媒介進行貨務交易的場所。事實上市場乃爲便利買賣的場所與安排（arrangements）。像世界石油市場並沒有銀貨交易的場所，而是石油生產者、使用者、大盤商、零售商、仲介者爲著石油的買賣而進行的互動。在這個號稱爲石油市場中，買賣雙方不須以其身軀出現在交易場所，只靠電話、電傳、影像傳真、網際網路、電腦等便可以取得聯繫，作出一筆筆的生意來。

粗略地分類，我們可以將市場分成貨務市場和生產因素市場兩類。前者涉及貨物與勞務的買賣；後者則牽涉到生產因素（勞力、土地、資本）的買賣。當然人們也可以把企業經營當成生產的第四項因素看待。

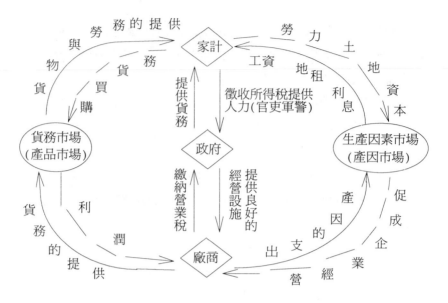

圖1.1　經濟活動的循環

說明：家計、廠商和政府做了經濟的決斷與選擇。透過生產因素市場，家計決定要
　　　提供多少的勞力、土地和資本給廠商（也包括擔任公職之政府機關），以換
　　　取報酬收入（薪資、地租、利息），家計也決定要花用多少的收入所得於購
　　　買各種貨物與勞務之上。同樣透過產因市場，廠商決定要僱用多少人力、租
　　　用多大土地與募集多少資金俾從事生產。也透過產品市場決定生產何種貨品
　　　與勞務來滿足家計的日常需要。政府居間協調家計與廠商之間，靠稅金維持
　　　公家開銷，但也提供安全、秩序、方便等勞務與貨品給家計和廠商。

資料來源：Parkin 1993：13，經本書作者予以增添修改。

決策

　　這裡的決策不只是公共的、政治的決策（儘管政府工作爲屬於此一
範疇），而是還指家計、廠商和政府的經濟決斷而言。這三者的決策最
明顯的特質爲彼此利害並非一致，反而是相互矛盾，乃至衝突。例如家
計決定其成員要選擇何種職業，要工作到怎樣的程度，這與廠商爲了生
產貨務需要的勞力不完全符合。同樣在產品市場上，買方與賣方的期待

與選擇也不盡相同。政府對稅收的決定，常也與家計以及廠商的希望相左。

由於這是幾百萬人，乃至幾億人每天要作的決斷，如何把這些分歧的、龐雜的決斷加以協調規整，便成為計畫經濟體制下黨政官署的職責，這也是導致舊蘇聯和東歐共黨經濟管理失敗的原因之一。反之，採取資本主義經濟體制的西方與第三世界的國家，則完全倚賴市場發揮其調節的功能。這也是採取改革開放政策的中國最終仍要重用市場機制的原因，儘管他們所標榜的是社會主義的商品經濟和社會主義的市場經濟。

很明顯地，靠著市場價格的上下波動，來促成買方與賣方調整他們的需要與供給，以及產品種類、數量等等，是價格發揮它使供需調適的作用，不過價格本身卻也反映了供需的變化。要之，市場的機制，也就是價格的調適功能，是解決如何生產、怎樣生產、為誰而生產等三大問題最好的指揮，這就是亞丹‧斯密（Adam Smith 1723-1790）所說的「一隻看不見的手」，在指揮人們的經濟活動，使其在和諧、平穩中持續開展。

二、從古典到現代的經濟學說

（一）古典政治經濟學

在社會科學的諸種學科中，以經濟學最早應用自然科學、物理科學客觀嚴謹的研究方法來研究經濟現象與問題，也是最早脫離哲學的思辨，而成為一門獨立的學科。為此經濟學被稱做社會科學的王后或皇冠來讚賞，儘管也有人把經濟學當成「憂悒的科學」，因為它也探討貧窮、收入差距很大等社會不平等的問題[2]。

在 18 世紀重農學派（physiocratic school）興起，對抗重商主義，

認為國家的財富與安全繫於土地所生產的農產品，亦即把土地及農業視為國家財富的源泉，其餘的工商產品不過是農產品的加工改造而已。這種看法被視為對經濟生活最早的科學研究，其創立者為桂內（François Quesnay 1694-1774，又譯為揆內）。其著作為《經濟圖表》（*Tableau Économique*, 1758），亦即為經濟活動列出詳細的項目。

亞丹・斯密的《國富論》（1776）為政治經濟學首部完整的巨作，影響幾達兩個世紀之久。儘管《國富論》為政治經濟學之力作，其主題實為他《道德情緒的理論》（1759）之延續，含有哲學思辨的色彩，蓋其結語仍舊敘述人類激情與理智相互拼鬥對時代與歷史的影響。由此他演繹出人類由漁獵、遊牧、農耕而至工商的社會發展歷史之四大階段說。

每一階段都有與其相適應、相當搭配的制度，來滿足人類發展的需要。在工商發達的階段，法律與秩序所保障的私有財產成為社會最重要的制度。斯密指出，文人政府的設立正是為保護富人的私產以對抗窮人的機構。造成社會變遷與歷史演進的驅力來自於每個人理性指引下自求多福、自我改善的慾望。

社會秩序之所以能夠維持，導因於人性中激情與理智兩種面向，社會制度的機制就在導正個人激情的出軌，這種機制中包括競爭在內。為追求自我改善而進行競爭的結果，就無異是一隻看不見的手在管理和指揮一個社會的經濟活動，這也是何以產品的價格在供需左右下邁向自然價格之因由。

要之，斯密的經濟著作是資本主義崛起前工業階段的時代反映，他視市場有自我矯正的作用，這是其慧見。他攻擊重商主義，卻主張自由放任，強調社會分工是提高生產力的竅門。他雖贊成經濟成長，但反對無限度的經濟膨脹。

李嘉圖（David Ricardo 1772-1823）在研讀斯密的《國富論》之後，致力經濟學的思考，曾經為英國銀行大量發行紙幣和擴大信貸，而擔心英國國庫黃金儲量之減少，以及英鎊匯價的降落，由此展開的中央銀行

運作理論對 19 世紀初英國財經界影響重大。

　　李氏最重要的著作爲《政治經濟學與稅收的原則》（1817）一書，其中探討社群三階級（地主、工人、資本家）的社會產值之分配。他發現商品的價值與投入之勞力數量成等比，資本家的利潤則與工人的薪資所得成反比。一旦人口數目增加，地租也提高。人口若膨脹過快，則薪資有被壓抑之勢，在耕地擴大下，地租上升，利潤便會減少，資本形成困難。他又認爲國際貿易並非各國生產價格之不同引起，而是受制於國內產品價格結構之歧異。他的學說在於把亞丹・斯密的經濟觀拘束在更小的範圍內，使其變成更富科學的精神，而減少哲學的玄思。

　　馬爾薩斯（Thomas Malthus 1776-1834）在 1798 年出版《人口原則散論》，主張人口以幾何級數的速度增加，而食物的生產卻是算術級數的擴大，是以人類要達到戈德溫（William Godwin 1756-1836）太平康樂的理想是遙遙無期。事實上人口的成長不是受著天災、饑饉的壓抑，便是受到戰爭、疾病的限制。要制止人口漫無目標的膨脹，或靠「敗德」（vice 包括節育措施）、或依自制、或靠「貧困」（misery）才能奏效。

　　作爲一位悲觀的經濟學者，馬氏視貧窮是人類無法擺脫的命運。在續版中，他蒐集當時德、瑞、挪、俄等國的人口資料，而使其悲觀的人口論得到經驗性的資據。他的人口論成爲其後經濟學重要論題之一，這是對經濟樂觀論的抑制，也是爲工資宜停留在工人生存線上的主張作一辯護，也對賑災救濟的慈善工作潑一桶冷水。

　　除了人口論之外，馬氏的另一貢獻爲發明「有效需要」一詞，來論述價格的形成。1820 年他出版了《可資應用的政治經濟學原則》，其中建議公共設施與奢侈投資爲促成有效需要的途徑，可以阻卻經濟的衰退，而有利於繁榮的出現。他對浪費濫用的消費敗德大加抨擊，不過過分的節儉省用也會摧毀生產的動機。要使國家財富大增的方式爲「平衡生產的能力與消費的意願」。他也討論到經濟停滯或衰竭的問題，當時他使用的字眼爲 gluts，意即發展過度、過剩之意。

約翰‧史徒華‧穆勒（John Stuart Mill 1806-1873）承續其父詹姆士‧穆勒（James Mill 1773-1836）之餘緒，發揮李嘉圖以嚴格意義下的科學方法來處理經濟問題。早在 1844 年出版的《政治經濟學未解決的問題》一書中，他討論了國際商貿利益的分配、消費對生產之衝擊、生產性與非生產性的勞動、利潤與薪資之關係等等。這是他經濟思考的第一期。在第二期中他出版了《政治經濟學原理》（1848 第一卷，1849、1852 第二卷與第三卷），同時主張解決愛爾蘭農民的貧困與紛亂在於給予他們土地所有權。之後，他對社會主義者之著作投予注意，認為社會問題對政治穩定具有重要性，對私產的權利之保障則開始存疑。他也把生產和分配分開來討論，對於工人階級必須在生存線上掙扎極為不安，不過並未接受社會主義的解決辦法。這是他政治經濟學家的時期，也是其經濟思想的第三期。

　　穆勒的經濟思想之第四期，亦即他捲入東印度公司的管理與監督事務之時。他反對東印度公司在 1858 年的解散與權力轉移，其反對言論與文件成為個人訴求與主張之典範，但對經濟理論之闡釋無關。

　　法國經濟學家薩伊（Jean-Baptiste Say 1767-1832）提出著名的市場律，認為供給會創造其本身的需求。因之，他不認為經濟衰退是由於需求不足引起的，而是由於短暫時期中有些市場生產過多，另一些市場則生產過少的緣故。這種不平衡的狀態早晚會自我調整，因為過多生產者會調整其生產方向，俾迎合消費者的偏好，否則要被迫離開生意場。薩伊律一直發生其作用直到 1930 年代世界大蕭條爆發才告失效。此一供給會創造需求律隱含著資本主義自我調整的機能，而不需政府對經濟事務的干涉。他的另一貢獻為分辨資本家與企業家不同的角色，這與他本身曾經是生意人，又是法蘭西學院經濟學教授雙重的身分有關。

　　此外，牛津大學經濟學教授洗紐爾（Nassau William Senior 1790-1864）曾著有《政治經濟科學大綱》（1836）一書，認為資本的節省和累積也是生產成本的一部分。亦即資本家忍受不使用、不消費的克制理

論（abstinence theory）之首倡者，此種說法當然遭到馬克思主義者的抨擊。

除了前述以英國人為主、法國人為輔的經濟理論家之外，尚應把法國人巴士提（Frédéric Bastiat 1801-1850）與奧地利人孟額（Carl Menger 1840-1921）也置入古典經濟學家之列。前者反對閉關保護的商貿政策，而主張國際貿易的自由發展。後者則以強調邊際效用，而提出價值的主觀理論，其學說對用途、價值、價格之關聯，有所闡述。

（二）社會主義者與馬克思的經濟理論

在馬克思（Karl Marx 1818-1883）與恩格斯（Friedrich Engels 1820-1895）創立其所謂的「科學的社會主義」之前，便存在著各種社會主義的思想，這些馬克思之前的社會主義被恩格斯目為空想的或烏托邦的社會主義，但其學說可以說是對工業革命發生後，歐洲社會和經濟關係的不公與不平之反彈與抗議。特別是建立在資本主義生產方式之上、自由放任的市場運作帶來廣大勞動群眾的貧窮悲慘，也助長「貪多務得的個人主義」（aquisitive individualism）彌漫在社會每個角落。是故社會主義者大多主張消除私產、分工、競爭、鬥爭，而改以合作、團結、生產者的聯合、合作社運動、公社運動等等教育與道德的提昇，來改變人性的貪婪、自私、自利、剝削、壓榨。

社會主義者大多同情與支持廣大貧苦的勞動群眾，認為後者有朝一日可從少數富裕者、有產者、權勢者的桎梏下獲得解放，屆時他們將會自後者手中奪得生產資料和政府的主控權力。

19 世紀與 20 世紀號稱社會主義的支持者和信徒，大多認同上述社會主義的價值與企望（平等、自由、和諧、團結、博愛等），而希望未來的社會能夠重新組織而實現這些價值與熱望。不過他們之間對實現這些理想的方式與手段看法頗為分歧。或主張全部生產資料歸公，亦即國有化；或主張重大的實業始由國家經營；或主張極權的中央政府對經濟

進行計畫與監控，亦即主張統制經濟（command economy）。總之，從聖西蒙（Caude Henri de R. Saint-Simon 1760-1825）、傅立葉（Charles Fourier 1772-1837）到歐文（Robert Owen 1771-1858）都主張建立新的社會秩序，其經濟操作在排除競爭之後由共同體進行，俾每個人的才華能力可以發揮。

馬克思及其伙伴認為政治經濟學是古典與資產階級的經濟學者對經濟的剩餘價值怎樣分配與怎樣累積的學問，也是因為剩餘價值分配與累積，而牽連到價格、工資、就業和效率的問題。對這些問題的政治處理，目的在於協助資本家利潤的擴大，累積的增長。政治經濟學正是資產階級運用國家的力量來加重剩餘價值剝削的學問。

在《資本論》第一卷（1867）中馬克思應用李嘉圖的經濟範疇對資本主義的體制展開嚴峻的、無情的、道德性的抨擊，他不僅抨擊資本主義體制，他也批判擁護此種體制的古典經濟學說，是故《資本論》的副標題為《政治經濟學的批判》。他認為資產階級的社會，儘管表面上進步與繁榮，生產力發展到史無前例的高峰，但難逃歷史辯證的變遷律窠臼之限制，就像其先行者的封建社會一樣終將邁向必然的衰微與崩潰。由於資本主義的特徵為資本家漫無止境不斷的追求利潤，把利潤的積聚轉化為資本的積累，但利潤的主要來源為剝削工人階級的勞力之結果。當勞力已盡，利潤率大降，工人收入大減，甚至變成失業的後備軍，被迫鋌而走險，遂起來搞無產階級的革命，最後導致資本家喪鐘的敲響，剝削者終於被剝削。

《資本論》最動人的部分為利用英國國會的工廠調查報告詳述競爭性資本主義下工人階級的生活慘狀。馬克思相信工人的慘狀將惡化，而資本的壟斷會導致生產的停滯，屆時社會動亂將無法避免，這也是資本主義崩潰的時刻之到來。

馬克思雖然不認為自己發現了社會階級的存在、對立與鬥爭，但卻自稱每種生產方式會帶來相搭配、相配套的階級結構。在資本主義被推

翻之後有短暫的無產階級專政時期，俾社會過渡至無階級、無剝削、無異化的新階段——亦即共產主義社會的降臨[3]。

（三）新古典學派

馬歇爾（Alfred Marshall 1842-1924）是經濟學新古典學派的創立者之一，他的《經濟學的原理》（1890）一書，首次以經濟學取代過去政治經濟學的稱呼。他強調經濟學應關懷活生生的人類之命運，設法改善人類的生活。他也企圖以時間因素之分析，協調古典學派和邊際效用學派不同的主張。他提出需要彈性、消費者剩餘、準地租、代表性廠商等新概念，大多為後來的經濟學所採用。

馬歇爾的學生和劍橋講座的繼承人皮古（Arthur Pigou 1877-1959）創立了福利經濟學。1920 年他出版了《福利經濟》，分析經濟活動對社會及其群體福利的整個影響。有異於馬歇爾關懷個人的行為，他研究邊際效用分析之累積，將個人功用加以累積便是社會的福利。皮古把經濟分析的技巧應用到一大堆的問題，諸如工資、失業、公共財政等等之上，成為經濟學劍橋學派的奠基者。

巴雷圖（Vilfredo Pareto 1848-1923）放棄了功利學派的研究途徑，而重新接近實證主義的路數，追隨瓦拉士（Léon Walras 1834-1910）注重經濟整體的均衡。他批評馬歇爾不懂經濟均衡，認為經濟學的研討如不注意各因素之間的關聯，常會導致錯誤的因果關係之分析。他視價值含有形上學的色彩，不宜當作經濟分析的對象。取代價值的是價格，因為價格是可以測量的客觀事實，也是實證的。經濟學家應注重選擇的客觀資訊，他也避談功利學說，避免討論「福祉」（well-being）。他使用數學方法於經濟分析之上，特別涉及所得分配，認為所得的分配並非隨意的；相反地，歷史上在各種社會中分配有其一定的模式。此說引起極大的爭議。

凱恩斯（John Maynard Keynes 1883-1946）是把經濟學理論提供為

國家政策之參考與落實，爲現代最具影響力之經濟理論家。在 1930 年代初世界經濟大蕭條爆發，傳統經濟學家特別是主流派的自由放任政策之主張受到嚴峻的考驗，凱氏因爲主張政府的積極介入形成公共政策，甚至必要時造成財政的赤字，俾帶動經濟復甦，贏得舉世的注目。

他在 1935 年尾出版的《就業、利息和貨幣的一般理論》變成了足以與《國富論》相比較相匹配的現代經典著作，美國羅斯福總統的「新政」（New Deal）便是採用此書及其前身《貨幣論》（1930）作爲施政的理論基礎。《一般理論》兩項主張爲，至今爲止的就業理論完全失效以及失業與蕭條的原因在於綜合需要之不足。後面這個綜合的需要（aggregate demand）不僅包括消費者與廠商的支出，也包括政府部門的開銷在內。綜合需要過低，則廠商的銷售和百姓的求職均蒙受其害。景氣的循環來自消費者少，來自廠商與政府的作爲者多。在經濟衰退時，補救之方如果不是增加私人投資，便是由公共部門大事建設來彌補、代替私人投資。在經濟稍微緊縮之際，貨幣政策的銀根寬鬆與利率壓低，有助於刺激廠商的投資，而達成普遍就業。在經濟萎縮之際，則藉著政府公共建設或賑濟的赤字政策，可紓緩景氣的低落，而使經濟復甦。

1946 年美國國會的就業法，強制總統必須維持經濟繁榮，1964 年甘迺迪總統公佈減稅的法令，使其後繼任的行政首長蕭規曹隨，擴大國家財政赤字來保障充分就業。第二次世界大戰之後，很多西方資本主義國家也紛紛效法美國政府，採用凱恩斯的理論作爲振興經濟的策略。

（四）制度論與新制度論

古典經濟學和新古典經濟學都相信經濟行爲是理性的，此種過分重視人類的理性遂導致 1930 年代市場社會主義派的興起，相信能以福利經濟的方式來達致社會主義的目標，亦即多少採用計畫的手段來處理國民經濟。由於社會主義理論牽涉到價值的問題，遂遭到奧地利學派的挑戰，後者視經濟價值爲主觀的看法，無法爲計畫者所能知、所盡知。再

說如強調人是理性的動物，則善於評估利害得失的理性個人之互動將會造成一個明顯的社會秩序，而使用政府或市場的力量來改變這種秩序，將變成不智之舉。

美國制度論（institutionalism）的經濟學派則挑戰兩個傳統的概念「理性」（rationality）與「累積」（aggregation）。他們不認為人類的行為都是富有理性的，反而是受著社會文化與習俗的影響，此外個人的行動也無法從一個適切的社會秩序中抽繹出來。他們不放棄制度所扮演的角色，也主張計畫的重要，不過不再倚靠價值的主觀評估，而是憑藉客觀的科技資據來重建價值理論。

這派學說又分成兩支，其一為視制度為人群思想的習慣，其二為目的性（purposive）理論。前者代表人物為韋布連（Thorstein Veblen 1857-1929），後者代表人物為康孟思（John R. Commons 1862-1945）。

韋布連反對正統經濟學建立在人性不變的基礎上，而視人性是變動的、進化的。在其所著《制度的經濟研究》（1899）一書中，韋布連嘗試將達爾文的進化論應用到人的經濟生活之上。蓋工業體系要求人群勤奮、認真、有效率和合作，資本家、富豪則以拼命賺錢與展示奢華來顯露其掠奪者之本事。人的本性並非像功利學派所主張的符合理性，而是思想受制於習慣，受制於社會環境和社會經驗。換言之，功利學派的享樂主義被易以實用主義的社會心理學。實用主義描述思想的習慣和社會的習俗為制度。韋氏的經濟制度論強調的是文化的演進面，而非生物學上的「社會達爾文主義」。

康孟思對美國勞工運動的發展史詳加探討，他認為群體的規律和控制是個人行動擴張的基礎，美國最高法院在他的心目中成為政治經濟的最高學府。政治經濟明顯的特徵為財產權利的交易，是故對財產的擁有權乃是人際交往的要素。移轉財產權就要靠法律、靠國家。何以會產生財產擁有權？這無非是匱乏造成的情況。匱乏造成對擁有權的需要，而分析這種需要當然是經濟學家的本務，但經濟學家仍需理解法律與倫

理、習俗等制度是保障財產權的利器。

制度論對正統經濟學提出兩項挑戰,其一為(韋布連的說法)對享樂主義、功利主義的心理學提出批判,亦即否認諸個人的客觀福利與他們主觀的需求願望一致。個人主觀功利的最大化與個人客觀的福祉既然無關,則在政治經濟學中儘管行動者對個人需要進行操控,個人的福祉依舊無法獲得。第二個批評則是指出,縱使個人的功利真能發揮作用,亦即個人果然追隨本身利益去行動,也未必造成社會最佳的福祉。景氣循環是受到貨幣制度所激發的(韋布連的學生米契爾 Wesley C. Mitchell 1874-1948 之說詞)。

1960 年代美國一批新的理論家崛起,企圖協調正統經濟學說與制度分析之對立,是即新制度學派的興起。過去主張經濟現象的解釋和預測必須融貫(congruency)的研究方法,是實證主義的說詞,如今則被功能的與演進的解釋方式所取代。此外,把經濟與政治分開的古典或正統經濟學的作法也易以新的看法,經濟學家固然重視經濟的諸現象、諸問題,但也不容忽視政治的與社會的影響,特別是制度對人的經濟行為之重大作用。換言之,由於採用制度途徑,所以必須承認政治與社會對人類經濟活動之衝擊,過去對政策的爭論,改變為現在對制度(特別是好的制度)之爭論。這些新制度論的學者有 R. R. Nelson, S. G. Winter, O. Williamson, A. Schotter, R. N. Langlois 等新一代的經濟學家。他們質疑「經濟人」(*homo oeconomicus*)能夠擁有完整的資訊與知識,而作出合理的計算、選擇。他們也抨擊完全競爭,認為事實上只存在不完全的競爭。經濟行動者其實在進行超級的遊戲,在此遊戲中自然會發展出遊戲規則來,社會的習俗對遊戲也會產生影響。是故博奕論、廠商演化論(強勢廠商把弱勢廠商驅逐出生意場外)成為新制度論者之主題。

（五）新社會運動的經濟理論

受著羅馬俱樂部的報告《成長的極限》（1972）出版的影響，美國及其他先進工業國家新的綠色社會運動也跟著展開。他們質疑經濟成長的合理性，認爲在成長問題之外也應注意到分配（資源使用）的問題。過去盲目追求成長、而忽視資源分配與再分配都是正統經濟學所犯的錯誤。此外，正統經濟學中分辨手段與目的，這便受到希爾士（Fred Hirsch）的抨擊。原因是在經濟活動中手段與目的是分不開的，譬如說消耗汽油的手段是達成旅行的目的，但這個手段（消耗汽油）並不是爲手段之緣故（爲消耗汽油而消費）而被消費，反之是爲了達致另一項目標（旅行）而消費。因之，消耗汽油可目爲消費者直接性的貨品，其開銷是「令人引以爲憾的必需品」（regretable necessities），是一種「守勢的」（defensive）貨務（必要之惡）。這種必需品開銷的增加（大家拼命消耗汽油，駕車到處閒逛），並不意謂著大眾福祉的增加（儘管人人可以旅行享樂），有時反而是負擔的增加，或社會成本的增加（造成道路壅塞、空氣汙染）。

這就說明開銷的增加並不意謂社會好處的增加。因之，經濟產出的評估不在其增加、擴張、成長，而是考量經濟活動是爲何種目的而推行。把經濟成長轉化爲金錢數目，再加以量化，事實上並不會達成經濟測量之目的。盡量花錢在汽油之類守勢貨務的開銷上，固然使國民生產總值（GNP）增加，卻導致社會成本如交通擁擠、空氣污染、車禍的頻生等等壞的結果。

由此引伸的環境經濟學便在討論社會成本的問題，社會成本又牽涉到使用資源的權利之問題，而權利的移轉及滋生的代價也成爲環境經濟學家探討的主題[4]。

三、當代經濟理論的盲點及其補救之道

自從 1989 年舊蘇聯和東歐共產黨一黨專政的政治制度（獨裁極權）與經濟制度（計畫與統制經濟）崩潰之後，人類進入一個新的紀元。但蘇東波變天的迅速與徹底卻令世人感到非常的驚訝，特別是社會科學家當中的政治學者與經濟學者皆未能及時看出這一變天的迅速降臨，證明是西方社會科學的一大失敗。

在檢討西方學界無法正確預言蘇東波變天之因由時，曾獲得諾貝爾經濟獎的美國學者卜坎南（James M. Buchanan）指出，這是主宰西方學界將近一個世紀、強調極大化的經濟典範（maximizing paradigm）的僵化，所造成的理論之無能。此一極大化的典範是認為經濟理論在解釋人群的行為與社會產品之間的關係，其假定建立在個人行動取決於經濟性自我利益的追求。這一自求多福而造成群體協和繁榮的假設，並無錯誤，錯誤的是把這個理論擴大到視經濟學為國家致富之學，亦即以組織、制度的力量去干涉社會的經濟秩序，進行社會控制與經濟計畫、經濟統制。在經驗現實中，個人確實在增大其可測量的自利，但經濟學家居然在檢討社會主義時忘記了這個違背自利原則的政經社會制度一開始便會走上違離個人自利的道路，亦即種下其後覆亡的種子。

原來社會主義的奠基者所追求的目標是要讓全體百姓均蒙其利，因之企圖以有組織有計畫的方式來調控經濟。但社會主義一旦建立之後，貨務的生產不再是經濟價值的創造，其原因為所生產的貨品與勞務並非參與此一制度的人群所喜歡偏好的東西。換言之，西方經濟理論只集中在注意社會主義失敗的因由是由於缺乏鼓勵刺激生產意願的機制，再加上生產、流通、消費所需之消息資訊的不足，以及選擇與結果間不確定之關聯等因由，而沒有注意這一制度與人性追求自利截然相反所造成的

嚴重後果。

　　誠如前面所述，經濟學研究的對象是懂得抉擇與行動的人群及其社會產出之間的關係，也可以說是對有組織與制度的秩序（organizational-institutional order）之考察。經濟學的產生在於發現：分開的、受自身或局部影響與導向的、追求自利的個人，居然可以藉交易的聯繫，自動自發地進行協調，這就是人類為達到經濟目的所採取的行為造成了社會秩序。換言之，人的生產、交易、消費居然連合造成一個統合的體系。可是古典經濟學家卻把其重點擺在如何促進國富，如何協助國王、王侯管理公家的財政之上，這會造成對組織與制度性的秩序之干預，亦即沒有方向的秩序之出現。可以說自從亞丹‧斯密提出《國富論》之開始，經濟學便發展出兩種截然不同的理論：其一，透過對市場機制的分析去理解追求自利的人群何以會自動自發協調貨務的生產、流通、消費，達到滿足個人經濟需求的目的；其二，對全社會的經濟活動要加以管理、控制，不過迄今理論卻顯示其成效不彰。

　　換言之，在歷時二又四分之一世紀的經濟學史上，兩種互相矛盾衝突的要求出現在經濟學的理論體系中，這兩者追求的目標——客觀了解人的經濟行為與增加國富、管理社會財富俾經濟活動符合國家計畫——和研究的途徑完全相異。這種經濟學界的混亂（confusion）要如何消除呢？卜坎南主張限制經濟學為研究人類交易之學，亦即研究為了造成交易的順利而產生的組織、制度、結構及其運作的學問，為此他建議把經濟學改名為「交易學」（catallaxy；或 catallactics），亦即完全恢復古希臘字源上對人交易行為（catallax）之分析[5]。

　　依卜氏的看法，邊際效用學派及其後數學模式的應用，對微觀的個人之經濟分析甚有幫助，但把它擴大到更大的單位（宏觀的社會），則證明是錯誤的。對全社會要加以控制、指引、改良的「社會工程」（social engineering）無異為重商主義、增加國富的現代翻版。凱恩斯革命更為國家的干涉經濟提供理論基礎，經濟學家遂採取極大化的典範來「宏觀

調控」整個社會的經濟活動了。

在過去的 30 年間，美國經濟學理論界雖然仍受到極大化典範的影響，但由於博奕論的崛起，經濟抉擇流程成為學者留意的焦點。原來只注意幾個分開的經濟遊戲參加者尋求最佳的策略，轉變成各種解決問題方案之比較研究，以及替代性方案的規則對問題解決的作用之評估。

總之，卜坎南藉蘇東波變天的機會指出：18 與 19 世紀政治經濟學剛剛出現時，理論家對經濟現象認真觀察，以無比的熱忱建立了新科學。古典經濟學家肯定市場對交易的有效調整，規勸政府對經濟活動採取放任自由的政策，這是造成西方資本主義體制下的經濟蓬勃發展的主因。另一方面，鼓勵國家對社會經濟活動進行干預與計畫，反而造成社會主義體制下統制經濟的失敗。兩相對照的結果，卜氏希望經濟學理論仍保持其作為交易之學的原始精神，而放棄作為政策的指導，以免助紂為虐。

註 釋

[1] 以上參考 Parkin, Michael 1993 *Economics*, Reading, MA *et. al.*: Addison-Wesley, third edition, pp.7-11.

[2] 關於經濟學的性質與早期經濟思想的爭論，可參考洪鎌德1977《經濟學與現代社會》第一章，台北：牧童出版社，第1至29頁及本書第六章。

[3] 有關馬克思的經濟學說參考洪鎌德1997《馬克思》第十九章，台北：東大圖書公司。至於有關新馬克思主義的經濟思想除參考洪鎌德1977之著作外，也可以參考洪鎌德1995《新馬克思主義和現代社會科學》第十一章，台北：森大圖書公司，第一版1988。本書第五章。

[4] 以上討論可參考 Mulberg, Jon 1995 *The Social Limits to Economic Theory*, London & New York: Routledge, 4, 5, 6等三章，及本書第二十章第二節。

[5] Buchanan, James M.1994 "Economic Theory in the Postrevolutionary Moment of the 1990s", in Philip A. Klein（ed.）, 1994, *The Role of Economic Theory*, Norwell, MA: Kluwer Academic Publishers, p.52.

第二章　政治經濟學的崛起、流變與意涵

一、政治、經濟與政治的經濟

　　政治追求的是安和，經濟則追求的是樂利。一個社會要安和樂利，不能不靠政治與經濟同時發揮作用。西方學者自柏拉圖以來把國家當成是追求正義和公平的機制，這也就是說政治要實現的價值為正義與公平。這點與我們把政治看成為政客爭權奪利，實現個人野心之看法不同。

　　政治與經濟的不同，粗略地加以分辨，可以有三方面的差異：其一為追求的首要目標；其二為制度的場域；其三為主要的行動者、操作者、或目標的選擇者。

表 2.1　政治與經濟的不同

	經濟	政治
首要的目標	繁榮	正義
制度的場域	市場	政府
主要的行動者	個人	社群

資料來源：取材自 Clark, B. S.,1991: 4.

換言之，經濟是個人藉可資運用的資源通過市場的機制，作最有效率的運用，俾達到最高的生活程度。為了財富的增大，人們在經濟活動中進行了貨物與勞務的生產、交易與分配。事實上，包含在經濟首要的目標——繁榮——之中的還有效率、成長和穩定這三項次要的目的。

　　與經濟不同的是政治。政治是靠建立法律和權威的結構，亦即通過政府的組織與運用，來使個人隸屬於社群，而達到集體的安全與社會秩序的維持。換言之，達致整個社會的公平、安和與正義。政治所追求的正義這個首要的目標，也可以分成三項次要的目的：保障個人的自由、保證個人的平等（至少機會的平等，利益與負擔的公平），以及維持社會的秩序。

　　然則政治和經濟之間的界線並非明顯地分辨清楚，這就是說無論是目標、還是場域、還是行動者，政治與經濟仍有犬牙交錯、相互重疊之處。這也說明政治與經濟是一個過程的兩個面向。原因是社會是個人累積的集合體，社會所追求的是個人的目標，也是群體的目標。社會組織同時要靠政治與經濟的運用，來實現個人與集體的目標。這就說明政治與經濟之不容分開、不容切割。

　　經濟學家林布朗（Charles Lindblom 1917-）指出：「世界所有的政治體系中，很多的政治都是經濟，大部分的經濟都是政治」。嘉爾布萊特（John Kenneth Galbraith 1908-）則說：「捨棄政治，〔單純的〕經濟一般而言並不存在」。傅利曼（Milton Friedman 1912-）稱：「世上並沒有純粹經濟問題這種東西之存在」[1]。

　　至於政治對經濟的影響，從解體後的舊蘇聯放棄馬列教條，採用市場經濟制度，進行經濟體制的改革，所造成的社會震盪便可以理解。反之，1997 年夏，由泰國引發的東亞金融危機轉變為 1998 年 5 月印尼經濟的崩壞、社會的暴亂，而最終導致把持總統職位長達 32 年之久的蘇哈托政權跨台，更可以說明經濟對政治衝擊之大。

　　事實上，不只是國內經濟（domestic economy）方面與政治之不可

分，在國際經濟（international economy）方面，政治與經濟關係之緊密更爲明顯。原因是在第二次世界大戰結束的 50 年代、60 年代，以美國爲首的工業國家享受到工商業重建的好處，而在寰球的經濟方面居於主宰的角色。但在 1970 年代很多過去飽受戰火摧殘的軸心國家，如西德和日本都從戰火的洗煉中重建社會與經濟秩序，而挑戰了美、英、法的經濟優勢，於是國際市場的競爭轉趨劇烈，加上 1973-74 年以及 1979 年石油價格劇升所引發的經濟危機，以及較差發展的國家（Less Developed Countries 簡稱 LDC）對已發展國家的抗爭，要求建立「新的國際經濟秩序」（New International Economic Order 簡稱 NIEO），都顯示國際經濟現象中，政治所扮演的角色之重要。

學者在不滿意傳統研究取向方面把政治與經濟強加區分的弊端，遂有新馬克思主義者強調政治受制於經濟（例如米立班〔Ralph Miliband 1924-1994〕討論現代資本主義國家之間的衝突時，使用的就是政治衝突背後的經濟利益之爭 [2]）。另外國際政治學中的現實學派（Realist School）和經濟學中，遵守重商主義的學派 [3]（例如 Fred Northedge）則強調政治對經濟的調控與操縱的功用。

無論是經濟爲先政治爲後，還是政治主宰經濟，都說明政治與經濟之不容分割，也顯示政治經濟學作爲分析國際經濟、或寰球政治之重要性 [4]。

二、政治經濟學的起源

西歐在 14 與 18 世紀四百年中，經歷了一個「重大的轉變」（a great transformation），由於商業的興起，促成市場的發達，使個人的慾求與需要多少得到滿足，也使企業家冒險犯難創業的精神得以發揮，教會與封建制度下的政治體系雖企圖保持其傳統的權力與權威，但對人們這種

「世俗的」、「物質的」行爲的控制愈來愈無力，這就說明商業不但腐蝕、也衝破封建主義的堤防。

不但商業行爲在挑戰封建秩序，更重要的是隨著 14 世紀文藝復興以來，人們的觀念、對真理的探究，導致科學、哲學、宗教觀念的翻新。尤其是在 17 世紀的理性時代、或稱啓蒙運動爆發的時代，嶄新的世界觀的出現，也使自主而具理性的個人思想湧現，終而告別了中古以神爲中心的舊信條、舊主張。

以福爾泰（François M. A. de Voltaire l694-1778）爲中心的法國啓蒙大師，粉碎了向來以基督教爲主的壟斷性思想體系。在廓淸傳統與迷信對個人的束縛之餘，啓蒙大師們認爲人類的災難，根源於盲目信服中古以來的封建國家與教會所推行的制度及其權威。造成人類的無知，乃是傳統權威散布的偏見、獨斷、不容忍、與盲目的屈從所致，故主張人應從這些制度、理念中解放出來。他們樂觀地預言理性的力量不但會使個人解放，也會使整個社會重建起來。

在這段時間內自然科學、生物科學之重大進步，加強人們對科學的信心，咸信科學是分辨真理與偏見的工具。科學將協助人們從貧窮、無知、壓迫中解放出來。本來是應用在分析外面物理世界的科學，也開始被應用到對人類本身社會存在的解剖之上。於是自然科學、生物科學的應用，引伸到人類社會的理解之上[5]。

模仿物理科學對自然現象因果關係的觀察、變化規律的捕捉，新興的人文學者與社會學家（「哲學者」），企圖發覺藏在人際互動背後的規則與律例，俾爲建立理想的社會制度之根據。這個新興而逐漸浮現的社會科學便是政治經濟學。這是一門企圖窺探個人怎樣運用理性，有效地追求自利的學問，由個人致富之學延伸到整個政治體制怎樣富國裕民的學問。

要之，近世西洋政治經濟學產生的背景，有 18 世紀的啓蒙運動。在教會權威式微，而自然科學躍進的時代中，世事變化的劇烈龐雜，已

無法再用宗教僵化的理念來加以詮釋，而必須藉助 17 世紀理性發達的時代，效法牛頓的科學方法來解釋社會的變遷與時代的進展。孟德斯鳩對法律體系不同的（地理的、氣候的、人文的、風俗的）科學詮釋、霍布斯、洛克對自然狀態走向文明社會的契約說，都是解釋人文現象的努力之一。特別是蘇格蘭哲學家（Francis Hutcheson, Adam Ferguson, David Hume, Adam Smith, John Millar, Lord Kames 等），就是提出人類文明發展階段說的先河。這也是斯密何以分辨人類由漁獵、游牧、農耕、而進入工商社會不同階段的發展期之原因。總之，生存的模式（mode of subsistence）不只決定了社會發展的不同分期，也牽連到政治權威的性質、社會的結構、女性的地位。這種大膽的猜測、分期，對歷史的進步不採單一原因的解釋，也不採取單向發展的說法，更非決定論的機械性歷史觀。

這門新興的學問——政治經濟學——在於考察：在既有的與可以運用的資源下，個人需求的滿足是靠市場供需的作用來完成，還是靠國家的干預與調控呢？再說人類的需求之滿足只是私利，還是涉及公益？私利與公益之間的調解除了靠市場機制之外，是否由政府出面加以安排呢？這便是何以純「經濟」（economy）的事宜，要冠以「政治的」（political）的原因。要之，「政治的」此一形容詞牽涉到互相關聯的需求滿足之體系底性質。首先，這一體系把彼此陌生、不相識的人群，以生產者、流通者、消費者的角色，藉由分工，而串聯起來。亦即獨立的財產持有人藉契約的交換，通過市場的運作，使大家結合起來，經營群體的生活。其次，需求滿足的體系之責任，不再是家計的負責人——家長——，而轉到國家的元首——行政首長——身上，亦即由家計變成國家的事務（財政、金融、貿易、經濟計畫與發展等等）[6]。

第一位使用「政治經濟學」（économie politique）這個名稱的人乃是法國學者蒙希赫田（Antoyne de Montchrétien 1575-1621），他使用此詞之年代爲 1616 年。過了半個世紀之後，英國人司徒亞（Sir James Steuart

1712-1790），才把這個法文字眼以英文 political economy 的面目呈獻給世人。從此政治經濟學成為 18 世紀以來西歐一門新興的學問。其早期為學者對政府的獻策之一部分，也就是協助政府提昇商業的政策之建議性策略。當時市場尚未大興，因之，政府可協助民間振興商業的手段為開拓新的商機，提供保護措施，以排斥外國的競爭。此外也提供產品品質之保證，俾本國商品可獲暢銷。這便是重商主義，以強而有力的政府作為推動商業擴張的後盾。不過司徒亞與斯密的觀點有異，前者重視國家的利益超過個人的利益，國家應以最具效率的手段發展經濟來滿足人民的需要。後者則傾向個人主義與自由主義，重視每個人追求自利的自由，而不希望國家太過干預[7]。

但 18 世紀中葉之後西歐的民間人士對政府的態度有急劇的轉變。國家不再被視為商業擴張的、善意的指導者，反而成為工商界追求自利的阻礙。企業家此時發現市場本身有組織經濟的能力，而無須政府的介入，便會運行妥善，這是導因於政經情勢急劇的變遷。尤其是生產者與消費者意識到其交易在沒有法規、習俗的束縛下，更容易進行。這種意識在 19 世紀後半的英國，就因為實際的操作，而更為加強、更為明顯。

在貨物與勞動市場上有明顯的變化。第一、排除獨家經營的廠商之作法，反而便利了低工資、流動性高的勞動市場之建立；第二、透過搶劫、掠奪和早期投機累積的財富，造成金融資本可以提供給需要資金者的借貸之用；第三、教會財產和公有土地的充公，變成了可以自由買賣的土地，也成為不動產市場的先聲。與經濟變化同步進行的是政治上的演變，隨著大憲章，英國內戰，1688 光榮革命等次第展開，英國王室的貴族之權力一再式微。在上述經濟與政治變化之下，市場轉變為個人與公家財富生產的驅力，這種市場的力量早已壓倒王室與貴族的權勢，使後者頒發特權狀與保護令的權力大失。於是市場作為其後組織與主導社會的主要機制大白於天下。早期政治經濟學者的主旨在於明瞭市場機制的運作及其利弊[8]。要之，我們先以圖 2.1 來表述西洋政治經濟學演變

的情形，然後以文字加以詳細的說明。

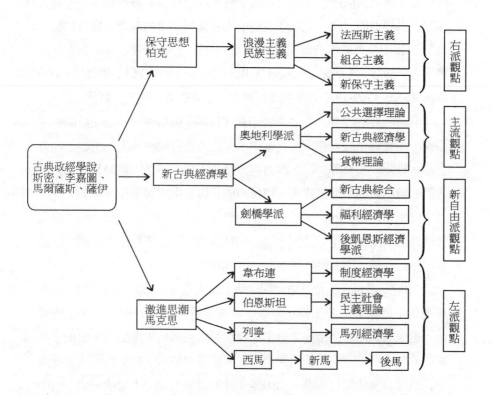

圖 2.1　政治經濟思潮演變略圖

資料來源：Clark, Barry 1991:25，經本書作者修改加添。

三、古典政治經濟學

　　作為一位蘇格蘭的道德哲學家，亞丹‧斯密在 1776 年所出版的《國富論》，標誌著古典政治經濟學的創始。他深為市場的功能——增加個

人自由與物質繁榮——所著迷。他雖不是第一位主張政府採取放任無為的作法，讓經濟活動放手去進行的學者，卻使用他的睿智與卓見在其大作中主張經濟的自由。他的學說遂成為古典經濟學的基礎。從 1776 年至 19 世紀中葉為歐洲古典經濟學燦爛的時期。除了斯密之外，尚有馬爾薩斯、李嘉圖、洗紐爾（Nassau William Senior 1790-1864）和薩伊（Jean Baptiste Say 1767-1832）等古典經濟學者造成經濟學的黃金時代。

顯然，斯密是第一位企圖把市民（民間）社會與政治國家拆開的思想家。他認為一般人在市民社會中，有能力自行解決其生活所需的物資生產、分配、交易等問題，而力避政府的干預。在《國富論》中，他把人們的自由與商業連結起來，商業的成長與自由的增進相互影響。商業是走向富裕繁華的捷徑，商業發達的條件為各種阻礙的拆除，是故自由發展為提昇商貿的不二法門。商人一旦因為經營企業而致富，則可以擺脫政治的專權，從而促成其個人的自由激增。

由於斯密是在工業革命初期目睹工業生產帶來財富，所以對工業生產運作中所講究的分工特別看重。分工是提昇生產力與增大產出的機制。透過廣大的產品市場之分工，利潤可以回歸到生產部門，而加重其贏利的生產活動。由於斯密深信分工與市場的擴大，使重農學派與重商學派的理論變成明日黃花。原因是多餘的價值並非由土地所創造，也不是貴重金屬的持有，而是視可資買賣的商品為財富之源。

是故政府應當放任無為，完全讓個人追求其自利，而不要加以干預。個人在直接追求自利的同時，間接地也促成公共利益的成長。個人追求與實現自利的場域為社會，是故民間社會蓬勃發展，完全是在政府少干涉，甚至不干涉之下，自我調整而形成的。表面上各自為政的人人活動，有造成社會分崩離析之虞。事實上，個人理知的發揮反而有助於社會秩序的建立。個人利益圈在面對公共利益圈時，顯現自主自立、而又中規中矩。是故經濟的運作是理性的表現，不需國家的介入，單靠社會的運作，經濟秩序可以維持不墜。

斯密認為財富存在於可供買賣的商品之上，而創造商品價值的來源卻是人的勞力。勞力是生產和促成社會繁榮的主力，是故應該把勞力當成商品價值的衡量標準。勞力不只是衡量價值的工具，更是創造價值的原因與源頭。不過，如果視勞力為商品價值的唯一源泉，那麼如何解釋靠土地出租的收入之地租和靠資本衍生的利息與利潤呢？

隨著斯密之後而產生的政治經濟學的著作，便企圖在解釋他提出的這些問題，事實上這包括五個相關的子題：(1)歷史進步的經濟解說；(2)透過分工與交易的擴大財富累積和經濟成長的理論；(3)對財富的重新界定，不只視財富為金銀的持有，更是商品及其生產；(4)個人行為的理論，視個人自利的追求與公共利益的增進不相違悖，反而促成公利的成長。因之，主張政府放任無為，或是國家權力縮小的「起碼的國家」（the minimal state）之理論；(5)勞動價值說，認為勞動是價值的衡量與來源。

李嘉圖便是把斯密著作中涉及(3)、(4)與(5)的三項子題加以檢討，並予以精緻化。李氏指出勞動價格（工資）是從勞動時間的長短來規定的。他尚未發展到像馬克思分辨抽象的勞動與具體的勞動之地步，也不知分辨社會必要的勞動時間與個人確實的勞動時間。換言之，他不像馬克思分辨勞動與勞動力之不同。不過由於李氏指出產品相對的價格係由於投置於生產該物之勞動時間所規定，因之他打破向來錯誤的說法──工資的增加會導致價格的抬升。

李嘉圖認為地租只是財富的轉移，而非財富的來源。因之，除了工人與資本家可以藉勞力與資本賺取財富之外，地租不可視為生產的成本。隨著必需品成本的變動，利潤的多寡與工資的高低同時變化。人口一旦增加，地租也趨向昂貴。除非人口激增而壓低工資，否則工人無失業之虞。他也認為國與國之間的貿易並非由於生產成本相對不同而引起的；反之，卻是由於國內價格結構之不同，而反映了交易的相對利益，這才會促成國際間的貿易。

黑格爾也從斯密那裡擷取了他對歷史進步的說詞，把民間社會看做

人們需要的體系,不過卻反其道而行,強調政治國家如何把個人的特殊
利益化解與整合在政治國家普遍的利益之中[9]。

古典政治經濟學者對市場經濟一則以喜、一則以悲,也就是融合著
樂觀與悲觀的兩種看法。樂觀的是認為市場在沒有國家與教會監視下可
以產生財富與促成個人自由。這是受到啟蒙運動對人類理性的肯定與歷
史進步的觀念之影響,認為政治的壓迫與宗教的束縛一旦解除,個人的
自由與社會的繁榮就可以期待了。

但另一方面,隱藏在這種表面歡樂可喜的背後,卻也存在著陰暗可
怖的隱憂,像斯密就感到市場的神妙力量不是經久不衰,而馬爾薩斯更
擔心人口繁殖過速的中下階層人民將受飢饉、貧困、疾病的迫害。古典
政治經濟學者相信土地的固定有限與人口的膨脹擴散會導致地主獲利暴
增,而資本家的利潤減少,勞動者的工資劇減,屆時資本不再擴大其生
產,而使整個經濟進展停頓下來,造成「停滯不前的狀態」(stationary
state)。這也是他們把經濟學看做「憂悒的科學」(dismal science)之
原因。

儘管預言持續的貧窮與成長的終止,古典政治經濟學家大部分仍舊
主張政府的角色應該是放任無為。就算未來是陰悒悲慘,但政府的介入
將使經濟情況雪上加霜。原因是國家既無法擴大可耕的土地,也無法制
止人口的增多。阻止人口膨脹的勢力來自瘟疫、飢荒、戰爭等天災人禍,
也可藉與其他地大人稠的國家進行的貿易,來紓解人口暴增的壓力。

四、激進派的崛起與繁衍

當古典經濟學者把經濟學視「憂悒陰霾之學」,而陷於悲觀之際,
激進派理論家乘機而起,他們護衛啟蒙運動對人類理性與歷史進步的堅
持,相信透過理智與科技的運用,人們能夠建構一個理性社會。他們批

評古典學派未能完成啓蒙運動的使命，不敢挑戰私有財產制的缺陷。在激進派眼中，古典派雖然批評了國家的權力，也抑制政府的擴權，但對社會其他方面的批評仍嫌不力。特別是對私產的權力沒有加以批判、挑釁，這是古典派軟弱無力之處。私產的權力並不比國家與教會的權威，更擁有神聖不可侵犯的力量。

造成激進派重建社會的決心，源之於它對平權主義的承諾。只有當社會的成員得以共同參與社會的事務，而均獲社會制度所帶來的益處之時，該社會才不是任意的、壓迫的、而符合理性的建構體，這麼一來生活於該社會中的個人才不致是異化的人，受壓迫、受宰制的人。激進派譴責私產是造成個人自私自利的工具，也是引發私利與公益衝突的導火線。在私產制盛行的社會中，個人的利益必然放在公共利益之前、之上，這時私利與私利之爭、私利與公利之爭，會造成社會的擾攘不安，也會造成強凌弱、富暴貧的情勢。特別是對生產資料的私人擁有，導致有產者對無產者的予取予求和暴虐壓迫。除了擁有本身的勞力之外，身無長物的勞動者，被迫出賣勞力換取低微工資，勉強去求生存、去餬口養家，這是社會不公的根源。

反對現存私產橫行的社會，激進派主張建立一個無階級、無敵對、無衝突的社會，俾其成員能夠自由、平等、和諧地共存、共榮。激進派所期盼建立的社會是一個平等的，也是一個社群的（communal）社會。這是市民參與和分享大堆公共事務的社會體，這包括個人的發展與安全有關事務條件之處理。只有當生產資財爲社群所共同擁有與操控時，促成完整人格所需的資源才會做最佳的分配與挹注，每個市民才能獲得合適的資源分配與使用，從而個人真正的自由才能實現。

早期的激進派人士包括英國的戈德溫（William Godwin 1756-1836），美國的裴因（Thomas Paine 1737-1809）和法國的孔多塞（Marguis de Condorcet 1743-1794）。這些早期激進人士雖反對私產制度的存在，更反對財富集中在少數人手中，以致多數人的自由之發展機會受到剝奪。

不過對私產的存在猛力批評，而引起大眾注目的則爲 1800 年代的幾位激進思想家。他們是法國的聖希蒙（Henri de Saint-Simon l760-l825）和傅立葉（Charles Fourier l772-1837），以及英國的歐文（Robert Owen l771-l858）。這些所謂的「空想的社會主義者」各個演展一套理想的社會模型，其烏托邦多是由社群控制生產的資料，也是人人享受平等快樂的小社會構成的。歐文甚至在北美實驗他理想的新社會，他稱之爲「新和諧」（New Harmony）。至 19 世紀初，西歐與北美有數目多達百個以上的實驗在進行，都是在尋找有異於傳統的、現成的社會生活方式，盼新的社群可以抵抗工業化、城市化、現代化所帶來的壓力。這些實驗多歸失敗，但也說明人們對現世之強烈不滿以及對烏托邦的憧憬。

馬克思的出現是激進思潮與運動的最高峰。他企圖結合古典政治經濟學、黑格爾辯證方法與法國空想社會主義的社會改造方略，熔冶成一門既破又立的革命學說。在批判古典政治經濟學說的缺陷之餘，馬克思分析與抨擊資本主義體系的內在矛盾，指出此一體系必然潰敗的內在矛盾的發展律，而預言社會主義乃至共產主義之終必降臨。屆時生產資料將爲社群所共有與共同操作。與空想社會主義完全排斥資本主義不同，馬克思的理想社會是從現有資本主義脫胎換骨而成。受過資本主義訓練，而能掌握技術知識，且懂得團結合作的工人階級──普勞階級──成爲埋葬資本主義的掘墓者，也是未來共產主義社會的創建者。

在馬克思死後，激進思想中出現了三股勢力。第一股爲教條式的馬克思主義，或稱官方馬克思主義、或正統派的馬克思主義。其最早的思想家除了馬克思的終身戰友恩格斯之外爲俄國的朴列漢諾夫（Georgi Plekhanov l857-1918）和德國的李普柯涅希（Karl Liebknecht l871-1919）和考茨基（Karl Kautsky l854-l938）等幾位。他們三人各以不同方式把馬克思的理念加以擴大、更新，俾符合當時當地的情勢發展，但卻一致接受馬克思的唯物史觀和基本教義，咸信資本主義已窮途末路，早晚必被共產主義所取代。

在 20 世紀初時，俄國的列寧（V. I. Lenin 1870-1924）與托洛茨基（Leon Trotsky 1879-1940）更貫徹馬克思的政治遺囑，加快俄國革命的步伐，而成立知識份子的「先鋒黨」，目的在指導勞動工人進行武力鬥爭、擊垮本國腐敗的專制沙皇，而企圖把革命理念輸往落後、貧窮的國家與西方所控制的殖民地。

但與正統馬克思主義相反的是第二個傳統，此即德國伯恩斯坦（Eduard Bernstein 1850-1932）所高唱的修正主義。英國韋布夫婦（Sidney Webb 1859-1947 and Beatrice Webb 1858-1943）則倡說費邊社的改良主義，法國朱赫士（Jean Jaurés 1859-1914）提出了改良式社會主義，美國戴布士（Eugene Debs 1855-1926）和托瑪士（Norman Thomas 1884-1968）也宣揚改良主義的觀點。以上歐美幾位修正主義者，在確認工人階級生活程度升高之後，拒絕了馬克思所鼓吹的普勞革命。不過他們仍舊認為社會主義是實行公平、符合正義的社會理想，也是有效管理經營的體系。他們相信藉和平的、順序漸進的民主化過程，可以使資本主義蛻變為社會主義。修正主義者的職責，並不在醞釀革命情勢，而是建立一個代表工人階級的政黨和教育群眾認識社會主義的優越 [10]。

第三個傳統為第一次世界大戰結束後出現在歐洲中部與南部的西方馬克思主義，一名歐洲（以別於俄國）的馬克思主義，或稱黑格爾式的馬克思主義。其代表人物為匈牙利的盧卡奇（Georgy Lukács 1885-1971）、德國的寇士（Karl Korsch 1886-1961）和義大利的葛蘭西（Antonio Gramsci 1891-1937）。他們反對把辯證法從歷史、社會擴張到自然界。主張社會的上層建築，特別是意識形態對下層建築的經濟基礎有影響的關係，他們認為歷史的改變不只是受到經濟條件政變，也是肇因於工人階級信念、態度和人格結構改變。要之，以總體的社會觀和辯證的社會關係來批判資本主義的物化、異化和宰制（「文化霸權」）成為西方馬克思主義的傳統。結合了法蘭克福學派，西方馬克思主義在第二次世界大戰後，成為歐美激進思想，包括新左派、激進政治學、激進社會思想、激進經

濟學、新馬克思主義之源泉 [11]。

五、保守派的反彈

　　工業革命、城市化、現代化雖然帶來人們生活程度的大幅改善和舒適，但也造成不少人從鄉間流入城市，而與傳統家庭、鄰里分開，一時間他們變成為無根的飄萍。至於無一技之長的人變做賤價的勞工，乃至驅迫其妻女淪為娼妓，出賣人類原始本錢的靈肉，更是使保守的道德家斥為「傷風敗俗，道德淪亡」。初期資本家泯沒人性對勞工的盡情壓榨和剝削，造成工業革命後社會的貧窮、飢餓、疾病、犯罪、城市貧民窟等等現象之湧現，這些嚴重的社會失序便曾經為激進派，特別是馬克思主義者所撻伐、所抨擊，也是他們鼓吹革命行動的因由。

　　在抨擊工業化初期社會的不公不義，人際關係的疏離，社會喪失和諧的社群意識等方面，保守份子與激進份子有相似的論點與主張。但在反對暴力、反對革命、反對更改傳統等方面，保守份子卻是與激進份子針鋒相對。保守派人士視法蘭西大革命為啓蒙運動的負面、「黑暗面」的登峰造極。大革命高呼「自由、平等、博愛」，但卻種下人際疏離和衝突的根源。對部分保守派思想家而言，大革命正暴露啓蒙運動理想的愚蠢與危險，企圖藉人類的理性來重建社會秩序反而導致社會的混亂與流血。為了阻止啓蒙運動腐蝕人心的影響，他們力圖保衛傳統的價值，希望藉教會、官署權威來抑制不斷下陷淪落的社會秩序。

　　出身愛爾蘭的英國國會議員柏克（Edmund Burke 1729-1797）就是批評啓蒙運動的第一位保守思想家。他說啓蒙運動倡說者想要用理性來改造社會，卻摧毀了人們的歸屬感和權威的結構，這兩者是把個人融合為社群不可或缺的要素。以個人利益為取向的人類理性向來對權威就採不滿或敵視的態度，原因是權威在於限制個人自由活動的範圍。但權威

一旦喪失，社會就要變成人慾橫流爭權奪利的叢林，各種紛爭擾攘層出不窮。要解決這種困惑，柏克提議理性只能應用在個人改善其私自的生活之上，而不可以使用來改善整體的社會。知識份子與空想家的理性計畫會破壞人際互動的模式，也會破壞當前的社會秩序。

柏克及其後的保守份子認為中世紀社會的穩定是當代人可以效法的楷模。穩定的社會秩序是建立在神明的智慧和傳統制度的權威之基礎上。傳統的制度不管是教會、父權式的家庭、或鄰里之間的團結諧和都是社會穩定的基石。隨著 19 世紀民智日開、科技發達，再強調神明的智慧或神意，無法為大眾所認同、所接受。因之，此時的保守份子改變口吻強調傳統制度的重要。他們指出為了運用理性去重建社會，會造成個人成為失根的飄萍，脫離社群的聯繫，最後也破壞了傳統的本身。孤立的個人一旦失掉其文化素養，便會喪失生活的目的與意義，他就變成行屍走肉，只懂追求肉體的享受與滿足，而忽略周遭的人群與社會全體。在保守派的心目中，法國大革命已淪落為暴亂與無政府，這都是講究理性、自利的個人主義所造成的惡果。對保守份子而言，革命的爆發正是文明崩潰的節奏。為了防阻文明崩潰，只有恢復傳統的價值與制度一途。

由於啟蒙運動在英、法流行，而引起德國的反彈。尤其是拿破崙征服德國，引發德國思想家對啟蒙運動的重估。這些守舊與保守的德國思想家，像費希德（John Fichte 1762-1814）、施勒格（August von Schlegel 1767-1845）、謝林（Friedrich von Schelling 1775-1854）和赫爾德（Johann Herder 1744-1803）便群起反對德國文化的更新與現代化。這批號稱德國浪漫主義的思想家一反啟蒙運動對人類理性的讚美、對歷史進步的謳歌，指出人類發展的不可預測性與反理性，從而強調文化與傳統有助於社會凝聚團結的維持。浪漫主義者並不採用科學來分析社會，而是指明人的本性、直觀、美感、抒情與大自然的契合一致，才是擁抱社會的不二法門。就是個人的成就也只有透過穩定的文化、共通的價值之維護才能獲致。因之，在浪漫主義者的心目中，視個人為自主的、理性的、善

於評估利害得失的「經濟人」，這種啓蒙運動對人的理想看法，並不出現在德國，而只出現在英國。拋開了文化與社會關聯，這種理想化的個人，不可能獲得真正的幸福。

也許是受到德國浪漫主義的影響，連工業化最早推行也實施得很徹底的英國，有一大批文人（如 Samuel Taylor Coleridge 1772-1834, Thomas Carlyle l795-l88l, William Wordsworth 1770-1850, William Blake l757-1827）也響應浪漫主義的主張，認爲工業化與現代化帶來社會的創傷、人群的疏離。在此情形下，工廠被看作爲「黑暗的、撒旦的工作場」。

除了浪漫主義，保守派的思想還產生了民族主義。其出現的地方又是工業化、資本主義化落後的德國。感受到法國的征服與英國的經濟入侵，早期德國民族主義者排斥自由貿易的政策，力促政府保護本國的經濟利益，尤其使德國早點統一。民族主義者堅信共同血統、語文、文化與風俗習慣是凝聚國民的黏貼劑。爲了衛護本國的文化與意識，反對國際貨物與理念的交往，蓋國際主義、寰球市場的追逐，使本國人民喪失國家認同，拋棄民族意識，最終導致個人人格的解體。在此情形下，堅強有力的政府使國家自決力量增大，可以排開他國的干涉，也解除個人受到市場勢力的控制。

民族主義不免與沙文主義掛鉤。沙文主義乃爲偏激的民族至上主義，自認本身族群的優越，結合種族主義、文化優勢偏見，而走上領土擴充、黷武、侵略之途。德國著名歷史學家揣奇克（Heinrich von Treischke l834-l896）的有關種族與歷史的著作就顯示膨脹的民族主義之理論，會被其後的希特勒與納粹主義所濫用，而終於啓發戰端、危害人類的安全。

六、新古典政治經濟學

激進思想與保守主義的出現，構成了古典政治經濟學替代方案。但

激進的學說引起人們擔心私產會遭受充公；另一方面保守主義卻有威脅民主政治和現代化的危險。終 19 世紀古典政治經濟學雖對抗左右兩邊的思潮，但也逐漸趨向沒落，其沒落的原因有三：其一，古典學派對前途所描繪的黯淡，經過事實的對證顯示為預測錯誤，因之傷及其理論的正確性；其二，馬克思主義藉古典派理論來展示階級的剝削和資本主義之必趨崩潰，也大大打擊古典派作為主流經濟思想的合法存在；其三，工人階級勢力之膨脹與社會問題之層出不窮，迫使政府對老年保險、失業、健保等社會福利立法之制訂與施行，古典派要求政府放任無為的理論完全行不通。

　　由於古典學派、激進派與保守派三種思潮與主張各有毛病，一時之間造成意識形態的真空狀態。於是新的政治經濟學，既能促進民主、又能保護私產的學說乃應運而生。1871 年三位理論家在彼此沒有聯絡之下，居然各自提出邊際效用的新學說，也就是改變古典學派只關心分配與成長的弊端，而直接探究在完全競爭的市場上，個別消費者和個別廠商的經濟行為。

　　這是由奧地利孟額（Carl Menger 1840-1921）、英國的吉翁士（W. Stanley Jevons 1835-1882）和瑞士的瓦拉士（Léon Walras 1834-1910）所揭開的新古典政治經濟學之序幕。為了使新學派與舊學派截然分清，吉翁士甚至建議丟棄政治經濟學這個「惹人麻煩的雙字拼成的科學之名稱」，改稱簡單明白的「經濟學」（economics）。他的呼籲得到廣泛的響應，馬歇爾（Alfred Marshall 1842-1924），率先在其 1890 年出版的經濟學作品，冠以《經濟學原理》，而在 20 世紀初時，大部分英美的經濟學家，都接受以經濟學取代政治經濟學的稱呼，新古典經濟學遂成為經濟思潮的主流。凱恩斯讚美馬歇爾為第一位以嚴謹的科學方法對經濟現象加以研析的「偉大經濟學者」，也是使經濟學擺脫其他實用的問題、政治的糾纏、價值的爭論，而建立在事實考察之上的科學 [12]。

　　新古典學派的學者企圖把經濟學建構成像物理學那樣嚴謹精確的學

問。為達成此一目的，他們藉數學的精準應用到個別生產者與消費者的選擇行為之分析上。個人被看做擁有一定資源，而又有各種不同偏好的人。在完全的競爭下，個人會進行彼此有利的交易，在支付相當代價之後，俾達到最大的滿足。當所有彼此有益的交易徹底進行之後，經濟的效益發揮到最高點。在證明自由市場產生效率這點上，新古典學派證實了古典學派自由放任的主張，又避免激進派階級鬥爭和經濟停滯的指責。

儘管新古典經濟學派在行為分析與數理應用等方法上有共通之處，但奧地利的經濟學家與英吉利的經濟學家仍舊各自形成不同的學派——奧國學派與劍橋學派。前者係受到奧國在 19 世紀來政經情勢演變的影響。統治奧地利頗久的哈布斯堡王朝已趨式微而邁向解體，工人則愈來愈吸收社會主義的理念。這時有一群學者大力展示沒有政府干涉的自由市場經濟之好處，這就是奧國學派的形成。屬於這派的學者除了孟額之外，還有馮韋塞（Friedrich von Wieser 1851-1926）、龐巴衛克（Egon von Böhm-Bawerk 1851-1914）、米塞士（Ludwig von Mises 1881-1973）和海耶克（Friedrich A. Hayek 1899-1992）等最著名。

奧國學派不只捍衛資本主義放任無為的優點，還大力抨擊馬克思主義和社會主義。米塞斯說假使沒有市場上的供需律之運作，商品的價格無從決定，價格也無從反映消費者的偏好，也無法反映不同資源相對的稀少性。他進一步說，社會主義的計畫者勢無法獲取可以動用的資源與消費者偏好之充分訊息，因之，對所有的產品和資源的價格便無法合理計量。其結果在社會主義的經濟中不同的商品，或是供給過多，或是不足應付需要，而導致整個經濟運作缺乏效率。只有資本主義會提供激發品（報酬）給予訊息的收集與供應，也就是讓個人的創思、卓見、新發明等得到應得的獎賞。

與奧國學派相反，吉翁士及其後的劍橋學派比較肯於接受政府在經濟活動中所扮演的角色。他們雖然承諾了個人選擇的自由，卻發展市場

的分析，亦即分析市場有失敗的時候，俾讓政府出面改善市場的操作。劍橋學派中著名的馬歇爾證實政府對單位成本增加的廠商賦予課稅的懲罰，然後把增加的稅收拿來補貼公用事業或運輸業，則可以提高經濟效率。

　　另一位劍橋學派的學者皮古（Arthur C. Pigou 1877-1959）發展出一套對外在因素之分析，說明某一個人或某一廠商不懂反映市場價格，使個人或公司招損。他建議政府對造成這種外在成本的公司或個人予以課稅，而把稅收拿來補貼那些造成外在收益的公司或個人。另外一位著名的劍橋學派之學人為羅賓遜女士（Joan Robinson 1903-1982）。她論證一旦完全競爭不存在，會造成資源分配之缺乏效率，從而導致工人被剝削。因之，她也建議政府可以介入，主要在獎勵競爭，並改善導致缺乏競爭之條件。劍橋學派的巔峰則為凱恩斯 1936 年對自由市場的資本主義的激烈批評，認為它是把社會推入失業與經濟蕭條的罪魁禍首。他主張政府大量和積極的介入市場經濟之活動，俾經濟得以振衰起敝。

七、政治經濟學討論的議題

　　直到 19 世紀中葉政治經濟學裡頭呈現各種各樣的研究途徑與方法。粗略地劃分為古典自由派觀點、激進觀點、保守觀點和現代自由的觀點。這四種截然有別的觀點可以同時並存於政治經濟學中，證明這一學科內容的豐富、方法的眾多、與意識形態的壁壘森嚴。科學方法也無法解決這四種理論傳統之不同，原因是四種觀點分別代表四種相互衝突的價值及其信持。為此對四種價值所牽涉的意識形態的變遷演進有加以簡述的必要。

　　與啟蒙運動緊密關聯的理念，一般稱為自由的、或自由主義的。自由主義主張個人的自由與權利的重要性，用以反對教會、國家、君王、

貴族等人的專擅與濫權。在強調個人的自由與自主之價值的同時，自由主義者也擁護人人的平等，蓋他們相信人人擁有相等的基本人權之緣故。這種觀點很自然地反對中世紀以來封建秩序，特別是這種秩序建立在垂直的統屬關係（hierarchy）之不平等基礎上。自由主義者挑戰貴族基於身分與特權的關係所取得優遇，認為摧毀身分與特權的封建秩序，便可以達致人人的平等，特別是經濟地位的平等。

與自由主義針鋒相對的為保守主義。保守主義認為人天生不平等，上下統屬關係是社會保持穩定不可或少的社會結構。個人需要身分與地位來顯示他或她與其他人不同之處，也是個人形塑其特殊人格的所在。一個社群如果沒有垂直的上下統屬關係，就無法提供社會的階梯供眾人攀爬，也就無法刺激或鼓勵個人向上求進。社會要免於陷身停滯不進、冷漠、無聊、乃至庸俗平凡，就需有這種上下不同的地位結構來提供個人奮鬥上進的途徑。上下統屬關係更是有效組織複雜的社會過程之手段，也促使社會在穩定中求進步的利器。是以保守份子對平等不在意，他們只留心社群的和諧、群體生活的圓滿、個人的傑出、社會的卓越。

激進派的說法則又是另外一套。他們認為建立在人人相互尊重、友善合作的社會關係上，每個人的發展才可望增進。社會如果沒有平等，則受到不平等對待之人員，不但沒有發展的機會，就是享有特權與奢侈者也會濫用其優勢，而失掉奮鬥努力的動機。是故對人類發展之壓迫必然產生不平則鳴的抗議、爭衡、階級鬥爭，最後把經濟效率一併毀棄掉。是故，徹底的改變現存社會秩序，改變生產資料的私人擁有，轉化私產為公產、為共產，由公家管理與統籌經濟的活動，乃為人類走向平等、自由、和諧的捷徑。

在法國大革命爆發前國會席次的分配，顯示激進者多集中坐在左方，因之有左派之稱呼。反之，保守的議員佔據議壇之右方，因而稱做右派。左右兩派的對稱，有如保守與自由兩派的對稱，都是從意識形態之不同衍生而來，卻為一般傳媒所採用，學界也跟進，只是其含義更為

複雜而已。除了上下統屬關係（區別）和平等的不同主張之外，左右兩派尚討論到個人的利益與社群的利益何者居先？何者更為重要？於是為此又分為不同的兩派主張，其一為個人主義者，擁抱個人利益優先於社群利益；其二為社群主義者，認為社群的利益比個人利益更為重要。

個人主義者聲稱所謂的社群並無實存的意義，只是諸個人的累積、集合，故公共之善（public goods，公共財）、或團體利益，只是虛擬的神話。是故一個好的社群乃是能夠促成個人達致最大利益之謂。個人很少直接考慮到社群的福利，而是相信能夠保障個人自由的社群，必定會由於個人才華與能力之發揮而使社群繁榮。對個人而言，自由意味社會對個人發展的束縛減到最低限度，而使個人可以有效追求自利。

反之，社群主義者堅持人類的發展乃是社會環境素質的函數，因之，社群的重大利益就在為個人提供有利發展的環境。自主的個人在面對社會勢力時呈現為無力與無奈。可是當成整體的社群既可以促進個人追求自利，也可以形塑個人的性格，使其貢獻心力來締造一個既繁榮而又公平的社會。

個人主義者與社群主義者之激辯，常在左右派的分割框架中進行，因而，也造成政治經濟學中四種主要的觀點，請參考圖 2.2：

平　等	個　人		區　分（上下統屬關係；社會位階的高低）
	現代自由主義派	古典自由主義派	
	激進派	保守派	
	社　群		

圖 2.2　政治經濟學中對價值抱持的不同觀點

資料來源：Clark 1991：36.

上圖之右上角為古典自由主義之觀點，主張個人主義和上下統屬關

係之區分（地位之高低、社會階梯之上下有別）。儘管早期自由思想對平等的承諾很強，但 19 世紀初自由派轉向支持人人相互歧異，改認爲上下垂直之不平對經濟的繁榮與個人自由的取得有利。古典的自由主義係古典政治經濟學者的分析論證中獲取這項改觀的動力。此種強調人人不同的性格、能力、背景的個體觀念，後來也被現代新古典學派特別是奧地利學派予以發揮。

　　上圖右下角所代表的是保守觀點，這些保守份子及贊成社會地位的上下分別，還刻意要把原子化、雞零狗碎的社會回歸到人人相互依存、以整體爲主的社群中。

　　上圖左下角爲激進派之觀點，激進派人士擁抱的是平等的理念，這與早期自由主義是相通的，但有異於早期自由派人士，要求建立一個人人相互依存的社群，使社群具有權力和權威可以安排調控集體利益、分配共同的資源。激進派相信當所有的公民參與到社群的形塑建造之時，個人的發展與社會的繁榮可以齊頭並進。

　　上圖左上角顯示現代自由主義的觀點，它已承諾平等，也堅持個人主義。與古典自由主義派相同。現代的自由主義派肯定個人的自由自主是保障人的尊嚴和經濟的繁榮的不二法門。不過現代自由派學者卻捍衛人人的平等，認爲平等是賦與個人發展其能力的機會。儘管他們也知道個人主義與平等機會常處於緊張衝突的狀態，但這兩者可望獲得和解妥協，假使政府與市場的力量能夠獲取適當平衡的話 [13]。

八、政治經濟學與政治哲學

　　政治經濟學的出現雖是兩個多世紀的事，但對經濟的討論則可遠溯自古希臘的哲學家。亞里士多德視經濟爲家計的經營，他對市邦財富的經營並不熱衷，甚至帶著一絲嘲諷和看不起的味道。其後史多葛和基督

的傳統是視現世財富之供應有限，人們應滿意上帝或命運分配給我們的那份財富，而不要妄求過多。與此觀點相反的是馬基也維里的看法，他也認為財富的供應一定，不過每個國家應大力爭取和擴大本身可以獲得的那份，必要時犧牲別人的所得也在所不惜。這種自利而不利於人的聚斂之道，使得經濟學沾滿了自私銅臭的氣味，必待洛克的出現才以理論來除臭。他的重商主義之觀點，後來出現在斯密的著作中。洛克對人類的快樂、自由、財產、勞動和良好社會等概念的提出，使他成為西洋奠立政治經濟學的開創者。

顯然洛克論證了財產、經濟活動和市場的領域，這一領域不但有別於政治活動，也從政治控制下擺脫出來。把經濟從政治束縛中解放出來，本身為一政治的活動，亦即是一項憲法上的政治活動。換言之，是根據憲法產生的合法行動，無須再三重複地宣示其法理基礎。原因是經濟活動乃是一種天賦的自由，為自然法所允許的人類活動之一。

受到洛克的影響，斯密也視經濟與政治有別，儘管在不違背傳統的觀念下，把政治經濟學看成為政治哲學的一部分，附屬於政治學的學科之下。他這麼說：「政治經濟學，當成政治家或立法者的科學之一個分支，在於提供人民充分的收入與生活之資，或更適當地說，在協助他們提供收入與生存之必需……也在替國家與國協供給公共服務所需的資財，它在建議如何使人民與主權者致富」[14]。

自斯密以來政治經濟學的名稱和概念經過了幾度的變化，這與一般社會科學的發展有關，也與意識形態的變遷有關。原因很簡單，政治經濟學所討論的議題，無論是平等、自由，還是公平、良好的社會等概念都曾引發了爭議。至於在一般社會科學的發展中，所出現的科學與藝術之分別、理論科學與應用科學之分別、實證科學與規範科學之分別、價值與事實之分別，這些學界的爭論也造成 18 與 19 世紀初政治經濟學發展為 19 世紀末與 20 世紀中的經濟學，以及最近又返回政治經濟學這一名稱的主因。

至於學者究竟比較喜用經濟學、或政治經濟學這一名稱，固然因人而異，但仍可大約分爲四類[15]：

1. 基本上不分辨經濟學與政治經濟學之不同，只說「政治經濟學」爲舊的名稱，「經濟學」爲新的名詞。
2. 「政治經濟學」涉及經濟與國家之相互關係，重點在經濟政策、公共政策和經濟發展的研究。反之，「經濟學」集中在理論的探討。
3. 現代經濟學變成愈來愈抽象、愈數理化，而忽略經濟現象與制度、歷史、政治的關聯，故而放棄「經濟學」的稱謂，改而擁抱「政治經濟學」。
4. 使用經濟的研究途徑在於考察政治哲學家所指出的「政治事物」（political thing），特別是政治制度。

上述第 4 種的典型以布坎南（James Buchanan）和塔洛克（Gordon Tullock）所著《同意之計算》（*The Calculus of Consent*, Ann Arbor, Mich. University of Michigan Press, 1962）一書爲代表，企圖以經濟學的研究途徑來探討人類的行爲，特別是政治的事物。兩人以經濟學的方法分析政治組織，討論經濟與政治交界的問題。

過去視政治歸政治，經濟歸經濟，政治與經濟雖有交會之處，但其處理的方式卻各個不同。現在新的看法則把政治經濟學當做自願交易的諸體系與涉及權威和權力的政治體系之互動、交流、彼此影響底研究[16]。

克洛普西（Joseph Cropsey）曾經指出：「過去 20 個世紀當中只有一種社會科學，這一社會科學叫做政治哲學」，而政治經濟學就是從政治哲學的優勢下脫身而出的產兒[17]。事實上，從政治經濟學的演展史中不難看出，這種分離、脫身來得太快、而又太徹底。事實上，兩者的統合，或與其他社會科學的統合反而有助於問題的解決。像上述第 4 種，以經濟學方法來探討政治行爲，就說明政經一體的理解需要靠學科之間

的統合，而非分離才會達致的。要之，以單一的途經或方法來研究一門學科並非善策，把政治人與經濟人強行分開，都只能看到人的政治行為與經濟行為片面的部分。今天不少政治經濟學者有重返斯密之前的研究趨勢，從而使政治經濟學更接近政治哲學。不過這種努力就要泯沒價值與事實的分別。原來前斯密時期的政治經濟學是以實現良好的社會為職責，也就是關懷到某些價值的理念及其實現的問題，而不只是對社會事實的分析而已。

事實上，當前很多主流派經濟學家堅持事實與價值的分離，但在其著作中卻常把兩者混為一談，或至少對其立論的基礎不加深究。例如近年間對市場的資本主義之辯論，就以平等和效率兩項來評價所謂的市場的資本主義[18]，而這類的資本主義係立基於個人主義、私產、自由和分配之上。但這四項基礎帶有濃厚的價值意味，卻為主流派經濟學者視為天經地義的假設，而不肯進一步探究其真義，其結果顯示他們所考察的「事實」，是以這些假設的「價值」為基礎引述出來的結論，這就是現代政治經濟學所遭逢的困難。

總之，經濟學企圖處理的問題，就是兩千多年來政治哲學所久議未決的問題。政治經濟學既無力分析人類典型的眾生相，也無法為良好的社會指明可以實現的藍圖，則其與政治哲學的藕斷絲連，無法一刀切割乃為不爭之事實。在可預見的未來，政治經濟學與政治哲學的關係仍舊是密切的。「政治經濟學」固然在闡述人類的經濟活動離不開政治的干預、操縱、調控。在於顯示經濟與政治為公共事務一體的兩面。但基本上，這一稱謂是一個「錯誤的名稱」（misnomer）。原因是政治經濟學最大的關懷為人們經濟活動與其社會環境之間的關係，討論的是生產的社會關係乃至民族國家之間、或寰球之間經濟公平的意義。是故比較貼切的稱呼應是「社會經濟」（social economy），但由於人們習慣使用「政治經濟」（political economy）、或「政治經濟學」（political economics），因之，為了隨俗的方便，我們也使用「政治經濟」、或「政治經濟學」[19]。

註　釋

[1] 引自 Clark, Barry 1991 *Political Economy: A Comparative Approach*, New York, Westport, Con. and London: Praeger, p.1.關於政治與經濟的整合之討論，參考蕭全政著1988《政治與經濟的整合》，台北：桂冠圖書公司，1994年第二版。特別是第31至36頁。

[2] Miliband, Ralph 1969 *The State in Capitalist Society: The Analysis of the Western System of Power*, London: Weidenfeld and Nicolson.

[3] Northedge, Fred 1976 *The International Political System*, London: Faber.

[4] 洪鎌德1977《世界政治新論》，台北：牧童出版社；Jones, R. J. Barry "Political Economy: Contending Perspectives on a Changing World", in Jones, R. J. Barry （ed.） 1988, *The Worlds of Political Economy*, London and New York: Pinter Publishers, pp.1-26.

[5] 洪鎌德1998《人文思想與現代社會》，第三增訂版，台北：揚智文化事業公司，第九章，首版1997年。

[6] Caporaso, James A. and David P. Levine 1992 *Theories of Political Economy*, Cambridge: Cambridge University Press, pp.1-2.華譯卡帕羅索與李邁著、林翰譯1995《政治經濟學理論》，台北：風雲論壇出版社，該譯書居然把原著引論(導論)六頁丟了，實在不可思議。參考其不恰當的翻譯，第338頁。

[7] 參考宋鎮照1995《發展政治經濟——理論與實踐》，台北：五南圖書出版公司，第3-4頁。高安邦1997《政治經濟學》，台北：五南圖書出版公司，第1-3頁。

[8] Clark, Barry 1991 *Political Economy: A Comparative Approach*, New York *et. al.*: Praeger, pp.21-24.

[9] Desai, Megnad 1991 "Political Economy", in Bottomore, Tom （ed.）, *A Dictionary of Marxist Thought*, Oxford: Blackwell, 2nd ed., pp.426-428.

[10] 以上參考Clark, *op. cit.*, pp.21-28,該書認為馬克思的第三個傳統為韋布連（Thorstein Veblen 1857-1929）所導入的激進思想，本人不同意此種說法，故另表述第三個傳統。

[11] 參考洪鎌德1997《馬克思》，台北：東大圖書公司，第400-408頁；同作者1996《跨世紀馬克思主義》，台北：月旦出版社第7-11; 45-95頁；同作

者1995《新馬克思主義和現代社會科學》，台北：森大圖書公司，第1-21頁；同作者 2002《馬克思》，台北：一橋出版社，第110-114頁。

[12] Keynes, John Maynard 1956 *Essays and Sketches in Biography*, New York: Menider Books, pp.32-34, 引自Nichols, Jr, James H. and Colin Wright （eds.） 1990 *From Political Economy to Economics and Back?*, San Francisco, CA: Institute for Comtemporary Studies, pp.62-64.

[13] 以上參考Clark 1991: 26-37.

[14] Smith, Adam 1976 *An Inquiry into the Nature and Causes of the Wealth of Nations*, Edwin Canan （ed.）, Chicago, Il.: University of Chicago Press, vol.1, p.449.首版1937.

[15] Wright, Colin 1990 "Competing Conception of Political Economy", in: Nichols, Jr. James H. and Colin Wright （eds.）, *op. cit.*, pp.66-73.

[16] Wright, *op. cit*, p.75.

[17] Cropsey, Joseph 1980 *Politcial Philosophy and Issues of Politics*, Chicago University of Chicago Press, p.37,引自Wright, p.75.

[18] 參考Okun, Arthur, M. 1975 *Equality and Efficiency*, Washington, D.C.: Brookings Institute;引自Wright, *ibid.*, pp.76, 217.

[19] Lippit, Victor D. 1966 "Introduction" to *Radical Political Economy: Explorations in Alternative Economic Analysis*, Armonk, New York & London: M. E. Sharpe, p.3.

第三章　馬克思與政治經濟學

一、馬克思經濟理論與資產階級經濟學說相左

　　引起馬克思對經濟學的興趣應該歸功於恩格斯早熟的慧見。在《德法年鑑》上，恩格斯的作品〈政治經濟學批判大綱〉，引發了馬克思對古典經濟學的注意。從此也注定 26 歲以後，馬克思以批判資產階級的經濟學理論和攻擊資本主義制度作爲他後半生知識生涯和革命實踐的標的[1]。

　　馬克思有關經濟的學說和理論都與他的哲學和歷史觀緊密結合在一起[2]。換言之，他不但在早期的手稿中以哲學的觀點，也以黑格爾的辯證法來討論經濟現象和經濟發展，而把經濟結構作一個歷史演變的分析，其後期著作的《政治經濟學批判綱要》（簡稱《綱要》1858-59）和《資本論》第一卷更是對商品拜物教、勞動力與資本的辯證轉換，以及歷史上各階段生產方式的變化做出哲學的考察和歷史的回顧。這是他經濟學說有異於古典政治經濟學，更有別於當代資產階級經濟學說主流思潮之所在。

　　馬克思的經濟理論與資產階級經濟學說相左的地方，還不僅牽涉到哲學省思、辯證發展與歷史考察，主要在於不認爲經濟制度，特別是資本主義的經濟制度是一成不變、永恆存在與發展的經濟機制；相反地，

馬克思認為資本主義必因內在的矛盾之激化,經歷對立面的生成與否定,而達到最終的揚棄。資本主義的基本矛盾為「社會的生產與個人的佔有之間的矛盾」[3]。也為此原因,馬克思致力分析當代資本主義制度下經濟的運作,而批判資產階級經濟學說的謬誤,最後得出資本主義經濟制度的自我毀滅之結論,並且預測取代這種現存政經體制的嶄新社會秩序——社會主義乃至共產主義——之必然降臨。

此外,有異於主流派經濟學說,馬克思強調勞動人和生產者,特別是所謂的直接生產者(direkter Produzent)從事自由的、有意識的、創造性的活動——生產活動——是個人自我實現的初步,也是人類經由必然的領域躍昇至自由的領域之階梯。在這一意謂下,經濟只是人類謀生與繁衍的手段,而非致富(不管是求取個人、階級或整個國家的富裕)的捷徑。

古典經濟學說不但重視貨物、商品、勞務的生產,更講究貨物、商品、勞務的交易和消費,以及個人收入所得之分配。馬克思的經濟學說則集中在商品、勞力、資本等之生產和流通之上,對消費問題和收入分配問題很少有系統地加以分析和評論。

更有異於古典經濟學說,強調生產的三大要素——資本、土地、人力——馬克思特別重視勞力對生產提供的貢獻,甚至把資本當成早前的、過去的勞力之凝聚,亦即把資本等同為「凝結的勞力」(aufgespeicherte Arbeit; congealed labour)。這點與李嘉圖在三種生產因素中獨尊資本一點恰好相反。

馬克思對傳統政治經濟學採取批判的態度,所謂的批判有三層的意思,第一、承襲啓蒙運動的傳統,反對業已建立的不合理之制度及其主張。就像其他激進思想一樣,馬氏極力反對既定或建立的權力、權威,而將其誤用、濫用予以揭發、予以暴露;第二、批判在於指明與確認導致正確知識之條件,俾決定何種的主張、何種的說詞是正當的、合法的;第三、批判在於辨明社會生活的某些部分、某些範圍,是由於人類行動

的結果所造成的阻礙與侷限，以致人類的潛能無從發揮 [4]，批判的目的
在於掃清阻礙、突破侷限。

　　首先，馬克思反對古典政治經濟學視資本主義為超越歷史，而又具
寰宇普遍性質的經濟體系。他認為早期的政治經濟學者尚能留意到歷史
的事實，近期的學者則把歷史拋在一邊，從來不注意資本主義與早期生
產方式之關係，因而忘記資本主義是人類有史以來諸種生產方式之一
種，儘管它是至今為止擁有最大生產力，也是最先進的生產方式。

　　馬氏接著抨擊自由派經濟學者演展一大堆的範疇，把它們不分時間
與地區應用到全人類、各種各樣的社會上。這樣一來，遂無法把諸種生
產方式共通的範疇與資本主義所特有的範疇之歧異分開。反之，馬派的
分析是歷史的、比較的，亦即以歷史的分析與比較的方式，分辨資本主
義和其他不同的生產方式。在此情形下，有幾個夙來被傳統政治經濟學
所忽略的領域，像家庭中的勞動、移民的勞動、不均等的發展、和國家
支出的特質，便成為馬派關懷與研究的對象。

　　除了批評傳統經濟學把資本主義從歷史的脈絡抽出之不當以外，馬
克思極力抨擊自由派學者把當代經濟的運作建立在生產資料的私人擁有
之上，從而合法化私產制度。私產存在獲得承認導致錯誤的資本之看法。
資本並非金錢、土地、原料與勞力的控制而已。資本是一種社會關係，
把資本只當做事物看待，會混淆資本主義經濟中社會產品的生產與分配
之本質。對馬氏而言，自由派經濟學家不但不質疑私產存在的正當性，
連私產分配之不均也視為當然，這就是誤把社會關係、人的勞動及其結
晶加以「物化」所引起的錯誤看法。

　　對他而言，資本是出現在生產資料擁有者與勞動力持有人之間的社
會關係。要不是有工資勞動者的存在，怎樣會出現資本與資本家呢？因
之，私產制度不只不是人類自然的，更不是不可避免的社會制度。資本
產自勞動者寶貴的勞動能力之異化，勞動者勞動力所創造的剩餘價值不
落入其手中，卻為資本家所佔取、所利用、所剝削，這就是私產制度所

造成，而又使私產制度得以加強的因由。

　　對馬氏而言，私產的存在也使自由派學者企圖建立的自由與樂利的社會喪失其基礎。原因是自由派思想家主張個人與群體的利益應該調和，社會是由擁有商品的獨立個人所組成，每個人既是生產者，也是消費者，他們的身分是平等的。但私產制度之存在，卻妨礙這種自由與平等的社會之建立。蓋這種社會既不受全數個人的控制，反而企圖控制諸個人。個人們的自由、自主被否定，其自我實現的潛能也被制止而無法發展，這就是自由派的用意與其主張相互矛盾之處。

　　馬克思對自由派政治經濟學的批判就是要揭發傳統經濟學偏袒資本主義、衛護資本主義之不當。另一方面亦即他批判的第二層意義——反映了人類自己所造成的冤孽，自己綁手絆腳自我設限之錯誤。只有剷除這點障礙與乖謬之後，一個自由的社會才有創立的可能。因之，藉批判人們所理解與所經歷的社會的各種範疇，而使社會去除其神秘化，就會導致人們認知其本身所處社會的情境，從而促成他們形塑改造，乃至革命的意識。

　　馬克思這些批判可以說根植在他對人類、人性、勞動的概念之上。這些概念也形成他分析歷史的基礎。在分析布爾喬亞社會之後，他不認為這個資產階級的社會是人類歷史上第一個無階級的社會，它所強調的形式上之自由與虛有其表的平等，反而顯示資產階級社會為一個階級社會，不但有階級的分歧、對峙、抗衡、鬥爭，還是人類有史以來階級兩極化、敵對化的顯例。

　　資產階級的社會是一個異化的、剝削的社會，個人之間的互動建立在買與賣之上，表面上是個人有意識、自由的、與平等的行為。事實上，卻形成一股需要與供給的勢力，這種供需勢力變成操縱社會，控制諸個人的外頭力量。資本主義的社會是一個由諸獨立的商品生產者所結合的社會，在此一社會中，社群（共同體）並沒有能力控制其自身之存在。原因是由於勞動的過程的調控與資源的調配並非取決於一個盱衡大局的

中心，而是受到供需勢力所左右，受到市場機制的操縱。是故勞動的異化表現在大群勞動者必須受非人身的、隨意的勢力所操控。至於一小撮資本家卻利用操縱絕大多數勞工的勞動過程，來達到追求私人利潤的目的。為了對抗人役於物，馬氏主張創造一個人類可以合乎理性、有計畫、有意識支配其生活條件的新社會。

馬克思批判的長遠力量存在於其慧見與能力，能夠把資本主義視為歷史上一個特殊的生產方式。組織勞動過程的方式——人群與自然之間的互動——是人類社會所以會呈現不同形式的主因。勞動乃是自然強迫人類，自然賦予人類的一種必要的生存手段。但在有史以來諸種不同形式的階級社會中，勞動過程的組織，總是便利了生產資料擁有的階級去製造與佔有剩餘價值。對馬克思而言，分析資本主義之關鍵為剩餘價值怎樣產生？怎樣被資產階級所竊取？而最大的諷刺是這個資產階級居然大言炎炎，要在個人平等的交易基礎上，取消剝削與解除壓迫。

整部《資本論》在於分析建立在價值相等的交易原則上——資本主義。事實上，資本主義產生的是把勞動力轉化成資本，這就是透過剩餘價值的佔取與剝削之上的一種經濟制度。在資本主義制度下，市場上的交易是自由與平等的，但在生產勞動中，勞力商場的買賣卻非自由與平等的。

馬克思視資本會自我膨脹，不斷增加其本身的價值，也就是說資本有擴張的內在驅力。資本主義這種活力完全建立在對資本與對勞力兩種不同的擁有者之社會關係上。這兩種不同擁有者之間不斷的鬥爭，就是涉及對勞動過程的組織——勞動時間的短長和機器的裝置使用——也是涉及剩餘價值怎樣抽取，資本主義怎樣發展等。

資本與勞動這般抗爭的結果，廠商與雇主一方面企圖迫使勞動生產力抬高，他方面必然引進更多的機器，而機器的增加使用，固然可為資本家節省人力開銷，但人力才是創造價值的主因。一旦人力減少，剩餘價值的榨取會愈來愈小，終而導致資本家利潤率的遞減。為了在競爭中

能夠存活下來，資本家只好以更大的廠房來進行更大規模的生產，從而資本集中在更少數目的資本家手中，而海外與世界市場於焉誕生。馬克思認為在理論上可以演繹出資本累積與集中的過程愈來愈不平均，也愈來愈不穩定。於是資本主義造成的貧窮與多餘的人口，使市民社會的每個成員完全依賴資本才能存活。

在批判資產階級自由派政治經濟學之後，馬克思為普勞階級的經濟學鋪好基礎，作為取代資產階級的新政治經濟學。此一新經濟學說所關心的為如何使勞動獲得解放，以及最終取消個人的市場交易。換言之，最終在把工業社會徹底改變與轉化[5]。

二、價值與價格

斯密雖然沒有提起勞動價值說，但他指出在所有社會中，生產過程可以化約為一連串人類的努力。人造的工具（「資本」）和勞動是兩樣具有生產力的東西。「勞動是第一個價格，最原初的購買貨幣用以支付各種事物。世上財富所以開始被購買並非靠金或銀，而是靠勞力」[6]。他又指出在早期和野蠻的社會中，假使獵殺一隻海狸需要花費比獵殺一頭鹿兩倍的人工，那麼一隻海狸可以換取兩頭鹿。當時勞工獲取勞動全部的成果，這點有異於後來資本家、地主出現之後，他們也與勞工爭奪產品的價值（或價格），使得價值與價格變成利潤、地租與工資的綜合。

李嘉圖贊成斯密勞動創造商品的價值說，不過強調一隻海狸可換兩頭鹿的交換價值理論，不只在前資本主義社會適用，就是在後資本主義社會也可照樣援用。他就成為勞動價值說第一位理論大師。為了說明此一學說，他首先要反駁兩個不同的意見，其一是認為勞動的形式與種類繁多，勞動者的技術有高有低，因之有不同的工資率，如何可以用勞動來衡量產品（商品）的價值或價格呢？其二是勞動價值說無法說明自然

資源和資本對生產力的增加有所貢獻。

李嘉圖對第一個異議的反駁是這樣的。一般而言，同一產品的價值在時間過程中略有變化，這個變化的原因，受到投入於該產品的勞動是否爲熟練工人、半熟練工人、或不具經驗的菜鳥之勞動有關係。不過熟練的勞工乃爲不熟練、半熟練勞工經過訓練，在時間過程中逐漸成熟的表現。是故，投置於某一商品的勞動，不管工人是熟練、非熟練，仍能反映勞動創造商品的價值 [7]。李嘉圖這部分的說詞不完整，後來被馬克思補充，而使勞動價值說更爲完整，原因是馬克思強調勞動力（labor power）的存在。勞動力本身就是一種商品，在勞動市場供買賣。勞動力的價值就像其他商品的價值一樣，受到很多因素的決定，這點就是馬克思超越李嘉圖之處。

至於李嘉圖如何來反駁生產力的增加與自然資源和資本無關，而完全取決於勞動呢？原因很簡單，作爲資本或資源之一的工具和機器，是勞動間接的產品，亦即藉這些間接產品來直接生產供人們消費的商品。生產乃是一連串的勞動操作，目的在把自然界中無用之物轉化爲人類可以使用的東西。是故生產創造了人的使用價值與交換價值。在此情形下，擁有土地而收地租，並不是生產活動。生產活動的唯一來源與形式爲勞動 [8]。

馬克思認爲一個物品可以轉變成以貨易貨、或是兌換成貨幣之商品（可以自由買賣、相互交易、兌換），是基於該物品含有價值的緣故。價值固然包含使用價值與交換價值兩種，但最重要的一點就是何以某一物品會成爲人們追求而願意用它物或金錢來加以交換的可欲對象，乃是由於該物品既能夠滿足人們的需要（亦即有用性），也是由於該物品的產生是靠著人力才完成的、才出現的。

例如空氣對人類而言，非常有用、非常有價值，能夠滿足我們呼吸的需要。但在大庭廣眾之前，空氣像是取之不盡用之不竭的自由財，所以就不能視爲一種商品。但在礦坑中、或是潛入海底時，人們所需要的

氧氣筒，就變成人工製造、帶有人力標記的稀有、或珍貴的東西，由是氧氣筒中的空氣就變成可資買賣的商品了。

因之，馬克思說：「我們如果暫時不考慮商品的有用性，那麼商品剩下來共同的特質，便是人力所生產的產品」[9]。換言之，商品具有價值乃是因為抽象的人的價值（勞動力）存在於該商品裡頭的緣故。馬氏說：「想像的價格形式可能潛藏著直接或間接的真實的價值關係。例如，未開發的土地的價格不含價值，這是土地上沒有人類勞力的痕跡之故」[10]。

馬克思這樣主張勞動價值理論，並不是說他認為工人對其勞動的產品擁有權利，而是認為價值後來被別人剝奪，而造成所謂剝削或壓榨的現象，而這正是資本主義所以能夠出現與運作的緣由[11]。

一個商品既然是由於人力的參與和加入才有價值，那麼人力成為規定商品的主要因素。不過人的勞力隨著每個人的勤惰精拙而有不同的表現，那麼勞力如何能夠一概而論呢？為此馬克思提出「社會必要勞動時間」，作為某一商品訂立價值的標準。所謂社會必要勞動時間，是依某一社會、在某一經濟發展階段上的生產能力，為製造某一商品平均花費的時數。如果資本的生產力愈高，那麼與之搭配的勞動力也愈大，從而勞動的時數降低，則該商品（例如衣服）的價值也相對減少。

馬克思以製造西裝外套和織造亞麻布為例，來說明存在於外套與亞麻布之間的價值是不同的。這兩項商品彼此交換價值的比例，便要看生產外套平均所需的時數（社會必須勞動時數）與織布平均所需的時數之間的比例。

一個商品的價格，當然是由於其價值所反映出來，不過價值不能完全左右價格的訂定，商品的訂價還受到市場供需律的規定[12]。

不但貨物或勞務有其價值與價格，就是人力（勞心與勞力）也有其價值與價格。勞動力適當訂價的標準乃為其平均效率，亦即工人在進行正常數量的工作時，其平均技巧所能生產的成績。

在製造外套與織布時，「活生生的」勞動力必須結合資本，亦即原料、機器、設備等等，才能有成品的生產。馬克思稱資本設施和原料為「過去的勞動力」（past labor）。這些都在生產過程中逐漸消耗用盡。製造外套和織造亞麻布都需要棉紗當原料。但棉紗的價值卻由早前生產的棉花、紡紗機和勞力等等來決定。事實上，這一構成外套與亞麻布原料的棉紗主要仍為先前勞動力的使用，才會製成棉紗。因之，資本云云，莫非過去勞動的結晶，亦即「凝結的勞動力」，俾為現在的生產服務。馬克思遂認為兩種商品（外套與亞麻布）相對的價值，就表現在生產這兩種商品的現存活生生之勞力，加上過去使用過的勞力（生產棉紗）之總和 [13]。

儘管產品的價值取決於生產它之社會必要的勞動時間，但如果沒有需求，該商品雖有人工的投入，也不具任何的價值。商品（貨物）的價值和商品的價格並非等同，而商品的價值是由社會必要的工作時間來規定的。一般而言，商品的價格是在該商品價值的上下間擺動，這是因為市場的存在和供需律發生作用的結果。馬克思說：

> 不同的商品之價格無論用什麼方式來訂定，或彼此如何相互規定，價值律〔生產商品的費用〕永遠主宰著商品的運動〔流通、買賣〕。假使商品生產所需的時間加長，其價格便升高，當其他的情況保持不變之時 [14]。

當作商品的勞力之具有價值，也如同其他的商品一樣，以造成勞力之出現所花費的時間來決定。換言之，造成一個勞動力如需數十年（假定為 20 年），以及該勞動力可以使用的年限（假定為 40 年），包括由新手來接替（再生產、繁衍）的年限，加起來總平均便是某一時期中的某一社會、某一行業的勞力價值。

儘管表面上出賣勞力的工人都是自由自主，可以隨意接受或拒絕僱傭而出賣勞力，但工人卻面對就業市場的競爭，因之其工資也受供需律

及其他因素的影響。一般而言，勞力的價格（工資）應當是足夠或超過工人的養育、訓練、維持溫飽之開銷。否則工人生存受威脅，工作不力，便無法生產所需產品。勞動力一旦式微乃至消失，整個經濟便要停擺。因之，就長期而言，勞力的價格必須至少在維持其生存所必要的水平之上，才能保證勞力泉源的供應充沛，不虞匱乏[15]。

三、剝削理論

受到自然法學說（Naturrechtslehre）的影響，馬克思相信勞力不但創造了價值，還創造超過勞力維持所開銷的費用之多餘價值，這便是他著名的剩餘價值（Mehrwert）理論。依據恩格斯的說法，馬克思最具創意的兩大貢獻為階級鬥爭作為歷史變遷動力的創見，以及剩餘價值理論。

由於勞力能夠創造超過勞力本身之維持與使用的費用之多餘價值，因之，馬克思遂認為工人的勞動有一部分（可能是大部分，也可能是小部分）並沒有得到雇主的報償。例如一個每天做十小時工的勞動者，他整天勞動的所得並非十小時生產出來產品的價值，而是只獲得相當於做七小時的結果，那就意味雇主把他三個工時的價值加以佔取、壓榨、剝削。這個被雇主或資本家所竊取的價值就叫做剩餘價值。

站在雇主或資本家的立場，他在付出工人一定的薪資，以及原料費用、機器折損等等開銷之外，所獲取的就是利潤。這個利潤也相等於從工人所創造出來的剩餘價值。易言之，資本所以能夠形成，表面上是出自於資本家的利潤，究其實卻是工人被剝削的剩餘價值。追求利潤、擴大利潤、累積資本就成為資本家從事生產事業、經營事業最終的目的。在這一意義下，資本主義的經濟不再「創造需要，而在製造利潤」。

儘管馬克思對資本家剝削工人的剩餘價值，不願做道德上的評價，

但剝削兩字卻隱含道德譴責的意味。對馬克思而言，任何使用薪資勞動，而造成雇主得利，都是一種剝削，這與平常吾人對剝削一字的看法稍有不同。我們日常的用法是認爲資本家或雇主儘管付出最低的薪資，卻要求工人做出最大的貢獻，便是剝削。反之，只要雇主付出極高的工資，而不要求工人拼命勞作，便不算剝削。這不是馬克思使用剝削的原意。在馬克思看來，即使是付出高薪資的資本主義企業，只要有一部分（那怕是極小部分）的剩餘價值落入僱主手中，便被認爲是剝削[16]。

馬克思既然批評資本家對工人剩餘價值的剝削，他是否像其他社會主義者（特別是烏托邦社會主義者）那樣主張工人擁有「全部勞動成果的權利」（Recht auf den vollen Arbeitsertrag）呢？答案是否定的。這個直到 19 世紀下半葉仍舊發生作用的社會主義綱領追求之目標，在馬克思眼中是無法實現的空想。原因是每種國民經濟（Volkswirtschaft）都必需形成資本、累積資本。因之，生產成果的一部分必須再投資，才能使生產機器更新與擴大，是故這部分的成果不能讓工人把它消費掉。只是將生產成果的部分加以累積與再投資，變成資本家私人經營的特權，而非生產者多數的協議與主張，這是馬克思對資本主義無法苟同認可的所在。

由是可知剩餘價值和利潤爲國民經濟活動中資本的形成披上一件私人的外衣。這種個人佔取眾人勞動（多餘的）成果，而又藉政治與法律來正當化剝削的行徑，便是馬克思嚴厲抨擊的資本主義經濟秩序，以及建立在經濟秩序之上的意識形態（政治、法律、宗教、道德、哲學等都替資本家的利益在辯護）。

對雇主而言，工資是生產成本的一部分。在產品全部賣出的總收入，扣掉包括工資、原料、機器折舊等成本之外的剩下部分，便成爲他的所得，亦即他的利潤。資本家不可能把他的總收入扣除原料費用、機器折舊率等開銷，再除以工作的時數，而得出工人應得十個工時的薪資，而非僅僅是七個工時的薪資。有異於資本家的算法，馬克思就是從資本家

把貨品銷售的總收入扣除資本財（原料、機器、租金等等）的應用，而得出剩餘價值來。

　　易言之，馬克思把資本分成固定資本與變動資本。固定資本就是在生產過程中耗完的原料和機器（可能不會一次耗盡，而是長期使用才會耗盡），亦即把原料轉化成產品，而增加其使用價值的那部分資本。只有耗盡或折損的固定資本之部分才會把價值轉加於產品之上。變動的資本是活生生的勞力，亦即當做在市場（就業市場）上可資買賣的商品之勞力。這部分的變動資本不斷產生和增加貨物的價值，而且可以說是造成產品有價值的最大原因。換言之，變動資本的勞力所創造的價值大於維持它本身之存在與操作所需的開銷。

　　剩餘價值率為剩餘價值與工資的比率。例如工人每天必須工作十小時，而他才獲得相當於七個工時的工資，則其剩餘價值比率為：R= S/V= 3/7= 42.86%。R=剩餘價值率；S=剩餘價值；V=勞力的價值，也就是工資。這也是工人被僱主剝削的比率，亦即其工作成果中有將近43%被僱主所剝奪。

四、利潤率的降低趨勢

　　馬克思預言資本主義必然會走向崩潰滅亡，其主要的原因為資本主義體制本身矛盾重重。除了前述基本的矛盾（社會集體的生產對抗個人單獨的產品佔取）之外，另一項資本主義致命的矛盾為利潤率的逐漸下降。資本主義制度所以能夠出現、維持和發展，在於這種體制不斷的擴充、壯大，也就是資本家可以無限制地、無窮地追求利潤，而累積其資本，而使資本主義茁長繁榮。一旦利潤的追求遭遇瓶頸，甚至阻絕，那麼資本的發展與擴大便被阻止、甚至扼殺，這就是資本主義體制為其本身埋下自我毀滅的種籽。

爲何資本家追求利潤之後，必然因爲利潤率的普遍下降，而導致竭澤而漁，甚至殺雞取卵？這就要解釋馬克思所言的利潤率下降、利潤趨小的說法。

　　首先馬克思提出剩餘價值的辯證看法，認爲天下萬事萬物的發展都逃不過辯證運動律的規範，亦即資本家是靠搾取剩餘價值而起家的，但由於資本的形成完全操在資本家私人手中，其資本累積發展到某一階段便要進入負成長的時期，也就是生產本身的對立面。換言之，資本主義的體制本身的矛盾，促成資本主義經由否定而發展到揚棄階段。揚棄資本主義的將是另一種生產方式和經濟秩序，亦即新的社會經濟形構（socio-economic formation）。這個新的社會經濟形構就是社會主義的新體制，其最終的發展則爲共產主義的新社會。

　　新舊社會體制不同之處，在於資本主義體制下乃私人在形成資本和累積資本。因之，資本的形成變作「生產的條件」（Bedingung der Produktion）。換言之，爲了賺錢和累積資本，資本家才從事生產工作。在資本主義的體制下，資本家一旦發現無利可圖，就不會去再投資與再生產。反之，社會主義體制下的資本累積完全控制在公家手中，先考慮滿足大眾的需要，才去從事經濟計畫，有了整套的經濟計畫，才考慮動用多少資金投入於生產行列之上。亦即資本的形成只是爲了滿足人民的需要而進行的再生產、再投資而已。

　　資本家考慮的不只是利潤，也包括產品的銷售。這是何以在資本主義體制下，眾人的需要能夠與資本家的牟利掛鉤之原因。但利潤追求的體系並無法順利地發揮其功能。對於某一商品的需要並不一定爲生產這類商品的資本家自動帶來利潤。這就涉及馬克思所提到的景氣循環與景氣危機的問題。

　　其次，馬克思強調資本是由固定資本與變動資本兩者合成的，這就是「資本高度的有機組成」（höhere organische Zusammensetzung des Kapitals）。隨著固定資本的機器設備周全，勞力的生產效率也提高，

這點是馬克思讚揚亞丹‧斯密慧見之處 [17]。換言之，馬克思同意亞丹‧斯密的看法，認為分工、技術改善和土地生產力的提高，而促成工人生產力一起高升。不過最終勞力的生產力之大小，還是依靠固定資本的增加，以及固定資本（物力）與變動資本（人力）之間的比例所形成的「律則」。

在形成與累積資本的過程中，固定資本（C）與變動資本（V）之比率（C/V>1）是不斷在增加。不過發展到某一階段，由於構成固定資本的主要來源是資本家對工人剩餘價值的榨取，一旦資本家愈來愈多使用機器（乃至自動機），而愈來愈少使用人力，那麼人力的減用，就造成剩餘價值的短少，亦即新的變動資本之越來越小。

使用前面的公式可知剩餘價值率，也就是利潤率是 S/（C+V）。此時必因 C 值的大增（愈來愈多使用機器），和 V 值的遞減（減少人力），而造成其比率的減少，這就是資本家利潤遞減律的說詞。

馬克思認為資本的有機組合的增高、增強或增大（也就是 C+V 的組合愈來愈大），就使剩餘價值的榨取越來變得越小，從而說明資本家的利潤只有變小，而不可能變大。但事實卻與馬克思這種說法相反。這應當怎樣來解釋呢？於是馬克思主義者仍堅持就長期而言，利潤率必然趨向低微，但短期間卻有可能利潤率不降反升，其原因約為五端 [18]：

1. 資本家對工人的剝削加強，賺取更多更大的剩餘價值。
2. 將工資壓制在維持勞力的開銷（工人生存所必需）底水平之下。
3. 減少固定資本（機器、廠房、原料費用、管理費用等）之開銷。
4. 人口相對膨脹、不虞勞力匱乏。
5. 進行外貿，在國外投資，利用外國廉價勞力與便宜原料生產高價產品。

五、資本主義的危機

依據馬克思的說法，資本家在扮演形成資本和累積資本的角色。對資本主義的成長與發展而言，資本家必須繼續行使擴大資本的職能。換言之，是外頭的勢力不斷驅迫資本家去經營事業和累積財富。可是資本家能夠始終不渝、不受限制地去累積資本嗎？前述利潤率的下降就說明短期間資本家尚有擴充業務，改善營業規模之可能。但長期而言，一旦無利可圖，資本家的角色與職能就會逐漸褪失，甚至被消滅。這就是資本主義種種矛盾和重重危機的所在。

資本主義諸多危機之一為消費大眾需求的減少，亦即消費能力的降低，這是由於消費者沒有購買力的緣故。何以消費者沒有購買力呢？這是因為經過幾輪資本累積之後，財富集中在少數資本家手中，於是一般民眾的購買力遂告下降。

顯然資本主義體制內矛盾重重，像日常生活必需品經常有生產過多，或是消費過少的現象，其結果便把剩餘價值降低，這就指明資本累積不可能無限度地繼續推行下去。為了使剩餘價值增大就要緊縮生產因素的開銷，特別是壓低工資，其結果造成工人無力消費。因之，消費能力的降低一方面是生產過程中勞力產出的剩餘價值被剝削，他方面是產品價格之哄抬，造成物價上漲，工人無購買力去購買消費品。

表面上產品生產過多，造成滯銷，事實上則是生產力的發展造成利潤率的降低，「這是一項規則，它在某一〔發展〕點上，以敵對的立場來對待這種〔資本主義〕的生產方式，目的在擊敗階段性的危機」[19]。

易言之，馬克思的說法是認為，資本家有能力擴充、或有必要收縮其營業之規模，主要是受到資本家能否剝削剩餘價值來決定的。生產的漲縮取決於利潤不致降到某一水平之下。是故投資「並非取決於生產與

社會需要的關係，亦即不受在社會中發展的人群需要的左右，而是仰仗資本家對利潤的追求」[20]。

不僅資本家的利潤率、或稱獲利率終究要下降，而造成資本主義的危機。另一項嚴重威脅資本主義體制存亡興廢的危機為工人報酬（工資）的節節下降。這就是馬克思著名的工人貧窮論（Verelendungstheorie）。這種情勢的產生是由於資本家利潤的降低，迫使資本家加速資本的累積，但資本的累積反過頭來加速利潤率的下降。此外，資本的累積也促進資本的集中，於是大富淪為中富、中富淪為小富、小富淪為工人、工人淪為貧民。只剩愈來愈少的大資本家可以在這種割喉式的拼命競爭下，踐踏別人的頭肩勉強存活下來。

工人在重重剝削和相互競爭之下，不免要削減工資來維持工作，於是形成「工業後備軍」。這些陷入貧困的工業後備軍有朝一日會淪為失業後備軍。在求生無門、求死不得之際鋌而走險，於是大堆工人成為「革命後備軍」，以推翻資本主義體制為其職志。這就要被迫參與到無產階級革命的陣營，準備為埋葬資本主義的戰役作最後一搏。

資本主義的歷史是一部危機深重的歷史。經濟危機的爆發乃是資本主義內在矛盾的展現。資本集中於少數人的手中，使大規模的公司僥倖存活，但小公司、小工廠、小商號被迫以投機、超貸、偽造信用，而企圖苟延殘喘，但最終仍將被大公司合併吃掉。

當應用現存資本而有所產出時，並不保證產品在市場上能夠暢銷。萬一產品在市場滯銷，那麼資本的部分便成為不能發揮作用的呆資（idle capital）。由於純粹利潤是由投入生產的與停滯不用的兩種資本合致產生的，那麼資本家為了杜絕競爭上敵手的營業活動，會保留停滯不用的資本，俾保護已投入的現有資本。於是資本家與資本家之間逐展開拼死拼活的競爭，也就是你死我活的鬥爭。停滯不用的資本之存在，證明資本主義內在矛盾與危機是無法克服的。更何況在每一危機之後，必須有新的均衡的恢復，要恢復新的均衡，便要「屠殺資本的價值」，也就是

把固定資本作大量的減值。

激烈的和急迫的危機會造成急速的減值、營業停滯、和再生產過程的崩潰。由於失業而造成工資低落，有助於剩餘價值的增大，這樣一來資本家似乎逃過一劫，可以賺取利潤而再投入生產行列，可是新一輪的生產活動又再度累積資本，而產生更便宜的商品。但這種再生產導致資本的減值，也就是造成固定資本與變動資本相對情形下的減值，於是景氣循環與景氣危機便首尾相咬、如影隨形地輪番演出。

馬克思曾經批評古典經濟學家對景氣循環的說詞。像薩伊（Jean Baptiste Say 1767-1832）認為人們所以生產某一商品完全是著眼於產品的出賣或消費，只有出賣其掌握中的產品,他才有能力購買其他的產品。因之，對薩伊而言，生產的產品一定會找到買客，不可能有生產過多之虞。馬克思認為薩伊這條經濟律只能應用於以物易物的社會，而無法適用於使用貨幣的經濟體系中。原因是在後者（金融社會）裡頭，人們是為著賺錢而生產，錢則由銀行借出，也供再投資之用。如金錢不供借貸，也不再投資，則經濟的停滯馬上出現。

在再生產中，資本家是以新的資本替代舊的、用完的資本，不過他是認為新的資本的利潤率與舊的資本的利潤率相同的。事實上則不一定相同，一旦產品的價格低於生產的成本，那麼投入於再生產的資本便要大打折扣。既然利潤消失，資本家再投資的興趣缺缺，於是手頭上的、或銀行裡頭存放的錢，便成為呆資——不再活用的資本。這時將存款用於購買黃金、或償付利息對公司而言是一大損失，對整個經濟而言為停滯不景。

因之，資本主義的貨幣制度，亦即貨幣經濟常造成景氣低迷現象。不景氣的經濟就表現在大量貨品的滯銷、或是銀行中存放的金額過高之上。換言之，貨幣不僅是交換的媒介，它也是商品獨立的形式。貨幣雖然不直接造成經濟危機，但卻使經濟危機成為可能。要之，在市場形成之前的以物易物社會中，因為經濟沒有採用價格制度，因此危機也不發

生。

　　在資本主義社會中，貨幣的典型使用表現出兩種方式。第一，表現使用價值的商品可以把商品（以 C 爲代表）轉換成貨幣（以 M 爲代表），也就是 C-M；第二，把貨幣當作購物給付的工具，亦即把貨幣轉化爲商品 M-C。

　　在資本的再生產過程中，可以說是商品的轉化，由商品變成貨幣再由貨幣購買其他的商品。因之，可得 C-M-C 的公式。在此公式中商品的販賣與原料的購買是分開的兩樁事體，不像以物易物的直接交換經濟中，賣與買是同一件事。既然在市場經濟 C-M-C 轉化過程中，買與賣是分開的兩樁不同的事體，則危機可能就發生在這裡，因爲第一個變換是資本轉化爲貨幣，第二個轉換是把貨幣轉換成資本。在轉換過程中有些資本可以轉換成貨幣，另外一部分則由貨幣轉換爲資本。資本財與商品之互相轉換爲貨幣和貨幣之轉換爲資本財是因爲分工而變成可能，而且其間的轉換並沒有事先協調好，而是隨意的、偶然的。由是複雜的分工所形成的市場經濟，便提供危機滋生的環境。何以造成這種的情況呢？

　　馬克思以製造布料爲例，來說明當作給付工具的貨幣可能造成危機的理由。在製造布料的過程中，參與生產的植棉者、紡紗者、織布者等等，他們都靠銀行的信貸來參與生產，期待布匹製造完畢交給消費者之後取得價款，來償還借貸。假使這麼多人所形成的信貸網絡中只要有一個環節失誤，也就是買賣的鏈子上有任何一個缺口，那麼危機便有爆發之虞。

　　馬克思批評他同代的經濟學家視危機只爲貨幣引發的現象，而不知貨幣的危機只是資本主義危機的一種。其他更重大的危機將造成資本主義的崩潰。

六、資本主義的崩潰

前面已提過資本家為追求利潤而生產，而非為著享用產品而生產。很明顯地，他不是為了使用價值，卻是為了交換價值，為累積他的財富而進行生產。資本家這種累積財富的企圖，只能保障他「暫時的存活」（transitory existence）而已。誠如馬克思說：「他〔資本家〕在瘋狂地造成價值擴大下，無情地驅迫人群為生產的目的而生產。這樣一來他就迫使社會生產力發展，而造成物質條件，形成更高社會型態的真實基礎。〔未來的〕社會將是每個個人都能充分與自由發展的社會，這成為〔未來的〕主導原則」[21]。

對於這種盲目擴張、不斷追求利潤的作法，資本家不是無知。他身處江湖而無法自拔，因為他是資本主義體制大機器中的一個零件，完全受到「外頭壓迫性的律則」（external coercive laws）的支配。也就是為了保有他的資本，只有藉擴充資本來達成。他若不進行漸進式的累積，是無法保有其原有資本的。「去累積，也就是去征服社會財富的世界，去增加受其剝削的人類數目，因之，也擴大資本家直接或間接的影響力」[22]。

每個資本家都貪婪野心，企圖增大其財富、擴張其影響力，因之大力生產。資本主義的生產「不僅創造一個愉悅的世界」滿足人們消費的慾望，但卻也打開投機之門，與形成信貸制度，造成「暴富的千種手段」。當信貸的源泉成為企業的必需品，奢侈浪費也成為資本主義制度的表徵。因之，有異於守財奴靠勤儉起家，不肯浪費一絲一毫的財產，資本家知道如何「榨取別人的勞力，並以強迫工人放棄其生活享受」來供資本家揮霍[23]。

在資本累積過程中，勞工可能會短缺，因之工資有可能暫時的提昇，

工人階級的待遇與生活情況也有可能短期間改善。工人生活程度之升高，並不會像馬爾薩斯所預言的工人人口增加，因為人類為理性動物，會計較和規劃其生涯，也會安排其家庭的大小。

可是資本累積的過程最終必然大量使用機器以取代人力，於是資本家對勞動力的需要減低。工人就業的總數可能增加，不過工人數目與全部資本的增加比例卻下降。於是就業變動愈來愈激烈。隨著固定資本（物力）對變動資本（人力）比率的高升，社會上多餘的人力，亦即失業人口會愈來愈多，其結果「失業的工業後備軍大增，他們期待下一波的工業擴大」，有重新投入生產行列的機會。人口過剩的經濟功能乃是為工業的擴大提供前提。

馬克思研究的結果顯示資本主義經濟呈現十年左右的景氣循環，在此循環中資本得以經常形成，也會對失業者加以吸納，再形成另一波的工人後備軍。資產階級的經濟學者把景氣循環看作與信貸的鬆緊有關，他們只見到問題的表象，而不知景氣循環為資本家累積財富的必然結果。

資產階級的經濟學家認為工資的低落是由於人口的增加，馬克思反對這種說法，原因是景氣循環只有十年便翻轉一次，但要製造和養育一個工人至少需花十八年的時間。因之，工資的低落不可能是由於人口增加。反之，資本主義體制不可能永遠吸收不斷成長中的勞動力。

工人追求自保，乃組工會。可是當工人進行協調、團結、組織的時候，資本家乃引用「神聖的」供需律，而強迫國家介入勞資紛爭中，進一步抑制工會的活動。馬克思稱低工資乃為資本主義生產方式的必然結果，而非拉沙勒（Ferdinand Lassalle 1825-1864）的「工資鐵律」（das eherne Lohngesetz），或馬爾薩斯的人口論所說明的。假使拉沙勒和馬爾薩斯的律則是自然法的律則，那麼改變生產的社會關係，並不能改變這種律則。社會改革或革命便毫無意義。

資本累積的結果便是財富的集中。財富所以集中於愈來愈少的大資

本家手中之原因有二：(1)可供集中的社會現存財富（例如現金、存款、股票等有價證券）數量大增；(2)資本家與資本家之間的競爭加劇。不僅競爭力和規模的優勢有利於財富集中，就是合併、兼併也使財富集中於少數人手中。於是壟斷的資本主義終告出現。

壟斷資本家減少對勞力的需求。一旦資本主義進入壟斷的階段，資本主義的危機就要爆發，原因是屆時工人飽受欺凌、壓迫、羞辱、奴役，而不得不反抗、抗爭、批鬥。

資本主義無法繼續引用勞力，應用變動的資本，這說明「資本主義並非發展生產力和創造財富的一個絕對形式」[24]。這也就是說明資本主義的內在矛盾，和它同本身的衝突。易言之，長期的資本累積原來是求取利潤，但隨著利潤率的降低，愈擴大營業規模，愈無利可圖。特別是想以機器取代人工，造成資本階級與工人階級反目，彼此的社會關係轉趨緊張、敵對，最後爆發階級鬥爭「俾消解這些〔社會〕關係」[25]。

馬克思在《資本論》第一卷的尾端這麼寫著：

> 剝削是由於資本主義本身內在的律則的發揮而告完成，也是由於資本集中而告完成。一位資本家是在殺害多位資本家之後才能成就其本身。在資本集中，亦即多數資本家被少數資本家沒收財產之同時，發生著種種的社會變化，這包括營業規模擴大，勞動過程的合作形式〔分工愈形精細〕，有意識的科技應用、土壤有效培植，〔特殊的〕勞動工具轉變為共用的勞動工具，在世界市場的網絡上結合社會化的勞力和各民族的生產資料，使其更符合經濟使用的原則。要之，亦即資本主義管理取得國際的性格。
>
> 隨著竊取和獨佔〔社會〕轉變之好處的資本大家數目的遞減，〔工人〕群眾的受苦、壓迫、奴役、屈辱、剝削也水漲船高。不過也因為這種情況，工人階級的反抗增長。工人階級為數目不斷增大的階級，也是由資本主義生產過程中變成有紀律

的、團結的、有組織的階級。資本的壟斷對其生產方式不啻為
桎梏，這種生產方式使獨佔資本能夠激發、成長，但也促使其
衰微。生產資料的集中和勞動的社會化終於抵達一個不歸點，
使它們與資本主義體制的外殼不相容。這一外殼遂被爆破。資
本家私人財產的喪鐘敲響。剝削者終被剝削[26]。

以上便是馬克思認為資本主義終於要崩潰消亡的崩潰理論
（Zusammenbruchstheorie）。

七、馬克思經濟思想的評論

馬克思的經濟學說是建立在他對價值（特別是剩餘價值）的理論之
上。關於商品的價值理論，有主張只要人力加在產品之上，便會使該產
品產生價值，這是客觀的價值論，是從洛克、亞丹‧斯密至馬克思一路
相承的說法。另外有所謂主觀價值論，是以人類對產品的需求之心理期
望來加以解釋的，這便是邊際效用學派，以心理學來解釋人的經濟行為
之學說。更有強調「價值中立」的經濟學說，認為價值屬於心理學的範
圍，不該由經濟學家去研究。經濟學家只需關心可資測量、可用數學來
表達的價格即可，無需探討價格之後抽象的、玄思的價值。

價值論一般都受到資產階級主流派經濟思潮的排斥。原因是價值如
何可以受到「社會必要的勞動時間」來規定呢？再說，「社會必要的勞
動時間」造成的價值也變成界線不分明，流動性很大的事物。在馬克思
在世之日，這一個勞動價值幾乎等於工人維持生存最起碼的要求。但這
種簡單的計算法卻無法成為今日分工複雜、生活程度提高的社會計算勞
動時數的基礎[27]。

卡爾‧柏波爾（Karl R. Popper 1902-1994）認為馬克思整個價值理

論都是多餘的。例如我們只要假定一個自由的勞動市場上，供給大於需求，那麼藉由供需律的運作，便知道工資要壓低，工人收入短少，而漸趨貧窮，不必再去考察勞動究竟帶來多少價值[28]。

再說剩餘價值該怎樣來計算呢？是否照馬克思那樣把產品出賣的總價扣除變動資本與固定資本剩下來的資本家之利潤，便等於資本家向工人榨取的剩餘價值呢？還是應該把資本家忍受暫時不消費的那部分資金，以及他投入生產的擘劃，外加苦心經營的心力之部分，當成他利潤的部分，從而縮小剩餘價值的範圍？當恩格斯高呼馬克思在剩餘價值中發現「資本主義的生產方式之祕密」時，他似乎太抬舉了他終生的戰友與革命夥伴，而誇大後者的貢獻。

此外，馬克思強調資產階級與工人階級爲爭取剩餘價值而大打出手，似無甚新義，因爲就經濟學的觀點來說，這不過是資本形成與即刻消費之間的決鬥。

不過資本家對剩餘價值的私人榨取卻在兩方面引起學者研究的興趣。其一爲社會學方面，另一爲政治學方面。在社會學方面，我們不難知道資本家佔取剩餘價值和累積財富，使他滋生比他人更大的權力、更高的地位。儘管民主政治與法權觀念的伸張，企圖限制資本家這種優勢，但有錢便有權，幾乎是普遍的現象。在政治方面，則顯示資本家趨向守成、保守和維護現存政治現實，以及造成工人不滿、急進、亟思改革現狀、甚至使用暴力來改變既存秩序的革命心態之對立。這正說明經濟與政治的掛鉤。這也說明經濟的衝突常要靠政治鬥爭來表述、來反映、來解決。

不僅資本主義的經濟脫離不了政治。因之政治經濟形成一體，就是反映資本主義體制的政治經濟學也成爲馬克思抨擊的對象。馬克思在其巨著《資本論》中，不僅批判資產階級的經濟學說與理論，而是對政治經濟學的總體之攻擊，蓋這一號稱研究社會的生產關係之科學卻始終拘泥於事物，也以事物的面目出現，完全陷於「物化」（Verdinglichung）

的漩渦而不克自拔 [29]。顯然資本主義的危機乃至崩潰，並未被資產階級的經濟學家所體認。

馬克思對資本主義體系的危機有深刻的認識，尤其能夠理解景氣循環理論，也證明他的卓見。可惜爲致力於資本主義體系危機與崩潰學說的建立，他有關景氣循環及經濟衰退的分析，便不夠深入。《資本論》首卷討論資本主義體系的崩潰，但卷二和卷三則討論資本主義體制的各種危機理論。是不是危機必然導致崩潰，馬克思似乎沒有把其間的關係作出明確的推論。換言之，人們可能得到一個印象，誤認爲資本主義的總崩潰可以與其危機不發生關聯 [30]。

馬克思所談資本主義體制總崩潰的理論不只建立在資本家利潤遞減率之上，也建立在工人收入的工資遞減率之上。批評馬克思工資遞減率的人之理由有數種。其一是認爲由於科技之改善，工人知識與素質之抬高，造成生產力大增，工人遂能夠參與社會成果大餅的分享；因之，工資只有節節高升，沒有可能慢慢減少的現象。其二爲工人組織工會，甚至參加工人政黨，在集體協商中迫使資本家讓步，而提昇工人的工作條件，包括改善待遇。其三是政府的干涉，亦即國家的社會政策乃至福利政策的實施，使得勞資摩擦與衝突減至最低程度，而使一般工人的工資不降反升。其四爲先進工業國家將貧窮輸往殖民地、或落後國度，利用對外投資、商貿而賺取財富；因之，工業先進國的富裕（包括其國內工人收入與生活水平的抬高）是以犧牲落後地區與國度的工人來獲致的。換言之，只有資本主義發達的國家之工人才享受較高較好的待遇，其餘地區與國度的人民仍生活在低收入、或飢餓貧寒的陰影下。因之，作爲經濟學家，馬克思的預言落空，尤其對資本主義內在的自我毀滅之說法，證明其理論之錯誤 [31]。

李嘉圖對工資持悲觀的看法，認爲由於人口不斷增加，勞力供給充沛，工資始終停留在工人維持其生計的最起碼水平之上，其後拉沙勒和羅伯圖（Johann K. Rodbertus 1805-1875）甚至還主張「工資鐵律」，認

為工人所得的工資永遠在其維持最低生活所需的開銷上下擺動，科技與生產力的提昇所帶來的成果均為資本家所獨吞。有異於李嘉圖視最低工資為自然或正常狀況，拉、羅兩人主張透過社會主義的社會政策之施行，由國家介入，而改善工人的待遇。馬克思反對所謂的「工資鐵律」，認為景氣好的時候，工人獲得的工資大於其最低生存所需之開銷。儘管工會可能替工人出面爭取較高工資，但馬克思指出工人與資本家之間的勞動契約為個別簽訂，非透過工會進行集體訂約，故工人儘管有工會的撐腰，其工資的改善仍屬有限，更何況大批「工業後備軍」的形成對工資的總體產生壓低的作用。

在 19 世紀最後的 25 年當中，工業國家有了重大的改變，那就是科技的進步提昇經濟的發展 [32]。不過我們必須承認馬克思所面臨與分析的資本主義，為工業革命後初期自由放任的資本主義，也是缺乏人性，而大力剝削與壓榨工人的工業資本主義。因之，他對當時社會關係的觀察和理解，也有他獨到之處。特別是他正確地指出，工人勞動生產的結果有很大的部分落入資本家的手中，而使工人陷入貧困災難的處境。這種同情社會群眾的不幸遭遇，而批評少數人的貪婪自私，使馬克思的經濟理念獲得激進者的欣賞，也就不難理解。

註　釋

[1] Wolfson, Murray 1982 *Marx: Economist, Philosopher, Jew*, London: The Macmillan Press, p.105.

[2] Theimer, Walter 1950 *Der Marxismus: Lehre-Wirkung-Kritik*, München: Francke Verlag, 1976, 7. Auflag, S. 19.

[3] Theimer, *ibid.*; 洪鎌德1977《經濟學與現代社會》，台北：牧童出版社，第10至16頁。

[4] Connerton, Paul（ed.）1976 *Critical Sociology*, "Introduction", Harmondsworth: Penguin, pp.15ff.

[5] Gamble, Andrew 1988 "Marxist Political Economy", in Jones, R. J. Barry (ed.), 1988 *The Worlds of Political Economy*, London and New York: Pinter Publishers, pp. 59-62.

[6] Smith, Adam 1937 *An Inquiry into the Nature and Causes of the Wealth of Nations*, 首版1776 , New York: Modern Library, p.30.

[7] Ricardo, David 1962 *The Principles of Political Economy and Taxation*, 首次發表於1817, London: Dent, p.12.

[8] *Ibid.*, pp.14-15.

[9] Marx, Karl 1954 *Capital*, vol. I（簡稱CI）, Moscow: Progress Publishers, p.44.

[10] *Ibid.,* 115.

[11] Robinson, Joan 1973 *Economic Philosophy*, Harmondsworth, Middlesex: Penguin, first ed. 1962, pp.36-39.

[12] 關於商品的價值變成商品的價格之「轉型問題」（transformation problem），成為英國劍橋經濟學派本世紀上葉引發的學術爭議，在1970年初才有定論，參考洪鎌德1988: 156-157; 1995: 158-159.

[13] *C* I: 218-219.

[14] *C* I: 208.

[15] *C* I: 189-190.

[16] Theimer, *ibid.*, S. 161.

[17] *C* I: 681.

[18] Freedman, Robert 1990 *The Marxist System: Economic, Political, and Social Perspectives*, Chatham, NJ: Chatham House Publishers, p.87.

[19] Marx, Karl 1959 *Capital*, vol. Ⅲ（簡稱CⅢ）, Moscow: Progress Publishers, p.303.

[20] Marx, Karl 1956 *Capital*, vol. II（簡稱CII）, Moscow: Progress Publishers, pp.591-611.

[21] *C* I: 649.

[22] *Ibid.*

[23] *C* I: 651.

[24] *C*Ⅲ: 309.

[25] *C*Ⅲ: 310.

[26] *C* I: 836-837.

[27] Theimer, *ibid.*, S. 160.

[28] Popper, Karl 1966 *Open Society and its Enemies*, vol II, Princeton: Princeton University Press, p.165.

[29] Rosdolsky, Roman 1977 *The Making of Marx's "Capital"*, London: Pluto, 1st ed. 1968, p.9.

[30] Theimer, *ibid.*, S. 164.

[31] Heilbroner, Robert L. 1987 *The Worldly Philosophers: The Lives, Time, and Ideas of the Great Economic Thinkers*, New York: Simon & Schuster, p.163.

[32] 不僅19世紀下葉，就是20世紀，全球政經社會劇變，知識科技猛進，新理論層出不窮，在在造成馬克思學說成為明日黃花。參考洪鎌德1996《跨世紀的馬克思主義》，台北：月旦出版社，第71至74頁。

第四章　馬列主義與政治經濟學

一、馬克思與恩格斯對古典經濟學的批判

　　左派或新左派對於傳統國民經濟學的批判、攻擊與撻伐，完全是師承馬克思、恩格斯、列寧等馬列主義的創造者的遺風，對其早前或同時代經濟思潮的非難，是故要瞭解現代馬列主義的政治經濟學（politische Ökonomie），非探討馬、恩、列等人的經濟學說不可。

　　馬克思是從哲學走向經濟學，他的經濟分析充滿哲學的意味。此外，他經濟分析的根據卻是社會理論。融合哲學與社會學於經濟學裡頭，是馬克思的政治經濟學有異於其他派經濟學之處，也是造成他理論的廣泛、博綜、體大思精之處[1]。

　　馬克思在 1840 年代中期揚棄了黑格爾的唯心主義，而發現了治學的「指導原則」，這就是他與恩格斯在 1845/46 年合撰的《德意志意識形態》，以及他對普魯東攻擊的小冊《哲學的貧困》中所透露的唯物史觀。唯物史觀主要在批判與攻擊黑格爾及其青年門徒，以人的心靈、理念，來解釋歷史的變遷與社會的進化。從而強調社會的變遷之驅力來自於人的生產活動，亦即人為了生存而進行的勞動、生產與再生產。是故，生產方式構成歷史上某一時期、某一社會的基礎，在此基礎之上矗立著政治、法律、思想和社會意識。這個號稱下層建築與上層建築的兩層樓

比喻是馬克思社會理論的縮寫。基本上馬克思強調基礎的變化造成上層建築的變化，也造成社會形式的改變，從而社會的歷史也有遞嬗變化。

然則，作為下層建築（基礎）的生產方式為何會發生變化呢？那是由於生產方式內部的矛盾造成的。原來生產方式是包括了生產力與生產關係。這兩者在平時相互配合、相得益彰，但生產力發展的速度較快，生產關係發展的速度較慢，在快慢發展過程中兩者便會產生矛盾衝突，這就導致生產方式的變化。

社會之所以分成不同的階級，仍舊與生產方式有關。凡擁有生產資料的人便會形成有產階級。反之，除了擁有本身的勞動力之外，不再擁有其他的生產資料（土地、資本、原料、工廠等等）者便形成無產階級。馬克思強調歷史變遷的動力，除了生產力突破生產關係，導致生產方式變化之外，便是有產與無產階級之間的鬥爭。

唯物史觀就是生產方式變遷導致社會上層建築的改變，也是由於階級之間的鬥爭，造成歷史的演變。這個史觀引發的爭議在於「生產方式」與「矛盾」兩項概念不易在經驗事實上得到明確的界說，更難以經驗事實加以檢驗，無法實證，也無法否證。這是一種哲學的說詞，而非科學的陳述[2]。

馬克思與恩格斯的政治經濟學，係建構在批判資產階級經濟學之基礎上，其後來的發展也是由於與資產階級經濟學的不斷反覆辯難而日益茁壯[3]。如果人們仔細研究馬、恩政治經濟學形成的歷史，就容易發現其發展的律則：「馬克思與恩格斯鑽研資產階級經濟學的各種學說，目的在揭露那些為資產階級經濟學家所不知悉，而又超越於資產階級境界之外的意義」[4]。

馬克思在 1844 年年初開始有系統地研讀資產階級的政治經濟學。他曾抄錄並評論了當代最重要政治經濟學大師的著作，其中尤其是穆勒（James Mill 1773-1836，為 John Stuart Mill 之父）氏所著《政治經濟學原理》（ *Éléments d'économie politique* ），曾被馬氏所摘錄[5]。當時馬氏

在恩格斯的著作：〈國民經濟學批判大綱〉（"Umriss einer Kritik der Nationalökonomie"）[6] 影響下，對資產階級經濟學曾經嚴詞詰難，並且撰成 1844 年的《經濟哲學手稿》（*Ökonomisch-philosophische Manuskripte*）[7]。這些構成他後來主要的著作《資本論》（*Das Kapital*, 1867）第一卷之哲學基礎。尤其是涉及「異化的勞動」（entfremdete Arbeit）之哲理解析。

在馬克思所著《哲學的貧困》（1847）[8] 一書中，曾經抨擊資產階級經濟學只告訴吾人，如何在現成生產關係下進行生產，而不告訴吾人，現成生產關係是如何形成的[9]。

恩格斯在 1844 年發表於《德法年鑑》（*Deutsch-Französische Jahrbücher*）上的早年作品中，即曾指出：對布爾喬亞經濟學的批評，與對布爾喬亞的生產方式之批判是一而二，二而一，不容分開的。在他有關英國的經濟與社會關係之研究裡，恩格斯指出資產階級經濟學具有階級的性質。他還揭露了資產階級經濟學所扮演的社會角色。他認為古典的經濟學乃是一種「致富之學」（Bereicherungswissensschaft），是為了「私有財產的緣故」而存在的學問。他說：「經濟學家愈親近現實，愈離開真誠。隨著時間的迫近，他們愈益採用詭辯的伎倆⋯⋯」[10]。

在〈國民經濟批判大綱〉一文中，恩格斯演繹出一套批判資產階級經濟學的原則來。這些批判原則不但為馬克思所讚賞（稱之為「天才的描述」），也成為馬列主義批判傳統經濟學的藍本。其批判大要如下：

1. 布爾喬亞的經濟學有將資本主義的生產關係神祕化之嫌，由是暴露資產階級經濟學階級的性質；
2. 在生產關係發生變化之後，資產階級的經濟學也隨風轉舵，跟著發生變化。由是可知經濟律則與範疇，並非永恆不變，而是歷史的產品，且不斷在變化中。在此情形下，資產階級經濟學如堅持其學說永不改變，則為一大錯誤；
3. 古典的經濟學喪失歷史的意識，遂建構具有普遍概括的理論。不

但建構超越時空的理論體系，且以詖詞妙語，來粉刷門面，使經
濟學解放的角色淪落爲辯護的角色；

4.對資產階級的經濟學之批判，是採用革命手段以改變現存財產關
係爲起點。因爲資產階級經濟學一直扮演衛護、辯解、正當化的
角色，其理論結構脫不了私有財產的範疇，且對此等私有財產之
存在與正當性，不加懷疑，不予質問。

由是可知馬、恩都認爲布爾喬亞的經濟學對「人的本質及其歷史缺
乏理解」[11]，因此馬克思乃加深恩格斯的〈大綱〉中所指出的方法問題，
而有系統地演繹出唯物史觀，俾批判資產階級經濟學「反史」或「非史」
的（ahistorisch）的性質。

爲達成此一目的馬、恩合作而撰成《德意志的意識形態》（*Die
deutsche Ideologie*, 1845-46）[12]一書。其第一章爲牽涉對費爾巴哈（Ludwig
Feuerbach 1804-1872）的批判。此章藉對黑格爾與其信徒費爾巴哈的哲
學的重估，而討論辯證唯物論與歷史唯物論的哲學問題。關於唯物史觀
方面，恩氏晚年的通訊 [13]，與列寧早期的兩篇作品 [14]，都具有建構與澄
清的作用。至少提供政治經濟學方法論方面的基礎。此外，馬克思在 1857
至 1858 年所撰述的「粗稿」（Rohentwurf），近年才以《政治經濟學綱
要》（*Grundrisse der Kritik der politischen Ökonomie* 簡稱《綱要》）[15]
之書名出版，對馬氏主要的著作《資本論》的理解大有幫助。在此書與
《資本論》第一卷第一章拜物教的詮釋，都把辯證方法論充分地展示出
來。

之後，馬克思在《哲學的貧困》與《剩餘價值論》[16] 中，公然指摘
傳統的經濟學淪爲「庸俗的經濟學」（Vulgärökonomie）之危險。他說：
「爲了總括我們所應注意的事項，我對傳統政治經濟學的瞭解，乃是指
自皮特（William Petty 1623-1687）以來，有關資產階級的生產關係內
在關聯的考察，以別於庸俗經濟學。所謂庸俗經濟學，只分析表面的關
聯體系，目的在爲粗陋的現象，尋求令人勉強信服的理由，以及反覆咀

嚼經濟學所提供，涉及資產階級的家庭需求之資料。此外，這類庸俗的經濟學又局限於把有關資產階級生產者庸俗與自滿的淺見，加以系統化、賣弄化，或當做永恆的真理來加以宣佈」[17]。

資產階級的經濟學首先被當成整體來批判，後來又分成各個部分逐一攻擊。在此一意義下，資產階級的經濟學被診斷為「真實的資本主義的基礎底意識形態之表示」。對馬克思與恩格斯而言「經濟體系形成的理論性矛盾，正是資本主義矛盾的反映」。因此，他們認為「資本主義的生產方式，乃是活生生的矛盾之統一。其內在矛盾必會驅迫資本主義趨向潰散。資產階級經濟學家彼此之間吵鬧，不僅正暴露其含有矛盾的真實，如果他們企圖化除矛盾，則必與實在相反，則必與其所揭示的法則相左」。

馬、恩認為批判的用意，在於建構政治經濟學：「資本主義運動的法則，必須由資產階級理論本身揭示的學說之批判性分析來加以獲得」[18]。

二、馬克思經濟學的方法論

馬克思與恩格斯在充分瞭解資產階級經濟活動的發展法則之後，不僅批評了布爾喬亞經濟的種種活動，更批評了擁護此等體制的資產階級經濟學。因此，他們所使用的研究方法為批判的方法。此一批判方法便成為馬克思派，或馬列政治經濟學的方法。因此吾人可以知道馬克思與恩格斯是藉著對資產階級經濟學的批判，來重建政治經濟學。原因是資產階級的經濟學，由科學而轉變為庸俗的經濟學，必須藉批判方法，使它回復為政治經濟學，而回復無異是一種重建的過程。

馬克思政治經濟學，只能當做形構的過程（Formierungsprozess）來加以感受與體認，而不可以視為討論的對象——社會物質生產與交換

的現象，把它當做某些靜態的結果來體會、來認識。否則容易陷入非歷史性的教條主義之陷阱，從而誤認它爲建立於抽象的形式主義之產品[19]。

在 1890 年代中，恩格斯再三指陳唯物史觀具有方法的性質。此一提示係針對歷史唯物論與政治經濟學之立論關係而發的：「顯然馬克思整個觀點的方式，絕非一項教條，而是一種方法。它不提供現成的教義，而是提供進一步檢驗的據點，以及進一步檢驗的方法」[20]。

近半世紀以來涉及馬克思政治經濟學的形構過程，逐漸成爲研究馬、列學說的焦點。結果顯示馬氏本人爲了研究此一過程，而展示他的政治經濟學方法。體認的目的當成重建過程的第一步，在於應用辯證法於政治經濟學中。因之，必須應用它於現階段資產階級經濟學的批判之上，然後深入地分析資本主義制度，發展取代資本主義生產關係之策略與手段。研讀馬克思政治經濟學的形構過程，在於克服資產階級的經濟學，而產生嶄新的政治經濟學。

馬克思的方法，與其著作的內容不可分離，正如同其科學的理論與其革命的實踐不可分一樣。這就是何以馬克思不曾單獨論述邏輯，或認知論的原因。如果他有其特殊的邏輯，那必然是他的著作《資本論》底邏輯。馬氏有關政治經濟學的方法無他，正是前面所敘述的資產階級生產關係，以及反映此一關係的資產階級經濟學之批判。

必須言明的是馬氏的方法，不同於西方實證科學之講究研究的技巧、方式、研究歷程等，而是一種「表述的方式」（Darstellungsweise）。所謂表述的方式，係在批判資產階級經濟學的過程中，逐漸形成方法的原則，由而表述資產階級的社會運動之法則。早在《德意志意識形態》一書中，馬氏便首次提到「表述」一詞，是指對於不同資料的整理，而予以重新安排，俾有助於第二次的反省或理解[21]。因爲只有表述，才能使「事物的整體」展現[22]。因爲《資本論》的研究乃牽連一大堆有關經濟史、社會史、社會現狀的、統計的資料。因此其研究法，須是像黑格爾所說的：「隔離地」分析理性。表述法乃是把這些隔斷的、分散的資

料，造成一個具體的單位，使它恢復爲一個活生生的整體，而不像個別科學的雞零狗碎。馬克思說：「我們所做的工作，乃是對經濟範疇所做的批判……或說是對資產階級經濟學體系批判性的表述。這是體系的表述，同時也是藉表述而批判體系」[23]。由是可知表述的問題，對馬克思的總體概念，該有何等的重要性[24]。

三、列寧的政治經濟學

把馬克思的學說應用到一窮二白，長期受沙皇專制統治，工商業落後的俄羅斯，是列寧的貢獻。他還創造了馬克思與恩格斯所未曾實行的革命策略與建國綱領，包括建立以革命爲專業的先鋒黨，俾推翻專制獨裁的沙皇及其秘密警察的統治。

在政治經濟學方面，列寧提出《帝國主義爲資本主義最高階段》（1916）的新理論，把馬恩針對西歐競爭的資本主義之批判，推擴到寰球的壟斷資本主義之上，從而使資本主義、殖民競爭、帝國主義之間的鬥爭、世界大戰幾樁事件貫串在這一理論之下。

列寧聲稱資本主義已由競爭時期發展到壟斷時期，在工商資本結合財政資本而向海外擴張中，殖民母國爲了保護本國資本家在海外殖民地的發展，不惜與其他殖民帝國發生競爭與衝突，是以海外殖民地掠奪演變爲殖民強權之間的國際衝突，世界大戰於焉爆發。是故帝國主義爲資本主義發展的幾個階段中最高的階段。

帝國主義的出現造成三種結果。第一，它生產了最大的利潤，使資本家可以提高工資，滿足國內工人的索求，發展的國家之工人躍身變成「勞動貴族」，資本主義國家的普勞階級遂對階級鬥爭、奪權革命冷漠無趣。

帝國主義出現的第二項結果爲發展較遲較差的地區與國度，受到先

進工業國家愈來愈多的壓迫與剝削。從而落後地區與國家的人民必須奮起抵抗歐美帝國主義的侵凌。俄國可視爲歐洲最落後的國家，在資本主義列強的鎖鍊中，也是最弱的一環，是故俄國的革命不僅會推翻本國的封建專制，還會對抗西歐的帝國主義。

第三個結果是列強爲掠奪與霸佔海外資源與市場，不惜進行火拼厮殺。是故帝國主義者之間的爭衡必定釀成世界大戰。列寧視第一次世界大戰爲帝國主義列強之間的衝突。他認爲帝國主義者彼此的殺戮，必然導致國力衰歇與資本主義體制的崩潰。社會主義會很快地從俄國擴散到歐洲乃至世界其他各地。

列寧的政治遺囑與傳承本身含有曖昧不清之處，其先鋒黨的革命組織轉變成蘇維埃的一黨專政，且藉民主集中制，大權獨攬，而顯示高度不信任群眾、反民主、敵視民主的極權本質。

列寧奪權策略的成功，成爲當代激進政治經濟理論家的樣版。是故馬克思主義與列寧主義之結合爲馬列主義，曾是舊蘇聯與早期中共、韓共、越共模仿效法的對象，也是這些東方共產主義政權大搞革命的指針，更是當代激進左派應用到第三世界的革命理論 [25]。

四、馬列政治經濟學的內容

政治經濟學被界定爲：「人類社會中，物質生活維持〔物質的生計〕的生產與交換之法則底科學」[26]。政治經濟學研究的對象，爲生產力（Produktivkräfte）與生產關係（Produktionsverhältnisse）兩者辯證的統一後之產品——生產方式（Produktionsweise）。

政治經濟學考察生產關係與生產力之間交互影響，因而產生的生產方式，以及生產方式之發展過程；它也考察生產力與其他制度的經濟效益，及生產方式與社會上層建築（政治、法律、宗教、藝術、哲學等）

經濟關係的辯證發展。政治經濟學與辯證及歷史唯物論，以及科學的社會主義構成了內容統一、體系完整的馬列主義。人們如果要理解社會生活，那麼就必須知道「法律關係、或國家形式並不由它們本身，而獲得為人的瞭解，或是由於所謂的人類精神的一般發展而產生的。反之，法律關係與國家形式乃根源於物質的生活關係……因之，要剖析資產階級的社會，必須求助於政治經濟學上」[27]。

政治經濟學乃是一門歷史的科學，其對象、其任務、其功能，乃至其整個結構，隨時代與社會的不同而迥異。因之，有資產階級的政治經濟學與社會主義的馬列政治經濟學之分別。此外，馬克思還分辨資本主義的政治經濟學與社會主義的經濟學之區別。

作為勞動階級經濟理論的政治經濟學，是馬克思與恩格斯所首創。當馬氏將辯證的與歷史的唯物論，應用到經濟關係的研討時，他便創立了資本主義的政治經濟學，同時為社會主義的政治經濟學奠下根基。馬氏認為物質的生產，乃為社會生活的基礎。他又認為在生產中人們的社會關係，乃是最基本、最原始的人際關係。這些關係的發展，是遵循著某些法則而展開。他又把科學的經濟思想與勞動者的利益結合成一體，俾打破資產階級經濟學說，只重階級利益與主觀理想所形成的認知障礙。同時，他又把古典的資產階級經濟學的知識悉數吸收。於是馬克思的政治經濟學，遂為資本主義的必然沒落，與社會主義社會的必然建立，提供論證。

在壟斷的資本主義的新條件之下，列寧繼續演展政治經濟學。列寧的貢獻在於增添新理論，像帝國主義的理論、資本主義的一般危機、社會主義的革命、社會主義生產關係的法則，以及社會主義經濟領導等策略，都是對馬克思政治經濟學的增益與補充。

(一)資本主義的政治經濟學

其考察與探究的對象為資本主義的生產方式、經濟的關係、與資本

主義發展的法則。主要的任務在於分析剝削的關係與資本主義生產方式的發展律。同時它又研究資本主義體制的本質與資本主義實際的表現方式這兩者之間的關聯，藉此提供勞動階級的階級鬥爭之基礎。

是故，馬列主義的政治經濟學，具有雙重的功能。一面為勞動階級的戰略與謀術提供科學的基礎，俾消除剝削的秩序。這樣有助於理解社會客觀的發展律，而又確立勞動階級在資本主義中所扮演的歷史角色。他方面馬列的政治經濟學，又成為革命性的意識形態與手段之產生與發展底基礎，用以揭發資產階級理論之辯護性與庸俗性經濟說詞。在它完成政治與意識形態批判的雙重任務之際，馬列資本主義的政治經濟學特別地分析了階級與階層的經濟情況與生活條件，揭發市民經濟活動的矛盾，而企圖克服資本主義的經濟學說之缺陷。

儘管隨著資本主義的社會形構之不斷變化，資本主義的政治經濟學研究的重點，因時因地而異。但其主要的任務仍舊是分析資本主義生產方式、經濟關係、以及牽涉生產、流轉、分配、消費等法則。經濟分析的孰重孰輕與方式的不同，完全由於階級鬥爭要求不同之故。在科技革命下，勞動與資本日趨密集，因而國家壟斷資本主義對勞動的專業化、社會化之要求，也日甚一日。在此情形下，政治經濟學日益扮演重大的角色。特別是當兩種（自由民主與社會主義的）經濟體制的階級鬥爭轉趨激烈之際，研究資本主義生產方式的結構變化（例如自動化、上下層建築的經濟關係等），變成了當務之急。

（二）社會主義的政治經濟學

權力關係與財產關係的發生變化、社會主義生產方式的創立，賦予馬列政治經濟學新的任務。其主要的職責，在於促進社會主義生產關係的圓滿，與生產力的發展，特別是社會主義生產方式質的改變。它研究社會革命、政治的、經濟的、文化的發展與科技革命的融合過程，又分析與利用社會勞動最高效益的經濟律，因而對社會主義的經濟體系之塑

造，具有決定性的貢獻。於是社會主義的政治經濟學之發展，乃成爲客觀上必然的事物。

　　馬列的社會主義的政治經濟學，不僅爲社會主義的經濟之新生產方式、計畫、領導底建設與發展，提供科學的基礎，還增強勞動者的社會主義意識，加深他們的經濟知識，培養他們對財產、勞動、國家、生產領導等社會主義的行爲。因之，研究的對象爲社會主義的經濟體制、社會主義的生產方式（爲生產力與生產關係辯證的統一物）、以及生產方式的產生、發展、計畫等。它也考察社會主義的社會之經濟關係、過程與條件，包括其生產方式（下層建築）與社會主義上層建築之間的交互關係。

　　社會主義的政治經濟學，提供國家中央的計畫與社會全體活動過程所滋生的問題之間，組織上的結合所需的經濟基礎。包括一方面爲中央機構所策劃的社會主義生產者之計畫活動與指導活動；他方面爲地方機構所執行的消費活動、社會生活之管理。具體言之，社會主義的政治經濟學在於研究：

1.社會主義生產方式的經濟律：包括造成此種生產方式之條件、經濟律機械性的操作、體系等；

2.社會主義的社會之計畫性的經濟活動：此種經濟活動係建立在不同形式的生產資料社會擁有之基礎上。並研究在此種社會主義的經濟體制之下，擴大性的再生產問題，以及全體勞動者、生產基金、生產量重新配置俾有利於增產的問題；

3.社會主義生產者的利益：他們社會性的（集體的、個人的）物質利益，這些利益之間所具有辯證的性質與實現的方式等等。

　　社會主義的政治經濟學，乃是馬列政黨（共黨）與社會主義國家經濟政策的基礎[28]。

五、馬列政治經濟學的批判

　　根據瑞士巴塞爾大學經濟教授卞霍慈（Peter Bernholz 1929-）的看法，馬列政治經濟學說，優劣互見[29]。其優點為：

1. 馬克思可能是第一位理論家，正確地看出經濟成長會造成經濟的結構徹底改變、會造成停滯衰歇的現象、會回歸早期的情狀及發展新的經濟部門，會導致勞動力必要的調整、會造成強勢地位的改變之問題等。他也正確看出在這些關聯中，企業家與資本家，由於經濟成長本身，而被迫發展與引用新的生產技術、新的生產品。因此，資本主義裡的成長，將是促成經濟發展的新動力。此一經濟發展勢非平順和諧，而是上下波動，有危機，也有好景[30]。這種發展甚而導致自然環境的改變，而帶來災害。

2. 馬克思進一步看清：結構改變與變遷的過程，對社會及其制度，會產生重大的影響。人類本身，其願望與信念，必然高度地受到此等改變的影響。這些劇變係源之於人類生活環境、勞動與生活方式跟隨經濟成長而變動的。

3. 馬氏正確地觀察與預言到：經濟成長的結果，會產生經濟體系裡集中的現象，導致企業與獨立經營事業數目的銳減。

4. 馬克思清楚地認識到意識形態的問題。思想的總體當做實在的表面底解釋，是容易為某些利益的掩飾（有意或無意的擁護）而效勞的。這意思便是說，社會的上層建築，很多時候是下層建築（特別是實質利益）的反射。但馬氏卻從不考慮到，他自己的整套思想體系，也會受到意識形態的沾染[31]。

5. 馬氏把所得分配的問題予以誇大，因而引起人們對社會產品分配

不公所滋生的衝突之注意。不過馬氏這部分理論的優點，卻由其勞動價值說的欠缺週全，而相對減少其影響力。

6. 馬克思從不把國家置於經濟與社會之外。相反地，他把國家看成為壓制社會、控制經濟的工具。從而使經濟學的分析與政治學及社會學的研究合致。不僅馬氏，就是恩格斯及列寧，都視國家為階級分裂後有產階級強迫與壓制無產階級的機器[32]。

7. 馬克思理論在其龐大的體系中，企圖解釋全體與每一部分，但結果卻侷限於資本主義的分析。不過這也構成其理論動人之處。譬如列寧的帝國主義的理論，在某些方面，不失為部分的真理[33]。但另一方面正因為企圖把各種關聯，做一綜合性解釋，而顯得破綻百出，或缺陷重重。

至於馬列政治經濟學的缺點與錯誤，最重大的有：

1. 馬克思預言倚賴工資為生的勞動群眾，必因資本主義的發展，而日趨貧困悲慘。此一預言完全落空，相反地勞動者分享社會的福利與繁榮，其生活日形改善。

2. 馬克思認為歷史的發展，將會暴露景氣的危機，且此等危機愈形嚴重。證諸事實，歐美資本主義的社會，雖然無法完全阻止經濟衰退與危機的出現，卻可藉政策的手段，恢復景氣的流轉，而縮小危機的程度。

3. 馬氏預測工人失業所形成的工業後備軍之必然出現，但這種預言最終成為泡影。先進工業國中雖有工會等勞動者之組織，但他們不是推翻現存制度的革命勢力。相反地，受薪階級之逐漸發展為強大的中產階級，有助於社會的穩定。

4. 馬列預言共產社會一旦建立，國家機器便會凋謝。鑒諸舊蘇聯、目前的中國等共黨國家的政治實際，不但沒有減少國家的功能，反之，增強它壓制、強迫的作用。

5.社會主義的革命不發生於馬克思所預言的資本主義國家,相反地竟發生在落後的俄國與中國。至於中歐與東歐的共產政權,則完全在蘇聯紅軍的鎗靶下成立的。

撇開了卞霍慈所指出的數點,馬列政治經濟學最大的弱點為馬氏所倡說的「勞動價值說」（Arbeitswertlehre）。蓋此說缺陷迭見,而動搖了整個馬列經濟學說。

此外,馬列經濟學的缺點還包括:

1.只知批判資產階級的經濟學,而無法建立本身的理論體系,與批判的方法。況且,馬列學派對資本主義的批判,對資產階級經濟學的非難,究竟是一種事實的陳述（Tatsachenaussagen）,還是一廂情願的價值判斷（Werturteil）卻大成問題。像馬克思與恩格斯是先下判斷——判斷資本主義必定潰滅,而社會主義必然興起——之後,再去建構他們的「科學的」法則與思想體系。

2.所有馬列的學說,是理論,也是教條,也是實踐的方針。其政治經濟學甚至凍結在馬恩的時代之理論發展階段,強調馬氏的「勞動創造價值」為「客觀的價值理論」,從而排斥其後發展的學說為「主觀的價值論」。

3.辯證法與歷史唯物論籠統的引用,強調資本主義體制及其經濟學說的矛盾性,但又無法詳細而又具體地指陳這種矛盾之所在。事實上這種由恩格斯所引起,而由馬克思所混淆的觀念,至今尚未澄清 [34]。

六、「政治經濟學」一名詞的再現

毫無疑問，經濟與政治有極密切的關聯。因此沙林（Edgar Salin 1892-1974）說：「就其本質與目的而言，所有的經濟科學，都是政治學」[35]。在經濟學的分支中，涉及經濟與政治的關聯之部分，通常被稱為經濟政策或經濟政策學。

事實上，我們也可以直接使用「政治經濟學」（Poltische Ökonomie; political economy）這一稱謂。可是這個名詞在西方至少有一百年以上，未再被使用。如果今天有人主張再使用「政治經濟學」這一稱呼，必然含有新義，而不能不辨。

這一新義不用到別處去尋找。一想到今日政治經濟學所鼓吹的事物，便知道它是涉及馬列主義的經濟理論，特別是左派或新左派用以攻擊西方資本主義制度，及傳統西方經濟學說的利器。亦即政治經濟學已淪為左派經濟學的代用語，以有別於其所謂的「資產階級經濟學」（bürgerliche Ökonomie；Nationalökonomie；Volkswirtschaft）——傳統的西方經濟學說。20 世紀 60 年代末、70 年代初，西方學潮的泛濫，與左派氣焰的高張造成馬克思學說的復辟。隨之而來的政治經濟學之呼聲，也甚囂塵上。在左派與新左派叫囂下，傳統的經濟政策學，也被降格為「後期資本主義危機節制之學」。在此情況下，重新檢討政治經濟學——概念變化無常的歷史，自有其意義[36]。

正如第二章所提，第一位使用「政治經濟學」這一名稱的經濟學者為法國人蒙希赫丹。他在 1616 年出版《政治經濟學論文》（*Traité de l'économie politique dédié en 1615 au Roy et la Mére du Roy*）。在此論文中，他主張政治經濟學為涉及國家財富處理（國計）之學，以別於私人家政（家計）管理的學問。因此，政治經濟學，遂成為歐洲 17 世紀君

主專制時代，君主及其臣侍理財與物質統攝的藝術[37]。

當時使用的這個詞謂，在其後的 150 年之間，由於少有人再提起，故淹沒不彰。直到司徒亞（James Steuart 1712-1790）重新應用這個字眼，它原有的涵義，才又告恢復。他著有《政治經濟學原理》（*Principles of Political Economy*, 1767）。司徒亞稱：「應用於家計方面稱爲經濟學，應用於國家時則應稱做政治經濟學」。之後，今日通稱爲「經濟學之父」的亞丹・斯密，在使用此一名稱時，也指統治者與人民致富與福利之學。

在德國，一開始對於這個新稱謂──政治經濟學──便懷有保留的味道。因爲當時已有一大堆彼此競爭、排斥而又並行的稱呼，像「國民經濟學」（Nationalökonomie）、「國家經濟學說」（Staatswirtschatslehre），以及倡議「使用價值說」的胡飛藍（Gottlieb Hufeland 1760-1817）所加以德國文化的新詞「國民經濟學說」（Volkswirtschafslehre）。在諸多名稱的使用裡，李士特（Friedrich List 1789-1846）的立場，頗堪玩味[38]。他稱呼古典的英國經濟學說爲「萬國的經濟學」（kosmopolitische Ökonomie），而稱呼他自己所建構的科學爲真正的政治經濟學之「國民體系」（Nationales System）──根據他的看法，這種分別在德國一向便存在。此外，他又提出國民經濟學（世界性經濟學）來與國務管理科學（Polizeiwissenschaft，亦即政治經濟學）作出分別。

隨著亞丹・斯密學說的遠播，政治經濟學遂成爲古典的英國經濟學底標記。1890 年馬歇爾出版了《經濟學原理》（*Principles of Economics*）一書之後，傳統經濟學由古典而邁入新古典的發展階段。馬氏首以「經濟科學」（economics）一詞，取代過去的政治經濟學，表明了他提高經濟學科學性的用心[39]。從此之後，經濟科學（簡稱經濟學）不脛而走，成爲學界寵用的字眼。

比起其後的經濟學家來說，馬克思更接近了古典的經濟學傳統，儘管他予以嚴屬的批判。他使用「政治經濟學」一詞，完全符合傳統的意義，而沒有加上任何獨特的看法。對他而言，政治經濟學無非是一般經

濟學而已。

名詞用法儘管相同，馬克思對於古典經濟學認知方面的解釋，卻是與古典經濟學家所持的觀點有異。根據他的看法，古典經濟學自認處於歷史的末端，因而發現了人類社會變化的規則，有如自然法則一樣的不易與不朽。但事實上，古典經濟學所發現的法則，只能規範歷史中的片段──資產階級社會階段──生產關係而已 [40]。

就是恩格斯也認爲政治經濟學，一般而言爲「現代資產階級社會理論分析」的科學。此一種學問爲德國普勞（無產）政黨的基礎：「該黨整個理論實在係由研讀政治經濟學而產生」[41]。

於是在馬克思學派的傳統中，一直便使用馬氏本人不加以深思熟慮的「政治經濟學」此一名詞。恩格斯稱：「政治經濟學爲人類社會中，物質生計的生產與交換法則之科學」[42]。

有一陣子左派經濟學家曾經認爲：「隨著資本主義的崩潰，政治經濟學當做科學的角色也跟著消失」；蓋緊跟著資本主義的消失而出現的，爲社會主義。「但社會主義的社會，是不用經濟法則的」[43]。這便是盧森堡（Rosa Luxemburg 1870-1919）與布哈林（Nikolai Bucharin 1888-1939）等左派理論家的看法。因爲她（他）們視政治經濟學爲資本主義的科學之故。

有一陣子掌權的東方共黨集團一反盧森堡與布哈林等的看法，堅持社會主義中，也有客觀經濟法則的存在。這一認知遂構成「社會主義的政治經濟之科學處理底基礎」（引用 Oskar Lange 的話）。社會主義的政治經濟學，係「社會主義生產方式之產生與發展的經濟底理論」。它爲「勞動階級在經濟領域裡的戰略與謀術之構作」提供科學的基礎；且爲普勞階級供給「理論的、政治的與意識形態的武器」[44]，同時也爲「社會主義建設之實踐，提供理論的概括化」[45]。

七、經濟政策與國民經濟學

　　由上所述，古典學派與師承古典傳統的馬克思學派，對政治經濟學原始的用法，相同於今日西方所使用的經濟政策一詞。所謂的經濟政策乃是「社會的經濟之科學應用」[46]。它也是「國家決策機關或超國家的機構，對經濟流變、經濟結構與經濟的架構條件之塑造，有時這種塑造也會受到利益團體、政黨、與企業界的影響」[47]。經濟政策的分支有實證經濟學（Positive Ökonomik）：討論經濟政策事實的部分，另外有規範經濟學（Normative Ökonomik）：討論經濟政策的價值、規範與實踐的問題，與經濟政策的藝術，亦即完全敘述實踐的策略、方法等。除了前面的說法之外，經濟政策也含有國家在經濟領域中，現實上的活動之意思。

　　在過去半個世紀裡，在德西地區的經濟學界中，很少聽到政治經濟學的呼聲。唯一的例外是沙林的呼籲。他在 1955 年重新創立李士特學會時，曾經再三強調政治經濟學的重要[48]。不過他使用此詞的意思，主要在呼籲有責任感的政治家，接受學者合理的建議，以及敦促學者從事接近實在的經濟研究與展望未來的經濟分析，而不是像 1970 年代左派那樣喚起學者的「政治覺醒」、「政治意識」。當然像沙林等的主張，當做經濟政策來看待，並無甚不妥。至於個人究竟喜歡使用經濟政策、抑或政治經濟學，也因人而異，這只是個人語態用法的問題（Stilfrage）。無論如何，政治經濟學此一用語，顯示所強調者無非是「經濟裡頭牽連到政治的問題」[49]。但把政治經濟學當做經濟政策來看待的努力，並沒有使「政治經濟學」一詞，獲得學界重用的機會。使它成為當今的口頭禪與流行的口號，是由於近期馬克思學說在西方復辟的結果。

　　1970 年代初在西方的學界中，由於左派的鼓噪，「政治經濟學」

已成爲馬列經濟學的代名詞，也成爲「進步的」、「批判的」理論或科學之象徵。更有甚者，它的應用還超越於學界之外，而逐漸成爲政界、商界、新聞界、大眾傳播界的用字。連出版界也不例外，以統一前的德國、法蘭克福爲中心的歐洲出版社（Europäische Verlagsanstalt），其出版的書籍中，以政治經濟學爲名目的，佔很大比例。該出版社甚至以寬大的尺寸，將一大堆本無關聯的書籍，冠以「政治經濟學」的署名或分類標頭。譬如，莫夫（Otto Morf）1951 年出版的書：《馬克思論經濟理論與經濟史的關係》（ *Das Verhältnis von Wirtschaftstheorie und Wirtschaftsgeschichte bei Karl Marx* ），在 1970 年的第二版中易名爲：《政治經濟學中之歷史與辯證》（ *Geschichte und Dialektik in der politischen Ökonomie* ）。羅維（Adolph Löwe）1964 年所撰的《經濟知識論》（ *On Economic Knowledge* ），在 1965 年的德文譯本中，書名竟易爲《政治經濟學》（ *Politische Ökonomik* ）。連著名的英國女經濟學家羅賓遜（Joan Robinson）所著：《經濟學：一個困境》（ *Economics：An Awkward Corner* ），也易以德文標題：《致命的政治經濟學》（ *Die fatale Politische Ökonomie, 1966* ）。

　　歐洲出版社之所以把這些書名牽連到「政治經濟學」等字樣去，無非是在搞宣傳把戲。由此可知政治經濟學一詞已具有宣傳效果，且造成一種「意象」（image）。客觀上來說，加上這個名詞並無必要，它僅是出版品的招牌而已，其招徠的對象顯然是大批的新左派知識份子。

八、新左派的反駁與想法

　　新左派認爲「政治經濟學」的形容詞「政治」兩字，不僅牽連到政治活動（ *politiké* ）的本身，也涉及政治體制或城邦（ *polis* ）。因此經濟政策固然重要，更重要的是決定吾人生產關係的國家形式。我們不妨說，

一開始政治經濟學便具有階級的性格與色彩，因為「就其發展史而言，政治經濟學，一直是為第三階級或市民階層的利益學說，而不斷演展」（A. Oncken 語）。又因為政治經濟學的別名為國民經濟學，但在新左派眼中，所謂的「國民」，無非布爾喬亞（資產階級）的別名；什麼公共福利，也無非資本家利益的堂皇說詞，因之主張廢棄這一與事實不符的名目，而改國民經濟學為政治經濟學 [50]。

新左派又責備近期、或最新的資產階級經濟學，含有濃厚世俗化、老套化的傾向，是以引用馬克思「庸俗經濟學」（Vulgärökonomie）的貶詞，來予以抨擊：「這些資產階級經濟學企圖掩蓋發展中資本主義的矛盾，故其學理逐漸趨向形式化，乃至停滯於表面的現象，而發展到少有反省的唯經驗主義底地步」[51]。

依據新左派的看法，政治經濟學必須兩面作戰，既要批判資本主義的體制，復須批判反映此一體制的資產階級經濟學。此外，實際上政治經濟學乃為一歷史性的社會科學（historische Gesellschaftswissenschaft）。其研究對象為渙散的生產方式，並利用特殊的範疇與理論，來研究此等生產方式之出現、發展、取代。其基礎為資本主義生產方式的理論。此種理論「首先乃為資產階級社會與其結構之理論」。

政治經濟學的批判必然與解放性的政策緊密結合（它不是冥想地期待改變條件的出現，而是主動創造與評析此等條件）。它推動「階級鬥爭、分析經濟變化因素，積極創造有利的因素」（Ernst Bloch 語）。

新左派認為不但馬克思、恩格斯、列寧的學說與方法宜應用到政治經濟學非教條性的批判之上，也應引用大批具有批判性的馬克思派思想家（像 Antonio Labriola 1843-1904; Georg von Lukács; Karl Korsch 1896-1961; Max Horkheimer 1895-1971; Theodor Adorno 1903-1969; Herbert Marcuse 1898-1979 等）之理論。目的在藉他們的學說，喚起受到現代資本主義巧妙的操縱術催眠的群眾意識。歷史的自我反思與認知批判的自我反省，是馬克思政治經濟學的特質。就倚靠此種特質，便足以阻止

人類陷於經濟的客觀主義（經濟決定人類的一切）陷阱中，也足以阻止人們身陷反權威、求速成的盲動主義底窠臼中。[52]

在此一意義下，新左派所努力的，不僅是爲更好的經濟生活而奮鬥，更是爲著「真正實現人之樂意爲人的願望，當他明白了自己的各種可能性之時」（Herbert Marcuse 語）而奮鬥[53]。

註 釋

[1] Howard, M. C. & J. E. King 1985 *The Political Economy of Marx*, London and New York: Longman, 2nd ed., 1st ed., 1975, p.1.

[2] Howard and King前揭書, pp.11-15; 也參考Resnick, Stephen A. and Richard D. Wolff, 1987 *Knowledge and Class: A Marxican Critique of Political Economy*, Chicago and London: The University of Chicago Press, pp.1-108; Roemer, John 1988 *Free to Lose: An Introduction to Marx's Economic Philosophy*, London: Radius, pp.3-13.

[3] Alter, L. B. 1968 "Das Kapital' von Marx und die moderne bürgerliche politische Ökonomie", in: *Probleme der politischen Ökonomie*, Bd. 11, Berlin, S. 42. 洪鎌德 1997《馬克思》,台北:東大,第 283-305 頁。

[4] Höppner, J. 1970 *Einleitung zu Karl Marx, Ökonomisch-Philosophische Manuskripte*, Leipzig: Reclam, S. 34ff.

[5] Marx, K., *Auszüge aus James Mill Buch* "Éléments d'économie politique" 收錄於東柏林出版的《馬恩全集》（*Marx-Engels-Werke*簡稱*MEW*）補編,Erg. Bd. 1, S. 443-464; *Collected Works*, vol. 3, pp.211-228.

[6] Engels, F. "Umrisse einer Kritik der Nationalökonomie", *MEW*, Bd. I, S. 499-524; *Collected Works*, vol. 3, pp.418-443.

[7] Marx, K. *Ökonomisch-philosophische Manuskripte*, *MEW*, Erg. Bd. I, S. 465-590; *Collected Works*, vol. 3, pp.229-346.

[8] Marx, K. *Das Elend der Philosophie*, *MEW*, Bd. 4, S. 63-182; *Collected Works*, vol. 6, pp.105-212. 洪鎌德 2000《人的解放》,台北:揚智出版社。

[9] 參考本書第六章頭段。

[10] *MEW*, Bd. I, S. 499ff; *Collected Works*, vol.3, p.418.

[11] Marcuse, H. 1932 "Neue Quelen zur Grundlegung des Historischen Materialismus—Interpretation der neuveröffentlichten Manuskripte von Marx", in: *Die Gesellschaft*, Bd. 9, 1932, S. 141.

[12] Marx, K. und F. Engels *Die deutsche Ideologie*, Kap 1, *MEW*, Bd. 3, S. 13-77; *Collected Works*, vol.5, pp.27-93.

[13] Engels, F. "Altersbrief über materialistische Geschichtsauffassung", *MEW*, Bd.36, S.39.

[14] Lenin, W. I., "Was sind die 'Volksfreunde' und wie kämpfen sie gegen die Sozialdemokraten?"及 "Der ökonomische Inhalt der Volkstümlerichtung und die Kritik an ihr in dem Buch des Herrn Strune", 收入《列寧全集》（*Lenins Werke*），東柏林出版，Bk. I, S. 119-338, 及S. 339-528.

[15] Marx, K. 1975 *Grundrisse der Kritik der Politischen Ökonomie (Rohentwurf)*, Berlin, 2. Aufl., MEW, Bd. 32; 英譯*Grundrisse: Foundations of Political Economy*, tran. Martin Nicolaus, Penguin Books, 1973.

[16] Marx, K., *Texte zur Vulgärökonomie, Zusammenstellung aus der "Theorie über den Mehrwert" und andere Schriften.*

[17] *MEW*, Bd. 32, S. 95.

[18] 引自 Höpper, J., *op. cit.*

[19] Kade, Gerhard 1971 "Politische Ökonomie: Die Marxsche Methode im Nachvollzug", in: *Wirtschaftswoche*, Nr. 26, 25, 6. S. 44.

[20] *MEW*, Bd. 39, MEW, Bd.39, S. 428.

[21] *MEW*, Bd. 3, S. 27.

[22] *Ibid.*, Bd. 3, S. 38.

[23] Brief an Lassalle vom 22, 2, 1858, in: Marx/Engels, *Ausgewählte Briefe*, Berlin 1958, S. 550.

[24] Schmidt, Alfred 1968 "Zum Erkenntnisbegriff der Kritik der Politischen Ökonomie", in: Walter Euchner u. A. Schmidt（Hrsg.），*Kritik der Politischen Ökonomie heute: Hundert Jahre "Kapital"*, Frankfurt a. M., 1968, 1972, S. 36ff.

[25] Clark, Barry 1991 *Political Economy: A Comparative Approach*, New York, Westport, Co. & London: Praeger, pp.61-62.

[26] *MEW*, Bd. 20, S. 136.

[27] *MEW*, Bd. 13, S. 8.

[28] 以上一節取材自 Puschmann, Manfred 1969 "Politische Ökonomie", in: W. Eichhorn I *et. al.*（Hrsg.），*Wörterbuch der Marxistisch-Leninistischen Soziologie*, Köln und Opladen: Westdeutscher Verlag, S. 345-351.

[29] Bernholz, Peter 1972 "Die Marxistische Theorie bietet keine Alternative", in: *Wirtschaftswoche*, Nr. 38,（22, 9, 1972），S. 65-66.

[30] 此種危機與好景循環變化的景氣理論，後來由非馬克思派學者予以推演而自成一理論體系。參考 Schmpeter J. A.: 1952 *Theorie der wirtschaftlicher Entwicklung*, Berlin.

[31] Schmpeter, J. A. 1965 *Geschichte der ökonomischen Analyse*, 1, Teilband, Göttingen, S. 70f.

[32] Engels, F. 1969 *Der Ursprung der Familie, des Privateigentums und des Staats*, Stuttgart; Lenin, W. I. 1970 *Staat und Revolution*, in: *Lenin Stadienausgabe*, Hrsg., von I. Fetscher, Bd. 2, Frankfurt/M. u. Hamburg, S. 7-100.胡祖慶譯 1990《政治經濟學導論》，台北：五南圖書出版公司，第141-148頁。

[33] Lenin, W. I. 1921 *Der Imperialismus als Jüngste Etappe des Kapitalismus*, Bibliothek der Kommunistischen Internationale, Bd. IX, Hamburg; Bernholz, P. 1966, *ibid.*, *Aussenpolitik und internationale Wirtschaftsbeziehungen*, Frankfurt/M. Kap. I und IV.

[34] 參考 Vetter, Herman 1962 *Die Stellung des dialektischen Materialismus zum Prinzip des ausgeschlossenen Widerspruchs*, Berlin; 以上批述三點參考 Vetter, H. 1971 "Berufung auf Dialektik und historischen Materialismus ist nicht nötig", in: *Wirtschaftswoche*, Nr. 29,（16, 7, 1971），S. 35.

[35] Salin, E. ,1967 *Politische Ökonomie. Geschichte der wirtschaftspolitischen Ideen von Platon bis zur Gegenwart*, 5. erw, Aufl. Tübingen/Zürich, S. VII.

[36] 以下主要參考 Helmstädter,1971 "Der Ausdruck verleiht ein gewisses Marx-Image", in: *Wirtschaftswoche*, Nr.29,（16,7,1971）S. 37-38.高安邦1997《政治經濟學》，台北：五南圖書出版公司，第1-3頁。

[37] Mundorf H. D. ,1957 *Der Ausdruck "Politische Ökonomie" und seine Geschichte*, Kölner Diss.

[38] List F. , 1920 *Das nationale System der Politischen Ökonomie* 3, Aufl., Jena; Clark, Barry , *op. cit.*, p.23.

[39] 參考施建生《經濟學原理》，台北，第五版1972年，第14頁。

[40] 參考本書第七章：〈傳統經濟學的特質〉首段。

[41] Marx, K. ,1970 *Zur Kritik der politischen Ökonomie*, 6th Aufl., Berlin: Dietz-Verlag, S.203.

[42] 參考東德官方著作：*Politische Ökonomie des Sozialismus und ihre Anwendung in der DDR*. Berlin: Dietz-Verlag, 1969, S.49 ff.

[43] Lange, Oskar,1964 *Entwicklungstendenzen der modernen Wirtschaft und Gesellschaft*, Wien, S.22.

[44] 參考註42。

[45] Autorenkollektiv, 1965 *Geschichte der ökonomischen Lehrmeinugen*, Berlin: Verlag der Wirtschaft, S.430 ff.

[46] Giersch, H., 1960 *Allegmeine Wirtschaftspolitik*, Wiesbaden, S.23 ff.

[47] Sellien, R.(Hrsg)1972, *Dr. Gablers Wirtschafts-Lexikon*, Frankfurt/M: Fischer Taschenbuch, Bd. 6, S.1582.

[48] Salin, E. ,1955 "Politische Ökonomie/heute," in: *Kyklos*, Vol VII, 重印於作者文集: 1963 *Lynkeus Gestalten und Probleme aus Wirtschaft und Politik*, Tübingen.

[49] Liefman-Keil, E., 1964 *Einführung in die Politische Ökonomie*, Freiburg/ Basel/ Wien, S. 11.

[50] Mohl, Ernst Theodor,1971 "Politische Ökonomie: Kritik der Kritik," in: *Wirtschaftswoche*, Nr.34,（20, 8, 1971）, S.26.

[51] Kade, Gerhard , 1971 "Politische Ökonomie: Die Marxsche Methode im Nachvollzug," in: *Wirtschaftswoche*, Nr. 26,（25, 6, 1971）, S.46.

[52] 參考洪鎌德 2004《西方馬克思主義》，台北：揚智出版社，第36-85，132-174，218-245 頁。

[53] 同註 50, S.27. 以及洪鎌德 1995《新馬克思主義和現代社會科學》，台北：森大，第 157-184 頁。

第五章　新馬克思主義和政治經濟學

一、新馬政治經濟學的崛起

在第二次世界大戰結束後 15 年間，美國學院中的經濟理論仍奉凱恩斯和沙繆森（Paul Samuelson 1915-）為圭臬。可是 1950 年代裡，在麥加錫盲目的反共和迫害知識份子之下，左派學者大多噤若寒蟬，低聲下氣以保持他們在大學中的職位。連執教於史坦福大學的共產黨員巴藍（Paul Baran 1910-1964），也被迫常以筆名撰文發表其經濟觀點。在這段時期中，奧地利學派和芝加哥學派在人數聲勢方面比起激進派有過而無不及，不過他們控制的只有幾所大學的幾個學系而已[1]。

所有這一切在 1960 與 1970 年代有了戲劇性的變化。因為這 20 個年頭，剛好為西方，特別是美國，政經、社會、意識形態變動最尖銳，也是最劇烈的年代，亦即政治危機、經濟危機、社會危機、文化危機併發的年代。這些危機影響所有西方資本主義的社會。特別是各國內部經濟的危機是伴隨高度的失業和慢性通貨膨脹以俱來，再加上國際金融危機使得凱恩斯政策的有效性大受質疑。美國的社會危機則表現在民權運動和 1960 年代城市貧民窟的暴動以及反戰示威之上。這一切動搖了人們對資本主義和諧的信心。第三世界國家之不斷遭受列強的侵擾干涉，也使人們懷疑帝國主義是否會捲土重來。美國在越戰的失敗造成其人民

對冷戰（反共）的意識形態之懷疑。尤其是美國政府連串謊言、欺騙、欲蓋彌彰的行為（以水門醜聞的爆發達其高峰）之被揭穿，使大多數人民對資本主義政府的廉能極為懷疑，也對政府促進公共福利、增進和平友善的目標大打折扣。

這些經濟的、社會的、政治的危機增強了，也反映了自由派意識形態的危機。在學院的經濟學裡，由於自由派意識形態危機畢露，導致奧地利學派和芝加哥學派人數和勢力的激增，同時也恢復了馬克思和韋布連激進的政治經濟學底批判勢力。激進的經濟學說遂集中在下列幾組論題和理論之上：勞動價值說、勞動過程的理論、經濟危機說、貧窮的理論、依賴理論和帝國主義的理論等。

二、勞動價值說的復現和發展

正統派經濟學向來駁斥價值是由勞動創造的說法。有些對古典經濟文獻無知的主流派學者，所以不肯接受勞動價值說，是由於他們誤認為勞動價值說，只不過顯示價格應當和勞動價值相配稱、成為適當的比例而已。這種誤解使他們對這個理論未曾予以慎重的考慮。

但是具有較深學識的主流派經濟學者，卻知道概念上可藉「轉形問題」（transformation problem）來解釋勞動價值說。所謂的「轉形問題」是指商品的價值所涉及的問題，可轉變為生產的價格底問題而言的。不過他們仍排斥勞動價值說，主要的因由為李嘉圖以來至 1950 年代，迄無法指認價值不變的衡量尺度（invariant measure of value）。直到英國劍橋學派的史拉發（Piero Sraffa 1898-1983）在資本主義的經濟裡頭找到可以證實其存在的價值衡量尺度，問題似乎有迎刃而解的模樣。

不過史拉發和馬克思對價值所持的看法是不是完全一致？還是有所差異？這個問題要遲到 1972 年才由梅迪歐（Alfredo Medio 1938-）加以

澄清。他說：

　　價格由價值抽繹而出，亦即「轉形問題」的解決，只是馬克思價值論次要的和形式的證明而已。就算這個問題解決了，但是利潤的存在仍待加以解釋。在某一意義下，新李嘉圖派〔亦即史拉發〕的理論，只是把經濟分析推回到馬克思以前的階段——儘管使用更精緻和嚴格的方式。可見利潤在資本主義社會中扮演了基本的角色，〔因此〕有關利潤的某些理論仍屬必要——就像一個採取種族分離政策的國家中，有關種族的理論是必要的一般。

　　在這一觀點下，馬克思剩餘價值說是重大的，也是構成新古典派有關資本主義贏利的起源和性質學說之外唯一可以代替的學說[2]。

　　梅迪歐知道史拉發的本意只在指出工資率和利潤率的改變會影響價格，因之不需在其分析中引進勞動價值說；反之，馬克思為了分析資本主義階級結構之本質，以及利潤的性質和起源，不能不使用價值和剩餘價值的觀念，這就是說對史拉發而言，沒有所謂的「轉形問題」，對馬克思而言，則有把價值轉變為價格的「轉形問題」。

　　於是梅氏用數學來證明轉形問題的解決方式。這個發展也影響到勞動價值論其他問題的解決，譬如把熟練的勞工問題化約為非熟練的勞工問題（或稱「簡單的」勞工問題）。新馬克思主義經濟學家勞松（Bob Rowthorn）在一篇題為〈馬克思主義體系中熟練的勞工〉文章中指出：熟練的勞工可以視為非熟練勞工加上教育和訓練的總和。在此計算方式下，熟練的勞工可以被視為業已生產完備的商品，這個商品中包含了教育和訓練的成本在內。因之，勞松證明馬克思的價值論，可以用來解釋熟練勞工的價值，亦即把熟練勞工化約為非熟練勞工加上訓練與教育，就像解釋其他商品的價值一樣[3]。

三、資本主義下勞動過程的改變

　　馬克思的資本主義理論底基礎是他的勞動價值理論。在勞動價值理論的觀點下，自然沒有必要再討論生產的其他因素，不管這些因素是獨立的、分開的、還是既存的，一律不需討論。生產不過是純粹社會的人群的活動，目的在開物成務、利用厚生，亦即把可資利用的環境轉化為人類勞動的產品。馬克思這種觀點和功利主義者的觀點大相逕庭，完全有別。後者認為土地和資本，也像勞力一般是生產的因素。因之，地主和資本家也像工人一樣應該獲得生產的回報——地租和利潤。對馬克思及其跟從者而言，離開了人工，土地是不可能自動生產或轉變的，資本雖是生產的資料，卻是從前勞動的成果。

　　只是在資本主義的體制之下，人類的勞動被貶抑到商品的地步，其他的商品反而被提升到人的境界。在這種情形之下，資本才會被看成和人力一樣，也是生產的因素。不過這已是受到功利主義的經濟學混淆後造成的錯覺。馬克思堅稱，資本是一種社會關係。它是社會中不事生產的個人或團體，剝削直接的產品之大部分底權力。資本所以會變成一種社會關係，是有其歷史的、社會的、和科技的條件。其中最重要的則為普遍性的分工。分工一旦進入極為細密的程度，像鞋匠不必自己去生產製鞋所需的皮革，或製鞋所需的工具時，則人工對生產資料的倚賴會愈來愈深，也就造成資本家對生產資料的擁有，也是資本家有權力去控制工人，有權力去否定工人隨便使用生產資料之時。換句話說，資本家對工人生產能力有否決的權力，這種權力一旦被誤用或濫用，便是資本家剝削工人所生產的成品之開始。在資本主義的社會中大部分的收入可分為利潤、利息、地租，這些收入其實都是對勞力剝削的結果。因之，資產階級的收入可以說是由於工人陷於倚賴無助的狀態所造成的。

在資本主義開始時，資本家擁有絕大的權力予取予求。工人最先還擁有某些基本的知識和技能足以自保。但工廠制度出現以後，工人的知識和技巧慢慢分家，勞心與勞力也逐漸分開。及至工人在生產線上每日只單調和反覆地操作單一的勞動時，其倚賴性或無力感益形明顯。這種專業化的過程使勞心和勞力徹底分開，其結果很多工廠中操作員都變成半人、半機器的生產工具，而勞心的白領階層一躍而成為工人的貴族。以上是馬克思對勞心階層的描述。這種的描述和分析在 19 世紀的資本主義工廠制度中容或無誤，但是在 20 世紀初書記性工人（勞心者）的特權地位卻告喪失，因此，馬克思的理論面臨修正的挑戰。

在1960年代末期和1970年初期，為了恢復馬克思主義的經濟理論，布雷維曼（Harry Braverman）檢討了資本主義下的勞動過程，在他的著作《勞動和壟斷資本：20 世紀工作的貶損》（1974）一書中，他發現白領的文書工作已被貶抑到昔日藍領工人瑣屑、單調的地步，且其平均收入並不比藍領工人為高。布氏說：

> 一開始，辦公室乃是勞心之地，而工場則為勞力之處……科學的管理給予辦公室，以構思、計畫、判斷、估量的獨一無二之權力；反之，工場則為體力操作之處，必須遵從辦公室指示執行。這種說法至今尚屬正確無誤……不過辦公室一旦隸屬於合理化過程的一環，它和工場的差別性便告消失。使用思想和計畫的功能已集中在辦公室一小撮人掌握中，辦公室剩下的一大堆辦事員，便會發現他們無異又置身於工場裡。企業管理一旦化做行政勞動過程，那麼勞力的工作便會擴散至辦公室，且不久便變成了文書人員群體的職務特徵了[4]。

布雷維曼把馬克思的分析加以擴大，他認為資本主義越發達，工人更遭受貶損，且這種貶損擴大到各行業。不過儘管工人的貶損是一個事實，但他們批判的、智慧的、感知的能力卻不會被摧毀殆盡。工人這種

不可毀滅的潛勢力，對資本家構成一種威脅，因而引起資本主義制度更大的反擊。於是兩者的鬥爭出現在家庭、學校、社會、以及工作場所中。資本家的目的在製造沒有心靈、能屈能伸、服從聽話的工人。工人奮鬥的目的，則在保護和培養情緒的、體能的、美學的和知識的特質，俾人性得以保存。現代的工人無論是藍領還是白領，多視這種鬥爭為「人的條件」之追求，也是個人擺脫空虛、無聊、憂慮、挫折、自卑的捷徑。可是這種個人的鬥爭，而非集體的鬥爭，更非階級的鬥爭，只便利了資本家，使後者在鬥爭中常居上風。

除了布雷維曼之外，很多新馬克思主義的經濟學家深受到法蘭克福學派賴希（Wilhelm Reich 1897-1957）在 1930 年代有關家庭性格分析的影響，皆視家庭中婦女所受性的壓迫，導致人們許多基本的需要遭受剝奪。賴氏指出在資本主義體制下，家庭生活性角色的社會化造成性的壓制。性的壓制產生了消極的、馴服的人格典型。這種馴服乖順的人格典型正是資本主義所必須的，為的是便利民主外貌的建立。在民主外貌之下，資本主義鎮壓的、權威的、反對民主的功能獲得掩蓋。

在 1960 年代和 1970 年代新馬克思主義理論家（如 Bruce Brown 和 Eli Zaretsky），已超越賴希性壓制說，而指出統治階級的文化風俗各方面主宰著家庭生活，因之造成異化的、消極的、乖順的人格，而便利資本主義的生產過程。有的人（Miriam Wasserman, Samuel Bowles, Herbert Gintis）研究美國的教育制度，特別是學校的教學情況，因而指出資本主義式的教育在抑制好奇、製造順民。至於另一批學者（James Aronson, Robert Cirino）則探究大眾傳播媒介怎樣欺騙民眾、操縱輿論。有人（G. William Domhoff）檢驗自稱代表民眾的民主政府怎樣受到資本家的控制，來促進資本家的利益。所有這些制約或控制的種種非經濟性的手段，最終仍在加強資本主義的階級結構。資本主義所有權力的基礎無疑地是對生產過程的控制。

儘管在個別的公司行號經營上，資本主義代表一種充滿了計畫性、

前瞻性的經濟體系，但其聚合體，亦即整個國家（或社會）的經濟，卻是受到市場的機制之引導。可是我們都知道，市場是雜亂無章、毫無理性可言的。這就是指出資本主義的致命傷來。

談到市場，則不能不談勞動市場，特別是勞動市場的區隔（labor market segmentation），這是資本主義體制下，異化勞動的緣起與異化勞動永續產生的源頭。馬格林（Stephen Marglin）指出工廠或公司的組織中之上下垂直的統屬關係（hierarchy）並非由於機器的發明與引用，為了提昇工作效率才搞出來的組織原則，而是在機械使用之前的工廠制度中便出現的。這種垂直不平之組織方式，使工人喪失了對工作的重要性之體認。換言之，上下統屬關係並非勞動組織所必要，應該有其他的方式來取代這種不民主、不平等的勞動監控機制。

此外，工人在勞動中對「認知」（episteme）和「技術」（techne）兩種知識之分辨不夠，也是他們在工作場所中，無法抗拒勞動組織之脅迫的因由。前者涉及自明的原則、進行邏輯推理的能力，後者則牽連到工作過程的實際技巧。由於這兩種知識，特別是「技術」知識之重視，以致工人在工作組織的變動中無法據理力爭，而成為僱主指揮與操縱的對象，這也是勞動變成乏味的、無趣的、只為維持生計的手段底原因[5]。

愛德華茲（Richard Edwards）指出：19 世紀美國的資本主義是融合各種勢力而形成為一種同質性的體系。但在 20 世紀，美國資本主義本身則形成各種不同的次級體系，勞工的專門化、分歧化完全受到制度的影響，加上種族與性別的不同，導致勞動過程之複雜歧異，其結果美國的勞動市場並非單一而是有所區隔的。大體上可分成三種不同的勞動市場：其一為「次級」（secondary）；其二為「從屬首要」（subordinate primary）；其三為「獨立首要」（independent primary）勞動市場。

次級市場主要的成員為技術差、收入低、缺乏保障與勞動權益的勞工群為主，由於缺乏工會的組織與運作，使得勞工既無工作保障，也缺少升遷的機會。

從屬首要的勞動市場則提供僱傭者職務安全與升遷機會。像汽車與鋼鐵工廠之工人，甚至有強力的工會爲後盾。不過其工作受制於機器的協助，需要熟練的技巧，卻是重複乏味的操作，工人受到直接的監控，在本公司或廠房中有升遷加薪的機會，但不易跳槽到同質的其他公司、工廠尋求新工作。

獨立首要的勞動市場，需要更爲熟練的僱員，勞動者可多少按其意願進行或急或緩的勞動過程，他們必須具備專業的證件、資歷，但他們的升遷、或跳槽，則不限於本公司、本廠房之內。

除了上述制度性的區隔之外，種族與性別的歧視、公司對勞工控制鬆緊、公司規模、財力與穩定性也會影響勞動市場的區隔。這種區隔影響了、或衝擊了資本主義中勞資雙方對勞動過程之控制[6]。

四、資本主義的危機理論

資本主義的階級結構是建立在資本家對生產資料獨佔之上，而生產資料的獨佔必然造成收入分配的極端不均。很多經濟學家包括馬爾薩斯、馬克思和凱恩斯都體會到不均是導致資本主義負面特徵——不穩定、經濟衰退、非理性和混亂——的因由。在凱恩斯之後，多數正統派經濟學家都相信，由於政府的干預、不穩定和非理性正在減輕中。可是 1960 年代隨著批判性的政治經濟學出現，很多激進經濟學者開始認爲凱恩斯學說無法排除資本主義的非理性成分。非理性成分一旦無法排除，則資本主義必陷身於危機中而不克自拔。

巴藍和史維齊在 1960 年代中期所出版的書《壟斷的資本》(1966)，標誌著馬克思主義經濟學的復活。該書顯示相當程度的原創性，它的前半部抨擊壟斷條件下累積的問題，後半部則抨擊壟斷資本主義中人們生活品質的低劣，以及制度的不合理。這本書的主要論點爲現代經濟體制

下，大公司行號的崛起顯示和早期競爭性質的資本主義徹底相反。這裡他們兩人所使用的「壟斷資本主義」的詞謂是比原來的文字寬鬆得多，係指明每個主要的工業中，有限的幾間大公司控制著市場而言。大公司並不進行自殺性的削價競爭，而是讓價格浮動在接近壟斷的邊緣，而美其名為「價格領導」的機制。在這些寡頭壟斷的情形下，工資的提高對公司並不構成嚴重的威脅，原因是生產的高成本可以轉嫁到消費者身上。因之，隨著壟斷腳步的擴大，廠商的利潤不但沒減少，反而步步高升。在這裡巴、史兩氏引進一個名詞「經濟的剩餘」（economic surplus）。他們兩位界定所謂的「經濟的剩餘」為「一個社會生產的總額扣除生產成本的差額」[7]。照理廠商剩餘表示賺錢、富裕、發達，可是全社會累積的剩餘卻變成一個麻煩，亦即滋生怎樣來處理它的問題。是不是把剩餘再投資呢？假使剩餘可投資於新工廠，則容量不久便超過了消費的需要，而導致經濟衰歇停滯。假使剩餘不再投資，而資本家又把剩餘當成貨幣的形式來持有的話，則另一個危機便告產生：貨幣數量增加、幣值降低、物價昂貴。對於投資財需求的抑制，會造成低消費和經濟衰退。壟斷資本主義的危機可以說是投資性資本的充斥和長期性低消費的傾向之出現。

當然有幾個途徑可以吸收這種剩餘。譬如說到外國去投資。不過這不是好辦法，原因是剩餘短期的流出，便隨著利潤的賺取再度回流本國。另一個辦法是國家藉國防軍事的開銷用掉大量的剩餘，可以視為投資和消耗剩餘資財的好辦法。此外，藉廣告、宣傳等促銷的努力可以提高聚合的需求，於是人民養成消耗、浪費的習慣。

此書的刊行正足以解說第二次世界大戰後美國經濟的繁榮。像這種資本主義的大堡壘所遭遇的困難不是資本太少，而是剛好相反，是資本太多。在資本主義的邏輯中，因為超量的資金尋求投資的機會，造成過度的生產能力，也限制了消費者的需求。解決這些問題的方法便是非生產性、非建設性龐大的計畫之推出，目的在支持聚合性的需求於不墜。

於是對社會無益的投資，像軍火武器、奢侈產品以及光怪陸離的促銷活動，便成為新投資的對象和場所了。

巴藍和史維齊的學說，可以說是代表冷戰期間美國馬克思主義政治經濟學「老將」（old guards）的觀點。至於1970年代以後「新秀」（new guards）的出現可視為國際化的新馬克思主義底經濟學理論了。這方面的代表人物為歐康納（James O'Connor），他企圖在1970年代初期把美國和德國馬克思主義學術精神結合在一起。

他著名的作品《國家的財政危機》（1973）[8]，在指明國家和經濟關係，特別是國家試圖發揮各種的功能，以及在經濟活動中國家角色日益增加的矛盾性格。他使用了一個包括三個部門的經濟模型：第一為壟斷的、資本集中的、工會化的、高工資部門（所謂的「壟斷部門」）；第二為具有競爭性的、勞力集中的、比較沒有工會化的、低工資部門（所謂「競爭部門」）；第三為政府部門，包括聯邦、各邦、地方行政機構、以及政府所提供的教育、福利、健康、國防等等服務。在第三項內，尚包括一些依賴政府的開銷，以維持其存在的私人企業，例如武器工業。美國的勞動力剛好平均分配在上述三個部門之中。

有異於其他經濟學者的主張，認為競爭性的（第二）部門已逐漸在衰微消失中底看法，歐氏認為它對壟斷的（第一）部門持有相輔相成、或共生的關係。因為它提供廉價的進項（inputs，原料、初級產品等）給壟斷部門，且為壟斷部門的產品提供販賣（小賣）的管道，成為中、下游的工業。不過這種共生關係卻是片面的，因為壟斷部門在商業上和政治上控制了競爭部門的緣故。

歐氏聲稱國家有兩大功能可資發揮。其一，累積的功能，國家保證私人部門能夠賺取利潤。國家之任務在操縱經濟，目的在促使資本的累積暢行無阻。這個任務已超過經濟活動（像稅收、金融、信貸）的範圍之外；其二，國家的任務在提供「正當化」（legitimation），亦即維持社會的和諧。任何政府的活動都是同時在發揮這兩個功能。譬如學校的

教育制度，一方面在培訓勞力（累積功能），他方面在灌輸效忠、認同的思想（正當功能）。

　　歐氏分析的目的之一爲通過這雙重功能來解釋國家的總預算。在分析上，國家的支出不是屬於「社會資本」，便是屬於「社會開銷」這兩大範疇之一。社會資本是用來協助國家發揮累積功能的錢財。它牽連到增加私人企業的利潤，也就是間接擴大剩餘價值。這包括政府對公共設施支出。另一方面的政府開銷並不累積資本，這是指社會開銷而言。它是爲加強政府的正當性功能的支出，包括照顧失業貧病、維持司法制度等等。

　　在這種觀點下，政府推動公務並非增加私人部門的負擔，而是支持資本主義的企業賺取利潤。不過政府這類的服務分配並不平均。依歐氏的見解，國家的種種支出對壟斷部門的好處大於對競爭部門的好處。壟斷的事業比競爭的事業所製造的社會問題更多更大。前者還吸收了社會投資的大部分，把剩下少數的社會投資留給競爭部門。近年來資本主義社會的國家部門也有所增長，但其增長是與壟斷部門的增長緊密連結在一起。因之，壟斷部門所造成的壞影響，完全由國家代爲掩護、或代爲解決。總之，這說明了國家在保障壟斷事業的贏利，而防阻其虧損。

　　歐康納的危機說，是指國家只能採取導致賺錢和累積的政策，而不惜冒著過度生產和低度消費的危險。當然國家也可以增大消費來減輕危機。但這樣做的結果，便會壓制資本家而減少累積。要之，歐氏學說指出國家在解決壟斷的資本問題時，把經濟的矛盾轉化成政治的矛盾。原因是政府一肩挑起解決那些由壟斷部門所製造的麻煩，但政府的服務成本卻不由壟斷部門單獨支付，而是由其餘工人與企業來支付。即便是壟斷部門要負起支付的責任，它也可以利用價格的抬高來減輕稅負，其結果造成政府的收入不敷支出，亦即導致財政危機。一旦人們爭論政府的總預決算裡頭何者當增何者當減時，財政的危機遂轉化爲政治的危機。再說，財政危機一旦加深惡化，則政府或國家的合法性危機也告爆發。

哈伯瑪斯對於後期資本主義正當性的危機之說法，可以視爲由經濟理論轉向政治理論、或國家社會學理論的例子[9]。

五、貧窮理論的闡發

　　主流派和激進派經濟學家一直在苦思冥想、精觀細察，何以窮人會窮？何以少數民族有較大的比例成爲窮戶？什麼力量造成貧窮的反覆出現？如何消滅貧窮？新古典經濟學家是以收入的不同來解釋貧窮的產生和存在，亦即不熟練、或毫無技巧工人的收入過低造成他們的窮困。因之，訓練人的技術、發展人的才能，把人的本領當成「人的資本」來看待，提高人的資本底生產力，便是掃除貧窮的手段。

　　新古典派之外，另有制度派或稱雙重市場派。該派的見解是認爲勞動市場可以分成兩個部門，一爲高工資部門，一爲低工資部門。後者的特色爲僱傭關係的不穩定性和普遍的跳槽現象。很多美國的少數民族之陷入貧窮都因爲無法從低工資部門脫身的緣故。因爲這些工人（特別是黑皮膚的工人）被「侷限於次級市場是由於他們的居處場所，不適當的技巧，過去工作記錄不佳和遭受歧視的緣故」[10]。也就是說，所謂的窮人乃指那些偶然出外工作，或不定期工作的低收入者而言，他們所以無法從低收入的工作市場脫出，除了技術知識條件不足之外，也是由於經常的曠工或遲到早退的緣故。總之，這一說法，無疑地把貧窮、失業的責任往窮人身上推，可以說是含有「責備受害者」的意思。

　　但另一批激進學者卻指出次級工人之不安於位，頻頻轉換工作、遲到早退、曠工、怠工不是造成市場兩分化的原因，而是其結果。由於次級市場工資水平如此低，又沒有升遷或加薪的機會，工人沒有繼續留任原職的理由，也沒有準時上班的誘因。因之，對激進的理論家而言，低工資和惡劣的工作條件造成了次級市場的工人之不穩定，從而造成勞工

市場的「區隔化」（segmentation）。

　　由勞工市場的區隔化說進一步演繹爲工業區隔化說。其倡說者爲布魯史東（Barry Bluestone）。他在 1968 年 10 月的《異議》雜誌上撰文指稱：流行的看法把貧窮視爲結構性失業造成的，而失業是由於不熟練的工人無能力適應高科技的緣故。這一流行看法被布氏斥爲錯誤。根據他的看法，貧窮的原因不是由於職位的缺少，也不是由於技術的缺少，而是由於適當支薪的工作不足之故。換言之，貧窮的問題主要的是從事工作的窮人所遭逢的問題。根據他統計的資料顯示：1964 年在美國幾乎三分之一的窮戶都是由一個全職的戶長幾乎全年不休的工作（50 週到 52 週連續的工作）來維持家計的 [11]，因之，貧窮並非失業造成，而是由於低工資的職位造成的。換句話說，美國經濟結構中，低工資的部分、或區隔佔總經濟區隔的比例很高。不僅夕陽工業是低工資的集中所在，就是某些擴充性的工業，像成衣、家俱、或零售商，也是低工資的場所，這些工業的特色爲贏利不豐。此外，布氏指出社會的上下階層的藩籬阻止窮人的升遷和變換職業。他還將資本主義的經濟描述爲不同的分區。核心分區（core sector）的特質爲生產力高、利潤高、資本密集和工會組織嚴密、支付工資高。反之邊陲分區（peripheral sector）卻由彼此競爭激烈、生產力低、勞力密集、無工會組織的小型公司所組成，其支付的工資較低。另外還有第三種的經濟分區，即「不規則的經濟」分區，其情況較不同，這點居然與工人技術好壞無重大的關係。要之，對布氏言，貧窮產自資本主義經濟不平均的發展，也是進步的資本主義社會中寡頭壟斷和競爭彼此滲透衝擊的結果。

六、帝國主義論和依賴論的營構

　　當 20 世紀初帝國主義的理論由希爾弗定、盧森堡、列寧提出時，其主要的用意在於解釋何以馬克思所做歐洲發達之資本主義終必崩潰的預言，遲遲未能兌現。其原因是資本主義國家輸出資本、奴役殖民地人民而使本欲分崩離析的資本主義得以苟延殘喘。其後壟斷資本主義崛起，帝國主義理論在於解釋資本主義國家掠奪殖民地引發列強衝突和國際戰爭的因由。第二次世界大戰結束後，殖民地紛紛獨立成為新的國家，但新興國家的政治不穩、經濟貧困、社會動盪、文化失衡、科技落後，又引發自由派學者一窩蜂鑽研和闡發所謂現代化理論（「徹底的西化說」，「現代化學說」）和發展理論。

　　激進派則逐漸由帝國主義的理論轉向所謂的依賴理論。依賴理論指出第三世界所以貧窮落後，不僅是由於欠缺菁英份子，或由於人民的愚昧無知、政府的貪污無能等表面現象所造成的，卻是根植於西方工業國家與新興國家的歷史糾結之上。況且第三世界諸國的問題，並不是態度的、心理因素的，或是文化的（肯不肯「中體西用」、西化、或現代化）問題，而根本上是結構的問題，亦即經濟的問題。所謂的依賴理論是指新興的國家無法推行獨立自主、自我維持的經濟發展。反之，是過度依賴或牽連到工業化資本主義國家。造成新興國家這種倚賴性格，乃是其經濟、特別是外貿的結構有以致之。它們大部分是原產品的輸出國，原產品的價格卻受世界市場波動所左右。新興國家經濟都未多樣化、多角化。本國有限的市場尚未充分發展，結果其菁英份子輸入的奢侈品，不是其貧苦大眾所能購買消費的。在投資方面，它們仰賴西方工業先進國家或國際金融貸款組織，而這些輸入的資本又非第三世界國家的政府所能控制應用。要之，新興國家倚賴外國的商務、資本、產品、人才、技

術等等，又因負債過鉅，造成償付無方的危機。

巴藍首先在《成長的政治經濟學》（1957）一書中提出他的經濟依賴論。該書後半部提及發達的西方資本主義與落後國家的關聯，因而修正馬克思所說的落後國家大多以先進國家爲借鑑，企圖在未來達致先進國家目前的水平。依巴氏說法，西歐先進國家將世界其餘國家拋在腦後，並非是偶然的事，而是由於西歐發展的性質造成的。換句話說，歐美的進步和第三世界的落後是一體的兩面，而不是先後發展時期的不同[12]。

巴氏指出三個過程造成第三世界的貧窮落後，也造成帝國主義的富裕進步。第一，被殖民過的國家農業的重加結構，造成自給自足的糧食生產轉變爲商品性的（可換取現金的）農產品之生產。其結果是新興國家變成農產品新輸出國。第二，新興國家的前身多爲殖民地，但殖民地的財富卻被當年的殖民國家所榨取，亦即通過稅收和廉價勞工而使殖民地的財富流入殖民母國。第三，帝國主義的統治，破壞殖民地本土的製造業，殖民母國的工商成品輸往殖民地，其結果殖民母國經濟發達，人民富裕，而殖民地本土工業則遭破壞無遺。

巴氏還引進了「實際的經濟剩餘」和「潛在的經濟剩餘」兩詞來說明第三世界地區這兩種剩餘的差距之擴大，標誌著帝國主義和新殖民主義如何來榨取第三世界的資源。

聯合國拉丁美洲經濟委員會（The United Nations Economic Commission for Latin America，簡稱 ECLA）在 1940 年代後期即進行一連串有關拉美經濟落後國家的研究，其研究者多數不是馬克思主義的經濟學家，不過帝國主義在拉美的榨取有詳盡的描述和分析。其統計資料成爲其後依賴理論立論的基礎。

1960 年代初期，一批馬克思主義的激進學者開始爲依賴理論提供新的面貌。傅蘭克（Andre Gunder Frank）是其中的翹楚。他爲德國移民，出身芝加哥大學，但介入拉美經濟的研究事務，曾在智利和巴西進行實地考察。他反對拉美本土經濟的落後，是由於封建殘餘的大地主對

抗進步的有產階級資本家所造成的。亦即拉美的經濟是封建的和現代的工商業兩元的對立和並存。傅蘭克反對這種兩元論兼封建論的說法，他也駁斥西方發展社會學（sociology of development）的擴散論（diffusionism）。蓋擴散論者誤認新興國家低度發展（落後）是一種原始的狀態（傳統主義），可藉西方資本主義的侵入擴散而改善。在傅氏眼中，兩元論和擴散論有其相輔相通的所在。兩者都認為落後國家為前資本主義，落後國家的進步有待資本主義（現代化）的入侵和擴散。

傅氏持相反的看法，他以為第三世界所以落後是由於數百年來和西方接觸頻繁早就變成資本主義化。第三世界欲擺脫依賴和不獨立的困境，只有靠排除資本主義國家的介入一途。在其著作中 [13]，傅氏不認為拉美國家有所謂封建主義的存在，就是其鄉村經濟也不是封建式的，而自具特質。他又把一般所說拉美的經濟和社會是兩元論加以駁斥。他指出拉美經濟最發達的時期正是帝國主義在中南美勢力最衰微之時。反之，拉美的落後和經濟衰歇卻是殖民母國和衛星國互動（metropotian-satellite interaction，這裡他以殖民母國 metropole 和衛星國度 satellite 來代替 ECLA 所倡說的中心 center 和邊陲 periphery）最為頻繁之際，從而他也抨擊了擴散論。

至於拉美任何一國之內經濟的發展，有的部分（或地區）較為發達，有的部分則較為落後，這點他的解釋是把殖民母國和衛星國互動的模式由國際搬運和應用到國內之上。亦即這兩個部分（或區域）是通過壓榨的過程造成一個進步，另一個落後的情形。通常在拉美某一國度裡，一個階級或一群菁英控制著這個壓榨的過程，它的收入全由社會各部分所供應的。在此情形下，這一階級（或菁英集團）究為資產階級抑為封建地主是難以一概而論的。這一解釋的兩項政治涵義為：第一，拉美共產黨在受到國際共黨的鼓舞下，進行聯合陣線的策略。不過聯合的對象，如只限於所謂的「進步的」資產階級，用來對抗封建勢力的話，則這種聯合注定要失敗。原因是在拉美國家無所謂的資產階級與封建地主之

分。第二，通常革命階段說指明社會主義的革命是在資產階級民主革命之後實行的。由傅氏的這一分析，兩階段說似乎無法應用於拉美國家的革命運動之上。反之，應像古巴的卡斯特羅一樣，不需通過資產階級的革命，即刻推展社會主義的革命。這樣做其成功的機會較大之故。

　　既然傅蘭克駁斥了封建主義說，經濟兩元論，社會擴散說，那麼他所謂的依賴論的立論基礎在那裡？首先他接受巴藍有關剩餘概念和潛在剩餘的概念。他認為壓榨是雙重的過程：第一過程為外國的企業組織將第三世界可以再投資的剩餘盡量榨取吸回其母國；第二，拉美國家的社會階級結構便利了國內非理性地和浪費性地濫用剩下底資源。在此情形下，潛在的剩餘逐漸消失了，這是由於無法更新的資源（例如礦產和土地）之濫用和統治階級（以及菁英集團）之浪費的緣故。此外，第三世界集中於生產與輸出某些原料的經濟結構，也使它的國際支付日趨不利，而財富逐由邊陲國家移向核心國家。另外，核心國家對邊陲國家原料價格的壟斷性控制，或第三世界國家通過國際商團購入的昂貴產品，也是造成拉美國家貧窮落後的主因。

　　傅蘭克和一般依賴理論，提供一個有關帝國主義率直的分析，揭露帝國主義對第三世界內在的破壞作用。其立論的主旨不再指出第三世界鄉村的落後和貧窮是由於該等經濟部分與資本主義脫離的緣故。剛好相反，認為正是由於這些經濟部分被資本主義統合才會導致低度開發和窮困。由於他對拉美國家受到帝國主義進侵的歷史分期與眾不同，以及強調這些國家與資本主義國家的長期接觸早已資本主義化，因之這些論點遭受了相當的批評，以致他否認他本人為馬克思主義者。不過我們若視他為激進的經濟理論家，則似乎比較恰當。

　　在依賴理論發表不久，在法語系的國家又出現了新的帝國主義理論。其代表人物為執教於巴黎索邦大學的希裔學者艾馬紐（Arghiri Emmanuel），以及旅居巴黎的埃及學者阿敏（Samir Amin）。他們企圖重整馬克思有關帝國主義的理論，而強調其批判的成分。他們兩人先批

評非馬克思主義者的經濟理論。艾馬紐攻擊先進資本主義國家和第三世界國家攜手合作，雙方都會有比較利益之理論。阿敏則批評發展理論中聲稱的第三世界國家，充分西化便可進入發展的「起飛」階段。

艾馬紐利用馬克思的勞動價值說，展示國際貿易牽涉到殖民母國對邊陲國家的超級壓榨，原因是雙方的交易是不平等的。不平等的交易指出：在落後國家一小時的工作時間之產品所換得的是先進國家少於一個鐘頭勞動的商品。在長時間中，這種不平等的交易會導致落後國家價值的流失，也就是流向先進的工業國家，一方是付出太多，另一方則付出太少[14]。

英美的激進派經濟學家在 1970 年代初期繼續討論依賴理論、不平等交易理論及其他帝國主義理論。齊曼斯基（Albert Szymanski）考察美國與第三世界之間資本的流動。他發現淨資本的流動方向是由美國流向邊陲國家，從而證實列寧的帝國主義說，也間接駁斥依賴理論所指資本由邊陲湧入核心的說法[15]。

英美學者除了以數據資料來檢驗資本主義理論之外，尚有正統派馬克思主義者對依賴理論和不平等交易理論的批評。但所有這些最近激進的理論卻因為華勒斯坦（Immanuel Wallerstein）的世界體系理論而顯得失色。華氏的著作《現代世界體系》（1974）的出版，標誌著新馬克思主義政治經濟學的里程碑[16]。華氏的理論融合了馬克思主義學術研究的兩大主題。其一，自巴藍、傅蘭克等人的學說中，華氏吸取這一觀念：歐洲的發展和第三世界的落後是一體的兩面；其二，他應用這個理論架構於至今為止少有關聯的題目之上，亦即論歐洲由封建主義轉化為資本主義，特別是 16 世紀歐洲資本主義和重商主義的崛起。

華勒斯坦的理論模型是熔冶依賴理論、馬克思主義和歷史社會學於一爐。他分析 16 世紀形將構成一個「世界體系」的歐洲諸國之實力。所謂世界體系乃是建立在資本主義的商業和專供銷售用的商品之生產為基礎，所形成的國際經濟體系。這個單一性的世界體系是由三個部門合

組而成的：核心、半邊陲和邊陲。儘管這三個部門都受到國際貿易和其後的殖民主義底影響，但它們的經濟活動是有所專門與有所分別。核心發展農業和工業，邊陲發展單種的穀物之農業經營，或是出口的礦業。當上述各業逐漸分別發展自成專門化之後，歐洲各國的國力也隨之有強弱之分。強國能夠承受貿易失衡所引起的經濟壓力，於是剩餘的財富開始流向核心區域，而使核心國家更形富強。反之，財富的流出，使邊陲國家更為貧弱，並且減低它們的發展，最後造成這些國家在政治上和經濟上成為依賴性的國家。

至此，華氏的理論模型和早期的依賴理論並不相違，卻是相互契合。他與依賴理論者都相信核心的發展，導致邊陲的落後，他也提及剩餘的轉換（像不平等的交易、壟斷性的價格，外國對資本的擁有等）的問題。他原創性的貢獻在於指明：經濟的專門化會影響世界體系中諸國的階級結構，以及影響了勞力控制的制度。他說：核心國家的統治階級採用自由工資的勞動作為勞力控制的體系；反之，邊陲國家的統治階級卻採用農奴或強迫性勞工（農工或礦工）。以上是他有異於依賴論的所在。此外，他與依賴論者不同處為強調國力的大小不同，這些是涉及一個政府機構政治的、軍事的和行政的能力而言。

華氏理論模型中言及的核心和邊陲底部分是清楚明白的，可是他所說介於核心和邊陲之間的半邊陲，則有點模糊不清。大概是以工業發展和國力的大小來指陳他們界於核心和邊陲之間而言的，它們等於核心和邊陲之間的緩衝地帶。以今日的國度來衡量，這些半邊陲的國家應包括巴西、阿根廷、南韓、台灣在內 [17]。這些半邊陲的國家採用雙重經濟：輸給核心以原料，但輸給邊陲國家卻是製成品。它們擁有熟練的、但低工資的工人，因此可以直接收受核心地區某些轉移的職務，藉此來獲致經濟的成長。它們也有能力統合於核心國家裡，不過關於此點華氏未曾討論。核心國家也有降為半邊陲、或邊陲國家也有升級為半邊陲的可能性。

表面上，華氏的論調和正統派馬克思主義的觀點不謀而合，因為他使用很多正統派的術語（像資本的流動、生產方式、階級衝突、國家、國際分工和專門化等）。但正統派馬克思主義者卻指陳其錯誤百出，這是因為他們不同意他把這些概念組合的方式。批評華氏學說最厲害的莫過於布勒涅（Robert Brenner）[18]。布氏和其他正統派馬克思主義者指出：由於階級的結構，特別是資本家的出現，顯示資本家為追求利潤才會尋求技術的突破和更新。由於技術的更新、科學的進步、財富的累積，才會造成強國。強國再加上對外貿易於是產生了帝國主義。如今華氏卻反其道而行。他立論的次序是：資本主義是和 16 世紀的大發現、大航行相隨而生。由於「天然」因素而造成了產品的不同，產品的不同造成貿易的專門化過程；不同的貿易專門化角色造成不同的階級結構（貿易會改變階級結構），不同的階級結構造成不同的政治。核心國家的力量使他們能夠自邊陲弱國榨取剩餘，剩餘即構成了核心國家經濟起飛的能力。

　　布氏反駁上述論點而指出：在東歐各國對外通商，不但沒有改變階級結構，反而強化了封建主義的上下隸屬關係。再說勞力控制的體系也不是由統治階級所選擇所決定的，而是因為它本國國內的階級結構已發生變化，而啟開了新的技術活潑的時代。

　　不過平心而論，華勒斯坦的理論，在於強調世界體系，而不是像以往只斤斤計較個別國家單一的歷史研究。他學說的核心是在寰球的脈絡上，研究國家經濟發展和政治發展與其外在活動的關聯。他對國家角色和力量的重視，可以補救依賴論只看重資本流動的偏頗。特別是他注意到國家之內的制度性結構（國家、階級、經濟組織）和他們互動的關係，可以說是慧眼獨具，極富創意。因之，它對當代美國社會科學，特別是左派理論的影響一直不衰。

七、摘要和結論

綜合前面所述，激進的或新馬克思主義的經濟學者對資本主義的看法，我們可以歸納為下列幾個主要的項目：

（一）認為美國的資本主義已發展到先進的階段

整個經濟已受到壟斷性的大公司行號（giant corporations）所主宰，亦即形成財團組合的資本主義（corporate capitalism）。為數約兩百個的公司財團常是跨國性的組織，它們分佈於工業、商業和金融等部門，控制著技術的更新、價格的大小，操縱著消費者的慾望。在賺取高利潤之外，它們將風險和社會代價推卸給消費大眾、納稅人和無權無勢者去承擔。

（二）國家成為財團資本主義的幫兇

大公司行號以各種方式手段影響了國家的大政方針、控制了公共部門的運作。它們和政府之間存在著千絲萬縷的相互依存關係。政黨的得勢掌權是依賴大公司的財政支援的。政府的規定很少在保護消費者免被欺騙濫用，反而是掩蓋生產者的無能和失效。國家的稅收用來補助大公司行號的虧損，國家提供市場給大公司的產品傾銷（美國每年軍費開銷不下於 2000 億美元）。

（三）資本主義膨脹的動力導致危機

儘管壟斷資本家和國家的關係密切，但資本主義的膨脹擴大卻為大公司行號帶來嚴重的後果。資本家之間的競爭迫使他們要設法生產更多產品，累積更多資本，賺取更大利潤。其結果造成資本主義體系的更多罪惡，更多的非理性。資本主義的擴張逐仰賴不斷膨脹的市場，也產生

對工人更大的壓榨，造成收入的不均，以及異化的嚴重，甚至把社會推向窮兵黷武和帝國主義的深淵邊緣。

（四）壓榨剝削的變本加厲

正統派經濟學者以邊際生產力來解釋一般人的收入，認為工資率接近產品的邊際收益，這點受到激進派經濟學家猛烈的攻擊。原因在於不論是勞動市場也罷，是產品市場也罷，都沒有完全和公平的競爭可言。其次工作機會並不公平，更何況激進經濟學者否認資本主義本身具有生產能力。他們「承認機器能夠增加生產，工人也需要機器，因為機器增加工人的生產力……不過能夠生產的是這種物理的資本（與工人聯合的機器），而非資本家。資本家只擁有資本，他本身不是機器，機器在工作（機器與工人一起工作），資本家卻賺取利潤」[19]。換句話說，單單擁有資本並不是生產的活動，結果資本家的收入是不當得利，也是無法正當化的。

（五）收入不均是由於資本主義的制度所造成的

私產的存在就是收入不均的源泉，財富的分配比收入的分配還顯示不均，因為前者高度集中於少數人的手裡之故。激進經濟學者指出軟弱無力的遺產稅造成經濟不均的持續，加上擁有權力的群體（公司行號）挾國家以自重，使政府的財政政策、稅捐政策、貿易政策完全以財團的馬首是瞻，社會的不公平更形擴大。其中勞動市場的雙重化，或區隔化成為激進派立論的焦點。

（六）異化的源泉來自資本主義的體制及其運作

在財團資本主義制度下，個人愈來愈無法控制其生活和活動。群眾愈來愈脫離有關他們生活品質和生活特質的決定過程；任何的決定都與民眾的利益無關，而且這些決斷的後果也與民眾的需要背道而馳。造成異化的原因和形式是多種的：第一，財團的統治剝奪個人事業發展的機

會，也阻止個人的自主和獨立的發展；第二，公司行號龐大的組織使個別工人顯得渺小無助。不論藍領或白領的工作人員都發現其職務完全置於權威性指揮監督之下，也受到硬性的規矩和程序的束縛；第三，個人「自我實現」以及創造發明的意願卻與科學進步所帶來的嚴密苛細的分工，相互牴觸形成矛盾。公司行號在追求利潤中完全棄員工自我實現和參與的願望不顧。資本主義的彈性、動力產生大量生產的科技，也造成令人心煩慮亂的職務以及高度壓迫性的工作環境。

（七）非理性的社會之出現──為浪費而生產

正統的經濟學家讚美資本主義的優點為市場體系具有能力高效率地支配資源。但激進學者卻反駁此一論點，指出資本主義對資源非理性的濫用。這種浪費性的生產係植根於資本主義的制度裡，特別是價格制度。在美國單單一年便浪費高達 600 億美元於無用的廣告之上。當美國城市漸趨頹廢，大眾運輸日形不便，社會服務每況愈下之際，政府每年卻花費高達 2000 億美元於軍備競賽和海外駐軍的開銷之上。這些瘋狂的經濟表現導源於利潤的誘因，和高度不均的收入和財富。蓋利潤的追求與累積的希冀導致生產的擴大，最後變成為生產而生產，或是為浪費而生產。生產盲目的擴大會造成資源的枯竭、環境的污染、和生態的失衡。

（八）民族主義的新解釋

向來民族主義就被視為政治學者、或歷史學者、或社會學家研究的對象，而不是經濟學家的興趣之所在。在馬克思主義的傳統中，也只有奧地利馬克思主義者才討論奧匈多元種族和民族主義的問題。可是在研究資本主義的擴張時，少數激進的學者開始留意到地方的資本勢力，或本土的資產階級，有對抗資本主義蔓延的企圖，以及擔心資本主義發展不均造成的惡果。為此，英國學者奈恩（Tom Nairn）便嘗試給民族主義一個新的解釋。他認為新興的力量尚屬薄弱的落後地區資產階級為了妥善利用本國的資源，不惜鼓動人民（亦即唯一的資源）來反對外力的

侵入。因之，民族主義即爲排外運動的表示，也是本土資本家反對國際資產階級奴化、壓榨的本土性反抗運動。由是民族主義和民粹主義（populism）成爲反對殖民主義和反對帝國主義的利器。大英帝國的解體便與蘇格蘭（以及其他地區）民族主義的興起有關[20]。

（九）窮兵黷武和帝國主義的形成

由於資本主義的動力特強，壟斷性資本主義早晚必跨越國界去控制和壓榨落後的地區。這就會造成「資本主義的國際化」，也就是帝國主義了。發展中國家的落後，不能像正統經濟理論者所稱歸因於人口過多，資源過少。因之，薛爾曼（Howard Sherman）指出：「在激進派眼中……阻止發展的主力並非內在於落後國家本身的自然因素和生物因素，更不是〔這些國家的人民〕性慾、繁殖、懶惰、愚昧、或缺乏資源。阻力乃是人與人的社會關係：事實上農人和工人所有直接消費之外的剩餘，都被地主、高利貸者、稅吏、外國公司等等榨取一空」[21]。帝國主義資本家對落後地區的援助只在幫助反動的統治階級剝削農工的經濟剩餘。美國及其他帝國主義國家不但沒有把財富輸往落後地區；剛好相反，財富、資本反而在這些先進國家不斷累積（先進國家在落後國家的利潤大於其投資價值）。先進與落後國家之間的貿易，只有前者蒙受其利，而使後者更形落後、更形喪失獨立自主。

（十）激進派經濟學家對社會主義的展望

每一個激進的經濟學家都有他心目中理想的社會主義。一般來說都同意廢棄私人的牟利，採用文雅而又人道的生活方式，強調民主的程序以解決眾人之事。過去有人對蘇聯模式懷有幻想，但如今大多數棄之如敝屣；也有人贊成市場的社會主義，即公家擁有某些財產，但卻保留價格制度；少數人則主張無政府主義採取放任無爲的政策；有些人主張採取合作社的制度，甚至取法中國大陸一度風行的公社制度；另外一批人則主張「參與的社會主義」（participatory socialism）。

所謂的參與的社會主義，是一種民主的、分權的社會主義。它允許個人有參與的控制權，亦即涉及其他人生活的任何決定，有權發言並參與決定。它的先決條件為在私產廢除和財富重新分配的基礎上，容許大家都獲取物質資料和文化資料的同等機會。這種社會主義並「要求男女消除生產、消費、教育、社會關係中異化和破壞的方式。參與的社會主義要求取消官僚的、上下層級的形式，其取代的方式不是新的國家官僚或黨的官僚，而是自我統治和自我管理的人民。這些人民可真正選舉和罷黜其代表。參與的社會主義產生一種平等合作、大家團結一致的感受，同時它尊重個人與群體的差異，保障個人的權利，它提供所有的個人行使人權和……民權的自由」[22]。由此可見新馬克思主義的經濟學者，除了正義感之外，有其浪漫性的憧憬──新的烏托邦之期待。

註 釋

[1] 本章前半部主要參考 Hunt, E. K. 1979 *History of Economic Thought: A Critical Perspective*, Belmont, CA: Wadsworth Publishing Co. 第十九章寫成。該書已出第二版 1991；後半部則參考 Attewell, Paul A. 1984 *Radical Politica Economy Since the Sixties: Sociology of Knowledge Analysis*, New Brunswick, N.J.: Rutgers University Press.

[2] Medio, Alfredo 1972 "Profit and Surplus-Value: Appearance and Reality in Capitalist Production", in E. K. Hunt, and Jesse G. Schwartz（eds.）, *A Critique of Economic Theory*, Baltimore: Penguin, p.326.

[3] Rowthorn, B. 1974 "Skilled Labour in the Marxist System", *Bulletin of the Conference of Socialist Economist*,（Spring）: 25-45.

[4] Braverman, Harry 1974 *Labor and Monopoly Capital: The Degrading of Work in the Twentieth Century*, New York: Monthly Review Press, pp.315-316.

[5] Marglin, Stephen 1996 "What Do Bosses Do ? The Origins and Functions of Hierarchy in Capitalist Production" in Lippit, Victor D.（ed.）, 1996 *Radical Political Economy: Explorations in Alternative Economic Analysis*, Armonk, N. Y. and London: M. E. Sharpe, pp.60-85.

[6] Edwards, Richard 1996 "Segemented Labor Market", in Lippit, *op. cit.*, pp.60-85.

[7] Baran, Paul and Paul M. Sweezy 1966 *Monopoly Capital*, New York: Monthly Review Press, p.9. 兩位作者又指出:「剩餘的大小是生產力和財富的指標，也是社會業已達致的自由大小之指標，姑不論該社會所設定的目標為何。剩餘的組成表明社會怎樣來使用那種自由，它在擴充其生產能力時如何投資，它以怎樣不同的方式來消費，它在何種方式下如何地浪費」。見 Baran and Sweezy, 1966, pp.9-10.

[8] O'Connor, James 1973 *The Fiscal Crisis of the State*, New York: St. Martin's Press.

[9] Habermas, Jürgen 1973 *Legitimationsprobleme im Spätkapitalismus*, Frankfurt a.M.: Suhrkamp; Wolfe, Alan 1972 *The Limits of Legitimacy: Political Consequence of Contemporary Capitalism*, New York: Free Press.

[10] Doeringer, Peter B., and Michael J. Piore 1971 *Internal Labour Market and Manpower Analysis*, Lexington, Mass: D. C. Heath, p.166.

[11] Bluestone, B. 1968 "The poor who HAVE jobs", *Dissent*, (Sept.-Oct.) : 410-419, p.410.

[12] Baran, Paul 1957 *The Political Economy of Growth*, New York: Monthly Review Press, p.140.

[13] Frank, A. G. 1967 *Capitalism and Underdevelopment in Latin America: Historical Studies of Chile and Brazil*, New York: Monthly Review Press; 1971 *Sociology of Development and Underdevelopment*, London: Pluto; 1975 *On Capitalist Underdevelopment*, London: Oxford University Press.

[14] Emmanuel, A. 1972 *Unequal Exchange: A Study in the Imperialism of Trade*, New York: Monthly Review Press; Amin, S. 1972 *Accumulation on World Scale*, New York: Monthly Review Press; 1976 *Unequal Development*, New York: Monthly Review Press; 1978 *The Law of Value and Historical Materialism*, New York: Monthly Review Press.

[15] Szymanski, A. 1974 "Marxist Theory and International Capital Flows", *Review of Political Economies*, (Fall) 6: 20-40; 1976 "Radical Discrimination and White Gain", *American Sociological Review*, (June) 41: 403-414; 1977 "Capital Accumulation on World Scale and the Necessity of Imperialism", *Insurgent Sociologist*, (Spring) 7: 35-53; 1978 "White Workers' Loss from Radical Discrimination: Reply to Villemez", *American Sociological Review*, (Oct.) 43: 776-782.

[16] Wallerstein, Immanuel 1974 *The Modern World System: Capitalist Agriculture and the Origins of the European World-Economy in the 16th Century*, New York: Academic Press, p.243.

[17] Attewell, *ibid.*, p.243.

[18] Brenner, R. 1977 "The Origins of Capitalist Development: A Critique of Neo-Smithian Marxism", *New Left Review*, (Jul.-Aug.) 104: 25-93.

[19] Hunt, E. K., and Howard J. Sherman, 1972 *Economics: An Introduction to Traditional and Radical Views*, New York: Harper and Row, p.226.

[20] Nairn, Tom 1977 *The Break-up of Britain*, London: New Left Books.

[21] Sherman, Howard J. 1972 *Radical Political Economy*, New York: Basic Books Inc., pp.151-152.

[22] Edwards, Richard C., Michael Reich, and Thomas Weisskopf（eds.）1972 *The Capitalist System: A Radical Analysis of American Society*, Englewood Cliffs, N.J.: Prentice-Hall, p.520.

第六章　政治經濟學的性質與
早期的論戰

一、經濟思潮的起源及經濟學的性質

　　德國歷史學派的經濟學家歐意肯（又譯爲倭鏗 Walter Eucken 1891-
1950），在他所著《國民經濟概論》一書的第一版序文中指出：「這不
是一本談方法論的書。本書研究的對象爲經濟實在（wirtschaftliche
Wirklichkeit）。奢談方法論乃是今日每一門科學的毛病；只靠方法論一
途並不能治療今日科學之病」[1]。

　　歐意肯這幾句話，的確值得玩味。像他這樣一位講究科學方法的人，
居然指陳奢談方法論之弊，寧不令人咄咄稱怪？再說，方法論恰是匡正
科學之不逮，大有補偏救弊之功，而歐氏居然稱它毫無治療科學毛病之
功效，這不是很奇怪嗎？

　　歐氏撰寫這篇序文是在 1939 年 11 月，距今恰好 65 年。在這漫長
的歲月中，西方的經濟學學者，在涉及經濟學研究的對象與方法之問題
時，他們的基本態度與歐氏的看法似無多大不同。就是今日很多學者都
認爲經濟學研究的客體對象與研究方法，已趨定型，而不考慮到經濟學
理論或經濟社會學的問題。長此以往，會導致經濟學對象的孤立，經濟
想法的呆滯，經濟問題與社會現實的脫節，乃至排除科際整合的可能性，
而使經濟學與其他社會科學脫離關係。爲了阻止此種情勢的發展，重新

估量經濟學的內涵與形式，探究經濟學在現代社會中的地位，是有所必要的。

此外，重新檢討經濟學的課題，尚有兩個主要原因：其一，現代科學理論所掌握的認知（Erkenntnis），已逐漸滲透入各種人文與社會科學之中。經濟學自不能例外，同樣也要受到科學哲學、或方法論、或研究邏輯的影響。特別是利用這些科學方法來揭發經濟預測、或經濟判斷不準的因由；其二，今日的經濟思潮，也像政治意識形態一樣，有東西陣營的對峙，有南北貧富集團的對抗，加上了第三、或第四世界的出現，而使理論更為分歧，方法途徑更為複雜。作為西方經濟思潮基礎的新古典主義，正面對著各種挑戰與刺激，而為其他理論、學說所孤立，因此重加衡量其地位、立場、貢獻，實屬必要[2]。

自有人類以來，便產生慾望無窮，財貨短缺的現象。這種滿足慾望與需求的貨物與勞務之間不平衡的關係，是導致經濟問題產生的主要原因。是以自從人類能夠運用其思想之日開始，便一直在謀求民生或經濟問題的解決與改善。古希臘的哲人如柏拉圖、亞理士多德，中古時代的神學家如聖多瑪，無不困心衡慮，研究經濟與社會問題。撇開這種玄思、神學的討論不談，具有現代意義，有系統的國民經濟學的研究，卻是230年前之事。過去用以解釋經濟現象總是脫離不了傳統的規範、或以中古的神學觀點、或以啟蒙思想、或以理性主義、或以自然權利、或以個人主義來加以解釋、加以說明。

第一位促成經濟學獨立而成為專科的學者，是一般公認「經濟學之父」的亞丹・斯密[3]。他的《國富論》（*An Inquiry into the Nature and Causes of the Wealth of Nations*）係1776年出版，距今將近230年[4]。這是一部石破天驚，傳世不朽的巨著。在斯密之後搞經濟的人物，真是包羅萬象，各行各業都有，計有「一個哲學家、一個瘋子、一個牧師、一個證券經理商、一個革命家、一個貴族、一個審美者、一個懷疑論者，與一個流浪漢」[5]。

儘管個別學者以其特殊的方式，來促成經濟學的進步，但今日這門學科卻可以溯源於歐洲三種傳統的學問，即歐陸方面的法律與國家科學（Rechts- und Staatswissenschaften），德國的歷史科學與英國的倫理哲學[6]。經濟學一向被視爲涉及人們行爲方式與行動的科學，其目的在探究資源的開發，貨物與勞務的生產與分配，俾滿足人們的需求。在這種觀點之下，經濟學被視爲精神科學（Geisteswissenschaften）之一個分支。其認知的對象乃爲主體（經濟人）與客體（經濟財）之間的關聯體系。與精神科學、或人文學科、或道德學科、或社會科學相對的是所謂的自然科學。有些學者主張應把經濟學當做自然科學的一個分支來看待，原因是這門科學已相當嚴謹，可用數學的方式來表達，又可藉經驗事實來加以檢證的緣故[7]。精神與自然的對應，由之產生的精神科學與自然科學的分殊，乃是 19 世紀學術界出現的新事實。這是由於聖西蒙、傅立葉、孔德諸人力主社會科學應與自然科學並行獨立的結果。穆勒（John Stuart Mill 1806-1873）不像上述德國學者純就研究對象，而劃分自然科學與社會科學。他是企圖由方法論的觀點，把社會科學放置於自然科學與精神科學的中間，由之鼎足而三。

　　即使後來社會科學成爲科學大系三大支柱之一（其餘爲物理科學與生命科學），逐漸邁向獨立自主之際，經濟學究應屬於何種範疇，猶未決定。其理由係經濟學認知的目標，究爲精神領域，抑或自然領域、抑社會領域，尚無定論。此外，經濟學研究的對象，究爲人與物的關係，或人與人的關係，也爭論不休。如其研究對象只限於人與物的關係，我們不妨視它爲國家範圍內的經濟，如涉及到人與人的關係，則屬社會學的範圍，至少是經濟社會學的範圍[8]。早期西德經濟社會學家阿爾伯特（Hans Albert）認爲：社會學與經濟學、經濟社會學與經濟理論，愈來愈被看成不同的學科，而互相排斥、互相對抗。阿氏認爲最好把這些學科看做是處理同一實在（Realität）的不同面向（Aspekte）、或不同範圍（Bereiche）之手段，然後以此不同之處做爲基礎，俾分析諸學科之

關係、分析它們合作的可能性，乃至學科統合的問題[9]。

可是今天學者們愈來愈明白要尋找一個可靠的基礎，俾能使各學科合作或統合，在理論上似乎辦不到。就像經濟學研究客體的「經濟」而言，還包含權力動機、優勢動機、特權動機等社會學與心理學的因素，而不可能把經濟人活動的動機濃縮到「純經濟」的動機之上[10]。基於此一看法，英國經濟學家羅賓士（Lionel C. Robbins 1898-1984）對經濟學所下的定義，便會遭受一些困難。他說：「經濟學是研究人們的行為之科學。人們的行為係牽連到目標與稀少的手段之間的關係，且此類手段含有諸種選擇的可能性」[11]。這裡所謂的目的、手段、稀少性、選擇可能性等字眼，是含有意識形態的（ideologisch）成份，可供意識形態的批判、或社會學的考察，特別是當我們不把經濟活動侷限於經濟人理性的選擇與決斷，而是企圖去解釋經濟現實之時，那麼對於羅氏這種抽象、空泛、不切實際的定義，就不宜盲然接受。

二、經濟思想史上的四大論戰

自從經濟學成為一門研究人們經濟活動的科學以來，學界一直存在著種種辯論與爭執。本來任何一門學科要求進步、專精，便會有推陳出新的學術爭論不斷產生。經濟學領域中，任何的觀念、假設、理論幾乎沒有不接受批評、攻訐、或修正。例如 18 世紀的經濟學家爭論農產品交易的政策，究應否放任無為、抑或加以管制。在 19 世紀中，有關經濟學應隸屬於國家學（政治）、或歷史、或倫理哲學、或精神科學的部門，也造成有關經濟學研究對象與方法的激辯，或引起「政治」（應用）經濟學，或理論（純粹）經濟學之爭論。

統一之前的德國經濟學家游欣生（Reimut Jochimsen 1933-）及柯諾貝（Helmut Knobel），主張將那些瑣屑、不重要的爭論棄置不論，而集

中全力討論幾個「大爭論」（grosse Kontroversen）：「馬克思論爭」、「方法論爭」（Methodenstreit）、「價值判斷論爭」（Werturteilsstreit）、以及「凱恩斯論爭」等。這類的學術爭論與牽涉某一理論或方法的爭辯不同，都是以整個經濟學的內涵與形式，作爲爭論的焦點，也可以說是經濟學究爲理論科學抑或政治經濟學的爭執。此外，這類爭辯都被參與者當做暫告一段落來看待，例如由於景氣循環論的提出，而指明馬克思經濟學重要性的減輕；又如第一次方法論戰的結果造成經濟學成爲理論科學；自瑪克士·韋伯（Max Weber 1864-1920）以來，價值中立被認爲是科學當然之守則；有關凱恩斯的論爭，被視爲浪費精力等等，亦即上述幾個著名的學術論戰，雖未塵埃落定，但參與論戰的學者都已鳴金收退，因此可以做出一部分的結論，或下達片面的定讞。不過這一結論只是暫時性的終結，而非蓋棺論定。

（一）第一次大論戰：馬克思的政治經濟學

　　馬克思絕非單純以經濟學來解釋經濟現象。他的經濟思想與其哲學觀點、政治主張、歷史看法、社會透視緊密連結。更何況他對世界認知的目的並非在於瞭解世界，而是在於改變世界。他說：「向來的哲學家們對世界做了各種不同的『解釋』，但其關鍵卻是對它（世界）所做的『改變』」。換句話說，馬克思不以解釋現實的經濟現象爲滿足，也不滿意對經濟前景的預測，他在理論分析的一開頭便是在解釋現世之外，進一步要改變世界、塑造世界。作爲學者的他，從不考慮到任何涉及價值判斷的問題，更不涉及學科統合的問題。他自認爲是一個經濟學家與歷史學家，正如同一位哲學家與社會學家。他的學術研究混雜有很多的價值判斷，他卻毫不以爲意。這種情況與他同一時代許多政治經濟學家所犯的毛病如出一轍，儘管馬克思對於他們的學說也大加批評 [12]。

　　有關馬克思經濟學說所引起的爭論，之所以被視爲經濟學的首次大論戰是有其原因的。這是由於馬氏的經濟分析，使當時約有 100 年歷史

的經濟學研究，產生根本動搖的現象，或說是傳統經濟學面臨根本上的挑戰。原來當時的經濟思潮乃是古典經濟學盛行之時。古典經濟學及其前身重農學派，都以下列三項事實作為經濟秩序的基礎：私有財產制（特別是對生產資料私自擁有）、競爭（經濟活動並行協調的原則）與自由放任的原則。馬克思和對此三項經濟建構原則大肆攻訐，認為它們的存在是造成資本主義盛行的原因，也是促成資本主義沒落的源頭。在這資本主義的三大經濟秩序之支柱中，特別是當時市場經濟的研究對象之自由競爭，尤受馬氏最嚴厲的批判。因此，經濟學史中首次的論爭，是對當時現存經濟秩序廣泛的非難。這種非難對經濟學界的震撼與伽利略地動說所造成的震驚是不相上下。當然，把馬克思與伽利略相提並論，並不是指他們的學說具有同等的真理，而是用來說明他們的新觀點所產生的衝擊力量之巨大。自馬克思以後，有關各種各樣的秩序形式之論爭，便不曾從科學的思想領域中離去。造成經濟學史上第一次大論戰的動力，除了馬克思學說及其方法之外，還加上德國唯心哲學的思想、英國古典經濟學理論與法國重農學派的思潮。

馬克思方法學上的工具無他，乃是襲取黑格爾所引伸的辯證法。辯證法早為古希臘詭辯學者所倡用，係一種玩弄概念的手法：認為每一概念都代表著「正」，與其內在潛伏而逐漸壯大的矛盾所形成的「反」，由於「正」的否定而為「反」，「反」的進一步否定則為「合」。「合」代表「正」與「反」矛盾的統一，也代表比「正」與「反」高一個層次的發展階段 [13]。黑格爾曾把辯證法應用到歷史的考察之上。歷史乃為運動與反運動的結合，其終境為一理念的、唯心的最高發展。換言之，黑格爾的唯心辯證法是以精神內涵的矛盾推動歷史向前與向上發展，使主觀精神演進為客觀精神，再由客觀精神而登峰造極變為絕對精神。馬克思則把黑格爾的辯證法倒轉過來，以物質代替精神，把黑格爾的唯心辯證法化為唯物辯證法。他認為推動歷史變遷的力量不是精神、或意識之屬，而是物質、經濟的條件。具體地說，由於生產力與生產關係發生矛

盾，而造成社會的變遷與歷史的演進。社會是由原始社會（公社）轉變為奴隸社會、中古的封建社會，而成爲今日的資本主義社會。將來的社會將爲共產主義無階級的社會，這是馬克思理想的烏托邦，也是他所認爲人類歷史的終境。屆時當會如恩格斯所稱的「對人的政治指揮變成對事或對物質過程的管理」，也達致他們所夢寐以求的「各盡所能，各取所需」的理想狀態。

馬克思的歷史觀是建構在他有關經濟發展的理論分析，與社會演變過程的歷史綜合之上。他有關資本主義的發展，包括剝削、累積、集中、貧困等理論，以及有關資本主義制度的景氣循環論與崩潰論，可以說是李嘉圖價值論的延伸與發揮，也是桂內（François Quesnay 1694-1774 又譯爲揆內）經濟活動循環說的踵事增華。

熊彼德（Joseph Schumpeter 1883-1950）認爲馬克思的價值論，在當今應當被宣佈爲「死亡與埋葬」。當代著名的左派經濟學家曼德爾（Ernst Mandel）也指出：「對馬克思經濟理論的〔鑽研應用〕逐漸消失興趣，一部分是應歸咎於馬克思信徒的想法與做法」。他接著說：「這些信徒們 50 年來一再重複敘述馬氏《資本論》的摘要，而逐漸與當今的現實脫節」[14]。而馬氏經濟學說中自然包括了價值論。他的價值論是以勞動創造價值爲基礎，而引伸到剩餘價值之被剝削。

此外，馬氏也採用循環表（Kreislaufschema）當做分析經濟活動的工具，這是他得之於桂內的經濟圖表（La Tableau économique），馬氏將他自己的循環看法與桂氏的著名經濟表並列對比，而後者在當時幾乎已被遺忘。直到 20 世紀 30 年代經濟大恐慌發生，才引起經濟學界對宏觀（或總體）經濟學所牽涉的循環問題之重視。最顯著者爲凱恩斯《就業、利息與貨幣的一般理論》（1936），藉國民所得的情形來重新檢討經濟循環問題。不過，馬克思的循環說對凱恩斯的理論影響極微。

其後學界雖有人嘗試將馬克思「凱恩斯化」，或將凱恩斯「馬克思化」[15]，但這種努力並未能使馬克思經濟理論，恢復昔日的光輝。

要之，捨開辯證法、價值論、循環論不談，馬克思經濟學說比較能夠引起以前西德學界感覺興趣的是他方法論的出發點（methodologischer Ausgangspunkt）。就如同現代科學理論所要求的一樣，馬克思認爲經濟與社會的一致（統一），亦即強調經濟過程的社會特質，乃是經濟發展可被解釋的先決條件。馬氏不屑於去分析雞零狗碎的經濟常識，而是提昇物質的、制度的、人事的關聯體系，以作爲經濟學的中心問題。這種做法當然不能看做是他獨創之功，因爲德國歷史學派早便持此見解。今天，馬克思學派的經濟學有異於當前經濟學主流派的新古典思潮之處，即爲前者重視經濟過程的社會學性質。後者斤斤計較的是理想境況的條件之勾劃，而馬氏學派注重的是建構理論，俾資解釋經濟實態、或預測經濟前景，進一步推翻現實，改變世界：「馬克思對當前經濟理論如有所貢獻，則其貢獻在於提供直接觀察事象的手段」[16]。儘管他的理論與預言有被其後事實證明爲錯誤者，但在方法論上所做斷語，以及其出發點，卻也有可取之處。可是將「馬氏學說當成共黨國家的教條來頂禮膜拜，卻會導致偏見。因爲任何僵化爲教條的主張，一開始便排斥批判及其他的學說，其結果造成呆板死硬，而無法引進任何嶄新與有趣的解決問題之方法」[17]。有關馬克思經濟學說所引起的爭論，至今尚未完結，不過我們仍可以稱它爲經濟學史上的第一次大辯論。

（二）第二次大論戰：早期方法論戰

經濟思想史上第二次大論戰是奧國經濟學家孟額（Carl Menger 1840-1921）與德國經濟學家史末勒（Gustav von Schmoller 1838-1917），在 1883 年有關方法論方面的筆戰所引起的 [18]。孟氏認爲社會科學（包括經濟學在內）宜使用演繹法，由一普遍（一般）而位於較高的層次之命題，演展引伸到一個較爲具體、低層次的命題之上。例如「經濟人」（homo oeconomicus）作爲一個普遍而廣泛的假設（命題），由經濟人的命題引伸演繹成經濟主體純粹經濟的行爲，便是演繹法的應用。藉著

這個方法可把個別的經濟現象與經濟活動裡潛在的普遍律則聯繫起來，亦即藉一般理論或規律來解釋個別或具體的現象。這種方法可以說是一種先驗兼分析（apriorisch-analytische）的邏輯。雖然數理學派的經濟學家讚賞孟氏的演繹法，並且認為他是「對抗史末勒保衛理論立場」的衛道之士[19]，但演繹法的毛病在於先入為主，即普遍原則、一般理論、較高層次的命題等如含有意識形態成分，則從它們引伸出來的低層次命題，也同樣含有意識形態的色彩，而成為保護某些經濟體系、經濟制度，而排斥其他經濟體系或制度之工具。

史末勒認為不靠實際發生的經濟史實之資料，或經濟的檢證，而完全訴之先驗的、演繹的推理，無法解釋經濟現象。作為「新歷史學派」的領袖兼德國「社會政策學會」（Verein für Sozialpolitik）創始人之一的史末勒，視經濟現象為歷史現象之一部分。既然經濟現象為歷史現象之一環，欲瞭解經濟活動的原委，非藉綜合性的歸納法不可。經濟現象當中的普遍律則絕非得之於先驗的推論與演繹，而是得之於藉觀察而獲取的類似之個別案件的綜合、概括，和歸納。換句話說，由比較個別、具體的經濟活動，捨異求同，而歸納為較高層次的理論或律則。

當孟額與史末勒展開有關經濟學究應採用演繹法，或歸納法爭論時，起初學界似乎比較同情孟額的主張，而非難史氏的觀點。有人甚至誤認史末勒過分倚賴經驗資料，而排斥理論，因為他拒絕把整個歷史的演變還原為一兩個因素的發生作用。史氏「既不樂意採用孔德的方式〔本書作者註——歷史變化三階段神學、哲學與科學〕，也不因襲巴克爾〔作者註——Henry Thomas Buckle 1821-1862，英國歷史學家，主張世界各民族的進步受到支配物理世界的原則所規範〕的方式，或馬克思的方式，以建構假設，解釋現象。連歷史進化的一個簡單理論之想法，對他而言居然是錯誤的，甚至是不科學的」[20]。

在這種論斷之下，第一次方法論爭表面上孟額是勝利者。其實無論是重視歸納法，還是單獨倚賴演繹法一途，都無法獲取有關經濟現象完

滿的解釋，這正顯示唯經驗論與唯先驗論的偏頗。現代經濟科學的方法論強調，歸納與演繹宜交互運用，兩者不可偏廢，使經驗兼統計合致的觀察法與由公準原則推理的演繹法，配合互用，才能獲致真正科學與客觀的認知 [21]。近年來，史末勒的論點逐漸被注重經驗科學的經濟學界所推崇，蓋他重視經驗事實的看法與現代科學方法論的主張謀合之故 [22]。熊彼德甚至將史末勒比擬為英國大經濟學家馬歇爾。認為史氏的貢獻在於為現代經濟學理論開拓新境界。原來現代經濟學理論是以近世科學理論為取向，企圖擺脫本體論方面先驗的玄思，而其經濟理論的塑造係建立在社會實際情況的基礎之上。就像馬克思一樣，史末勒在這方面的成就，對於經濟學其後的發展，特別是方法論方面的現實性，有重大的影響。

（三）第三次大論戰：韋伯與價值判斷之爭

經濟思想史上「第三次大論戰」是涉及了價值判斷的爭執（Werturteilsstreit）。價值判斷論戰又稱為「近期方法論戰」（jüngerer Methodenstreit），以別於孟額與史末勒之間展開的「早期方法論戰」（älterer Methodenstreit） [23]。這一論戰之所以產生，乃是由於德國社會政策學會的會員，對於該學會是否應停留於純學術性團體，還是把學會活動的宗旨擴大到學以致用，關懷國計民生之實用觀點的爭執，更是由於會員對國民經濟學家可否於分析經濟事象之外，予事象以價值（道德上的、或其他方面）的評斷，意見紛歧所引發的爭論。這一爭論導致社會政策學會分裂為兩個陣營，一為屬於年輕一群的學人，也是學會激進派人物瑪克士・韋伯與宋巴特（Werner Sombart 1863-1941）為代表。此派主張「價值祛除」（Wertfreiheit）；另一派則為老成持重的學人所組成，以史末勒、華格納（Adolph Wagner 1835-1917）、柯納普（Georg Friedrich Knapp 1842-1926）為領導人物，他們主張國民經濟學帶有價值衡量與價值判斷的色彩。事實上，爭論的範圍不限於經濟學，而是涉及整個社會

科學的性質底問題。換句話說爭論的焦點為科學是否只能描述現象，分析現象，而不能為現象評斷好壞，提供行為的規範或方針。易言之，科學是否只能討論「是然」（Sein），而無法討論「應然」（Sollen）。又規範性的命題（十誡、道德律則等）是否能被科學接受，為科學所證明？韋伯指出經驗科學所追求的是科學的客觀性之真理，除此真理的要求之外，經驗科學對現象不能加以臧否，或下達價值上好壞之判斷。這個理論與實踐之分別、科學與政治之不同、認知與利益之迥異，正可以作為經濟理論與經濟政策之區別。

　　韋伯及其主張「價值祛除」的同路人，排斥「國民經濟學自某一特殊的『經濟世界觀』中產生價值判斷，或必須產生價值判斷……因為我們認為：經驗科學從來不曾承擔此種任務，俾將拘束性的規範與理想加以確認，更不曾由此等規範與理想，而演繹成實踐的方針」[24]。根據他們的看法，只有那些可以互為主觀加以證實的命題，才具有科學的客觀性，也才能構成科學的命題。反之，倫理學上的善惡判斷、經濟政策的目標選擇、社會的理想的追求，其客觀性無法藉科學來加以證明，因此，不能當做科學研究的活動來看待。不過韋伯提醒我們「不是所有淵源於理想，或主觀的事務，都被視為價值判斷，都不能加以科學的探討」。

　　其中有三種情況的價值判斷可以藉科學來加以討論：第一、價值判斷基本設準之邏輯結構，亦即檢驗所要求的事物（理想、方針、箴言等）是否毫無矛盾、或有互相排斥的情形發生；第二、檢驗目標（理想、行為規範之最終目標等）與手段之間是否相稱，是否運用符合理性原則之策略，採用適當的手段，以達成既定目標；第三、以經驗科學的方法來檢查手段與副作用（Nebenwirkungen）之關係[25]。從上面的分析可知，價值判斷不是完全不可以做經驗科學研究的對象，不過其所能做的情況只有上述三種：價值的邏輯結構、目標與手段之關係、手段與副作用之關係。除了這三種關係，科學家不能替代政治家選擇目標，也不能指示後者怎樣去選擇目標。科學家如果代替實踐家選擇目標、制定政策時，

他科學家的身分便告消失。因此，所謂的客觀性或價值袪除，係指科學家或學者的基本態度與社會角色而言。社會科學工作者對於任何現實的問題或理想所抱持的態度與立場，完全是由該問題或理想對他們所產生的價值與利益（興趣）來決定的。因此學者必須預先體認這些價值與利益之存在，設法使自己排除這些價值與利益的影響，把它們加以中立化，才能不偏不倚地、客觀地，認清事物本來的面貌，而不致夾雜學者個人的偏見、好惡之情。

　　韋伯所主張的價值袪除，並不是要求學者從科學領域中把價值完全排除清淨，而是分別社會科學（及其他科學）者所遵循的科學信條——科學價值如概念的清晰、連貫、前後一致（不發生矛盾）、經驗性的精確、可資證明性的標準——與行動的指針，這兩者的差異性[26]。

　　今日多數的學者都同意韋伯的主張，原因是「不論經濟學家，還是哲學家，無法在內容方面，或方法方面，對於最高的實用原則（行為的最高指針），加以科學的證明（證明此等原則，方針符合科學，抑違背科學）」。任何這類實用原則或行為指針研究的結果，都無法稱為科學的產品。如有人敢自稱其研究業已獲得科學的證明，那麼我們不妨進一步加以考察，則不難發現這些「證明」只是作者個人的主張，個人的理想，個人的價值觀，而缺乏任何客觀性，或任何互為主觀性。因此在韋伯生前，以及在其死後要建立「下達價值判斷」、或「價值置入的」（wertsetzende）科學是不可能的[27]。

　　儘管價值判斷的討論至今尚未定讞，但它對經濟學的發展卻產生重大的作用。過去 80、90 年來的思想史顯示：經濟科學的陳述語句（命題）、或為描述的、或為規約的（präskriptiv）、或為潛隱（暗中）規範的（kryptonormativ）。關於經濟命題之為描述性、規約性、或準規範性一事，雖是瑣屑的認知問題，卻嚴重地影響到經濟學的發展。因為事實很明顯，實證的經濟學與意識形態批判之所以有一部分獲取成功，乃是因為澄清科學中價值判斷的結果。但另一方面因為強調價值袪除，以

致造成經濟理論與經濟政策的分道揚鑣，使經濟學與社會關係脫節，也未免縮小了經濟學的社會意義，縮小了經濟學的社會政策之重要性。再說，如依照韋伯的主張，則經濟政策一開始便須限制其研究範圍於一定的目標與手段之間的分析、手段與副作用的分析，以及既定目標邏輯結構之考察，而無法發明新的目標與手段之其他選擇可能性（Ziel-Mittel-Alternativen），俾供行為的新方針。

事實上就像政治行為一樣，經濟政策的經常制定、推行、修正、評價，不管有無科學來支持它、指引它，都在不斷地進行。換言之，規範性的體系隨時隨地都在發展。此一事實有助於明瞭採取科學的態度來處理規範性的複雜問題之必要，特別是藉科學之助來診斷經濟政策之病，從事經濟計畫、預測與形成新的概念。在此一意義下，與韋伯的主張和實用觀點是有很大的出入。

吾人如企圖折衷韋伯的看法與現實的要求，則應設法有系統地建構規範性的經濟科學：「規範科學嘗試藉邏輯的助力，就現存各種高度的價值中建立起一個沒有矛盾的規範體系。此類規範體系的建立也適用同樣的先決條件，即必須使其價值公準獲得大家的承認」[28]。一個規範性兼具有公準的經濟學（normativ-axiomatische Ökonomik）應包括明示與完整的規範在內。像這樣的經濟學可能會提供一定的貢獻，使科學接受社會的挑戰，科學能夠符合與滿足社會的需求。在今日人類正面臨種種危險與重重困難，因此有關和平的研究、衝突的研究與未來的研究，也企圖把科學與實用打成一片，則經濟科學之無法不討論規範性問題，乃為自明之理。誠如出生於維也納的英儒柏波爾（Karl R. Popper 1902-1994）所言，科學的客觀性之理念與不偏不倚之理念相近，都沒有排除負責盡職的意念；相反地，這些理念勸導學者藉批判的理性主義來促其實現[29]。因此，經濟學家似宜為理性與民主的進步而獻身：「這就是為何批判的理性主義與實用社會技術的政治要求發生關聯之原因……〔吾人〕所致力者在於社會之合理化、為自由而計畫，俾自由在理性控制之

下得以實現」[30]。

（四）第四次大論戰：凱恩斯的一般理論

現代經濟思潮第四次大論戰便是涉及凱恩斯學說，及其理論的應用之爭執。凱氏號稱劍橋學派的學人，他對價值判斷的爭論興趣不大。有關凱恩斯學說的批評，在英國最著名的爲皮古（Arthur C. Pigou 1877-1959），在德語國家即爲駱普克（Wilhelm Röpke 1899-1966）、韓恩（L. Albert Hahn 1889-1968），以及麥爾（Hans Mayer）等人。早期批評凱恩斯學說的學者多數出身於自由陣營，而最近批評者則爲所謂社會主義的經濟學家，其中包括了左派人士[31]。

當凱氏的《就業、利息與貨幣的一般理論》（*The General Theory of Employment, Interest and Money* 簡稱《一般理論》）於 1936 年出版時，固然震驚了學界，但一度受到曲解與誤解。連當今經濟學界紅人的沙繆森也得承認：該書在出版後一年至一年半之間，美國學界，特別是麻薩諸塞州來自劍橋的學人們，對它所討論的事物究竟是什麼，無人知曉[32]。因此，一大部分有關凱氏學說的爭論，不管是英、美或德、奧、瑞士的學者，都肇因於對凱氏此一名著之誤解。今日，西方學者們在爭辯告一段落之後，得承認凱氏對新古典主義的反叛與批評，不失爲經濟思想史上，一樁旋乾轉坤的大事。因之，「凱恩斯革命」或「新經濟學」已構成西方經濟思潮的主流。

嚴格地說，凱恩斯的學說的個別組成部分，無論是就業理論、貨幣理論、工資理論、或是乘數理論、流動性理論，都曾經有人加以討論過[33]。就是凱氏有關景氣方面的理論，也曾經爲桂內與馬克思所論述。不過，由於凱氏匠心獨運，把這些個別、無關的理論部分，或是所謂的特殊理論鎔鑄爲概括總體經濟現象的一般理論、普遍理論。「凱恩斯獨創的貢獻爲……將這些個別理論的磚頭，加添消費功能說，而建構成一座新的理論大廈，由之打開新的視界，而引向以往所未曾知悉的理論之途」

[34]。羅賓遜（Joan Robinson 1903-1982）女士則指出凱氏的貢獻為：第一、恢復古典經濟學的謹慎、冷靜；第二、重視放任自由經濟所棄置的道德問題；第三、將時間因素帶回經濟理論的領域裡[35]。

在凱恩斯的「一般理論」塑造之前，也可說是 20 世紀初 30 年左右，流行於英國（特別是劍橋）的經濟學界之一般想法，是注重個別產業（industry）、或單一廠商（firm）的經濟活動，亦即所謂個體經濟學的研究。顯然由個別產業與廠商活動的總和（aggregation），並無法解釋整個社會經濟活動的情形。凱恩斯及其信徒便認為研究整個社會經濟活動的總體經濟學，不可能由分析個體經濟活動之總和而獲致。

在 20 世紀約 30 年代左右，整個經濟學已有相當的成就，特別是稍早之時像孟額、馬歇爾與瓦拉士（Léon Walras 1834-1910），都有獨特的個體經濟學方面的貢獻。但由於當時世界經濟大恐慌的產生，造成各國大量失業的情形發生，於是凱氏乃移轉其視線於整體經濟現象的分析之上。這種注重整體經濟問題的考察，無異是古典經濟學（特別是重農學派）的復辟。凱氏的目的在指出某一經濟體系的國民所得與就業狀況之決定因由。凱氏反駁傳統的說法，以為生產因素在充分使用（充分就業）的情形下，供給與需要會趨向平衡（即薩伊律：「供給為其本身創造需要」）。換句話說，他不認為充分就業是經濟的常態。反之，生產因素未能充分發揮作用才是常態。這是由於制度方面的僵硬導致長期非充分就業的均衡。

凱氏對於當時傳統（新古典學派）的均衡理論之挑戰，無異是對馬歇爾繼承人皮古學說之挑戰。皮氏有關就業（生產因素利用）的理論為：在自由競爭下，每人必皆獲得充分就業的機會。唯有當需要的條件發生變化或磨擦時，才會導致未充分就業情形的發生。皮氏認為一旦價格與工資具有充分彈性與變化自如，則遵循新古典學派之理論，不難解決失業的問題[36]。凱氏與皮氏所爭論的焦點為工資調整而導致充分就業的問題。皮氏指出：就算在完全的、非彈性利率的投資傾向下，或在完全的、

具有彈性的利率之流動性偏好下，也不可能產生像凱氏所主張的非充分就業的均衡。因為工資與物價繼續下降，將導致貨幣儲蓄實值之升高，也因此導致儲蓄傾向的減低，其結果則自動恢復充分就業的均衡狀態。這便是著名的皮古效應（Pigou Effect）。詳言之，物價若降低，則流動性貨幣的真實價值升高，因之，消費也增加。消費一旦增加，則收入與就業也增高。

不過，皮古效應是否有效，卻不無疑問。此一假設，係建立於工資與價格充分活用之假定上，不過此一假定在現實的世界尚不存在，是以無法用經驗事實來予以確證或否證[37]。顯然，皮氏與凱氏的爭論焦點乃為凱恩斯學說的理論分析，至於德語區經濟學者對凱氏學說的批評，則集中在經濟秩序所涉及的政策底意義（ordnungspolitische Bedeutung）之上。

國民經濟學如被理解為政治經濟學，則不管研究結果如何，理論取向如何，宜理解其出發點，而不可將經濟學僅視為分析工具而已。凱氏學說的出發點似乎偏重理論分析，而欠缺政策方面的實用。這是瑞士經濟學家駱普克對凱氏的批評[38]。駱氏等人不否認凱恩斯在理論方面所做的成就，只是擔心凱氏學說的實際應用，對於市場經濟的秩序可能帶來的危害。在紀念凱恩斯逝世的文章裡，駱普克稱：「此時此地不在於頌揚凱氏的功績。凱氏的著作對經濟理論的貢獻，是有目共睹的事實。無可置疑，其著作是影響重大，雖然有人指責他把別人精心塑造的理論加以扭曲，或指責他藉強力與大膽，而躋身精神領導界行列。正因為他得天獨厚，具有廣大的影響力，因此必須研討他的理論與建議，以及理念。當然他的建議與理論是以改善現存經濟體系為目的，而非動搖經濟的根基」[39]。

施奈德（Erich Schneider 1900-1970）主張將凱恩斯理論可靠與否的問題，與其經濟政策實施的結果，分別加以討論[40]。克羅田（Norbert Kloten 1926- ）卻指出：「就算施奈德把理論與實務加以分開的說法行得通，

他仍然看不出駱普克與其他批評者的原意。駱氏及其同路人（對新經濟學的批評者）拳拳致意的是凱恩斯論調持久性的、意識塑造的（bewusstseinsformende）影響力」[41]。現代經濟政策，特別是以市場經濟的秩序為旨趣的經濟政策，其著眼點在於連結與綜合秩序政策的理論傾向（歐意肯的主張）與流程政策的（ablaufspolitische）理論傾向（凱恩斯的主張[42]）。在一市場的經濟體制下，若求長期達致公平的所得分配與財產分配，以及保證充分就業與經濟成長，則秩序的政策與流變的政策必須佐以分配與結構政策方面有效的措施。此種正確的看法已在當今經濟政策的理論中贏得一席之地[43]。

像駱普克、韓恩與麥爾等新自由派經濟學者，在批評凱恩斯學說的實際應用之重大影響時，其觀點與馬克思信徒的看法完全相同。換言之，他們兩派都認為：凱氏理論對於經濟與政治的思想，會產生改變意識的作用。但兩派的批評也有不盡相同之處。其歧異點為，新自由派認為凱氏學說有危害西方現行經濟秩序——市民的、市場的、自由的經濟秩序——之嫌。馬克思學派則剛好相反，認為凱氏學說，藉著國家對市場經濟的干涉，而延長垂斃的資本主義經濟秩序的壽命，使已陷身於「無政府狀態與根深蒂固的非理性」之西方經濟體制，得以繼續橫行無阻[44]。因此，我們可以指出：凱恩斯經濟理論的實際應用，所造成的社會秩序政策牽連的程度，已為新自由派與馬克思學派所深知熟稔。而馬克思學派瞭解的程度似乎超過了自由派的認識程度。不過對凱恩斯分析性解釋方面，馬克思學派所遭受的困難情形，不下於早期英國的批評者（皮古等人），也不下於後期德語區的批評者（駱普克等人）。

「馬克思學派的批評者認為：凱恩斯理論推出的結論，在他們的眼中是反動的。因此他們否定了凱氏分析的邏輯，甚而與早期攻擊凱氏學說的財政學方面之錯誤見解，同一個鼻孔出氣。巴藍（Paul Baran）不僅指出：「資本主義經濟體制藉大量的國防與軍備開銷以維持社會的繁榮，因而指責這種凱氏學說的應用，違背人道，與造成政治的可恥，他

尚且利用數量理論，來證明此種體制早晚必喪失其功能，蓋政府如此大量支出必導致通貨膨脹之故。由是我們又獲得一個邏輯與意識形態混淆不清的例子。正由於凱恩斯指出割除資本主義制度毛病的方法，他便被左派人士視為反動者，他的理論也被視為錯誤。如果凱氏的理論被證實錯誤也無所謂。正因為他的診斷正確，所以對症下藥。於是病人得救了，而企圖分享遺產的繼承人，只好束手無策、埋怨醫生囉！」[45]。

很明顯的，馬克思學派的經濟學家，如真正而又嚴肅地研究凱恩斯理論，必然承認它在功能方面與邏輯方面的連貫性與一致性。不過他們相信，凱氏的理論所引出的問題，多於它可能解決的能力。因之，他們限制了凱氏理論的有效性，蓋左派人士認為資本主義正邁入其發展中的最後階段之故。依據左派學者史維齊（Paul M. Sweezy）的看法，凱恩斯等人著作的基本信念，為消費及投資的社會控制而已，他說：

> 一般而言，我們無法對其邏輯的連貫性加以攻擊，不管它是處於其理論層次，還是處於馬克思所分析的再生產過程之基礎上。批判自由的資本主義改良派之凱恩斯理論，不可著眼於其經濟邏輯，而應著眼於其有關經濟活動與政治行為之間的關係底錯誤假定；或乾脆說，批判它以為經濟與政治毫無關聯的那種錯誤假定。凱恩斯學派的經濟學者，總是在社會的關聯體系之外，處理經濟問題，彷彿把經濟問題看成像一部等待修理的機器，而在工廠中由一群工程師加以刷新繕補[46]。

值得注意的現象是馬克思派著名的經濟學家，在評論凱恩斯的理論時，都小心翼翼，而顯示相當程度的節制。不過左派的目的在於推翻「資產階級的經濟制度」，當然必須剷除根治此一制度的毛病之凱氏學說。在這一意味下，左派對凱恩斯學說的批判在可見的將來是不會罷手的。

顯然，凱氏經濟理論較之於早前的經濟學說優越之處，在於它所提供接近現實的解釋假設，而這些假設又經得起經驗事實的驗證。此一理

論對於短期性、總體的、靜態的回溯性之國民經濟的分析，大有助力。此一理論的普遍應用程度，係受到其時空關聯、選擇性的觀察法與制度的先決條件所限制。凱恩斯的理論屬於實證經濟學的範疇。蓋其目的，在於指陳國民所得的決定因素，且其理論中之假設，基本上能獲得經驗事實的檢證。儘管在凱氏理論的成分中，有少數缺乏普遍經驗性含義之假設[47]，但就整體而言，凱氏的經濟學說仍代表經濟思想的突破與創新，並為市場經濟的運行，提供基礎性的先決條件，其有功於經濟政策之釐訂，乃可斷言。

　　凱恩斯思想的瀰漫，使其「概念性的經濟學」（Begriffsnational-ökonomie）與「瞭悟性的經濟學」（verstehende Nationalökonomie）之爭辯，歸於無效。同時，它也促進數理經濟學的蔓延滋長。

註　釋

[1] Eucken, W. 1940 *Grundlagen der Nationalökonomie,* Jena, S. VII.

[2] Jochimsen, R. u. H. Knobel 1971 *Gegenstand und Methoden der Nationalökonomie,* Köln: Kiepenheuer & Witsch, S. 12.

[3] 關於誰是第一位經濟學家，曾經引起經濟史學人的辯論，J. St. Jevon 認為是愛爾蘭人（後移居巴黎）Richard Cantillon（1680-1734）；J. R. MacCulloch認為是重農學派的巨擘桂內François Quesnay（1694-1774）；W. Roscher認為是亞丹・斯密。

[4] Smith, Adam 1776 *An Inquiry into the Nature and Causes of the Wealth of Nations,* Edwin Cannan（ed.），London: Methuen, 1950; 中文譯本：周憲文譯，臺灣銀行經濟研究室編印，1965，第三版。

[5] 參考 Heilbronner, R. 1960 *Wirtschaft und Wissen, Zwei Jahrhunderte Nationalökonomie,* Köln, S. 9. 這裡所指的人物，依次為 Adam Smith; Charles Fourier（1772-1837）；Robert Malthus（1776-1834）；David Racardo（1772-1823）；Karl Marx（1818-1883）；Claude Henri de Saint-Simon（1760-1825）；John Stuart Mill（1806-1873）；Thorstein Veblen（1857-1929）及 Henry George（1839-1897）.

[6] 參考 Borchardt, K., 1963 "Die Wirtschaftswissenschaften"，in: *Studium Generale,* Jg, 16, S. 147; Jochimsen, R. und H. Knobel, *op. cit.,* S. 13.

[7] Buchanan, J. M. 1966 "The Meaning of Scope and External Boundaries of Economics"，in: S. R. Krupp （ed.），*The Structure of Economic Science, Essays on Methodology,* Englewood Cliffs, N. J. 1966, pp.148-165.

[8] 關於經濟社會學，可參考洪鎌德1972《現代社會學導論》，台北：台灣商務印書館，1974第二版，及本書第十四、十五與十六章。

[9] Albert, H. 1960 "Nationalökonomie als Soziologie. Zur Sozialwissenschaftlichen Integrationsproblematik"，in: *Kyklos,* Bd. 13, S. 1.

[10] Jochimsen R. 1966 *Theorie der Infrastruktur, Grundlagen der marktwirtschaftlichen Entwicklung,* Tübingen, S. 11. ff..

[11] Robbins, L. C. 1932 *An Essay on the Nature and Significance of Economic Science,* London, p.15.

[12]馬克思首部經濟學著作為1859年著手撰寫的《政治經濟學批判》（*Zur Kritik der politischen Ökonomie*），此書未完成，而以1867年《資本論》（*das Kapital*）第一卷取而代之。馬克思解釋與改變世界的話，見他與恩格斯的文集 1976 *Collected Works*, Moscow: Progress Publishers, vol.5, pp.5, 8.

[13]關於辯證法可參考洪鎌德1977《思想及方法》，台北：牧童出版社，第十八章。

[14]熊彼得的評語參考：Schumpeter J. A. 1965 *Geschichte der ökonomischen Analyse,* Göttingen, Bd. II, S. 1079; 又 Mandel, E. 1968 *Marxische Wirtschaftstheorie,* Frankfurt / Main, S. 14.

[15]參考Leontief, W. W. 1938 "The Significance of Marxian Economics for Present-day Economic Theory", in: *The American Economic Review,* Supplement, Papers and Proceedings of the Fiftieth Annual Meeting of the American Economic Association, Vol. 28, 1938, pp.1-9; Dobb, M. 1955 *On Economic Theory and Socialism, Collected Papers,* New York, p.186 ff.; Sweezy, P. M. 1964 *The Theory of Capitalist Development: Principles of Marxian Political Economy,* New York, p.11 ff.; Robinson, J. 1942 *An Essay on Marxian Economics,* London.

[16]Leontif, W. W., *ibid.,* p.9.

[17]Albert, H. 1967 "Die Ökonomische Tradition im soziologischen Denken", in: *Marktsoziologie und Entscheidungslogik,* Berlin, S. 18.

[18]參考洪鎌德1972《現代社會學導論》，前揭書，1986年六版，第24頁與36頁；劉絮敖1967《經濟學方法論》，台北：文源書局，pp.46-57.

[19]Schneider, E. 1962 *Einführung in die Wirtschaftstheorie,* Tübingen, IV Teil, Bd. I, S. 301.

[20]Schumpeter, J. A., *op. cit.,* S. 991.

[21]Beckerath, E. V. 1961 "Schmoller", in: *Staatslexikon,* Freiburg / Br., Bd. 6, S. 1148; 參考洪鎌德1998《21世紀社會學》，台北：揚智文化事業有限公司，第75-76頁。

[22]Weinberger, O. 1948 "Zur Würdigung Carl Mengers", in: *Schweizerische Zeitschrift Für Volkswirtschaft und Statistik,* 84 Jg., S. 164 ff.

[23]洪鎌德，前揭書，第24頁；劉絮敖，前揭書，第58頁；洪鎌德1998《21世紀社會學》，前揭書，pp.80-83.

第六章　政治經濟學的性質與早期的論戰　153

[24] 參考 Weber, Max 1904 "Die Objektivität sozialwissenschaftlicher und sozialpolitischer Erkenntnis", in: *Archiv für Sozialwissenschaft und Sozialpolitik*, N. F. I, Bd, 19（1904）, S. 25, 此文又收入 Weber, Max 1973 *Gesammelte Aufsätze zur Wissenschaftslehre*, Tübingen, S. 146-214.

[25] *Ibid.*

[26] 參考 Parsons, Talcott 1967 "Evaluation and Objectivity in Social Science", in: *Sociological Theory and Modern Society*, New York, pp. 79, 86; Zeitlin, Irving M. 1973 *Rethinking Sociology, A Critique of Contemporary Theory*, New York, pp.58, 59.

[27] Weber, W. und E. Topitsch 1952 "Das Wetfreiheitsproblem seit Max Weber", in: *Zeitschrift für Nationalökonomie*, Bd. 13, S. 199.

[28] 同上, S. 199.

[29] Popper, Karl 1966 *The Open Society and Its Enemies*, Vol. 2, *Hegel and Marx*, London, p.238.

[30] *Ibid.*

[31] 參考 Baran, P. A. 1969 *Zur Politischen Ökonomie der geplanten Wirtschaft*, Frankfurt a. M. S. 56 ff. 68 ff. 宋鎮照 1995《發展政治經濟學──理論與實踐》, 台北:五南圖書出版公司, 第33-35頁。

[32] Samuelson P. A. 1946 "Lord Keynes and the General Theory", in: *Econometrica*, Vol. 14, p.187.

[33] 凱氏之前, 乘數理論的論者有 N. Johannsen, K. Wicksell 及 R. F. Kahn; 流動性理論的論者有 L. Walras; 投資功能的闡述者為 K. Wicksell 以及 I. Fischer, 參考 Schneider, E. 1967 *Einführung in die Wirtschaftstheorie*, Teil III, S. 185 ff..

[34] Schneider, E. 1953 "Der Streit um Keynes, Dichtung und Wahrheit in der neueren deutschen Keynes-Diskussion", in: *Jahrbuch für Nationalökonomie und Statistik*, Bd. 165, S. 120.

[35] Robinson, J. 1962 "The Keynesian Revolution", in: 同作者 *Economic Philosophy*, Penguin, pp.71-74.

[36] Pigou, A. C. 1933 *The Theory of Unemployment*, London, p. 252.

[37] 參考 Hansen 1951 "The Pigouvian Effect", in: *Journal of Political Economy*, Vol. 59, p.535 f; Haberler, G. 1952 "The Pigou Effect once more", in: *Journal of Political Economy*, Vol. 60, p.240 ff..

[38]Röpke, W., 1946 "Keynes und unsere Zeit", in: *Neue Zürcher Zeitung*, Mai 5,; 同作者 1952 "Was lehrt Keynes? Die Revolution in der Nationalökonomie", in: *Universitas*, Dec. S.112.

[39]Röpke, W., "Keynes und unsere Zeit", *a. a. O.*

[40]E. Schneider, *a. a. O.*; S. 90 ff..

[41]Kloten, N. "Mikro- und Makroanalyse als Grundlage wirtschaftspolitischer Entscheidungen", in: Jochimsen, Reimut und Helmut Knobel (Hrsg.), *op. cit.*, S. 349.

[42]參考 Schiller, K. 1965 "Writschaftspolitik", in: *Handwörterbuch der Sozialwissenschaften*, Göttingen, Stuttgart, Tübingen, Bd. 12, S. 210 ff..

[43]Jochimsen, R., "Globale Wirtschaftssteuerung", in: *Staatslexikon*, Freiburg im Br., Bd. 9, S. 167 ff..

[44]參考Baran, P. A. and P. M. Sweezy 1965 "Economics of Two Worlds", in: *On Political Economy and Econometrics, Essays in Honour of Oscar Lange*, Warsaw; 收入德文譯本Baran, P. A. 1968 *Zur Politischen Ökonomie der geplanten Wirtschaft*, Frankfurt a. M., S. 42.

[45]Robinson, J. 1965 *Doktrinen der Wirtschaftwissenschaft. Eine Auseinandersetzung mit ihren Grundgedanken und Ideologien*, München, S. 115 f.

[46]Sweezy, P. M. 1949 *The Theory of Capitalist Development: Principles of Marxian Political Economy*, London, p.348 ff.

[47] 例如凱氏有關經濟過程中穩定的理論，即古典經濟學的問題：經濟流變中的干擾，究應藉私人或公家的經濟決斷來予以排除的問題，此亦為當今傅利曼（Milton Friedman）等有關貨幣數量說所引起的爭執。

第七章　傳統經濟學的特質——
　　　　新左派的看法

一、傳統經濟學的課題

　　在馬克思派經濟學家的眼中，西方傳統的經濟學是所謂資產階級的，或布爾喬亞的經濟學（bürgerliche Ökonomie）。這種經濟學的特徵，也是馬克思所撻伐與指責的所在，它們一般缺乏歷史的性格。所謂缺乏歷史的性格，是指憑空杜撰，沒有絲毫歷史真實的根據。馬氏在其所著《哲學的貧困》（*Das Elend der Philosophie*, 1847）一書中就曾經指出：「經濟學家將資產階級的生產關係，看成爲確定、不變而永恆的範疇。經濟學家向我們解釋：人們應當如何在現成的關係下從事生產；可是他們並不向吾人解釋，這種現成的生產關係本身是怎樣產生的，也就是不讓我們知道造成目前生產關係的歷史動因」[1]。

　　從上面的敘述，可以知道馬克思本人及其信徒，都非難傳統經濟學缺少歷史的性格。由於缺乏歷史的根據，所以容易造成人們對經濟律則的誤解，以爲資本主義的經濟律則乃是千真萬確、一成不變的自然律則。

　　自從馬克思以來，經濟學與社會關係的脫離，是愈來愈明顯。從今日西方大學或中學裡，經濟學科教學與研究的結構上，便可以清楚看出這種傾向。尤其是大學裡的組織系統，更清楚地把經濟學與社會科學分成爲不同的部門，像德國法蘭克福大學甚至分成兩個不同的學院：經濟

學院與社會科學院之分門對立。

　　至於將經濟活動的定義界限於「各種可能性之間的選擇」，而經濟學被當做「可能性選擇的學問」（die Lehre von Alternativen）〔此為瑞士經濟學家駱普克 Wilhelm Röpke 所下的定義〕，以及把經濟學視為「稀少的處理之學」（die Lehre vom Knappheitsmanagement）等等，都反映了西方經濟與社會毫無關聯的一斑[2]。

　　可是早期的經濟學絕非如此。在 19 世紀中，經濟學尚未被解放而成為科學之前，古典的國民經濟學是通稱為政治經濟學（politische Ökonomie）的。資產階級的經濟學在其產生後不久，逐漸講求科學的精確、客觀、完整，遂減低其社會的關聯。特別是在邊際效用學派（以 Léon Walras 1834-1910, Carl Menger 1840-1921 與 W. Stanley Jevons 1835-1882 為主）崛起之際，經濟學界轉而注重有效性問題的研討，並力求方法的專精，大肆發展數理與邏輯的應用。於是經濟學討論的焦點不再是社會問題，而是經濟原則。經濟原則無他，乃是理性決斷的問題，亦即如何把欠缺與稀少的資源做合理的挹注，如何把有限的勞務與貨物，在各種可能的使用機會中，做一適當的（optimal 最佳的）分配。古典經濟學對全社會的透視，在今日之所以能夠復辟，主要是受到馬克思派經濟學說的影響，此派學說既不受主觀價值說（邊際效用學派）所羈絆，更不囿於個體經濟學的瑣屑問題。

　　正統經濟學，特別是新古典學派對經濟的分析是以具有理性、懂得分辨利害得失的個人為起點，強調個人為追求自利、使自己的利益最大化，不惜動用其手頭的資源，作最有效的利用，俾其需求得以滿足。因之，這派學說設定的概念為：(1)追求自利，使效用最大化的個人；(2)擁有一定的可資運用的有限資源；(3)有能力藉科技把擁有的資源有效利用，改變自然、創造環境，增益其所不能。新古典學派就視上述三項為人類天生的本性、本能，俾克服自然界的匱乏，而滿足本身的需要。

　　除了上述經濟分析的出發點之外，新古典學派也討論價格、工資、

利潤等事項，不過把價格、工資、利潤等牽連到個人的偏好、資源擁有的多寡和科技生產力的水平等等之上。

馬克思派、或新左派的出發點卻不是個人，而是全社會，尤其是變動中的社會。社會並非如新古典學派看做是個人的累積，反之卻是社會關係的總和，也就是分裂而敵對的兩大社會階級之對峙。是故，新左派對經濟分析的起點為階級，用階級的概念來聯繫價格、工資和利潤。換句話說，階級是一個組織原則，用以說明價格、工資、利潤等概念如何形成[3]。

西方經濟學中的新古典學派，曾企圖綜合理論與實踐，科學與政治，因而嘗試藉理論經濟學來為現存的經濟、社會、政治的關係，做一科學的解說。但這些新古典學派，除了建議保護競爭的秩序之外，迄未提出其他經濟政策的可行辦法來。可是新古典學派的這種想法，並沒有被指責為一種缺陷，原因是這種學說的理論本身便有自我辯解的功能，而使經濟政策的行動成為多餘。於是在新古典經濟思潮泛濫之處，是然（Sein）與應然（Sollen）緊密結合為一體，彼此居然沒有鑿枘難容的矛盾現象。

事實上不需藉方法論的反省，便可以指出傳統經濟學，在面對經濟政策所涉及的問題時，那種束手無策的狼狽情形。這由兩件事實便可以清楚地加以說明，其一涉及市場權力的現象。市場的參與者所享有的權力分配絕非平等。既然市場權力不均衡，何以能夠提出完全競爭的假設來？這兩者豈非針鋒相對，完全處於矛盾的地位？其二為世界經濟危機中長期失業現象之存在。此一現象之發生，使傳統經濟學無從應付，無法合理地加以解釋。

在這兩樁事件中，傳統的經濟理論，不能不有所修正。可是修正的結果，也未必能夠完全跳出傳統想法的桎梏。像不完全競爭的市場理論，仍主張在經濟政策的節制下，使競爭的秩序受到適當的保護。譬如說，在現代資本主義的社會裡，要維持一種充分就業的均衡理論之體系，殊屬不易。因為它必須像古典派經濟學主張：在完全的自由競爭之下，社

會經濟透過市場價格自動調整,而達致均衡狀態,並且在此均衡狀態中,實現充分的就業。

可是 1930 年代世界經濟危機爆發,使傳統經濟學噤若寒蟬,無從解釋說明。於是凱恩斯一躍而起,他的經濟學說,主要指出:20 世紀開頭以來的資本主義的社會,市場價格自動調節的機能已經失靈,而有顯著的結構性失業現象底存在。原因是現代資本主義社會,乃為一個經濟成熟、或停滯的社會。他說:「社會愈富裕,其現實的生產與潛在的可能生產之間的差距,就有愈趨擴大之傾向,而經濟體制的諸種缺陷也愈益明顯和深刻」。其結果是在現代資本主義社會中,就業的水準常在不充分就業的狀態下得到均衡。在此種體制中,如要提高就業或所得水準,就必須鼓勵消費,政府採取貨幣與財政政策(調節貨幣數量以維持低利率,依租稅或公共支出政策來增進投資,擴大有效需要),來刺激經濟活動[4]。這種學說,這種理論模型,可以說是經濟思想史上首次動用國家的力量,來干涉私人的經濟境遇──擴大有效需要──亦即以政治行動來補救經濟活動之不逮。

二、方法論方面滋生的問題

傳統的經濟學,特別是新古典學派在進行經濟分析時,喜用「演繹的邏輯」。也就是說從一大堆概念引出(derive)、或演繹(deduce)出另外一些概念。譬如說供給與需要這兩個概念便是從人性的偏好、資源的擁有和技術的水平演繹出來。貨物或勞務的價格則自供給與需要演繹出來。

事實很明顯,若把人性的偏好、資源的擁有與技術的水平視為本質上的概念(essentialized concepts),則無異把它們視為造成經濟現象最開始的原因。有原因便會產生結果,亦即原因(自變項)造成了結果(他

變項）。新古典的這種因果觀，便是一種的「決定論」（determinism 由人性的偏好、資源與技術決定了供需，由供需決定了價格）。他方面這種因果關係，也就是一個複雜的事象化約為簡單的因素（價格化約為供需的變化），因之，也是一種的「化約論」（reductionism）。是以新古典學派的推論邏輯，既是「決定論」，又是「化約論」，更是「本質論」（essentialism）。

馬克思主義者的經濟學主要在階級的剝削一概念上打轉。基本上，馬派人士不認為經濟現象、或事實有其本質上的原因。反之，卻認為經濟現象、或事實與社會總體息息相關。任何圍繞在此一事件或現象之前後關係都是其原因，也是其效果。因之，沒有分辨自變項與他變項的必要，這便是辯證法的泛層決定（overdetermination），表示經濟現象（例如金融危機）是受社會其他各種政經、文化、觀念因素之衝擊、影響，其決定並非來自一端[5]。

要之，傳統經濟學是把因果關係的分析建立在「方法論的個人主義」（methodological individualism）底基礎之上，認為個人是造成因果關係的行動者（causal agency）。只有個人才是最終的實在（ultimate reality），這點遭受馬派人士的攻擊。這種以個人的欲望心向來解釋個人和集體的行動，完全拒斥整體（holistic）的分析。其結果是將集體行為看做是個人動機、理解、行動之集合、之累積，而忘記整體不只是成員總數的總和，更超越了總和。這個方法論的個人主義便成為化約論，使個人行動的脈絡，喪失其重要性。

總之，主流經濟學只注重效用、商品交易和均衡，不像馬派經濟學者重視價值、生產的社會關係、財富分配的類型、資本累集和資本主義的不穩定[6]。就在這一緊要關頭，出現了方法論的大爭辯，這當然是受到實證主義影響的。首先是認知理論對一般想法的反駁，認知理論指出邏輯的正確性與經驗的有效性是兩樁不同的事體，不容加以混淆，不能視為同一事物。

現代西方社會科學方法論，也就是實證主義的科學之哲學（倡導者為 Gunnar Myrdal, Karl R. Popper, Hans Albert 等人[7]）興起的結果，有助於經濟學（新古典派與凱恩斯學派）的補充與修正。社會科學方法論的批判（特別是指出邏輯的正確性與經驗的有效性並不相等），有助於經濟學者對於理論與實踐的關係之理解。現代科學（經濟理論）已不再為某一現實、某一經濟制度，做解釋、辯護、潤飾、或臉上塗光（verklärend）的工作。反之，像凱恩斯的《一般理論》與實際政策的應用，有不可分離的關係。它是針對 1930 年大恐慌及嚴重失業現象，加以評斷分析，並提出對策的劃時代作品。在此一意義下，現代的科學理論已由辯護、解釋的功能，轉化為服務、指導、獻策的功能。經濟學之具有提出經濟政策的工具之性質，也愈益顯露。

不僅經濟科學認識論方面有了甚大的變化，就是有關是然與應然混為一談所引起的意識形態批判，也影響深遠。多年來西方傳統的經濟學所注重的是一種模型的思考（Modelldenken），亦即一種模式的想法[8]。在此一模型的思考下，學者所關注的是其假設邏輯演繹的正確與否，而忽略了假設所含蘊的經驗內涵與社會性質。這種模式的想法不啻為某些政治性目標（例如自由放任的理想）提供意識形態方面的舉證，為某些政治利益提供科學的可靠性的保證與合理性的論據。例如利用完全競爭的理論模型，來贊成經濟體制中的採用競爭政策──保護競爭的秩序底存續。於是經濟學中方法論發展的新方向，不但沒有指陳學術與政治之分別，理論與實踐之不同，是然與應然之差異，反而促成經濟學變為指導、操縱之科學（Lenkungswissenschaft）。換句話說，把純科學理論變成社會工程學（social engineering）[9]，或落實為實際社會經濟政策的指導原則。

像柏波爾（Karl R. Popper 1902-1994）所主張的，設計一種充滿經驗內涵的敘述體系──經驗性的理論或假設，至今只停留在粗枝大葉的階段，亦即只發展到科學趨向或取向的標準而已，而尚未構成經濟科學嚴

密、可靠的理論。詳言之，當今西方經濟學界比較有成績的理論發展爲計量經濟學與線性規劃，投入產出分析等。計量經濟學演繹出一些有關時空性的陳述體系，而含有準規律或準法則的性質。它是利用經濟理論、數學與統計推論來分析經濟現象，其主要的目的在於使經濟理論具有實際生活的意義與內容。線性規劃則是涉及特殊的計算方法，俾求取適度的行爲方式。投入與產出的分析則把整個國民所得及中間生產，分成詳細的項目，俾能夠從生產因素與產出結果之關係，分析出一個經濟體制的結構。線性規劃與投入產出分析都是有關決斷的操作方面之估量。因此，近期西方主流派經濟學說，已成爲經濟行動和經濟政策有利的支柱，亦即由傳統的重理論轉向現實的重實踐。我們也可以說：當今的經濟學說已轉向經驗的陳述與運作的計量之途。

不過經濟科學認知論的新趨向，愈是把此一學科導向應用與實踐的方面去，也就是愈把理論變成可資運用的科學技藝（Technologie），那麼愈暴露了政治目標（某種經濟政策所追求的理想）與科學的論證之手段選擇（怎樣選擇合適的途徑，以達致既定的目標），兩者之間的兩分與對峙之局（Dichotomie）[10]。換句話說，新的經濟思想，雖然加重了實踐的色彩，但它的任務是在既定的政治目標之下，講求如何做出有效的決斷，俾選擇適當的手段，來實現此一目標。新的經濟理論的導向，不敢也不願檢討現存政治制度、社會制度、經濟制度是否合理，是否健全。它對現存制度所追求政策性的目標不加存疑，不加檢討，而只斤斤計較怎樣運用科學的工具，來尋覓適當的方案。是故西方的國民經濟學完全以決斷（decision）的分析，來處理經濟政策的問題。

由是當今經濟學有關全社會的計畫技術，以及對經濟制度之差異完全漠視的計畫、估量，大大地發展起來。學者孜孜矻矻從事研究的目的，只不過是發現，或修正指導性的理論模型而已。這與新古典主義，藉著精簡的數理程式來建構理論，其用心並無不同。總之，這些學者所做所爲只是粉刷門面的工作，至於拆毀舊屋，重建新廈的工作，是無法由他

們來承擔的。

三、歷史因素雖被留意但未蒙運用

　　由於方法論方面的反省與檢討，終於使以演繹爲主的經濟理論，轉化爲重視經驗、實證方法論之檢討，曾導致以下有關科學理論的區分：分爲論證的（Begründungs-）、發生的（Entstehungs-）與應用的（Verwendungs-）三種關聯（zusammenhang）[11]。論證方面的關聯主要的在檢驗理論是否連貫，是否無前後矛盾的現象；發生的方面之關聯，主要說明理論產生的背景；應用的關聯則牽涉到實用的問題。近世經濟科學可說全力在檢討論證方面的關聯，企圖檢驗理論本身成立的條件。偶然也留意到歷史的因素，而注重發生方面的關聯。談到科學理論研討其發生關聯，就使我們連想到芝加哥大學古恩（Thomas Kuhn）的作品：《科學革命的結構》（*The Structure of Scientific Revolution*）[12]。此書強調科學革命的特質，其對當前科學界（不限於自然科學，也包括社會科學）的影響是至深且鉅。

　　今日科學被視爲促進社會面貌改變的動力，因此又稱爲「生產力科學」（Produktivkraftswissenschaft）[13]。正因爲科學廣泛地被應用於實務之上，於是科學理論又由論證與發生方面的注重，轉移陣線到應用的關聯之上。但科學的應用如果僅止於維護原有的體制，或某些既得利益集團的營運，則科學的社會功能勢必喪失。1970年代，美國與德國「新左派」（New Left）便是大力撻伐科學這種片面性、偏袒性的應用[14]。新左派曾討論過戰爭、國防工業與科學關聯，也討論學界接受軍火廠商、國防部、情報署等委託研究的問題，或是科學在穩定現存體制所扮演的角色，以及專家技術人員的統治等問題。

　　經濟學本來已發展到成爲決斷邏輯（Entscheidungslogik）[15]的一環，

更由決斷邏輯演變爲指導（操縱）性的科學。到此地步，國民經濟學之廣泛被運用於經濟學決策之上，殆無疑問。指導性的經濟學者遂向我們解釋：在現存的情勢與條件下，吾人應如何來促進業已建立的體制之穩定。他們斷然不會告訴我們，如何來改變現存的體制。這種作法，與經濟學之作爲社會科學的要求，完全違背。原來經濟學作爲一門社會科學（Gesellschaftswissenschaft）[16] 應大力批判現行體制的弊病，必要時不惜改變現狀，這才是早期經濟學批判的精神，也是反對建制的精神。亦即經濟學與社會學同樣置身於反對科學（Oppositionswissenschaft）[17] 之列；不是積極、正面、擁護之學術，而是消極、負面、批判之學術[18]。

當前西方經濟學課程的內容顯然是受其社會功能所制限：經濟學儘量滿足實證的、正面的、積極的科學之要求，始於理論的塑造，進而預測的提出，終而綱領的列舉，在在說明經濟學教學內容之實用性。此外，一般經濟學課程復重視經驗的關聯，俾有朝一日成爲領導或操縱性的科學。今日的經濟學研究與教學已不能侷限於純經濟理論之講授，而必須講求與現實社會的關聯。更重要的是經濟理論不當浸淫於超越歷史的、或非歷史的、空洞的真空架構裡。換句話說，爲了補偏救弊，改善當前經濟學課程的片面與貧困，課程的修改乃爲當急之務。這是左派經濟學的要求。

要修改經濟學教學內容，無過於首先放棄以均衡分析作爲經濟學導論的一部分，因爲均衡的理念乃源之於對某一經濟秩序之優先確認。反之，一開始便教授學生以總體經濟的景氣循環論，可以使他們不必懷有先入爲主的偏見，而認爲經濟活動會自行趨向均衡。這麼一來景氣與成長可被理解爲受到人力操縱的問題。如此在經濟政策方面的引伸，亦將使國家資本主義的干涉理論，得以取代新自由主義的經濟理論，而同樣達到經濟體系穩定的地步。至於吾人一旦討論到總體經濟的操縱與穩定可能性之後，不妨進一步討論操縱與體系改變之間的關係。這無疑地將經濟政策的討論，引伸到政治體系的考察之上，至少討論了這兩者的關

聯[19]。

經濟學一旦還原為政治經濟學,那麼其理論與技巧,並非不可應用到現實政策的實踐上。因為一旦討論到經濟學的社會功能時,很自然地我們要把經濟學討論的對象——當前的經濟制度與經濟現象——當成人類長遠歷史巨流中的點滴。經過這番歷史的相對化——時間延續線上的一點,與比較各種並存的不同經濟體制——空間綿延上的一點,現存經濟體制的歷史性格便可浮現。於是我們不禁要問:當前西方盛行的資本主義體制如果被目為現代的工業社會(John Kenneth Galbraith 的看法)[20],那麼它所產生的各種問題(諸如所得與財產的分配、私人富裕與公家貧窮的對比、成長停滯、通貨膨脹、就業情況搖擺不定、環境污染等),是否可在現存「體制」中加以解決呢?或者是西方此等經濟現象,可被目為人類歷史中的過渡時期,如同歷史唯物論者所稱的「後期資本主義」(späkapitalistische)[21] 的社會形構?只有藉體制之更改,才能克服內在的矛盾呢?

資產階級的經濟學在現代的觀點下,已成為領導性的科學、或操縱性的科學。它所能領導與操縱的只限於現存體制內極為有限的部門。基於體制內許多重大的經濟問題(例如社會公平分配的問題、或財產秩序的問題)它無從解決,遑論解決體制之外,或說是改變體制的問題。其結果是它只能把雞零狗碎的資料編織成一頂花冠,這便是歐意肯(Walter Eucken 又譯為倭鏗)所譏笑的「資料花冠」(Datenkranz)[22]。

從經濟理論的發展情形——先是批評時政的反對科學,再而變成分析現行制度的均衡學說,以及求取適量之學(Optimalitätslehre),最後則變為領導性與操縱性的科學[23]——充分地反映了生產技術與生產關係兩者之間的變化情形。社會既然經歷種種變化的過程,則這些過程也當收入經濟學課程中,當做其中的題目來研討。總之,只有當經濟學真正成為社會科學時,才能發揮它對社會的重大貢獻。

四、體制穩定的企圖

我們如果要具體地指出，新左派對西方傳統經濟學，特別是當今主流派經濟思潮最大的攻擊，便是指摘它缺乏歷史性，而又企圖達成體制穩定的（systemstablisierende）功能。因爲潛在資產階級的經濟學之背後爲一資產階級的、理想的科學觀。這種科學觀藉口客觀設準（Objektivitätspostulat），而隱藏它偏袒的企圖，目的在爲現存資本主義的體制之穩定，提供貢獻。在此情形下，資產階級經濟學的目標並不在爲社會的全體關聯做出任何的解釋、或提出批判；反之，卻大力維持現存的生產關係。詳細地說，其功能有下列數種：

1. 訓練經濟、財政、商務等方面的行政人才；
2. 形成經濟政策的意識形態、或思想體系；
3. 藉大衆傳播媒介灌輸有關經濟過程粗淺的看法、或經濟政策的可信性、可靠性；
4. 爲虛幻迷人的經濟境界提供辯詞。

職是之故，在工商管理科學或經營學方面，主流派的思想便是訓練組織菁英與計畫菁英，乃至推銷專家，每門課程都以克服利潤的減少與克服資本價值的減低爲取向。至於國民經濟方面的教學綱領，除了強調各種保護體制的手段之外，復介紹危機克制的技術。一切的努力無非在爲現存生產關係，提供辯護與正當化的說詞[24]。

以上所介紹的可說是 1970 年代甚至 1980 年代德國、美國新左派的經濟學者，對傳統經濟學的特質與社會功能的批判。至於有關新左派的反駁（反批評），由近期經濟思想的論戰可以窺其端倪，是故吾人擬於本書以下各章分別討論德國與美國新近經濟思潮及其相激相盪的一斑。

註 釋

[1] Marx, Karl 1973 *Das Elend der Philosophie*, Berlin: Dietz-Verlag, 7, Aufl.; *CW,* vol.6, p.162.

[2] 引自 Meissner, Werner 1971 "Ökonomie als Gesellschaft", in: *Wirtschaftswoche*, Nr. 19,（7. 5. 1991）, S.57.

[3] Wolff, Richard D. and Stephen A. Resnick, 1987 *Economics: Marxian versus Neoclassical*, Baltimore and London: The John Hopkins University Press, pp.7-10; 239-240.此書的標題應為 *Economics: Marxist versus Neoclassical*: 這兩位作者對 Marxian（馬克思本人的）與 Marxist（馬克思主義者的）分辨不清。同樣的情形也發生在幾本政治經濟學近著中，例如 Roberts, Brace and Susan Feiner (ed.), 1992 *Radical Economics*, Boston, Dordrecht and London: Kluwer; Sawyer, Malcolm C. 1989 *The Challenge of Radical Political Economy*, New York *et. al.*: Harvester Wheatsheaf; Lippit, Victor D. （ed.）1996 *Radical Political Economy*, Armonk, NY and London: M. E. Sharpe.

[4] 參考黃金茂1971〈凱因斯經濟學〉,《雲五社會科學大辭典》第五冊,《經濟學》, 台北, pp.329-331.

[5] Wolff, Richard D. and Stephen A Resnick, *op. cit.*, pp.14-16, 19-20, 240-242.

[6] Jones, R. J. Barry 1988 "Liberal Political Economy", in the same author （ed.）, *The Worlds of Political Economy*, London and New York: Pinter Publishers, pp.48-49.

[7] Myrdal, Gunnar 1963 *Das Politische Element in der nationalökonomischen Doktrinbildung*, Berlin 1st. Aufl. 1932, 2, Aufl., Hannover; Myrdal, Gunnar 1964 *Das Wertproblem in den Sozialwissenchaftten*, Hannover; Popper, K. R. 1966 *Das Elend des Historizismus*, Tübingen; Popper, K. R. 1973 *Logik der Forschung*, 1934, 5. Aufl., Tübingen; Popper, K. R. 1969 *Conjectures and Refutation*, London; Popper, K. R. 1972 *Objective Knowledge*, Oxford; Albert, Hans 1954 *Ökonomische Ideologie und politische Theorie*, Göttingen; Albert, Hans 1967 *Marktsoziologie und Entscheidungslogik*, Neuwied a. R. u. Berlin.

[8] Hans Albert 甚至斥之為「模型的柏拉圖主義」（*Model-Platonismus*）, 參考其所著: "Model-Platonismus: Der neoklassische Stil des ökonomischen

Denkens in kritischer Beleuchtung", in: *Marktsoziologie und Entschei-dungslogik, op. cit.*, S.331-367.

[9] 參考Popper, Karl R. 1962 *The Open Society and Its Enemies*, New York, Harper & Row, 1966, 5th edition, Vol. I, pp.22-24, Chapter 3 ff.

[10] Meissner, Werner, *ibid.*, S.58.

[11] 同上註。

[12] Kuhn, Thomas 1962 *The Structure of Scientific Revolution,* Chicago: The University of Chicago Press, 2nd ed. 1970; 有關此書的評論Lakatos, Imre and Alan Musgrave（eds.）1970 *Criticism and the Growth of Knowledge*, London.

[13] 科學與科學工藝（技術）（technology）也可視為生產的因素來看待，參考Samuelson, Paul A. 1973 *Economics*, 9th edition, Tohyo etc., pp.535-537.

[14] 參考本書有關美國與德國新近經濟思潮大論戰各章：第八至十章。

[15] 參考 Albert, Hans 1967 "Marktsoziologie und Entscheidungslogik: Objektbereich und Problemstellung der theoretischen Nationalökonomie", in: demselben, *Marktsoziologie und Entscheidungslogik, op. cit.*, S.245-280.

[16] 德文的社會科學有兩字*Sozialwissenschaft*與*Gesellschaftswissenschaft*前者可直譯為「社會的科學」，後者可譯為有關「整個社會的科學」，參考本書第十七章：〈經濟學典範與科際整合〉註1。

[17] 所謂「反對科學」是指社會學與經濟學誕生之時，剛好是歐洲國家與社會分開與對立之際。經濟學與社會學係站在社會的立場，反對國家的干擾，因此稱之為反對的科學，以別於國家學說（Staatwissenschaften 廣義的政治學）、或法律學說（Rechtswissenschaft）站在擁護國家政制與法制的立場。

[18] 是為實證經濟學（positive Ökonomik）與批判性經濟學（kritische Ökonomik）之不同。

[19] 關於經濟與政治的討論，參考本書第一章，第二章，第十一章和第十七章。

[20] 參考Galbraith, John K. 1958 *The Affluent Society*, Cambridge / Mass; 同作者 1967 *The New Industrial State*, Harmondsworth, 英國企鵝版1970。

[21] 此為新左派慣用術語，用以描述西方資本主義現階段的歷程，亦即認為資本主義已邁入年老體衰，趨向崩潰的邊緣。參考Mandel, Ernst 1972 "Die Schonzeit des restaurierten westdeutschen Kapitalismus liegt hinter uns", in: *Wirtschaftswoche*, Nr.11, 17. 3. 1972, S. 24-31; Seidenfus, Helmut "Die

Irrtümer der Neomarxisten", in: *Wirtschaftswoche*, Nr. 17.（28. 4. 1972）, S.37-40.

[22] Eucken, W. 1947 *Grundlegung der Nationalökonomie*, Jena, 1940 5, veränderte Auflage, Godesberg.

[23] 亦即由實證的經濟學（positive Ökonomik）變成規範的經濟學（normative Ökonomik）,參考本章註18。

[24] 以上參考 Kade, Gerhard 1971 "Politische Ökonomie: Die Marxsche Methode im Nachvolzug", in : *Wirtschaftswoche*, Nr. 26,（25, 6, 1971）, S.43-44.

第八章　戰後西德三股經濟思潮的述評

一、道不同不相爲謀

美國經濟學家魏訥（Jacob Viner 1892-1970）說：「經濟學就是經濟學家所搞的那套東西」（"Economics is what economists do"）。當然人們還可以繼續追問：「那麼什麼是經濟學家呢」？俏皮的答案該是：「搞經濟學那套東西的人」。這顯然是一項套套邏輯（tautology）的文字把戲，本身不爲人們提供任何認知的內容，自然不具訊息（information）的價值。

事實上經濟學是什麼？它的認知目標爲何？經濟學家在今天工商發達的社會擁有怎樣的地位？扮演何種的角色？他們對社會政策應負什麼責任？在在都成爲問題。這些問題固然與經濟學家所處的社會，到底隸屬於何種經濟制度有關，尚且與經濟學家本人所信守的經濟學說、經濟想法也有關聯；一言以蔽之，都與經濟思潮有密切不可分的關係。

就統一之前的西德有關經濟學說的認知項目（Erkenntnisprogramm）而言，我們大體可以把它分成爲下列三種：

1. 傳統經濟學（新古典派與凱恩斯之後的經濟學說）底看法；
2. 馬克思主義的經濟學（所謂的「政治經濟學」〔Politische

Ökonomie〕）底看法；

3.批判兼合理的經濟學（批判的理性主義）底看法。

這三股思潮的先後湧起，彼此激盪，造成西德經濟學界的汪洋壯闊波濤洶湧。也使乘搭經濟學之舟的學人，在飽受震盪之餘，難保心思的平靜。這三股思潮的儼然對立，印證了道不同不相爲謀的說法[1]。

二、傳統經濟學研究的重點

傳統經濟學是第二次世界大戰戰後的西德，乃至歐、美、日等西方世界經濟思潮的主流。傳統經濟學自從成立至今，一直在尋找它本身的意義。我們也可以說，傳統經濟學一向便在追求其認同（Identität）。那麼它主要的認同原則是什麼呢？毫無疑問地是：在面對人類無窮的慾望需求之際，指出可資利用的資源之稀少短缺，從而如何去善加利用的問題。既然人們的慾望與需求無窮，而可資滿足慾求的貨物與勞務卻極爲有限，那麼何人先求滿足？何物應得滿足？滿足的程度究竟如何？這便需藉理性的判斷爲助力，加以選擇取捨。這種理性選擇的原則，不僅包含個體（微視）經濟，也涵蓋了總體（宏觀）經濟。更爲企管學（工商管理與企業經營等課程）與國民經濟學兩者，所同俱效力（Gültigkeit）的原則。於是諸種經濟學的分支（像企管學、經濟思想史、經濟政策、財政學、貨幣銀行學、經濟地理等）之所以合致連貫，就是由於這一基本假設演繹而得。在這種選擇原則的基本假設之上，英國經濟學家羅賓士（Lionel C. Robbins 1898-1984），遂提出他對經濟學定義的看法：

> 經濟學是考察人類行為的科學。這裡所指的人類行為，乃是諸種目標跟用途眾多，但數量上稀少的手段之間底關係[2]。

1970 年榮獲諾貝爾經濟學獎的美國學者沙繆森也同樣地為經濟學下個定義。他說：「經濟學是研究人們與社會，如何藉金錢的使用與否，從事選擇活動，俾俱有多種用途但卻稀少的生產資源，得以生產不同的用品，並且把此用品加以分配以供消費之用……它分析資源配置的模式之成本與盈利」[3]。

　　傳統經濟學在瑪克士・韋伯（Max Weber 1864－1920）倡議的「價值袪除」（Wertfreiheit）號召下，從事客觀經濟現象超價值、或不帶價值判斷的分析。亦即分析邏輯上包舉殆盡的諸種可能性（Alternativen），俾解決稀少的資源之配置（Allokation）與製成的貨物之分配（Distribution）所衍生的問題。

　　由是可知，古典與新古典經濟學的認識目標，實為經濟活動的定律之發現。可是當今經濟學主流派的認知目標卻是分析符合經濟原則應用底行為。此一經濟原則無他，乃理性原則之謂。顯然主流派的學者常在沒有經過仔細驗證下，便遽認此一理性原則的存在，便遽認它可供解釋經驗現象之用。就是在提出假設時，他們也不加慎思明辨地援用此一理性原則。由是他們設定經濟原則為人同此心，心同此理，放諸四海而皆準，俟諸百世而不惑的原理原則。他們用來解釋經濟活動的行為，也端視該行為是否符合此一理性原則而後定[4]。

　　如此一來，我們遂得到一個印象，那就是研究人類行為是否符合經濟原則，成為當今主流派的重心，而古典經濟學有關討論經濟學一般性原則，在今天已有黔驢技窮之虞。總之，傳統經濟學主流派，俱有強烈的工具性（目的理性 zweckrational，此為韋伯所稱社會行為四種範疇之一，即如何藉適當的手段以達到選定的目標）的特質與功能性，而非因果理論（kausal-theoretisch）之特質。這種特質表現在學人之發展一套「替換兼分析的圖式」（alternativenalytische Schemata 倡議者為 Johan Akerman）之上。所謂「替換兼分析的圖式」，無非在設計某一目標及其手段之間的關係聯式，其目的在於指陳各種各樣的可能性之存在，並

衡量其得失，俾能找到適當的手段，來達致既定的目標。今天替換的分析圖式已逐漸引人注意，而有取代以往經驗性因果分析之趨勢[5]。

至此我們不難明瞭，主流派係汲汲於提出有關理智的選擇底假設。作為行動的指針，作為行為的規範，這種理智選擇的假設，在某些經濟領域的理論中頗有用途。例如以效用極大的獲致（Nutzenmaximierung），來解釋家計的理論；以盈利最大的求取（Gewinnmaximierung），來分析廠商的行為；或是以適當的追求（Optimierung），來說明富裕經濟；或以國民總生產額的最大獲致（Maximierung des Sozialprodukts），來衡量經濟成長；都可以說是理智選擇的假設底發揮[6]。這種假設也會幫助人們做正面的返思，俾用來解釋其他人文與社會現象。關於此，一個顯例便是熊彼得（Joseph Schumpeter 1883-1950）與但恩士（Anthony Downs）的民主理論。他們認為政黨的目的在於贏取票數的最大（Stimmenmaximierung）。同樣的一個例子：最近有美國政治學者華德曼（Sidney R. Waldman）氏，也企圖藉理性的交易假設，來說明政治的行動[7]。

可是這種理智選擇的假設，作為經驗行為的模式底假設，其相關性，卻引起了激烈的非難。這種非難形成 1940 年代有關邊際問題的爭論（Marginalismus-Debatte）——即有關邊際效用學派理論的爭執。而此一爭端延伸至今，尚無定論[8]。

由於許多經濟理論的紛然雜陳與眾說紛紜，而且這種學說對經濟真相的解釋與預測，也只能在某一條件下可以適用。如此，我們對理智行為的論調，不能不重加檢討。檢討由此論調引伸的各種可能性分析之認知目標，和由之以發展的理論工具，是否對經驗事實的發現有助，抑屬有害。

目的合理性（Zweckrationalität），已被傳統經濟學看成為經濟活動的本質，這也就成為傳統經濟學的認知目標了。可是這種目的合理性的引伸發揮，卻造成經濟方法學上的問題重重，導致經濟陳述表裡不一

致。因爲人們無從知悉，到底目的合理性是當做假設（對於具備某些條件，便會產生某些事情的說法），還是當做規範（期待行爲符合理性，只是一種的願望，但非絕然非如此不可）來看待。因此，目的合理性的說詞，便有混淆事實的「是然」（Sein）與願望的「應然」（Sollen）之嫌[9]。

關於此，瑞典社會學家兼經濟學者米爾達（Gunnar Myrdal 1898-1987）在 72 年前便正確地指出：藉手段的理智選擇，俾達到某一選定的目標之說法，本身大有毛病；因爲人們顯然在賦予目標以規範的性質，亦即對目標的選定，列入願望的「應然」範疇；反之，卻在手段的選擇方面，力求「價值袪除」（wertfrei）。彷彿只有手段的選擇，是屬於事實的「是然」範疇。換句話說，只論手段選擇是否符合理性原則，而不計較目標選定之是否也完全符合理性。從而米氏的批評，也可以說是他對資源與分配問題「純經濟」的做法底非難[10]。

曾任德國曼海姆大學社會學教授阿爾伯特（Hans Albert 1921－）對新古典派經濟學有關方法論方面的缺失，也加以適當的批評。他批評傳統經濟學諸種方法論與經驗事實之無關性（Irrelevanz）。因而稱這類方法爲「決斷的邏輯」（Entscheidungslogik）、或「模型的柏拉圖主義」（Modellplatonismus）[11]。

阿氏藉語言分析的助力指稱：純經濟學有關決斷邏輯的想法，儘管強調經濟問題的發現，實際上仍跳脫不掉傳統理性主義的窠臼，亦即認爲形式邏輯爲保證真理的不二法門。在這種情形下，傳統經濟學分不開邏輯的正確性與經驗的有效性，由是遂把這兩者混合爲一。在此情形下，經濟學的陳述，似在力求可信性與可形式化性（Formalisierbarkeit）。可是社會的事實與政治和歷史的事實，便被打入冷宮，頂多權充一下資料綴成的花環（Datenkranz 此語出自德國新古典派大師 Walter Eucken 之口）而已。在這種以經驗資料爲號召，冠冕堂皇的分析背後，卻遺漏了對經濟活動具有決定性作用的權力結構、利益情況與動機誘因等之考

察。

傳統經濟學對經濟危機的難以預測、或預測的不準確,顯然與其認識目標——分析多種用途為主的決斷邏輯有關。另外一方面也是由於此種認知目標所產生的方法大有問題之故。總之,當今經濟學主流派的弱點,除了混淆「是然」與「應然」,把「邏輯的正確性」認同為「經驗的有效性」之外,最重要的還是在於這種學說所提出的假設,對經濟現象,無法加以充分的解釋與可靠的預測[12]。

三、馬克思主義的經濟學底中心課題

與傳統經濟學針鋒相對的觀點,便是馬克思派的經濟學。就是所謂的政治經濟學,這也是專以「人類需求的滿足」和「用品(貨物與勞務)的短缺」為研究取向的學門。這一取向的強調有時反而成為馬克思主義者批評新古典派或凱恩斯學派的利器。因為這派的人士指出:「經濟活動原來的對象是商品的獲取(供給),而不是商品的使用……商品是稀少的,而需求是無限的,因此最重要的是供給,而非需求」[13]。

因此,抽象地說,馬克思主義者的政治經濟學與傳統的「資產階級」的經濟學,都有相同的認同原則(Identitäts-Prinzip)。這一認同原則是建立在人類的需要,以及滿足需要的資源的短缺之上,這點是吾人應當特加留意的。

不過,兩者也有所不同,其最大不同之處為,左派政治經濟學尚且保留了社會學的觀點,例如分析生產力的發展,把尖銳的利益衝突看成為對抗性的權力鬥爭等等。反之,傳統主流派的經濟思潮重視的是交易,其研究焦點為市場。

馬派政治經濟學的認知目標為:「探明不同發展階段的人類社會中,物質用品之生產與分配底律則」[14]。或如馬克思本人在其所著《資本論》

的〈前言〉中所說的：「在這本著作中，我在考察資本主義的生產方式，以及與此方式相配套的生產與交易之條件……本質上這不涉及社會對峙發展程度高或低的問題，而是涉及資本主義生產的發展律、發展趨勢」[15]。也就是在探究現代社會經濟演展的律則。又舊蘇聯科學院所編的《政治經濟學》，在其開宗明義的卷頭語上寫明「政治經濟學隸屬於社會科學，是研究人類社會不同發展階段中，物質財貨的社會性生產與分配之定律」。

那麼馬克思學派應藉何種方法來達到這個認知的目標呢？答案是：「馬克思式的政治經濟學的方法，乃是辯證唯物主義的方法」。

馬克思主義者對於經濟事實與經濟過程的分析之特點為：將這類經濟事實與過程，置於整個社會發展的各個階段中，由而揭露它們究竟是動向（正），抑反動向（反），抑融會貫通（合）。在每一階段中所發現的律則，只能適用於該階段之中，由之而引伸的是每一共產國家走向社會主義及共產主義的階段，是隨各國國情之不同而有分別的。

顯然藉這種辯證法的運用，雖然捕捉了歷史演變的軌跡，可是這樣一來「邏輯的研究便與社會演變的歷史分析相互結合」[16]。為保證這種結合的可能，傳統上便排斥功能的觀察法（同時發生的諸種現象之比較檢討），而代之以「因果發生關聯」（kausal-genetisch）的方法（前後發生的諸種現象的因果分析）[17]。

馬克思主義的經濟學排斥「方法學的多元主義」（Methoden-pluralismus）──用多元研究方法來透視社會經濟的現象，而是強調唯物辯證法的重要，因為辯證法提供革命行動以理論基礎。因此，它是對現行統屬關係的批評，以及提出代替此種統屬關係之方略[18]。

根據馬克思和恩格斯所說：「資本主義動向的律則之秘密，必須從資產階級自行提出的學說，加以批判性的分析之後，才能揭開」。由這句話，可知馬克思派政治經濟學要藉批判之功，洞察了資產階級的經濟發展律之後，才能逐漸擴展成一套精密的方法學。

馬克思派經濟學的重點，在於不斷地推陳出新。所以，是一種編製或形構的過程（Formierungsprozess）[19]。因此，接受馬克思派經濟學，絕非接受其所研究的結果，而是接受這種形構的過程。因為如果只接受研究的結果，容易陷入非歷史性的教條主義當中，或陷於具有錯誤的抽象作用之形式主義之中。關於此，恩格斯在 1890 年代，對唯物史觀的方法性質有所說明。他指稱：「馬克思的整個觀點，不是教條，而是方法。這種觀點，並不提供現成的教條，而是提供進一步研究的著眼點，以及進一步研究的方法」[20]。

　　馬克思主義的經濟學思潮，所受的批評計為：

1. 辯證唯物論的方法之認知價值：辯證法在解釋歷史的演展方面，特別是對歷史理念與現象方面回溯圖式（Expost-Schema）之建構，是可資利用頗具貢獻。可是，當做科學方法，辯證法無論是看成唯心論的變調（例如對黑格爾把理性與實在視為同一物的批評），抑是唯物論的鼓吹（對「歷史主義」的批評），都有甚大的瑕疵。把辯證法看成為世界的普遍或一般原理，尤其不宜。因為人們無法把世上任何變動，任何發展，藉辯證法來加以「解釋」一番。原因是，辯證法固然可以把過去發生的事情，勉強歸類到「正」、「反」、「合」三個階段中，但對未來可能發生的事情，卻無法作正確的歸類，更遑論預測[21]。

2. 馬克思主義許多理論，特別是價值論，只能適用在某一特殊範圍，而不能推擴至其他領域，也就失去理論的一般效準。

3. 左派政治經濟學本身是規範的說詞，只屬教條而非學理。

4. 此派學說指出人們隨其所處社會階級與群體的不同，而擁有不同的觀點，從而把認識社會本質或真象的特權，交給普勞階級。這種人生觀、世界觀、認識論的內含階級之說法，是最招訾議，最受批評的。

5. 馬克思學派的經濟思想缺乏現實應用性，對具體經濟任務無從把

握，對具體的經濟問題，也無從解決。要之，缺少預測的能力（Prognosefähigkeit），這是其致命傷[22]。

總之，儘管馬克思學派強調廣大的視野，並高懸認知的目標，陳義雖高，卻無法發展其具體可行方法，以達此一認知目標。

四、批判的理性主義之基本觀點

鑑於傳統經濟學與馬克思主義的政治經濟學，都有很大的缺陷，批判的理性主義遂提出一項折衷與超越的看法。首先，批判的理性主義排斥任何護航辯解的思想（Rechtfertigungsdenken），而以價值袪除之客觀理念爲其取向所在。其次贊成和強調帶有批判性的驗證（kritische Prüfung），而以自然科學實事求是的精神爲其取向所在。批判的理性主義與古典理性主義不同之處，在於後者認爲一旦進入理性之中，便能直窺真理。

批判的理性主義復與古典的經驗主義有所不同，由於後者視感官爲直窺真理的途徑。批判的理性主義認爲馬克思主義是一種唯史主義（Historismus）的變形。唯史主義及其變形（類似的學說），認爲一切真理學說完全受歷史的制約，爲其時代處境之反映。這是德國接近國民經濟學派之史觀。另外柏波爾認爲唯史主義，是企圖在歷史中尋找發展的韻律、規則、模式等，俾爲未來的預測投射之用，都是鑑往知來的玄思、或幻想。爲了反對傳統經濟學對真理的壟斷，也爲了反對馬克思主義對真理的相對化，批判的理性主義提出「認知的接近過程」（Approximationsprozess der Erkenntnis）一學說[23]。目的在於把科學的陳述，從非科學的、假科學的、或形而上學的陳述裡分離出來。

批判兼理性的經濟學底觀點，是認爲每一經驗科學，包括國民經濟

學，在於追求同一認知目標，是以能夠藉唯一的方法——科學方法——來達成這個認知的目標 [24]。

　　一般而言，這個認知目標在於發現符合經驗事實，且又符合邏輯的理論，亦即演展出一套有關實在結構的理論。而藉這類理論，人們可以解釋與預測經驗現象。就邏輯方面而言，這類理論無論是用於解釋，或用於預測之上，都能連貫而不發生矛盾。

　　德國經濟學者傅萊士曼（Gerd Fleischmann 1930-）曾經指出經濟學家的認知目標。他說：「我們認為國民經濟學的目的在於發現理論，俾藉理論的助力，以解釋及預測經濟範圍裡的情況」[25]。

　　據此，經濟學為社會科學之一，經濟學就其科學的傳統而言，便是以解釋諸如生產、分配、（財富的）積聚等現象來做為認知的旨趣所在。關於這一點，就是美國經濟學家卜爾定（Kenneth E. Boulding）氏也強調，經濟領域（econosphere）乃是社會領域（sociosphere）抽象的層面，故以描述、解釋與預測此一特殊的社會現象為職責 [26]。而阿爾伯特甚至解釋國民經濟學為一「部分的社會學」（partielle Soziologie），以別於探究社會性（das Soziale）為主的基本概念與基本過程之普通社會學 [27]。與此相關的，為西德經濟學家紀爾士（Herbert Giersch）的倡議，他主張把國民經濟學易以「社會經濟學」（Sozialökonomik），因為此一學科研究的對象無非整個社會的經濟事體。很明顯的，作為經濟學研究對象的經濟事實，無法從全社會人群行為的整體中剖解開來。要判斷經濟事實的真相，就有掌握住社會整個情況的必要，從而把問題的重心描繪清楚，然後考慮到構成問題的內在與外在的諸因素 [28]。

　　根據柏波爾的說法，科學云云，無非一連串打破沙鍋問到底的猜想（conjectures），以及駁斥（refutations）的交織。天下沒有穩紮穩打、無懈可擊的原理。一切假設都是寄望能夠較為圓滿地來解釋自然、或人文現象為目標。科學絕非一套封閉的系統，而是某一時代大多數學者所能接受並被公認的論調。因此，科學理論的體系之需要不停地受到修正、

補充、改善，也就是自明之理 [29]。過去我們把科學理論當成一套紀對完善，毫無差錯的體系來看待，實在是一種迷信。這也是美國科學史家古恩（Thomas S. Kuhn）氏比較了自然科學的進步史之後，得到的類似結論 [30]。

總結一句，任何科學方法的實行都可以，也應該不斷地接受檢覈驗證。換句話說，科學方法將無止境地面對檢證的考驗。這種不停驗證的說法底原因有三：第一，基於哲學的真知灼見，也就是說由於科學的哲學（Philosophy of Science）努力的結果，發現人們過去視科學為追求永恆的進步，乃至於完善之境，實是一種妄想。柏波爾氏說，天下無完善的終境可言；第二，經驗事實曾經指出：儘管研究的目標懸得很高，方法訂得很慎密，但與研究的實際，卻常有一段差距，這也就是說，理論與實際不能完全一致；第三，經驗事實又指出，在實際的科學遂行（推動科學工作的過程）中，常滲進某些衛護權益，衛護既定目標的學說來，而很少能夠心平與氣和，就事論事地探求客觀的結果。有了以上三項事實，使吾人知道，真正的科學工作，離不開繼續不斷的檢討、反省、批判、改進、驗證。

不過，我們也不必矯枉過正，遽認批判的理性主義對經濟學的新古典派及馬克思主義派的批評，必須導致到抹煞它們的成就與功績。例如古典與新古典學派有關建立在交易與價格的關係上的人們行為，便與批判的科學學說不相違悖。同理馬克思主義對社會發展的看法，以及由於社會發展而牽連到的社會兼經濟性底結構變化，也有參考引用的價值，這是不容忽視的。只有使新古典派與左派的經濟透視，交互辯駁，反覆檢驗，才能為批判的理性主義提供新鮮活潑的觀念，而增加了對經濟現象解釋的可能性。顯然，這些解釋的可能性，絕非彼此勢如水火，而無法共存。反之，該是截長補短、融會貫通，與互為表裡的學說 [31]。

因此，我們似乎可以這樣地說，一個包涵比較廣闊，比較完整的有關市場經濟發展的理論，便是藉新古典派以及馬克思派經濟學說的相激

相盪、相輔相成來演繹、來提出的。問題的關鍵在於，使用的方法以及涉及到科學理論評準的方法論（Methodologie），批判理性主義只服膺唯一無二的科學方法，亦即科學學說（Wissenschaftslehre），而排斥方法的多元主義（Methodenpluralismus）。蓋除科學方法之外的直觀論（例如瞭悟 Verstehen）、總體論（Holismus，意為全體較之於分子之綜合為多為大的說法）、本質論（Essentialismus），唯史論（Historismus）等等，皆不合科學學說、或科學邏輯（Wissenschaftslogik）。其結果只有治絲而棼，擾亂了認知的目標。因此阿爾伯特遂稱：「理論之所以能夠藉事實以及看法，來加以證實，來接受考驗，其原因無他，乃是因為這些理論尚可以使（其他）有用的理論能夠產生的緣故」[32]。

依據批判理性主義的經濟學底看法，作為社會科學工作者的經濟學家應具有三重的社會任務，此即批判兼實證的（kritisch-positive），批判兼規範的（kritisch-normative）以及意識形態批判的（ideologiekritische）的任務[33]。

所謂經濟學家批判兼實證的任務，到底是何所指？這是指經濟學家應該追求認知目標，俾發現符合經驗與事實的理論。藉著經驗真實的理論，人們可以用來解釋與預測經濟現象。顯然這是一項社會政策方面的任務，原因是社會政策應符合理性，而符合理性的政策，就必須立基於符合經驗事實的理論之上，俾此一理論足以解釋過去或當前的經濟現象，並對未來的經濟現象，做適當的預測。對於實行政策所需手段和必要措施的正確認識與援用，以及由於此種手段與措施使用後造成的結果，應是執政者所深切關懷的，因此對於施政的預測，已成為政治實際的中心論題。

除了預測決策所造成的直接影響外，學者也不能不留意到，由於決策執行的結果所牽連的社會、經濟底間接影響。這裡常不是執政當局的高瞻遠矚便可以一眼看出，而常需求助於經濟學家的慎謀能斷、洞燭機先。是以柏波爾說：「理論社會科學的主要職責在於確定：何者為人們

意圖的行為所產生的非意圖的社會影響」[34]。也就是說，在預測意外情事的發生。換句話說，柏氏認為社會科學工作者的重大責任：為指出在人們的行事當中，何者是人們所沒有意料到、或不願意造成，可是卻發生的種種社會結果。譬如說，追求社會生產量，或國民總生產額之增加，本為多年來各國主政當局努力的目標，但這種高成長率所帶來的能源短缺、環境污染、生態危機、人心為物慾所役使等等弊病，則非當日大力推動經濟發展、或成長者始料所及。而這方面正應是經濟學家，以及其他社會科學工作者，所應留意者，俾能及時提出警告，使為政者知道何時懸崖勒馬，改弦更張。

經濟學家第二重的社會職責，為批判兼規範的任務。這是指經濟學家對待應然的事物，要保持一段相當的距離。以免不分青紅皂白，好其所好，惡其所惡。固然人們的行事，不能不遵循規則，依榜規範，因而不免牽涉到做事的立場、或價值的判斷。但經濟學家似宜運用理性的批判，摒棄本身的意慾、利益、觀點，而以大公無私的精神，來研究和處理經濟事實。要想從經濟領域中，排除規範的全部，自是奢談，這僅是柏拉圖幻想式的實證主義底要求。我們只能在既定的假設、或所採取的立場上，表明我們的價值判斷，而引伸出一套規範的經濟學（normative Ökonomik）來[35]。以此經濟學作為經濟政策的基礎，俾經濟政策的判斷、理解、計畫都能符合社會的要求，也符合我們所設置的標準，所採取的立場，與抱持的旨趣。

批判的理性主義底經濟學的第三項任務為意識形態的批判。這是指經濟學家有義務去追問（hinterfragen），某一經濟體系及其信條的真義，特別是對那種護航、辯解的經濟理論，更宜深入觀察與分析，抉窈摘微，而洞察其背後的動機與利益所在。特別是對影響決策者的所做所為之經濟想法，要加以適當的批判。只有當價值判斷從陳述的命題中完全排除之時，批判兼實證的任務，才有達成之望。自從瑪克士・韋伯以來，國民經濟學如有所進步，那是由於能夠分辨描述的陳述與規範的陳述之不

同，也就是分清何種經濟現象屬於「是然」的範疇，何種經濟現象隸屬於「應然」的範疇。可是在經濟學的領域中，要嚴格地分清這二個範疇，是非常的不易。在很多場合，是然與應然卻常是糾纏不清。既然糾纏不清，那麼每一經濟學說，都或多或少含有意識形態的成份，也就難以避免這種情況發生。即使是號稱符合經濟事實與邏輯運作的實證主義，它所提出的經濟論說，也應受嚴密的批判 [36]。

批判兼理性的經濟學，以倡導理性主義為鵠的，雖然強調此一理性主義與傳統的理性主義之不同，但何謂理性？常因人、因事、因時、因地而不同，是以這種第三個思潮所言明的理性主義，極難有客觀標準。再說，此一學派的倡導者，像德國基爾大學的游欣生（Reimut Jochimsen）教授，自 1970 年以來，即擔任西德總理署計畫部門（Planungsabteilung im Bundeskanzleramt）的主管，其經濟思想之接近當權派的西德社會民主黨（SPD）之經濟意識形態，乃屬當然之舉。由此一事實，使吾人對其主張——所謂的意識形態批判——之是否能徹底無遺，不能不抱懷疑的態度。這是對批判兼理性經濟學思潮的評價。

五、左派的批判

1960 年代的最後幾年，由於西歐、北美與乃至東亞的日本之學潮泛濫，造成左派勢力的囂張。當時西德學界，特別是涉及政治、社會、經濟、哲學、心理、歷史等學科，也深受這股思想潮流的衝擊，因而對於人文與社會科學在現代工業社會中的地位，以及其所扮演的角色，不無疑問，逐引發了一場頗為劇烈的論戰。

其中尤其是經濟學的性質、研究對象、範圍和研究方法，掀起了新的爭論。這一論戰由 1960 年代末期，延伸至 1970 年代開頭，最後，因保守主義之抬頭，逐於 1980 年代無疾而終。

一批思想左傾而激進的學者（像 Ernst Mandel, Werner Meissner, Gerhard Kade 等），痛斥「資產階級的經濟學」為政治體制的御用工具；認為它混淆事實的「是然」與願望的「應然」，又指責西方「後期資本主義」（Spätkapitalismus）籠罩下的經濟學，不重視歷史的變遷（ahistorisch），反而把資本主義的經濟運動律則，看為天經地義；甚至不尋求現行政治、社會與經濟體制之外的變通辦法。其結果是把反對社會建制（establishment）、批評社會建制的經濟學誤導為衛護社會建制、穩定社會建制的操縱之科學（Lenkungswissenschaft）。並且這種經濟學，促使政治與經濟分道揚鑣（例如把經濟學從其餘的社會科學分割出來）。經濟學雖有經濟政策一分支，但對政治事實，卻避而不談，對政治決策影響重大的經濟勢力，也噤若寒蟬，從而使人們誤認經濟學家，只能在既定的政治體制、社會建制、經濟制度下，從事雞零狗碎的經驗研究，而對國計民生無所裨益云云。

　　進一步他們指摘西方經濟主流派，像駝鳥似地，無視西方政治、社會、經濟、文化等的弊病，而一味埋首於經濟資料的沙堆中。只重視如何把稀少的經濟財，加以最大的利用，怎樣理智地下達決定等等雞毛蒜皮的瑣事，而忽視了造成現行經濟體制，現行生產關係的歷史動因，亦即忽視了這類決定人類生死榮枯的大事。

　　根據這批極端左派學者的看法，現代經濟學（特別是新自由學派）應恢復政治經濟學（Politische Ökonomie）的本來面目，以檢討政治體制的得失，研究社會的全貌為旨趣，而成為名正言順的社會科學（Gesellschaftswissenschaft）。於此，他們引用由蘇聯科學院出版的《政治經濟學》一書的卷頭語。該書開宗明義便稱：「經濟學隸屬於社會科學，是研究人類社會不同發展階段中，物質財貨的社會性生產與分配之定律」。從而與執教於瑞士的新自由派巨擘駱普克（Wilhelm Roepker）所下經濟學的定義作一比較。駱氏稱：「經濟活動（Wirtschaften）無非在各種不同的可能當中做一選擇，而經濟學基本上不過是有關可能的選

擇之學問（Die Lehre von den Alternativen）」。因此，左派學者大肆抨擊新古典派的經濟學，將經濟視為有待估量得失，俾供人們進行選擇的學問，或視為財物稀少性的處理（Knappheitsmanagement）之學 [37]，而導致經濟學與社會關聯的脫節。

根據新左派的看法，當經濟學方興未艾之際，是重視經濟與社會的關係。是故古典經濟學，仍冠以政治經濟學的名稱 [38]。只有後來當邊際效用派大興，經濟學轉而重視效率問題，進而走火入魔、捨本逐末、追求枝節，於是遂美其名謂為經濟學的科學化、數學化，其登峰造極則為計量經濟學。至此，經濟理論中，最重要的問題不再是社會問題。取而代之的是經濟原則，也就是理性決斷（rationale Entscheidung）的問題。換言之，怎樣把稀少不足的經濟財，在幾種不同的使用目的上，做最適當、最有利的分配或挹注。於是古典經濟學有關整個社會得失的檢討，在今日只好交由馬克思派的經濟學者去承擔，而無法寄望於西方主觀價值論和注重微視研究的經濟學家了。

至於當代新古典派的經濟學，對於理論與實務之間的關係、或對於科學與政策之間的關係，其看法也頗為曖昧。原來他們的理論只在對現存狀況找一個科學的註釋，做一個科學的論證。也就是除了在目前西方流行的市場經濟制度中，有關競爭秩序的保護之外，提不出新的見解。新自由派經濟學，不但不以這種模型的思想之缺陷為恥，反而振振有詞，認為經濟政策的行為為多餘、為累贅，以致混淆了「是然」與「應然」之分別 [39]。

六、實證主義者與理性批判者的反駁

後來由於方法學問題的辯論，於是實證主義（Positivismus）乘機插入。實證主義（代表人物為 Gunnar Myrdal, Karl R. Popper 與 Hans

Albert）指出傳統經濟學將邏輯的正確性與經驗的有效性混爲一談之不當，但在新左派眼中卻認爲實證主義在助紂爲虐，藉揭發經濟學中的意識形態的成份，而提供政治目的想法之利用，也就是爲當局的政策提供理智的粉飾與科學的辯解。也可以說實證主義使經濟科學轉向到經驗的陳述與運作的計測（例如投入產出的分析）之上。其結果只有使經濟學喪失其獨立的地位，而淪爲執政者的婢妾，對現存體制之良莠不敢置喙，反而只在現存體制所定取的政策之內，尋求實現此一不容置辯的政策之方略。

至於把「知識是力量」具體轉化爲「科學是生產力」，從而使科學變成當權者的統治工具一節，現代經濟學也同樣難逃此種厄運。因爲經濟學一旦變成決策的邏輯、實行的技巧、或操縱的科學，那麼它自然會隨時隨地變成經濟政策的工具，其目的在使現存體制、或現行制度趨向穩定，趨向平衡，也就是對現行的政治、社會、經濟、文化等等體制加以維護，而絕對不可能對現行體制加以批判，更遑論要求改革、或汰舊換新？

以上可以說是德國在 1970 年代接近馬克思主義、或奉持馬克思主義的左派學者，對當前歐、美經濟學主流的批判[40]。

左派學人的這種攻訐，使得西德正統的經濟學家，或說是主流派（主張社會的市場經濟制度之新自由學派）的經濟學者難保緘默。他們（像 KIaus Rose, Werner W. Engelhardt, Willi Meyer 等[41]）反唇相譏，指摘新左派言必馬克思、恩格斯、列寧，彷彿世上除了馬、恩、列思想之外，再無其他任何真理可言。

根據主流派的意見，每一時代，每一地方，對經濟與政治，或經濟與社會的關係，隨時隨地都在檢討。檢討的結果，自然因人、因時、因地而不同。世上不可能有包除百病、超越時空的萬靈藥，也沒有放諸四海而皆準、俟諸百世而不惑的真理。當然也不存在著馬克思學派奉爲圭臬的經濟決定論──經濟基礎的變動造成社會整個上層建築的變動。在

這一看法下，正統經濟學受其所處時代環境的侷限，乃屬必然，無足深怪。

馬克思主義者，雖口口聲聲欲推翻「後期資本主義的社會」，可是怎樣來加以推翻，推翻後要重建成怎樣一個社會，卻只能教條式的預測，而不是科學的計畫。總之，他們的說詞是大言炎炎，不是真知灼見的「認知」（Erkenntnis），而是接近卜筮者之言的「預言」（Prophetie）[42]。

再說，現代經濟學理論中，也不僅僅只擁護現行制度，而不思改革，不思批評者。相反地，西方經濟理論主流派，不乏學人（像美國 John K. Galbraith, Andrew Hacker, Paul A. Samuelson）等，對資本主義施予大力的批判、給予無情的抨擊。

至於新左派不滿現代經濟學與企管學（Betriebwirtschaftslehre 即工商管理課程），只重理性選擇和決定構成的理論，這也是一種錯覺。因為剛好這種理性的選擇與合理的決定，才能導致現代化西方社會的改良或革命。馬可思主義者認為社會的上層建築（Überbau）——政治、法律、文化等——是取決於下層建築（Basis）的經濟因素；但現代經濟學的主流派，卻認為這一說法不符合事實，剛好就是新左派攻擊最力的理性選擇與合理的決斷，才是形成今日西方資本主義社會上層建築的主力[43]。

再說，新左派一味指摘實證主義的方法論在經濟學中的作用，殊不知當代科學理論家以及意識形態批評家，藉其批判兼理性（kritisch-rationalistisch）的基本態度，排除人們奴顏婢膝與政治冷漠的作法，進而養成獨立判斷和積極參與的精神。實證主義的貢獻是不能一筆抹煞的[44]。

至於現代經濟理論儘量採證經驗事實，其目的無非排除天馬行空式的玄想，或河漢其言式的哲學，而希冀理論更能接近現實，更具體地、更精確地解釋經濟現象，這點是不容新左派妄加曲解的。

另一方面德國新自由派經濟學（創始者為 Walter Eucken），可以

說是德國自經濟學興盛以來，對市場權力最為留意的學派。此派尚且研究到政治與經濟之間的微妙關係，以及如何藉政治解決的方法，來謀取對權勢地位的貶抑與控制[45]。

通過了上述新左派與新自由派的論戰，人們可以逐漸瞭解，當今複雜的社會現象是無法由某一孤立操作的學科可以獲窺全貌。反之，只有藉社會科學科際的整合，才能企望對社會有所瞭解。

另一方面，新左派的批評，也激發了人們的深思：作為社會科學之一的經濟學，不能對現存體制盲目讚揚維護，而應持批評保留態度。為了使經濟學不再與政治學脫節，也是為了政經不分離的緣故，「新的政治經濟學」（倡導者之一為現執教於 Konstanz 大學的經濟學教授傅萊 Bruno S. Frey）於焉誕生。此說有異於馬克思學派主張政治與經濟合一，而是藉經濟的工具去解釋政治過程，其目的則為建立政治現象的經濟理論[46]。

除了「新的政治經濟學」之外，復有所謂新理性主義（neuer Rationalismus）、或批判的理性主義之經濟學說的倡議（鼓吹者基爾大學經濟學教授游欣生 Reimut Jochimsen 及其助手柯諾貝 Helmut Knobel）。他們認為把權力、利益、政治等融入經濟學，殊屬不妥。

反之，經濟學的認知目標在於發現原理，藉原理之助力，來解釋與預測經濟過程。具體地說，經濟學的社會功能為上面第四節所指明的三項，即：

1.批判而又實證的功能：發現原理以解釋和預測經濟事體；
2.批判而又規範的功能：藉科學研究所得，應用於經濟政策之上；
3.意識形態批判的功能：判別事實與價值，防阻學術為政治所濫用。

七、結　論

　　總之，隨著近年寰球政治、經濟、社會、思想等的劇烈變動與擾攘不安，歐美混合的市場經濟制度，遭受到歷史上空前的極大衝擊。在經濟危機迭發聲中，從事經濟學研究與教學的學者，遂對傳統經濟學加以大肆批評，認為此一主流派的經濟思潮，只留意財貨最有效的生產與分配問題，而忽視了隱藏在人類理性行為之後的權力、利益、政治等情事。

　　對主流派攻訐最力的顯然是受馬克思主義影響極深的左派政治經濟學。此一經濟思潮又未免矯枉過正分析了生產力的演展、利益的衝突與權力的鬥爭。左派論調的缺失表現在其方法學之偏差。特別是辯證唯物論對經濟現象的捕捉與預測之乏力。第三派所謂批判兼理性主義的經濟思潮，企圖截長補短，折衷上述二極端，而謀一新出路，但心有餘而力不足。此一思潮能否為德國乃至歐美經濟學者所接受，似有待時間的證明。

註 釋

1 參考Jochimsen, Reimut und Helmut Knobel 1972 "Ökonomische Theorien: Plädoyer für einen neuen Rationalismus", in: *Wirtschaftswoche*（以下簡稱 *WW*），Nr. 33, S. 32.

2 Robbins, L., 1935 *An Essay on the Nature and Significance of Economic Science*, 2nd ed., p.16.

3 Samuelson, Paul A. 1973 *Economics*, international student edition, Tokyo *et. al.*: McGraw-Hill Kogakusha, Ltd., ninth ed., p.3.

4 Schneider, E., 1959 *Entwicklungen und Wandlungen der Wirtschaftstheorie*, Kiel同作者1964 *Volkswirtschafts- und Betriebswirtslchaftslehre*, Tübingen, S. 232, 245.

5 關於經濟的理性決斷行為，已演展成一門學問，此一學問係為 Praseologie，參考Lange, Oskar, 1972 "Die Bedeutung der Praseologie für die Politische Ökonomie", in: Jochimsen und Knobel, *op. cit.*, S. 166-174.

6 參考Akerman, J., 1938 *Das Problem der Sozialkönomischen Synthese*, Lund, 1939-44, 同作者*Ekonomisk Teroi*, 2 Bände, Lund u. Leipzig; 同作者*The Theory of Industrialism*, Lund以及Jochimsen und Knobel, *ibid.*, S. 32.

7 參考Schumpeter, J. S., 1950 *Kapitalismus, Sozialismus und Demokratie*, Bern. 第二版英譯本*Capitalism, Socialism, and Democracy*, New York, 1947; Downs, A., 1957 *An Economic Theory of Democracy*, N.Y.: Harper & Row; 參考本書第十一章第五節。 Waldman, Sidney R., 1972 *Foundations of Political Action: An Exchange Theory of Politics*, Boston: Little, Brown and Co.; 參考本書第十一章第五節。

8 參考 Grundberg, E., 1972 "Gegenstand und externe Grenzen der Wirtschaftswissenschaften", in: Jochimsen u., Knobel, *op. cit.*, S. 69-87 及 Krelle, W., 1952 "Die Grenzanalyse in der Nationalökonomie", in: *Studium Generale, Zeitschrift für die Einheit der Wissenschaften*, 5 Jg., S. 594 ff.

9 參考洪鎌德1998《21世紀社會學》，台北：揚智文化事業公司，第80-83頁。

10 Myrdal, G., 1933 *Das Zweckmittel-Denken in der Nationalökonomie*, Bd. 4, S. 310.

[11] 參考 Albert, Hans, 1967 *Marktsoziologie und Entscheidungslogik: Ökonomische Probleme in soziologischer Perspektive*, Neuwied a. R. u. Berlin: Hermann Luchterhand, S. 31, 72, 338ff.

[12] Jochimsen und Knobel, *ibid.*, S. 32-33; 「可靠性」、「有效性」之分辨，參考洪鎌德前揭書，第91至95頁。

[13] Moszkowska, N., 1968 "Wandlung der Methode und des Erkenntnisobjekts der Nationalökonomie", in: *Schmollers Jahrbuch*, 83 Jg., S. 269.

[14] 參考東德出版的政治經濟學教本：*Politische Ökonomie*, Bd. 1, Berlin, S.12.

[15] Marx, Karl 1954 *Capital*, vol., Moscow: Progress Publishers, p.19, 首次出版為1867年。

[16] 同註14.

[17] Moszkowska, *ibid.*, S. 269ff.

[18] 參考 Kade, Gerhard, 1971 "Politische Ökonomie: Die Marxsche Methode im Nachvollzug", in: *WW*, Nr. 26, S. 43; 馬克思排斥方法學多元主義，卻採用整體觀，參考洪鎌德前揭書，64頁註釋。

[19] Kade, *ibid.*, S. 44.

[20] 參考東德出版《馬恩全集》， *MEW*, Bd. 39, S. 428.

[21] 參考洪鎌德：〈辯證法評述〉，刊新加坡，《展望》，vol. 7. No. 10, October 1973, pp. 32-34; 同作者《思想及方法》，台北：牧童出版社，第十八章。

[22] 以上參考 Jochimsen u. Knobel, *ibid.*, S.35.

[23] Popper, Karl, *Logik der Forschung*, Tübingen: J. C. B. Mohr（Paul Siebeck），1973（5. Aufl.），S. XXVI, 121, 122ff.; Albert, Hans, *op. cit.*, S. 420, 426; Albert, Hans（Hrsg.）1972 *Theorie und Realität*, Tübingen: Mohr, S. 8.

[24] Richter, Rudolf, 1965 "Methodologie aus der Sicht der Wirtschaftstheoretiker", in: *Weltwrtschaftliches Archiv*, Bd. 95, S. 242ff.; Grundberg, E., 1966 "The Meaning of Scope and External Boundaries of Economics", in: S. R. Krupp（ed.）, *The Structure of Economic Science*, Englewood Cliffs, N.J.: Prentice-Hall; 1966, p.148ff.

[25] Fleischmann, G., 1966 *Nationalökonomie und sozialwissenschaftliche Integration*, Tübingen: Mohr, S. 12.

[26] Boulding, K. E., 1967 "The Legitimacy of Economics", in: *Western Economic Journal*, Vol. 5, p.307.

[27] Albert, Hans , *op. cit.*, S. 13ff.

[28] 參考Giersch , H., 1961 *Allgemeine Wirtschaftspolitik*, Wiesbaden, S. 23.

[29] 參考Popper, K. R., 1963 *Conjectures and Refutations: The Growth of Scientific Knowledge*, London: Routledge and Kegan Paul, 1969, 1972.

[30] Kuhn, Thomas, 1962 *The Structure of Scientific Revolution*, Chicago: University of Chicago Press, 1970.

[31] Jochimsen u. Knobel, *ibid.*, S. 36.

[32] Albert, Hans, 1961 "Die Problematik der ökonomischen Perspektive", in: *Zeitschrift für die gesamte Staatswissenschaft*, Bd. 117. 1961, S. 440.

[33] Jochimsen u. Knobel, *ibid.*, S. 36-37.

[34] Popper, K. R., 1966 "Prognose und Prophetie in den Sozialwissenschaften", in: Ernst Topitsch (Hrsg.) *Logik der Sozialwissenschaften*, Köln und Berlin: Kiepenheuer & Witsch, S. 120.

[35] 參考Weber, Wilhelm, und Ernst Topitsch 1972 "Das Wertfreiheitsproblem seit Max Weber", in: Jochimsen und Knobel, *op. cit.*, S. 133-145, 特別是S. 140ff.

[36] 參考Mandel E.,1968 *Marxistische Wirtschaftstheorie*,Frankfurt a. M.:Suhrkamp; Mandel E. 1971, "Geschichte des Kapitalismus und seine Bewegungsgesetze", in: *Kapitalismus in den siebziger Jahren*, Frankfurt a. M., ; Watrin, Ch., 1971, "Das Elend des Begriffs`Spät-Kapitalismus`" ,in: *Frankfurter Hefte*, 26 Jg., S.443ff; Kade, G. 1967, "Das Problem der effizienten Lenkung von Wirtschaftssystemen in unterschiedlichen Gesellschaftsordnungen", in: Mayrzedt H., und H.Rome`(Hrsg.), *Koexistenz zwischen Ost und West: Konflikt,Kooperation, Konvergenz*, Wien ; G. Kade 1971, "Politische Ökonomie: Die Marxsche Methode im Nachvollzug", in: *WW*, Nr.26, (25.6.1971), S.43-46; Meissner, Werner, 1971, "Ökonomie als Gesellschaftswissenschaft", in: *WW*, Nr.19, (7. 5. 1971), S.57-58.關於意識形態批判, 參考洪鎌德1998前揭書, 第310至318頁。

[37] 引自Meissner, *ibid.*, S.57.

[38] 不要說新左派的經濟學家有此說法，就是服膺西方經濟學主流的施建生，也指出「第一、從1776年亞丹·斯密之『國富論』出版，到1890年馬歇爾出版他的『經濟學原理』（*Principles of Economics*）以前是第一階段。在這一階段，一般學者大體上都遵循斯密氏的成規，以整個國家所面臨的經濟問題為研究的對象，而以促進國富之增加為目的。故當時的經濟學就被

稱為『政治經濟』（Political Economy）」。引自施建生：《經濟學原理》，
台北：作者自刊本，第五版，1972，第14頁。

[39] Meissner, *ibid.*, S.57.

[40]同上, S.58.

[41]參考Rose, Klaus給*Wirtschaftswoche*所作的訪問談話錄，刊*WW*, Nr.20, April
1971;見Engelhardt, Werner Wilhelm與Willi Meyer之答辯，"Ökonomie als
Gesellschaftswissenschaft", in: *WW*, Nr.25,（18. 6. 1971）, S.67-70; Bernholz,
Peter, 1972, "Ökonomie: Die marxistische Theorie bietet keine Alternative",
in: *WW*, Nr.38,（22.9.1972）, S.65-68.

[42] Engelhardt, Werner, 1972, "Es geht heute um empirische Fundamente für
realitätsnähere Konstruktionen", *ibid.*, 67.

[43] *Ibid.*, S.68.

[44] Albert, Hans, 1968, *Traktat über kritische Vernunft*, Tübingen: Mohr, S.150.

[45]參考Eucken, W. 1947, *Nationalökonomie Wozu？* 3. erweiterte Aufl.,
Godesberg; 同作者 1938, "Die Überwindung des Historismus", in:
Schmollers Jahrbuch, Berlin, Bd.62. S.191-214; 同作者1934, "Was leistet
die nationalökonomische Theorie？" 收於同作者之專書 *Kapitaltheoretische
Untersuchungen*, Jena, S.1-51.

[46]參考 Frey, Bruno, 1972 "Polittheorie: Warum man Ökonomie und Politik
nicht trennen kann", in: *WW*, Nr.13,（30. 3. 1972）, S.34-40; 及本書第十一
章。

第九章　美國新近激進經濟學的簡介

一、舊與新的左派

在第二次世界大戰期間，歐洲（特別是法國與義大利）的左派曾抵抗法西斯的迫害，因之，在戰後享有崇高的社會地位與道義形象。與此相比，美國的左翼知識份子，在 1930 年代與 1940 年代經歷了經濟不景氣與參戰的動亂，與美國共產黨的式微一樣欲振乏力。更不幸地在 1950 年代受到麥加錫盲目反共的迫害，很多左翼人士被迫潛隱或退出學院。加上史達林極權肆虐與冷戰轉向高峰，左派的組織與活動更受摧殘。除了巴藍之外，著名的左翼理論家都噤若寒蟬。

就在此時，貝爾（Daniel Bell）於 1964 年發表其名著《意識形態的終結》一書。這不只標榜貝爾本人告別左派陣營，也顯示他認為新一代的左派理論家尚未誕生，無人可以與老左派討論意識形態的問題。因之，終結的並非意識形態，而是對意識形態的爭辯。事實上，1940 年代的舊左派終於演變成 1980 年代的新右翼。貝爾及其同僚誤把 1960 年代初期美國知識份子對激進運動的冷漠，看成馬克思主義意識形態的破產，而非左派組織能力的潰敗。這種誤會使得他們對 1960 年代末重新崛起的新左派及其運動無法正確的理解。他及其同僚甚至把這段期間新左派的擾攘看成為「反文化」（counter-culture），看成「心神混亂的攤

販市場」（psychedelic bazaar），看成反知活動[1]。

1950 年代美國共產黨已解體，托洛茨基份子分裂為各種小黨派。由於工會反共政策的推行，社會主義活動份子只好採取保留的態度，他們潰散在美國大小學院之間，沒有任何的組織可以使他們凝聚在一起。此時極為囂張的麥加錫主義企圖把左翼人士從大學裡趕出去，而華萊士的種族歧視政策，也使黑人學者無法出頭[2]。

唯一的例外為《每月評論》的繼續出版，圍繞這個獨立自主的月刊是一群第二次世界大戰殘存的左翼知識份子，他們對戰後美國經濟停滯成長與通貨膨脹之同時出現的危機之理論有所闡述與評析，也批判了美國軍事工業集團的浪費，並對第三世界國家低度發展頗為關心，從而演繹出一套「低度開發理論」來。

與《每月評論》相提並論，而具有爭議性的為《異議》（*Dissent*）雜誌。主持與投稿《異議》人士並非全數為馬克思主義的信徒，而是主張社會民主的人士，他們對當年蘇聯的作為也大為抨擊。

此一時期最重要的左派理論家有米爾士（C. Wright Mills 1916-1962）與馬孤哲（Herbert Marcuse 1898-1979）。他們繼續以尖銳的筆觸批判美國國內外的局勢，而獲得廣大讀眾的支持。儘管有上述兩種雜誌和幾位重量級思想大師的鼓吹，戰後美國左派依舊不成氣候，無法鼓動時勢造成風潮。從而 1960 年代末新左思潮的爆發，是在政治真空的狀態下產生，既乏組織、又無中心，遂呈現百家齊鳴的多元主義。

1960 年代的記錄顯示，在這十年間，先有社會運動（反越戰、反種族歧視、反性別壓迫）次第展開，然後才產生對此運動解釋的社會兼政治的哲學。

以推動民主社會的學生團體（Students for a Democratic Society）之前後活動來加以分析，我們不難理解：該學生組織產生自反戰，共經歷了三個階段：第一階段為和平的抗議與示威，其理論基礎為卡繆，而非馬克思的觀點。第二個階段為運動的激烈化，以及與當局的對抗，這時

該學生運動正尋找政治的意識形態。第三階段也就是最後階段，則分裂為各種派系的馬列群體。由是可知，1960 年代的學生運動是在曲終人散之時，才找到馬克思主義作爲指導的原則。

左派學人在此一時期所組織的跨學科之組織計有「社會主義學者會議」（The Socialist Scholars Conference，創立於 1964 年）、「新大學議會」（New University Conference，亦同時在 1964 年創立）和「民主社會運動」（Movement for a Democratic Society）。這些組織由於內部意見分歧，派系傾軋，遂在 1970 年代末便紛紛解散。

二、左翼學人的特徵

1960 年代左派學者一方面堅持其反對資本主義接近社會主義的政治立場；他方面致力學術研究，企圖把政治與學術兩樁事件加以結合。於是學術工作中，如研究題目之選取、方法之應用、觀點之建立，無一不含有政治的意味。這種左翼學人的特徵有三，蓋其追求的爲三種不同的目標之緣故。

其一在於維持、擴大和應用馬克思主義作爲理論的典範。不管研究者衷心擁護列寧、還是托洛茨基、還是盧森堡，其理論取向多是馬克思奠定下來的歷史唯物論。以致視歷史的變遷爲階級的鬥爭，物質與經濟的結構形塑社會，私產制度爲剝削勞動人民勞力的機制云云。要之，把馬克思主義視爲典範，並力求維持此一典範——典範維持，成爲左派學人最重大的目標。

其二，這些學人傾向於採取道德的和評價的立場來評人論事。左派人士無異爲道德家。他們以社會主義的觀點所形塑的價值觀來析評社會界與知識界，而造成他們對世界不斷批評，甚至譴責的主因，乃是覺得現世的不完滿、不合理。人間的災難與不幸都不該存在，都應該去除。

這點與馬克思和盧卡奇對布爾喬亞知識份子的譴責，在精神上是脈絡相通的。蓋資產階級的學者視社會關係，有如「自然」一般地運行，以致對社會的不公不義漠不關心。新左派則矯正這種非道德的、漠視政治的保守心態，力主人類對社會事實改變的可能性與必要性。

其三，新左派對社會事件的分析係集中於緊迫的、當前的時事。換言之，成為當前政經、社會、文化、思想的評論人，即便是左派史學家也是借古諷今、或是以當前的事例來說明過去的情況。這些作法頗接近「政策科學」（policy science），而遠離抽象理論的營構。由於新左派都是關懷當前人類處境的人士，他們又不居廟堂之上，缺乏政治和經濟勢力，身上並無改革社會弊端的權力，因之，其著書立說、鼓動風潮就代表了他們所嚮往，而又無力展現的「革命實踐」。是故，討論當前世事，變成其行動、其實踐的代替品，亦即藉「政治言說」（political discourse）來達成政治（社會、文化）改革的初衷。此外，對未來烏托邦的憧憬，也加強對當前局勢的興趣，現狀是邁向未來理想境界的初步和計測器[3]。

所謂的激進的政治經濟學（Radical Political Economy）是與新古典經濟學不同的。後者研究的重心是交易、交換，前者則為生產與再生產[4]。其原因為新古典學派的分析模型涉及交易的雙方，而很少或幾乎不觸及生產過程。對新古典學家（像 Jevons, Menger）而言，交易而非生產是人類經濟活動的中心。對激進的政治經濟學者而言，就是把生產當作經濟功能來看待，把它看成為投入與產出之間的連帶關係。這時仍舊把投入看成為可能造成產出的交換事物，而不考慮到交易是在社會的條件與制度的條件下進行的。

三、激進經濟學的思想淵源

　　根據美國加州大學河邊（Riverside）校區經濟學教授薛爾曼（Howard
J. Sherman）的說法，1970 年代美國激進經濟學，是與美國新古典學派
主流思潮有別，也與前蘇聯教條式馬克思主義經濟學說大異其趣的另派
經濟思想，亦即接受另一套典範（paradigm）的經濟學派。

　　現代激進政治經濟學擁有三個至四個不同的思想傳統：其一，古典
的傳統，特別是李嘉圖、或新李嘉圖學派，其代表人物為史拉發（Piero
Sraffa）。其二，馬克思主義者的傳統，包括一些激進批判精神和辯證
法，但卻揚棄馬派利潤率遞減、工人日趨貧窮等主張。其三、左派凱恩
斯的想法，也接受後凱恩斯的理念，包括羅賓遜女士的主張。其四、接
受韋布連偏激的理念，韋氏也是美國經濟制度論的開山鼻祖。所謂的制
度論的重要大師有康孟思（John R. Commons 1862-1943）與艾樂士
（Clarence E. Ayres 1892-1972）。他們相信諸如學校、工會、政府和法
律制度等是形成社會、促成社會活動的主要力量。經濟之所以能夠運用，
其受孤立的個別人（消費者與生產者）影響者少，受上述社會制度影響
者多[5]。

　　激進政治經濟學與美國主流派新古典經濟學在典範方面不同之處
為：

1.新古典學派的經濟學是以均衡為取向；反之，激進者以隨機應變、
　　而具彈性（dynamic 動態）為取向，也傾向於演進的、進化的，
　　因為考慮到經濟因素之間的衝突之故。
2.新古典學派在一組制度的關係之範圍內考慮到逐步的改變；反
　　之，激進派注意一個體系與另一個新體系之間的緩變與遽變（轉

換）。

3. 新古典學派視經濟學爲一種技術性的科目，不受政治問題與政治衝突的影響，可以把政治隔離開來加以討論。激進派視政治爲人際的社會關係之一環，不能脫離家庭、政府、利益團體等社會機制來單獨處理，是故種族主義、性別分歧亦應列入考慮。

4. 新古典經濟學說不談剝削的問題，視經濟生活和諧平滑，只要把焦點放在均衡之上便志得意滿；反之，激進政治經濟學視經濟爲人群爭權奪利的戰場，是故權力的分析不可或缺。

5. 新古典學派在分析經濟時，認爲資本主義的競爭會化除種族與性別的歧視；反之，激進派認爲種族主義與女性歧視便利資本家的獲利。

6. 新古典學派把政府看做爲代表多數人利益，而由選民以投票方式形成的管理與協調的機構；反之，激進政經學者看出政府是各種利害不一致、群體競爭衝突後的產品。基本上政府代表優勢的經濟社團，也維護優勢階級利益。

7. 新古典學派並無循環危機的理論，而是視危機爲政府政策失敗，未能讓工人充分就業所引發的；反之，激進派視危機內在於資本主義體制之中。

8. 新古典學派認爲壟斷只是一時偏離完全競爭的偏差而已；反之，激進派認爲壟斷爲資本主義發展的新階段，將出現大型的公司行號而改變經濟的規律。

9. 新古典學派認爲生態的破壞爲發展完美世界的小偏差與支付的代價；反之，激進派則視爲資本主義盲目擴充發展的惡果，必定使經濟轉變爲「反經濟」（diseconomy）──不計算環境破壞的成本。

10. 新古典學派分析的起點爲個人，把一切經濟現象化約爲個人的偏好；反之，激進派認爲個人偏好受到社會結構的制約，像種族主義乃資本主義特質的必然結果。

11. 新古典學派主張競爭的市場是解決所有問題的萬能鎖匙;反之,激進派承認市場有其利弊,除了競爭一途之外,以合作、協和來取代市場與貪婪也是可行的辦法[6]。

至於激進派與正統或教條馬克思主義派之分別可由表 9.1 看出:

表 9.1 教條馬克思主義經濟思想與激進政經學說之比較

兩種思潮　比較項目	馬克思主義	激進派
辯證法	事物運動的宇宙律	社會改變的方式與提問的方法
歷史唯物主義	經濟制約社會上層建構,觀念為經濟的反射	觀念與經濟相互辯證發展與影響
勞動價值說	為商品交易律不容否認的基礎	只採用部分勞動價值說
種族與性別	為附屬於階級理論之下的問題	除了階級之外,性別與種族也是社會分化的標準
國家	政府為統治階級壓榨與剝削的工具	資產階級雖佔優勢,國家仍擁有相當自主權,政治機制十分重要
社會分類	非社會主義的社會就是資本主義的社會	多元的社會形態觀,蘇俄為國家中心主義(statism)
利潤率遞減律	堅信馬克思的教條	利潤率如有所遞減,其原因或是由於需求的短缺
社會主義	其中心為計畫與統制經濟	工人控制勞動,計畫與市場並重
馬克思	所言極為正確,凡事必引用馬列之言	現實的知識比個人的話語更能解決問題

資料來源:取材自 Howard J. Sherman 1987 *Foundations of Radical Political Economy*,
　　　　　pp.7-9;經本書作者修改。

四、激進政治經濟學的不同類型

索耶爾（Malcolm C. Sawyer）把激進政治經濟學區分為四大學派：(1)後凱恩斯學派；(2)制度學派；(3)馬克思主義學派；(4)斯拉發（新李嘉圖）學派。

（一）後凱恩斯學派

這一學派多少忠實於凱恩斯的理念，其主要的說法有下列幾點：(1)經濟是一種歷史的過程；(2)現世的不確定性是難以避免，是故對經濟的期待會影響經濟的成果；(3)經濟制度和政治制度對經濟事務會產生重大的影響。

這派學者認為人類對過去發生的事情有一定的看法，因之，會採取與從前不同的作法，來形塑其未來。由於受到政經變化的影響，以及人類對未來預測的侷限，人們不能不應用對過去瞭解的知識來預測未來。在分析經濟時，不忘把社會的制度安排一併計算在內，像廠商的大小與結構，勞工的組織，廠商、勞工與政府三者的關係都是分析經濟所不可缺的要素。

（二）制度的經濟學

重視經濟體系權力的結構，也就是體系的組織問題與控制問題。有異於主流派經濟學重視市場，制度的經濟學派認為市場亦是一種制度，本身由各種各類的次級制度所合成，也是與社會的其他制度互動交織的事體。是故，經濟不限於市場的機制，也包括整體經濟的組織結構，這是資源得以有效分配的來源。換言之，除了市場還有廠商的大小、產業的結構和法律的規定，都是造成貨物與勞務在市場上交易的力量。除此

之外，經濟活動是在經濟制度，像廠商、工會、家計、政府等之間展開的活動，這就說明激進政治經濟學重視的不只是交易，更重視生產過程的組織。

（三）馬克思主義者的研究途徑

這包括視社會爲總體，社會的變遷爲歷史的遞嬗。因之，以唯物史觀的生產方式之變化來作爲西方歷史的分期，重視經濟演變的性質。馬派經濟學注重階級、階級鬥爭、階級利益，針對資本主義的生產方式，強調資本與勞動的矛盾與衝突。由於掌控了生產資料，資本家對勞動創造的剩餘價值之侵奪與剝削，造成勞資兩大階級的火拼，也爲資本主義的危機與崩潰埋下種子。馬派經濟理論即在揭發資本主義終必潰敗的因由。

（四）斯拉發或新李嘉圖派經濟學理論

斯拉發的著作，使其門徒重燃對李嘉圖學說的興趣，而成爲「經濟理論批判的引論」。這派的主張是認爲無須提及新古典經濟學派的一般均衡論，就可以處理很多經濟論題。這些問題包括工資、價格和利潤率之間的關係。此派也質疑新古典學派對經濟累積的解釋，譬如質疑累積的資本會導致利潤率的下降[7]。

五、激進政治經濟與激進經濟學

在這裡我們似乎有必要把「激進政治經濟學」（radical political economy）與「激進經濟學」（radical economics）加以區分、加以分辨。前者是政治經濟學之一支。原來政治經濟學，包括自由派、保守派、現實派與激進派在內，激進政治經濟學只是不同於自由派、保守派，或是

現實派而已。但激進經濟學則為一批意見並不一致，理論相當分歧，但卻像左派一樣大力批判與攻擊資本主義，主張社會主義（但並非同意舊蘇聯的社會主義）新進經濟學。這是自 1960 年代以來受到新左派、民權運動、反越戰運動、女性主義、環保運動以及各種民族解放鬥爭影響下，對政治忠誠不移的青年學者致力經濟分析的表現。它們並沒有共通的政治主張，只有共享較為廣闊的規範性價值——贊成對現行社會之政經加以改變，俾剝削、壓迫、宰制、異化、黷武主義之建制得以減少，乃至取消。也使人恢復其能力、自主、公平、參與，使環境的發展回復平衡。

激進經濟學的理論傳承主要是馬克思與馬克思主義派，強調社會的階級分辨與對立，而反對個人作為理性的選擇者，他們攻擊的矛頭指向新古典與凱恩斯的經濟學說。認為經濟活動為一個「過程」，一個充滿變化與衝突的過程，因之無所謂永遠的均衡或穩定可言。激進學者相信意識形態、利益與權力在社會與理論中扮演重大角色，因之拒斥實證主義者價值中立的說法。

要之，激進經濟學派之所以會形成團體與運動，無非是其對現實的反對。他們多半置身學院之外，或處於學院的邊緣，對社會、對建制相當不滿，而又加以大力批評的攻訐者。其使用的「言說」、「敘述」都為正統經濟學所忽視、所不用者。因之，激進學者不斷在對這些左派的遣詞用字力加衛護，企圖使其存在獲得承認，也是學術的正當性、合法性。因之，他們對經濟思想史、認識論、方法論十分在意。尤其要把其理論推向科學性，而顯露激進經濟學的批判性言說之重要[8]。

六、激進經濟學的崛起

在接近慶祝美國獨立革命兩百週年的十年中，美國的國內外政治情

勢、社會、經濟與文化結構，都發生了空前急劇的變化。尤其是在經濟思潮方面，更掀起了驚風駭浪，而使主流派飽受衝擊。對主流派經濟學說最大加批判、撻伐的是所謂「激進的（急進的、基進的）經濟學」（Radical Economics）[9]。

　　「激進經濟學」正式形成爲一種運動，係在 1969 年年底。當時曾經由近一千名的年輕經濟學家與學生組成了「激進政治經濟學聯合會」（Union for Radical Political Economics 簡稱 U.R.P.E.）。他們曾經藉示威、遊行、抗議等手段，騷擾了「美國經濟學會」（The American Economic Association）第 82 屆年會，其結果造成此一著名而又被各方所推重的學會之年會，難以順利推展其會議程序，好幾個分組討論會，都無法照預定計畫召開。

　　主流派對激進份子的挑戰，不能不有所還擊。於是美國經濟學會在 1971 年的年會裡，遂選定了一個嶄新的議題：「經濟理論的第二度危機」（The Second Crisis of Economic Theory）。在該年會（於新奧爾良市召開）大會上發言的來賓，有英國傑出的經濟學家羅賓遜（Joan Robinson 1903-1982）女士。她認爲 20 世紀中經濟學瀕臨兩度危機：第一度危機產自 1930 年代世界經濟大恐慌之時，傳統的新古典經濟學理論，無力解釋此等寰球性經濟衰退的現象，此一危機卻因凱恩斯的理論而被克服。1970 年代初，經濟學界又面臨另外一次的危機，因爲經濟理論無法解決當前重大的問題：吾人該爲誰生產？生產些什麼東西？特別是怎樣才能達致公平的分配等問題[10]。顯然 1970 年代初主流派經濟學家必須考慮到：

1. 如何在不浪費資源與妥善利用之情形下，有效提供公家在貨物與勞務方面的貢獻，導致人民蒙受經濟福利；
2. 如何發揮國家機器的效用，縮小環境污染的損害程度，俾國計民生得以兼顧，而福利政策得以暢行無阻[11]。

由此可知主流派經濟學家,對激進派經濟思潮的衝擊,不是視若無睹、聽若無聞的。

在 1960 年代後期,美國很多大學,已醞釀著左派的勢力,他們對激進經濟學開始發生濃厚的興趣。在美國大學中容忍激進經濟學進行教學與研究的有 Amhest 的麻州大學、Riverside 的加州大學、紐約市的社會研究新學院、華府的美國大學,以及印第安那州 South Bend 的聖母大學。他們吸收了馬克思主義派與激進的理念,也應用主流派經濟學的研究技巧,企圖對當前經濟問題進行分析、描述與批判。有異於馬派重複對資本主義空洞的攻擊,激進經濟學企圖以傳統經濟學重視經驗研究技巧,對現實世界進行鉅細無遺的考察。他們既關懷歷史與社會的變遷,也重視社會公平的首急性,甚至把國家和階級等機制也引進其研究的對象中,亦即比主流派經濟學提供更豐富的理論視域。

放棄了主流派堅持學術的中立,激進經濟學家認清學術研究很難與意識形態分開。反之,強調學者應與被統治者、被壓迫者、貧窮者站在同一陣線之上,協助後者擺脫貧窮、愚昧、壓榨[12]。

激進派攻擊的矛頭首先指向沙繆森(Paul Samuelson)暢銷的經濟學課本:《經濟學》(*Economics*)。該書係為初學經濟理論的入門書,不僅在美國,甚而在西方各國,乃至日本、東亞各國,都採用為教科書。截至 1976 年該書已出了十版,銷售三百萬冊[13]。激進派經濟學者攻擊該書為建制的(established)與自我標榜的經濟學之宣傳手冊。因而判定此一教科書為激進運動的大敵。

激進經濟思潮顯然受到當時歐陸學潮——學生抗議活動——的影響。他們認為社會主義為唯一可行的經濟政策之途徑,甚而以舊的南斯拉夫的經濟模型作為經濟進步的藍本。不過美國激進經濟學運動與歐陸左派經濟思潮,也有不同之處。亦即是前者比起後者來,更少理論導向,比較不激烈,而主要在討論美國具體的經濟問題。

德國經濟學家卜朗芬布列涅(Martin Bronfenbrenner)指出激進經

濟學所以產生的八大理由[14]：

1. 美國經濟結構的缺陷：為達致充分就業，非從事龐大軍事開銷不可；

2. 美國種族歧視的問題：政府無力改善種族關係，解決種族糾紛；

3. 美國自由傳統的脆弱：這種脆弱表現在 1950 年代的麥加錫運動與 1960 年代的華萊士運動之上；

4. 共黨國家氣焰的增大：1970 年間蘇聯、中共勢力大增，其餘社會主義國家的經濟情況，也有重大的改善；

5. 美國富裕中呈現貧窮：號稱富裕而溢餘的美國社會（affluent society），無論是國民所得，還是社會福利，其邊際效用正在降落中，而造成了富裕中的貧困現象；

6. 生活品質抬高的要求：經濟的福利，不僅是經濟成長量的增大，更應當是生活內涵質的改善；

7. 越戰的失利與孤立思想抬頭：師久無功，造成民心疲憊、畏戰、反戰的情緒高漲；

8. 新政策的幻滅：自從羅斯福總統倡導「新政」（New Deal）以來，至 1970 年代初美國已經歷 40 年歷史的劇變。新政的理念早已煙消雲滅。加上美國大工會、商會負責人與軍方的密切合作，使左派既失望又憤怨。

這些因素造成自由的知識份子，對美國體制的攻訐批判。其實這種批評一直是美國知識份子所樂為與常為的。因此，激進派經濟學者，在實質上，既非「新」，又非「左」[15]。只是與自由派經濟學者有所不同的是，激進派已為美國的經濟秩序蓋棺論定，認為它已藥石罔效，不能藉改良來延長生命，只有脫胎換骨，重新調整經濟關係，才能起死回生。就因為持此觀點，激進派人士不認為當前業已建立的經濟學，有能力藉其理論來診斷、甚至療治垂危的美國經濟絕症。

七、激進經濟學撻伐的對象

　　像不公平的所得分配、公私貨務（貨物與勞務）的錯誤分割、心為物役與疏離感、人口擁擠、軍力擴張與黷武主義，以及經濟的帝國主義，在在都非主流派經濟學所願聞問、所能解決的問題。因為主流派在其理論中，把人們當成資本主義制度下，生產者或消費者的功能來加以分析。是故業已建立的、安富尊榮的經濟學主流派，只在為現行經濟制度辯護，為現存經濟關係修飾，而無補於國計民生。

　　在攻擊現存經濟秩序與制度方面，美國激進派經濟學者與西德左派馬克思信徒，是同一鼻孔出氣。所不同的是後者動輒引經據典，以馬克思《資本論》為依歸，而前者卻應用馬氏年輕時代的社會學或心理學理論。因之，美國激進經濟學家少有特出的理論著作問世，在這方面只有兩位是例外，他們是巴藍（Paul A. Baran 1910-1964）與史維齊（Paul M. Sweezy）[16]。

　　美國的激進經濟學者所指摘的對象，主要是美式的資本主義。在他們的作品裡頭，他們強調理論與實踐的統一，知與行的合一。他們也批判將社會科學勉強分裂為各種學科，例如社會學、經濟學、政治學等之不當。因此，他們倡導諸學科的統合。此外，他們反對科技與工藝人員的專門化、特殊化。

　　至於傳統經濟學之分為總體經濟與個體經濟，也為他們所不取，認為這只是傳統經濟學家獨斷的信條而已。凱恩斯的總體經濟學，在他們的眼中變成了不科學。蓋國民經濟中所呈現的累集（aggregate），無論是儲蓄、投資、還是消費，都被目為資產階級經濟學家拜物教的偶像（fetish）。對於激進左派人士而言，總體或宏觀經濟學應包含發展中國家與帝國主義的理論、軍備與景氣關係的分析，以及不同經濟體制的比

較等。

　　在處理上述問題時，激進經濟學家大量採用馬克思主義者的經典著作。例如有關發展中國家的經濟理論，便以巴藍 1957 年的著作《馬克思式的國民經濟成長論》爲主，而加以闡述發揮。至於帝國主義的理論，則是列寧所著《帝國主義爲資本主義發展之最後階段》（1916）一書的現代翻版。至於軍備與經濟景氣變化之關係，係巴藍與史維齊舊調的重彈。兩氏說美國一旦不再對外發動戰爭，政府的軍事開銷將會大減，因而導致失業與經濟萎縮，終於使第二次寰球性的經濟危機爆發。至於經濟制度的比較，激進份子當然早便堅信：共黨式的計畫與統制經濟，遠優越於西方自由放任的市場經濟之上。其心目中的模範爲匈牙利、捷克、古巴、中共，以及當時的南斯拉夫的經濟制度。激進份子憧憬將中共的文化革命、古巴的「人道式」馬克思主義，與南斯拉夫成功的體制，以及舊蘇俄式的中央計畫相結合，由而取長捨短，創造出一個理想的新經濟制度。

　　在個體或微視的經濟學範圍中，激進經濟學家主要的研究問題爲：階級、種族、地區國民所得的分配，以及教育經濟學所牽涉的問題。

　　激進經濟學者花費不少的時間與精力，從事有關激進經濟學說教學體系之建立。學生不僅在課堂內須懂得如何以理論來批判資本主義，在校外更要隨時隨地以實踐的觀點，來揭發資本主義制度的弊端。他們最津津樂道，也是苦心焦慮用以證實的一個命題，便是指窮人比富人對社會的救濟與福利事業，提供更大的貢獻。亦即在公共服務與社會福利方面，低所得的人比高所得的人更積極參與、更認真支持。

　　激進經濟學家有其自營的出版社，俾出版他們的著作。在這些出版品中又分成兩類：其一，集中全力批評傳統的、主流的經濟理論；其二、預測富裕社會未來的景象。前者以 1949 年在紐約奠立的「每月評論社」（Monthly Review Press）爲大本營，出版有月刊：《每月評論》，其發行人爲美國馬克思派理論家史維齊。後者則以前面所提起的「激進政治

經濟學聯合會」為中心，而出版一系列攻擊現存經濟體制、或預測未來經濟體制之作品。

「每月評論社」至今為止，比較有成就的作品為巴藍氏所著：《成長的政治經濟學》（*Political Economy of Growth*），另外為翻譯曼德爾（Ernst Mandel）有關馬克思經濟理論 [17]。此外，該社又於 1968 年出版由霍洛維次（David Horowitz）所編有關馬克思與現代經濟之論文集，包括羅賓遜、雷翁提夫（Wassily Leontief），郎額（Oskar Lange）等人之論文 [18]。

至於「激進政治經濟學聯合會」則比較重視科際整合的問題，他們所出的書不限於經濟學範疇。除了有關市民或小資產階級的經濟制度之批判外，也涉及政治現實與方法論等問題，甚至教育與婦女解放之類的專書也紛紛出梓。1970 年代由該聯合會所出版的《激進政治經濟學評論》（*Review of Radical Political Economics*），也出現過幾篇頗具份量的理論性文章。例如史維齊有關主流派經濟學說的批判；齊外格（M. Zweig）與皮巴第（Peabody）有關資產階級經濟學與馬克思派經濟學認知理念的檢討，都相當深入。

激進份子所寫的書文自不限於其同路人觀賞，因此他們也在美國其他學報或雜誌中，撰述專文。例如艾德華滋（R. C. Edwards）及其合作者在 1970 年，撰一激進經濟學課程的文章，發表於《美國經濟學評論》之上 [19]。顧爾禮（John G. Gurley）則於同一學刊上報導政治經濟學之現狀 [20]。

其他出版社也有跟進之勢，例如哈潑與勞出版公司（Harper & Row Publishing Co.）於 1972 年出版了杭特（E. K. Hunt）與薛爾曼（H. J. Sherman）之傳統與激進經濟學 [21]。此書厚達 647 頁，可謂是對有關激進經濟學與主流派經濟學現況最詳盡的報導。

根據薩耶（Andrew Sayer）的看法，1970 年代與 1980 年代初是激進政治經濟學在西方學院中聲勢最壯大的時期。但繼之而來的內部理論

激辯與外在局勢的演變，使激進思潮逐漸式微。開始的時候爲對馬克思勞動價值說感到不耐，繼而解析馬克思主義的興起，質疑馬克思的剝削說，在採用方法學個人主義之下，把馬克思主義主要成分一一解剖分析，造成當代馬克思主義最大的批判。此外，阿諾德（N. S. Arnold）與海耶克等自由主義者直搗馬克思主義的政治經濟學之核心，也造成激進政經學說的受創 22。但真正使 1990 年代激進政治經濟學欲振乏力的原因，還是由於內部爭論激烈所造成這一學門的疲弱與乏力。

　　儘管如此，卻有兩股更新的力量出現在激進思潮中。其一爲發展「中程理論」與經驗研究，以補充前期抽象、大而無當的超理論、大理論，例如研究後福特主義的資本主義操作方式與組織形式；其二爲激進學者自 1970 年代以來關懷的主題之多樣化、分歧化（diversification），不再只注意生產、資產階級，而也注意到性別、種族、環境與文化等，而與女性主義、種族研究、環保組織與「新的社會運動」聯繫。由是激進政治經濟學的內涵擴大，視野也拓寬。一個簡單的例子，父權制度與資本主義究竟是一個體系，還是兩個體系呢？把性別歧視、種族壓迫化約爲階級對峙與衝突，是不是一種素樸的（甚至是幼稚的）「階級化約主義」（class reductionism）？在新的觀點下，這些機制應視爲社會分工與宰制的諸種形式，而不能以資本壓榨勞動來簡化其複雜性 23。

　　自 1973 年 5 月以來，各國激進經濟學家建立起跨越國界的國際聯合。他們且刊行一新雜誌《資本國家》（Kapitalistate），由西德埃朗根（Erlangen）之左派出版社 Politiladen 印刷，發行網包括英、美、義大利、日本與德等國 24。

　　他們似乎蠢蠢欲動，大有啓程長征之意，不過誠如顧爾禮所言：「激進的經濟學尚有一段長途待走」25。

註 釋

[1] Attewell, Paul A. 1984 *Radical Political Economy Since the Sixties: A Sociology of Knowledge Analysis*, New Brunswick, N.J.: Rutger University Press, pp.1-3.

[2] 麥加錫運動係指由美國參議院議員麥加錫（Joseph McCarthy），藉冷戰問題打擊自由主義份子的狂熱反共運動；麥加錫主義所造成政治、經濟、社會、文化等問題，曾由美國社會科學家加以闡述分析。參考Bell, Daniel（ed.）1955 *The New American Right,* New York: Criterion Books; 華萊士運動則指由美國前阿拉巴馬州州長華萊士（George Wallace）所倡導的黑白分治運動。華氏於1968年參加美總統選舉失敗，1972年5月被暗殺而受傷，旋退出政界活動。

[3] Attewell 1984：17-19.洪鎌德1996《跨世紀的馬克思主義》，台北：月旦出版社，10-11頁；洪鎌德1995《新馬克思主義與現代社會》，台北：森大圖書有限公司，初版1988年，52-63頁。

[4] Sawyer, Malcolm C. 1989 *The Challenge of Radical Political Economy: An Introduction to the Alternative to Neo-Classical Economics*, New York *et. al.*: Harvestes Wheatsheaf, pp.19-20.

[5] 參考Sherman, Howard J. 1987 *Foundations of Radical Political Economy*, Armonk, N.Y. and London: M. E. Sharpe, Inc., pp.1-2.

[6] *Ibid.*, pp.5-7.

[7] 以上參考Sawyer, *op. cit.*, pp.4-8.

[8] Roberts, Bruce and Susan Feiner (eds.) 1992 *Radical Economics*, Boston, Dordrecht and London: Kluwer Academic Publishers, pp.2-3.

[9] 英文Radical Economics之Radical係由拉丁文衍變而來，意即根本之義。是故激進經濟學使用此一形容詞與名詞，含有從根改進經濟秩序之意，也可以譯為基進。至於改變之手段究為溫和性的改革，還是暴力性的革命，是否奪取政權，還是訴諸議會民主，各有主張。由是可知 Radical Economics只考慮目標，而不牽涉策略或手段。見：Fusfeld, Daniel R. 1973 "Types of Radicalism in American Economics", in: *The American Economic Review,* Vol. LX III, No. 2, May, 1973, p. 145 footnote.不過Fusfeld 所討論為19世紀末，20

世紀初美國經濟學思潮中的過激主義，或稱急進主義，與1960年代杪之
Radical Economics含義不盡相同。

[10] Robinson, Joan 1972 "The Second Crisis of Economic Theory", in: *The American Economic Review,* Vol. LX III, No. 2, May 1973, pp.1-10.

[11] Reltenwald, Horst Claus 1972 "Grant Economy: Zweite Krise der Wirtschaftstheorie?" in: *Wirtschaftswoche,* Nr. 34, （25, 8, 1972,） , S. 31.

[12] Lippit, Victor D. 1996 "Introduction" to *Radical Political Economy*, Armonk, N.Y. and London: M. E. Sharpe, p.5.

[13] 該書在1973年以第九版面世（包括國際學生版），參考Paul A. Samuelson, *Economics,* Ninth edition, McGraw-Hill, Kogakusha, Ltd. Tokyo *et.al.* 1973, 917 pages; 第十版，1976；第十一版，1980；第十二版，1985；第13版，1989；第十四版，1992，在Michael Mandel協助下1995出第十五版，厚達789頁。西德激進經濟學家尚提出四大卷的反對沙謬森文集，見：Linder, Mare 1974 *Der Anti-Samuelson,* Erlangen: Politiladen,英文譯本1977 *Anti-Samuelson,* New York: Urizen, 2vols.

[14] "Radical Economics, Überbllck über eine linke Bewegung in America", in: *Wirtschaftswoche,* Nr. 27, （29, 6. 1973,） , S. 39.

[15] 參考D. R. Fusfeld, *ibid.*

[16] Baran, P. A., 1973 *The Longer Views: Essays Toward A Critique of Political Economy*, N. Y.: Monthly Review Press; Baran, P. A., & P. M. Sweezy 1966 *Monopoly Capital: An Essay on the American Economic and Social Order*, London : Monthly Review; Sweezy, P. M., 1972 *Modern Capitalism and Other Essays*, N. Y.: Monthly Review; Sweezy, P. M., 1965 *The Dynamics of U. S. Capitalism*, N. Y.: Monthly Review; Sweezy, P. M., & L. Huberman 1961 *Cuba, An Anatomy of A Revolution*, New York: Monthly Review; Sweezy, P. M., & L. Huberman 1968 *Introduction to Socialism*, New York: Monthly Review; Sweezy, P. M., & L. Huberman 1971 *On the Transition to Socialism*, New York: Monthly Review.

[17] 曼德爾出生於1923年的法蘭克福，曾任布魯塞爾自由大學講師，著有 1962 *Traité d'Economie Marxiste*; 1966/67, 1968 *La Formation de la Pensée Economique de Karl Mrax*; 1968 *Die EWG und die Konkurrenz Europa-Ameriks*及 1970 *Arbeitskontrolle, Arbeiterräte, Arbeiter-Selbstverwaltung* 等書。

[18] Horowitz, D. (ed.) 1968 *Marx and Modern Economics,* New York: Monthly Review Press.

[19] R. C. Edwards *etc.* 1970 "A Radical Approach to Economics: Basis for a New Curricula", in: *American Economic Review,* Vol. VX, No. 2, May.

[20] J. G. Gurley 1971 "The State of Political Economics", in: *American Economic Review,* Vol. VX 1, No. 2, May.

[21] Hunt, E. K. & H. J. Sherman 1972 *Economics, An Introduction to Traditional and Radical Views*, New York: Haper & Row.

[22] Arnold, N. S. 1990 *Marx's Radical Critique of Society*, Oxford: Oxford University Press; Hayek, Friedrich 1988 *The Fatal Conceit: The Errors of Socialism*, London: Routledge.

[23] Sayer, Andrew 1995 *Radical Political Economy: A Critique*, Oxford and Cambridge, MA: Blackwell, pp.9-11.

[24] 參考註6, S. S40.有關激進經濟學介紹之書文,除前面註釋所提之外,可參考下列數書與文章:

Black, A. 1970 *Radical's Guide to Economic Reality,* New York: Holt, Rinehart, and Winston; J. G. Gurley 1969 *Mao and Chinses Economic Development,* Stanford; Huberman, L. & P. M., Sweezy, *Introduction to Socialism,* New York: Monthly Review Press ; Magdoff, H., 1969 *The Age of Imperialism: The Economics of U. S. Foreign Policy,* New York: Monthly Review Press ; Perrow, Ch., 1972 *The Radical Attack on Business: A Critical Approach,* New York: Harcourt, Brace Jovanovich; Sawers L., 1969 "Unemployment and the Structure of Labor Demand", in: *Review of Radical Political Economics,* May, Union for Radical Political Economics, 1968 *U. R. P. E. Conference Papers*; Weeks, J., 1969 "Political Economy and the Politics of Economists", in: *Review of Radical Political Economics,* May 1969; Weavers, J., 1968 " The Role of the Radical Economist", in: *U. R. P. E. C. Conference Papers*; Zweig, M., 1969 "Political Economy and the National Interest", in: *Review of Radical Political Economics,* May; Zweig, M., 1971 "Bourgeois and Radical Paradigms in Economics", in: *Review of Radical Political Economics,* July 1971.

[25] 參考註 20.

第十章　對新左派經濟學說的批評——
　　　林貝克的觀點

一、旁觀者清

　　美國雖然是一個歷史不算很長的國家，卻是今日世界的首富和超級大國。美國人對其本身文明與文化的瞭解，固然較之於世上其餘國家的人民深切著明，但只緣身在巫山中，有時也難免陷於主觀上的錯誤。在這種情況下，一位外國不相干的觀察家，反而更能客觀地洞察美國文明與制度的利弊，從而提出一針見血的診斷來。像 19 世紀上半葉，法國的學者兼外交家托克維（Alex de Tocqueville 1805-1859），對美國民主政治的多元化與人事制度化，在其所著《美國的民主》（*De la Démocratie en Amerique*, Paris 1835）一書中，有精闢的剖析和準確的預測。

　　55 年前瑞典的社會學家兼經濟學者米爾達（Gunnar Myrdal），曾與數位美國學人，進行有關種族問題的調查研究。其著作《美國的困局》（*An American Dilemma: The Negro Problem and Modern Democracy*, 1944），也成為一部批判及認識當代美國文明的權威著作。

　　在 1960 年代末期，斯德哥爾摩大學經濟學教授林貝克（Assar Lindbeck），曾藉一年訪問哥倫比亞大學的機會，觀察當時氾濫於美國各大學校園裡洶湧澎湃的學潮。這一學潮的湧現，固然與美國大學生、中學生和少數極端派教授的反越戰反政府有關，但其思想淵源即是來自

「新左派」（New Left）的囂張。於是林氏踏遍美國各大學，訪問大多數激進學者，與學生領袖，以及閱讀了大量的有關文獻。返國後，遂以瑞典文字撰成《新左派的政治經濟學———一位旁觀者的看法》一書。該書出版後旋被譯成丹麥文與荷蘭文。美國出版商聞訊，紛紛爭取英文的版權。此一版權終爲紐約 Harper & Row 公司獲得，而於 1971 年將林氏親撰英文稿予以出版，題爲 *The Political Economy of the New Left: An Outsider's View*。此書在美國推出，一時洛陽紙貴、膾炙人口，也引起學術界極大的震撼。哈佛大學的《經濟學季刊》，甚至特闢專號（Vol.86, No.4）詳予評述，並且討論了所謂新左派的經濟學問題[1]。

二、新左派的經濟學

　　林貝克在其書中，對新左派的經濟學，曾分成三部分來檢討。首先是考察新左派對「傳統的」經濟學底批評。其次是敘述新左派經濟學對美國現行資本主義的批判。最後則是討論新左派經濟學何去何從的問題。

　　林氏所指的「新左派」，實際上就是當時頗爲鵲噪的「激進經濟學家」（radical economists）[2]。這些學者的思想淵源，不僅師承馬、恩、列、史、托洛茨基、伯恩斯坦、盧森堡等共產主義的正統或修正派大師的理論，也常引述毛澤東、卡斯特羅、馬孤哲（Herbert Marcuse 1898-1979）等人的著作。林氏說：「新左派經濟學的特色……在於對當今資本主義社會的批評。當今資本主義的社會，乃是由大公司所操縱的。同時新左派也提出有關經濟制度應如何改造重建的觀點」。

　　關於傳統的經濟學之批評，新左派經濟學者提出五點來討論：

　　1.傳統的經濟學者，對所得、財富與權力分配的不均，甚少留意；

2.認爲傳統經濟學，假定消費者的嗜好爲既存事實，藉以分析資源的調配，而無視於消費者嗜好的養成，是受到財團、全國性與跨國性商社（大公司、大廠商）所控制、所導引的；

3.傳統經濟學忽視生活的品質，而卻孜孜矻矻追求產品的數量；

4.傳統經濟學者，把現行的經濟與社會制度，看成爲既成事實，而盲目地加以接受。它們只關心此一制度微小的、邊際的變化。新左派的經濟學卻認爲學者應關心體系整個社會結構的重大變化；

5.傳統經濟學低估政治因素，殊少做有關政治的考慮。亦即認爲傳統的政治經濟學，只重「經濟」二字，而忽視、或不敢正視政治現實。

顯然，新左派是認爲人們應該更多地關懷其所處社會之權力，也應多關心所得與權力的分配之決定因素[3]。

至於新左派對美國、西歐與日本等資本主義的批評，林貝克認爲是較其對傳統經濟學的批評，更爲深入。

關於資本主義制度的得失，新左派的經濟學者提出六項問題：

1.經濟體制是不是一定得透過市場、或透過政治的官僚組織（科層制），來予以組織、予以建構呢？

2.在決策過程中，一個體制是否應該集權呢？還是分權呢？

3.誰應該擁有資本呢？

4.人們應當如何來處理物質的激發與引誘因素（報酬），以及如何來處理所得的分配呢？

5.人們是否在經濟活動中講究合作？還是倚靠競爭？

6.經濟發展的意義如何？人們應發展到何種階段、何種程度才能稱心滿意？

對上述六項問題，新左派或所謂激進學者之間，尚是意見紛歧未定一尊。不過大體上可以看出，他們對市場，以及藉市場以展開經濟活動，

抱持著批評與不友善的態度。此外,他們也對政治上官僚制度之權力集中,缺乏好感。新左派的過激份子,認為人們的欲望與需求,乃是由於較大的公司廠商,藉廣告宣傳來「製成的」(fabricated)。從而他們著手分析資本主義體制下,大廠商、大公司與「社會罪惡」的關聯。新左派當然主張資本應歸全體國民所有,而不當集中於少數個人、或集團的手中。他們認為美國國民所得與財富分配不均,故而造成政治權力集中的現象。新左派又主張廢除私有財產制度,以及揚棄「罪惡的」資本主義體制。基於倫理的考慮,新左派主張排斥競爭,認為競爭比合作更缺少道義上的意義。

那麼究竟新左派何去何從呢?是否引導人們走向無政府主義呢?還是再造自由與民主的社會呢?或是走向沒有市場的集體所有制呢?還是市場的社會主義制度呢?通觀林貝克全書,讀者找不到任何的答案[4]。

顯然馬克思主義對新左派思潮的影響,正與日俱增,因而形成邁往「不用市場的集體所有制」(nonmarket system with collective ownership)底趨勢。關於此,林氏的批評是:「從這類制度藉選擇程序產生領導人物,常不免具有專制與殘忍的性格。利用革命以改建現狀,事實上無異以暴易暴,此點在歷史上不乏顯例」。

三、新左派的自我辯解

對於林貝克此一暢銷書,新左派自然不會等閑視之。可是其主將之一的史維齊(Paul M. Sweezy 1910-)之讀後感卻是:「與大部分新古典經濟學一樣,此書無關宏旨而令人生厭」。史氏尚且指出:由於林氏對激進派的立場「缺乏好感」,所以不瞭解馬克思主義,當然更不瞭解新左派了。

此外,執教於 New School for Social Research 的經濟學家海麥

（Stephen Hymer）與羅斯福（Frank Roosevelt）也認為：林貝克的書，雖然正確地指明新左派所提出的問題，但卻加以錯誤的詮釋 [5]。根據他們的看法，要瞭解世事，非考察人群之間的鬥爭——階級鬥爭——不可。這種鬥爭在兩個雖然彼此分開，但卻有相互關聯的領域中，不斷地進行。

這兩個領域為：(1)流通圈與；(2)生產圈。流通圈即通稱的市場，這兒不僅有商品、勞務的交易，也有生產因素的交易。生產圈所涉及的不祇有商品與勞務的生產，也牽連到資本與勞動關係的產生、再建立。依據新左派人士的看法，林貝克雖然討論到經濟學中一些問題，但對傳統經濟學無能為力的那部分，卻代為隱諱。特別是在林氏筆下的新左派經濟學，只集中在討論流通圈問題，而忘記了新左派以及馬克思主義者，特別留意到生產圈的問題。例如分配問題，在傳統經濟中，固然可以提出邊際生產力學說來加以解釋，卻無法、或不願討論權力的分配與階級的鬥爭。再說一旦涉及到人們的偏好與資源的分配問題，傳統經濟學只能指出既存的偏好，從而提出資源有效分配論，而無視由生產活動所造成的需要改變。再如生活的品質一問題，傳統經濟學只以外在效果論加以詮釋，卻忽視資本累積的意慾或資本與勞動關係的問題。

亦即新左派人士，認為傳統的經濟學只涵蓋流通圈的一面，而未曾指陳生產圈中勞資的關係。因此他們認為應該以馬克思主義的思想體系作補充，來解釋種種人文與社會的現象。馬氏學說首先在說明生產的過程：在每一生產方式當中，都是勞動與其他生產因素的結合，俾推出產品或創造勞務。每一社會經濟形構之所以有異，乃因此種（勞動與其他生產因素）結合方式不同之故。在資本主義制度下，社會經濟的形構，乃透過工資與勞動契約以完成。此時工人因出賣勞力，而疏離自己、異化自己，而俯身無奈地在生產過程中，聽命於資本家與其代理人的擺佈。在勞動市場上，工人固然能夠與資本家講價還價，以出售其勞力，追求其生活之所需。可是一旦價格（工資）業已議定，工人不再是一個自由的、平等的勞動擁有者，也非一位具有個性的人物。這時他必須屈服於

層層指揮、重重控制之下。對於生產過程的產品，既無從過問，更遑論佔有了。

因此，資本主義的社會底特點為市場上的勞動場所的專橫壓迫。傳統經濟學者，只重視市場的自由、產品的品質、產品的佔有等。反之，新左派揭露勞動場所的缺乏自由與缺乏平等。

工人之出售其勞動（勞心、勞力），其結果乃造成不自由的痛苦。因此他的勞動操作顯然是不得已，也由之導致每日勞動者與資本家之間不斷的衝突與鬥爭。這種階級衝突與鬥爭，一向不為傳統經濟學家所注意、所關心[6]。

資本主義如欲維持不墜，勢須使生產中的統治與從屬關係（不平等的統屬關係）繼續發揮作用。這種不平等的關係，不僅存在生產圈中，事實上還擴張到流通圈（市場）來。原因是資本家與勞動者稟賦、教育、出身、財富與地位既然有異，則其關係──或說是進行一場競賽或遊戲──的結果，必然也不同。於是資本家一直居於優勢，而工人則永處劣勢。其中只有少數附驥尾之士，得以攀龍附鳳，雞犬升天，而其餘絕大多數中下級人士，遂淹沒而不彰。其結果是 250 多年來，在美國佔有全人口約 10%的上層階級，獲得 30%乃至 40%的社會所得。反之，佔有總人口三分之二的下層階級，卻被迫去消受大約不到三分之一的國民所得，其餘則歸中層階級所有。最後的結論變成窮者力役、中間者從事管理、跑龍套，而富者高臥而積聚財富。

在資本主義制度的社會中，教育常常成為維持自由市場制度的工具，因為它灌輸給人們接受競爭、遵守紀律、服從權威、忍受困阨。這便是一種「鎮制的社會化」（coercive socialization）之措施，俾人們安分守己、麻醉無知，而屈從於資本主義社會下種種的橫逆不平。

激進經濟學家重大的職責之一，就在繼續馬克思未竟的事業，去發展一套對抗鎮制的社會化之理論，或一套反對嚴密組織之理論。總之，在於更改建立在薪資勞動基礎上的生產方式，俾人們每日的生產與消費

能夠獲得合理的控制[7]。

四、林貝克的反駁

對於新左派所提出的辯護，林貝克也表示一點意見[8]。

首先，林氏指出史維齊所稱：要瞭解馬克思主義，必須對激進派立場發生好感一事，表示異議。只有愛好或信仰某一事物某一主義，然後才能瞭解該事物主義的說法，是反理智的行為。吾人絕不因求知者所信仰之認知系統有所不同，遂遽認為彼等無法達到知識的溝通[9]。

林氏續稱，雖然傳統經濟學，對某些經濟學問題，不無忽視或有所缺陷之嫌，但其原因，乃是經濟學的方法與內容，未臻完備之故；另一方面也反映了研究對象的難以處理。史維齊、海麥與羅斯福三人，不能因為傳統經濟學，對某些重大問題，未予注重，遂下達兩個粗率的結論：第一個結論是說傳統經濟學，對這類問題毫無興趣；第二個結論是說馬克思主義或新左派已大部分討論了此問題。

林氏繼稱：無可否認的事實，馬克思主義對某些社會問題，的確具有真知灼見。例如強調科學與經濟的、社會的組織的，乃至與政治之間的相互關聯。這種強調，對分析社會的經濟與政治的制度之長期變化有助。可是非馬克思主義的學者或思想家，對這類問題也有所論列，這是不容抹煞的。就是涉及人類社會在時間過程中，由於社會內部結構的矛盾，或是階級的衝突而轉型，馬氏所提的這種理論儘管引人入勝，但也不能漠視其他思想家，特別是新古典經濟學家，對於這一方面所做的貢獻。因此，新左派份子應認識到一點，即有關長期歷史過程的哲學解釋方面，馬克思學派的努力，只是人類百花齊放、百家爭鳴的心智活動之一，而不能獨擅論壇、定於一尊。

再說，傳統經濟學固然「忽視」了某些問題，但卻也發掘了不少新

問題，並且正在大力謀求解答。其中的顯例爲[10]：

1. 藉人力本錢（例如家庭背景、教育、訓練等）的投資理論，來分析所得與財富的分配；
2. 發展訊息與學習的經濟學；
3. 研究貧窮、歧視、城市敗壞；分析經濟外在影響力，以及「生活的品質」；
4. 檢討經濟制度集權與分權的利弊，以及經濟政策的得失；分析經濟與政治因素的關聯；
5. 從事有關富裕與貧窮國家的經驗性研究等等。

反之，馬克思主義的學者，對下列之問題，能否提出更好的解答呢[11]？

1. 爲什麼戰後很多高度工業化的資本主義國家，其勞動者的收入逐漸提高？
2. 爲什麼工資在某些國家（像美國）傾向提高，而在某些國家（如瑞典）則趨向穩定不變？
3. 爲何在某些國家多數人遭受排斥、遭受歧視，而在另外一些國家則受尊重，則受優遇？
4. 馬克思主義者能否提出更圓滿的解釋，來說明環境的惡化？提出更佳的方法來加以改善？
5. 馬克思學派曾否討論、或並已解決了經濟制度集權與分權之間的適當混合？
6. 他們能否解釋爲何、以及怎樣造成冷戰時代美蘇消費模式的變動？
7. 新左派對早期美國、中國與蘇聯之間的衝突能給予一個圓滿的解釋嗎？

因此林氏的結論是，認爲新左派或馬克思主義的經濟學人，只能對社會現象的概念（concepts），提出一個普遍的陳述（general statements），而自以爲這樣做既有利於解釋，復爲解釋之所必需。假使馬克思派人士真正擁有特殊而爲經驗事實可以明證的解答問題之方法，那麼他們怎麼會怕把這些理論公開，並不藉經驗事實的符合與否，適時來求取印證？在馬克思經濟學家的說詞，尚未證實有效之前，他們便大膽地揚言：「我們已找到答案了」。

只奢談什麼階級鬥爭、權力分配、生產活動造成需求發展、資本家累積資本之慾望、資本與勞動的矛盾等等是不夠的。必須還要把炎炎大言應用某一特定社會現象之上，而且此一現象必須經得起經驗的觀察與檢覈。因此林氏駁斥新左派只能擺脫名詞、修辭而不立誠，修辭而不分析。

就算傳統經濟學「忽視」了某些經濟大問題，也不能因此而遽稱馬克思派必定已「重視」了這類問題。

五、結　論

總之，新左派經濟思潮的貢獻在於喚醒人們注意整個社會的大問題（所有權、所得分配、權力分配、外在影響因素、公共參與、社會價值等問題），而反對只對枝枝節節的小問題作瑣屑的考究。它是對傳統經濟思潮、經濟學的主流底批評，也是對自由市場的經濟制度之抨擊。

依據史丹福大學經濟教授巴赫（George L. Bach）的看法，新左派是馬克思主義、韋布連主義（Veblenism，源之於 Thorstein Veblen 1857-1929 的學說，他一向被目爲美國的馬克思，是反對新古典學派的學者），以及烏托邦思想結合演進而成的思想趨向。這種思潮指摘資本主義體制下社會福利功能的狹窄與刻薄，並批評這種福利制度在贏取被統治階層

的遵守紀律，服從統治，遺忘反抗。此一思潮主張藉革命手段來徹底改造社會結構，來改善經濟制度與活動，俾建立新的法律秩序，與新的價值系統[12]。

可是，這一思潮的目標固然高懸著，其所應用的方法仍舊與傳統經濟學的方法無分軒輊。在不能突破方法學上的瓶頸，而奢言改善傳統經濟學，乃至改革整個社會，新左派的這種論調，不啻是一種政治主張、政治信仰，而不可能是學術論說及科學見解。在這方面人們對美國主流派經濟學說之大師[13]的著作，似乎有重加研讀與反思的必要。

註　釋

[1] 除正文所敘述之相關的書籍以及雜誌之外，可參考 "Debate on New Left Economics"，Samuelson, Paul A. 1973 *Readings in Economics*, N.Y. McGraw-Hill Book. Co. 7th ed., pp.356-365；以及 "Radical Economics" in: *Wirtschaftswoche*, Nr. 27,（29. 6. 1973），S.39-40.

[2] 這些學者的主要著作為：Black, A. 1970 *A Radical's Guide to Economic Reality*, N.Y. Holt, Rinehart and Winston; Edwards, R. C. *et. al.* 1970 "A Radical Approach to Economics: Basis for a New Curricula"，in *American Economic Review*, May; Gurley, J. G., 1971 "The State of Political Economics"，in *American Economic Review*, May; Horowitz, D.（ed.）1968 *Marx and Modern Economics*, N.Y. Monthly Review Press; Hunt, E. K. and H. J. Sherman 1972 *Economics: An Introduction to Traditional and Radical Views*, N. Y. Harper & Row; Magdoff, H. 1969 *The Age of Imperialism: The Economics of U.S. Foreign Policy*, H.Y.: Monthly Review Press; Perrow, Ch. 1972 *The Radical Attack on Business: A Critical Approach*, N.Y.: Harcourt Barce Jovanovich; Wearers, J. 1968 "The Role of the Radical Economists"，in: *U.R.P.E Conference Papers*; Weeks, J. 1969 "Political Economy and the Politics of Economists"，in: *Review of Radical Political Economist*（*RRPE*），May; Zweig, M. 1969 "Political Economy and The National Interest"，in: *RRPE*, May; Zweig, M. 1971 "Bougeois and Radical Paradigms in Economics"，in: *RRPE*, July.

[3] 將林貝克的專書提綱挈領，加以簡述的為G. L. Bach 1972 "Yes to Lindbeck on New Left"，原文標題為 "Comment（*Symposium: Economics of the New Left*）"，in: *The Quarterly Journal of Economics*, vol.86, no.4此文之摘要，刊Samuelson, *op. cit.*, pp.358-360, 以下引用之頁數，即為Samuelson收錄的 *Readings*之頁數，此為 p.358.

[4] *Ibid.*, p.362.

[5] 見 Hymer, Stephen and Frank Roosevelt 1972 "Comment（*Symposium: Economics of the New Left*）"，in: *The Quarterly Journal of Economics*, vol.86, no.4, 收錄於Samuelson, *op.cit.*, pp.360-363.

[6] *Ibid.*, p.362.

[7] *Ibid.*, pp.362-363.

[8] 參考 Lindbeck, Assar 1972 "Response (*Symposium: Economics of the New Left*)", in: *The Quarterly Journal of Economics*, vol.86, no.4, 收錄於 Samuelson, *op. cit.*, pp.363-365.

[9] *Ibid.*, p.363.

[10] *Ibid.*, p.364.

[11] *Ibid.*, p.364-365.

[12] G. L. Bach, *ibid.*, p.360.

[13] 介紹當前美國經濟學主流派幾位大師像 John Kenneth Galbraith, Paul A. Samuelson, Kenneth E. Boulding, Milton Friedman 與 Wassily Leontief 的學說，有 Leonard Silk, 1976 *The Economists*, New York: Basic Books, Inc.

第十一章　新政治經濟學──
　　　公共抉擇理論

一、政治與經濟難分難捨

　　一旦純經濟的關係宣告終止，而政治的勢力開始發生作用之時，傳統的經濟學便碰到極限。在過去半世紀當中，無論是理論的闡述，還是經驗的研究，經濟學都獲致輝煌的成就。建立在經濟理論之上的經濟政策，也爲工業社會帶來財富、穩定、與繁榮。可是在成功之外的另一面，我們卻發現經濟理論與政治現實脫節：主流派的經濟學說無法配合政治的要求；或說是經濟與政治的分道揚鑣，致造成近年來世界貨幣體系改革的遲緩，乃至釀成 1973 年年底以來寰球經濟危機的產生[1]。這兩個例子真正的困難原因，與其說是經濟的，還不如說是政治的，更符合事實。

　　在一個高度發展的工業社會中，經濟與政治的糾纏盤結愈來愈密切，其主要原因是貨物與勞務不經由市場的調整，而生產與分配的比例愈來愈高。蓋在工商社會中，公共的貨物與勞務（public goods and public services），是國家（中央或地方政府）提供社會全體享用的，其價格無從訂定。可是此類公共貨務（貨物與勞務）卻有日趨增加之勢。假使我們在經濟的考慮中，不將這部分的政治過程予以計算在內，那麼關於這類貨務的供應與流通，便無從闡述。

　　環顧全球，沒有任何一個政府不主宰經濟景象。政府的開支，決定

一般就業情形；政府的稅賦徵收，影響多少人的收入與消費；政府的決策控制國際貿易；其國內的規定，幾乎伸入每件經濟行動之間。在經濟理論界中，政府的角色還不限於這些主宰情形。誠然最近經濟學每一分科、每一部門都已開始留意到政府的活動，對私人企業決斷的影響，以及重視政府在經濟總合中分享的比例。但有關合理的政府之概括化與實際的行為規則，卻尚未建立。這點與傳統經濟學探究合理的企業家（生產者）與家計（消費者）之行為模式截然不同。其結果是政府與私人決策單位（企業與家計）尚未成功地融合於一個一般性的均衡理論裡[2]。

二、政治的經濟學理論之產生

為了促使經濟與政治的關聯與結合，美國與德國的學界在 1960 年代後期，便開始積極推動一個新理論的產生——政治的經濟學理論（the economic theory of politics; die Ökonomische Theorie der Politik, 德文簡稱 Polittheorie）。其分析不侷限於經濟的領域，而是涉及政治過程、政治制度等範圍。此一新理論所留意的是現代社會中，經濟活動的主體（家庭、企業、政府）追求經濟好處與物質利益，不僅透過經濟的活動，也透過政治的活動。

經濟科學此一新方向，其實是返回經濟思想的老傳統，不啻是重溫「政治經濟學」的舊夢。嚴格地說，現存的國民經濟學，在某一意義下，何嘗不具「政治的」意味？只要它所追求的經濟目的明白地、或暗示地指明，便會有濃厚的政治色彩（像西方資本主義的自由放任等所牽連的私有財產制、社會的市場經濟 Soziale Marktwirtschaft——西德 1948 年以來實施的經濟制度）。例如新古典經濟思想的優點，在於指明靜態的效率底條件：指出如何以最低的代價（成本），來獲取既定的目標。除此之外，新古典經濟學說，對所得的分配，便無法做出像上述為達目標

而採取最佳手段，那般地精確與有關聯的陳述。

政治的經濟學理論，固然也襲取「政治經濟學」的名稱，但與古典的政治經濟學不同，其分別在於前者利用經濟理論的現代分析工具，去研究政治過程。他們所使用的經濟學工具，不限於美國盛行的新古典學說，也吸收其他的學說（例如英國劍橋學派的經濟思潮）。這一新理論不把政治，當成意理（意識形態、思想體系、意底牢結）來看待，而是當做過程與制度來解釋。其分析的焦點為：個人的偏好（preference）經由何種的機制（mechanism，又譯為機能）得以表明與匯聚，而形成公共的抉擇（Public Choice）之問題[3]。

政治的經濟學理論，事實上，是採用經濟的途徑（approach）來討論政治。所謂的經濟的途徑，包括經濟學的方法與理論而言。這裡把經濟學界定為以稀少的資源來追求彼此競爭排斥的目的之學問。資源的缺少（scarcity）、目標的眾多，迫使人們進行選擇（choice）。由是可知資源的挹注與分配都是從稀少性和選擇這兩項事實產生。這兩項事實的特徵不但出現在市場之上，更是出現在國家的政治過程（對何種工業課稅、貨幣供應的快慢、要不要發動戰爭來解決與他國的爭執）、家庭的經營（選擇結婚對象、生男育女的多少、奢侈或儉樸的生活方式之選取）、甚至包括學者的治學（研究與社交時間的分配、研究項目的選擇、教學與研究的時間比例等等）在內[4]。

換言之，政治的經濟學理論，不只在強調政治與經濟的彼此關聯，更是把政治的領域當作經濟來看待，利用經濟方法來討論政治中的稀少性及選擇的特殊性。這也是利用經濟的推理來探討政治過程。此一研究途徑所關懷的主題為理性的選擇與有效性。經濟的推理涉及幾個事項：其一為主體性的功利（subjective utility）；其二，自利的理性追求；其三為成本、稀少性的邊際分析；其四，部分或一般的均衡想法；其五，資源分配的效力（有效性）。這四、五項概念都結合成一個整體，原因是選擇係基於稀少性，一旦有所選擇便要付出成本（包括機會成本）。

合理性、功利和有效性三者也結合在一起。原因是功利提供合理選擇的動機，而有效性是衡量選擇是否正確、是否有效的衡量標準[5]。

三、新政治經濟學及其思想淵源

經濟科學此一新方向又稱做「新政治經濟學」（New Political Economy）。不過，新政治經濟學與馬克思學派的政治經濟學[6]有其相同之處，也有相異的所在。其相同之點為兩者都視經濟與政治為一體，兩者都嘗試指明參與活動的個人或是團體之利益。不過政治的經濟學理論（新政治經濟學）是由一個嚴格的先決條件出發，認為所有的經濟以及政治活動者（參與者）的行為，在於尋求其本身「好處的最大」（nutzenmaximierend）。例如對於國家的官僚體系而言，其行為絕非在於配合全體成員的福利，而在於官吏的自利、自求多福。

至於新政治經濟學與馬克思政治經濟學不同之處，則在於使用的方法：前者使用分析批判之法，後者則講究歷史辯證法。至今為止馬克思派政治經濟學（又稱為 Politökonomie）與新政治經濟學尚未曾交手爭論過，前者尚未批評後者對多數統治的投票制之評斷，也尚未非難後者有關個人偏好綜合的邏輯問題[7]。

政治的經濟學理論係由下述經濟學的三個分科演展而成：

1.財政學：近年來逐漸演進為「公共經濟理論」；
2.福利經濟學：一開始便研究偏好總合（preference aggregation）的問題，以及與此相關的外在因素及公共貨務等問題；
3.價格理論：乃為個人決斷的分析基礎，也為交換經濟的基礎。這兩者都與政治方面有關。

政治的經濟學理論之奠立者為美國經濟學家艾勞（Kenneth J. Arrow,

1972 年諾貝爾經濟獎得主之一）、但恩士（Anthony Downs）、卜坎南（James M. Buchanan）、塔洛克（Gordon Tullock）[8]及歐爾森（Mancur Olson, Jr.）[9] 等人。在德國則有傅萊（Bruno S. Frey）[10] 及何德東（Philip Herder-Dorneich）[11] 等大力響應。不久前為促進研究與溝通，並創立了「公共抉擇學會」（Public Choice Society 成立於 1965 年，1968 年開始採用今名），且發行《公共抉擇》（*Public Choice* 1968 年開始）季刊一種[12]。除此之外，在美、英、德的政治與經濟學刊中，有不少文章介紹此一新理論。最近連歐洲各國也分別成立「公共抉擇學會」。

在 1970 年代以來的著作中，對公共抉擇理論的闡述，也多涉及使用經濟學的方法來討論政治，而不管研究結果是否真的具有「公共的」意涵[13]。換言之，把公共抉擇與公共財（公善，public goods）看成一體，就算進行選擇的是個人（政府首長、部會首長），但其選擇的結果卻是公共的、集體、不可分割的。公共團體或政府機關並非進行選擇的行動體，在以方法論的的個人主義之理論中，不容許有集體的行動者之存在。因之，進行選擇、決斷的仍舊是個人。這個個人是政黨、利益團體、官僚體系的成員，不管其職位是通過選舉或任命而獲得。

> 公共抉擇〔理論〕的基本假設是指政治決策者（選民、政治家、官僚）和私人決策者（消費者、仲介商、生產者）都是以同樣的方式來表現其行為：他們都隨自我利益的命令而行事。事實上，政治決策者與經濟決策者是同一個人——他既是消費者，也是投票者。替家庭日用品採購的人，也是前往投票所投票的同一個人[14]。

公共抉擇理論有異於傳統經濟學之處，並非對個人及其行動動機有何不同的看法，而是對市場和政壇所給與個人的機會與限制的看法有所不同而已。當成生產、消費、市場交易的經濟和當成權力、權威的政治交易之政治，只有應用的範圍之不同，而非交易本質的不同，政治只是

制度與流程的綜合，透過制度與過程個人追求其偏好，而這些偏好所牽涉的是公共的，是人人相互倚賴的，而非私人的，也非與別人無關的[15]。

四、規範的與實證的公共抉擇理論

公共抉擇理論，亦即新政治經濟學可以分為「規範的」（normative）與「實證的」（positive）兩種派別。

（一）規範的公共抉擇理論

以艾勞 1951 年出版的《社會抉擇與個人價值》一書，以及沈恩（Amartya Sen）1970 年出版的《集體抉擇與社會福利》[16]一著作為代表。這些作品涉及政治設計（憲法）與基本的政治規範，也就是政治過程產生與運作的架構方面為主。事實上，也討論政治體系可欲的性質，理想的政制。它提問的是：政治（社會與經濟）制度應當怎樣安排才能有效，符合民眾所需和公平呢？怎樣的選舉規則有助於選民將其累積的個人偏好轉化為公共政策？怎樣的政府結構可以防止權力集中？避免行政無效？防阻政局不穩？是否聯邦國，還是單一國可以控制種族、階級、宗教之歧異，而不致引發社會衝突？

除了沈恩之外，卜坎南與艾勞提出規範性的公共抉擇的兩個顯例。卜坎南主張把社會組織到其成員可以自由交易的程度，亦即國家愈能便利人民的自願交易，愈是可欲的政治體制。

艾勞則提出民主政治遭逢的困難，亦即個人偏好的累積與集體決斷如何取得融通一致（consistency）。關於此，下面還會詳加解釋。

（二）實證的公共抉擇理論

以歐爾森的 1965 年出版的《集體行動的邏輯》，以及但恩士 1957

年《民主的經濟理論》兩書為代表。他們不再表述理想的政治結構及功能，而是以實證的、經驗的分析，解釋既有政治體制的規則、過程及其後果。他們提出的問題為人們為何立法？他們立什麼樣的法？他們怎樣創建政治制度？加入群體（政黨、學會等）與投票？在群體中什麼因素促成其凝聚？什麼因素造成其解體？什麼因素造成團體中成員的合作？或競爭？或對敵？民族國家如何在國際政治中扮演其角色？提供國際的公利、公善？立法者、行政者、權力掮客之行為怎樣解析？

歐爾森將公善公益和集體行動呈獻給政治學者，認為政治現象之核心為公益問題的處理，而公益問題的處理離不開利益群體的組織及其影響，在這方面歐爾森攻擊多元主義與馬克思主義對群體組織與影響的忽視。多元主義者認為利益群體自動代表公共的利益，馬克思主義者則認為大家共享的利益會自動轉變成階級的利益，不可能轉化為群體的利益。「合理自利的個人，他不願採取行動來達成他們的共同利益或群體利益」[17]。

但恩士對投票的理性分析就是用經濟學的方法來解釋民主的政治理論，政治家是政策與政府服務的提供者，投票者是消費者，利用他（或她）的投票權來換取公共服務。是故參與政治過程的個人儘管扮演各種的角色，其行為仍舊受自利的驅使。個人的行為之動機受意識形態與傳統力量的驅使少，受利益與公利的看法影響多[18]。

五、研究的主題

新政治經濟學所研究的題目，包羅萬象。其中又以下列四組涉及決斷體系（decision system）的問題，最為重要。這四組問題是現代社會中最重要的人群活動：

1.價格與市場體系；

2.民主政治；

3.官僚體制；

4.協商體系（bargain system）。

上述四組問題都涉及到決策制定（decision-making）的過程，都可以目爲決斷體系。討論這類決斷體系，可避免市場經濟與計畫經濟的對立，蓋這種對立所滋生的爭論是久懸未決。在此意味下，經濟制度的迥異無關宏旨，它們的分別只是經濟機制的倚重倚輕而已。

（一）價格與市場體系

傳統的經濟學至今幾乎全在討論價格的體系。其優劣早爲各方所知悉，且可由經濟學教科書中呈現。新政治經濟學除了討論政府的存在與干預，對價格與市場體系的影響之外，復強調經濟決斷的重要性。依艾勞氏的解釋：「在一個資本主義的民主體制中，有兩種主要的方法可以進行社會的抉擇：其一爲投票，這是典型的『政治的』決斷制成；其二爲市場機制，這是典型的『經濟的』決斷制成」[19]。在這種主張中，經濟決斷與市場機制被當做集體的社會抉擇來看待，而社會抉擇必須符合理性原則——建立各種偏好可能性的次序——才能達致社會福利的地步。

柯理（R. L. Curry）與魏德（L. L. Wade）在一本著作中 [20]，也討論到合理性的問題。他們藉無異分析（indifference analysis）[21]而表達消費行爲的理性理論。蓋無異分析提供所得、價格與偏好對貨務供需的影響之理由；它也提供市場條件（像所得與價格）對於貨務成交數量影響的理由。換言之，無異分析指出經濟的市場中存在的均衡力量。這種分析可以延伸到政治生活中，而顯示政府對某一特殊貨務或政策之採取，而影響到人民對其他貨務與政策之態度。這便可以解釋爲何公共政策的一部門之變動，會影響其它的部門之緣故。總之，柯理與魏德兩氏利用經濟理論中供需曲線，來描述與解釋市場均衡及均衡力量作用的情形。

（二）民主政治的經濟理論

　　政治的經濟學理論之典型的研究主題，爲民主體制的決斷問題。其基本問題是：民主政治體制是合乎理性嗎？由個人意見之綜合而形成的多數決定，邏輯上是不是無懈可擊？是不是能免除內在的矛盾？

　　爲達此目的，「民主」一概念逐被精確地，復又高度抽象地予以界定。儘管造成民主的條件極多（主權在民、多數決、法治、個人自由平等權利的尊重、政府受到牽掣與制衡、權力分立、多黨政治等等），但最重要的是個人偏好得以匯聚結合，而形成多數的意見與利益，並以和平理性方式，求取此等利益的實現。可是艾勞卻指出：一般而言，由民主的多數決所形成的社會決斷與選擇，在邏輯上難以達致無矛盾的地步。其原因在於「投票的困惑」（paradox of voting）[22]。所謂的「投票的困惑」是指假定有一個由三人（1、2、與 3）組成的團體，面對三種可能的選擇機會（A、B、與 C），而必須選出一種來的話，那麼必須看出這三人的選擇如何，再把其選擇加起來，做爲整個團體選擇的依榜。設若第一人在 A 與 B 中，寧取 A 而不取 B，在 B 與 C 中，寧取 B 而不取 C（是故他寧取 A，而不取 C）；又第二人，喜歡 B 勝於 C，寧取 C 而不取 A（是故第二人寧取 B 而不取 A）；第三人在 C 與 A 之間，寧取 C 而不取 A，在 A 與 B 之間，寧取 A 而不取 B（是故第三人寧取 C 而不取 B）。綜上所述可列成表 11-1：

表 11-1　三人對 A、B、與 C 三種可能之選擇（偏好）

偏好的次序			
個人	最高	中間	最低
第 1 位	A	B	C
第 2 位	B	C	A
第 3 位	C	A	B

A、B 與 C 三種可能性中，如果由 1、2、3 三人藉投票來決定取捨，則由於三人偏好之不同，投票結果無一而顯示 A、B、C 三項中何者佔優勢。這就是「投票的困惑」。

　　換句話說，上述 1、2、與 3 共三位人士進行投票，以決定該三人組成的團體究竟要採用 A、B 與 C 三種可能性中之任何一種。那麼贊成 A 而反對 B 者為二比一，贊成 B 而反對 C 者也為二比一，這樣一來豈非發現該團體似乎對 A 的辦法估計高於 C 的辦法。但是我們如再進一步考察，便會發現在 A 與 C 中做選擇時，贊成 C 而反對 A 者為二比一。於是很明顯地，我們無法由投票中去清楚決定該團體究竟應採用 A 或是 B 或是 C。這便是所謂的「投票的困惑」。

　　藉著這個困惑的問題，我們可以知道不是所有民主的投票，都會導致邏輯上合理的結果。多數決是可以被操縱、被製造的，因為藉著投票次序巧妙地安排，也可以造成某一可能性表面上的勝利[23]。

　　關於投票的困惑一事，今日已成為社會科學家人盡皆知之常識。正因為知之甚稔，有可能被誤解的可能。自從艾勞的著作問世以來研究的結果尚且澄清下列一些問題：

1. 認為偏好的累積無法藉投票來表示的說法，已不攻自破。使用電腦與模擬分析發現，上述三個人與三個選擇機會所造成的困惑，其出現率僅為 6%。由是可知在現實應用方面，不該過份高估投票的困惑。

2. 社會中之成員彼此的偏好愈相似，愈不會產生互相矛盾的結果來。社會學曾經指出：時間長遠與堅韌有力的民主體制之先決條件，在於其成員基本態度的共同一致。這種社會學的說法，正與新政治經濟學研究的結果不謀而合。

3. 投票的困惑非僅為民主社會的缺陷，這種困惑只有各種可能性，每兩個（例如 A 與 B 之間，B 與 C 之間，C 與 A 之間）彼此的比較時才會發生。但基於實際的理由，吾人不可能把所有想得到

的選擇機會（可能性）做一時之間的抉擇，因此社會決斷之間彼此矛盾難容的現象比比皆是，原無足怪。要排除社會抉擇的矛盾，似乎得訴之於獨裁體制；蓋獨裁者也，一人決定而無須考慮他人的意見與偏好，自然無鑿枘難容的現象。

另外民主政治的範圍中，一向為政治的經濟學理論所重視的問題，乃為政黨的競爭。在一個運行良好的民主體制中，政府與反對黨政綱與行為之無甚分別，是件令人吃驚與起疑的事實。這一事實容易造成選民對政治家的聯合執政，或是政客之間的勾結，產生疑心。可是政治的經濟學理論卻有相反的看法與解釋：政府（執政黨）與反對黨之分別不大，不是由於兩者的勾結，而是由於它們為了爭取選票，而展開的生死搏鬥。其政綱與行為當然以投選民之所好是務，結果兩者看起來便無分軒輊 [24]。

與完全競爭相比擬，政治家的作為可以比做企業家的行止，一在追求選票的最多數，另一在追求利潤的最大。對政治家與企業家而言，其先決條件，同為繼續生存。選民就如同消費者一樣，求取最大的好處。他們只願投票給那個與其願望最接近，且其政綱能夠付諸實現的政黨。兩位售賣同一貨物的賣者，為了爭取最大的販賣機會，而在同一條街的中間碰頭。同樣兩個競爭激烈的政黨之政綱，必然也在選民的偏好之中心打轉，其中只要有一個政黨掉以輕心，他黨便可坐收漁利，而贏得選舉。

這個由但恩士所演繹的求取選票最多之模型，同一時間在德國也由何德東氏倡說。今天這個模型已成為政治的經濟學理論一個重要的研究題目。這個模型的擴大而及於其他政治問題，以及選民態度的不同分配之研究，顯示所得的結果，與原來的構想並無多大的分別，亦即兩個競爭激烈的政黨，只能提供相似的政綱而已。

不過，如果有兩個以上的政黨競取選票的話，這一理論便完全失效。德國學者謝爾敦（Reinhard Selten）最近指證：政黨一多，其觀點便趨向極端，而選民偏好停留於中間者便告銳減。由是兩黨競爭的模型不適

用於多黨的民主政制[25]。

　　完全政治的競爭之模型，也可以因其他理由，而受到批評。由此一模型內在含有的假定，我們得知一個政府如不掌握適當的權力，隨時有被推倒的可能。如此一來，政府淪於選民命令的接受者之角色，事事得俯首聽命，而不是在主動贏取選民最大多數選票的競爭勝利者。此種說法與完全的經濟競爭底理論相呼應，在此競爭中企業家成為消費者予取予求的對象。不過有時適得其反，反而有賓主倒置的情形發生（John Kenneth Galbraith 也稱作「修正的順序」〔Revised Sequence〕）[26]：政府擁有相當大的自由裁量權，對於選民而言正扮演領導的角色，因而可以左右選民的偏好。

　　由於西方民主國家，多數每四年舉行一次大選，因此政府可在頭一兩年灌輸政府（黨）的意識形態。一到選舉前，政府被迫將選民的偏好放在中心位置。亦即大選時要強調高度的就業水準、穩健的成長與低微的通貨膨脹。依賴這種動態的看法，我們也可以建構一種「政治景氣循環論」，俾經驗地印證於歐美各民主國家中[27]。

（三）官僚體制的研究

　　在現代社會中，愈來愈多的決定是由公家與私人的官僚機構來制定的。官僚體制與人事組織所產生的種種弊端，可由「巴金森律」（Parkinson's Law）[28] 見其端倪。但恩土在 1966 年所出的一本名叫《官僚體制內望》（*Inside Bureaucracy*）書中，便列舉出官僚弊端達十幾條[29]。例如「益趨（遞增）保守主義律」、「上下階層律」、「不完全控制律」、「控制遞減律」、「合作遞減律」、「控制重複律」、「不斷伸張控制律」、「相互控制律」、「機構間衝突律」等等。總之，在官僚體系中，任何的決定之制成（決斷過程），都經過了極為特殊的方式才能獲致。政治的經濟學理論嘗試去理解官僚的行為，將每一官僚行為的動機，歸結到謀取其個人效用之最大。由於官僚的生涯、所得、聲望、權力完全寄託

於其服務的機構中之陞遷機會，故官僚們乃以其心身貢獻於組織，並謀取組織地位的鞏固。

官僚體制的意識形態、思想體系、或意理計有下列幾種：[30]

1.強調官僚活動積極與正面的貢獻，減少人們對其成本的高估；

2.指明官僚服務的繼續擴張為大家所希望的；反之，對於官僚服務的減少，為眾人所不願為者；

3.強調官僚為社會全體提供益處，而非為某一階層、某一群體之「特殊利益」而服務；

4.強調官僚效率之提高；

5.強調其目前貢獻與未來潛能，而忽略或掩飾其以往與目前之失敗或無能。

至於官僚體制日形強化對社會效能與個人自由的影響可有下列數端：

1.當一社會中僱用的官僚人數與社會中人口增加數相比，會形成遞增現象。這便是歐美社會逐漸趨向更進一步「官僚化」（bureaucratized）的說明。造成社會官僚化的原因計為：

(1)日增的大群勞動力被大規模非市場性組織（例如政府機構）所僱用；

(2)此類組織有關政治的、經濟的、社會的與文化的生活之規定，日趨複雜龐大；

(3)一大群勞動力為大規模市場取向的機構服務，其產出（outputs）不能在市場中估值（亦即管理與服務）；

(4)社會分工更趨複雜而導致其成員間的衝突日甚一日，製造更多亟需排難解紛的人士（行政人員）；

(5)社會中各種組織規模愈趨龐大，對行政人員的延攬也愈增加；

(6)技術的改變導致市場取向的工作之高度機械化，特別是參與體

力生產者人數日增，亟需官僚組織來解決其他問題；

(7)社會中每人平均收入增加，非市場取向的消費品之需要跟著遞增，像教育、體育、社會補助、文化活動、閒暇娛樂的規劃遂告水漲船高。這方面的管理人員、行政人員數目也大增。

2.儘管官僚人數絕對性地增加，現代民主社會中的公民擁有大量選擇的機會，而不致像昔日的人們受到官僚的箝制與迫害。

3.雖然現代民主社會中很多公民，認為官僚組織過度龐大，與其產生的好處不成比例，但大體上仍舊贊成它的繼續存在，而無意加以取消或裁減[31]。

（四）集體協商與行動的研究

在現代工業社會中，交涉與磋商扮演極為吃重的角色。交涉與磋商非個人與個人之間所展開的辯論，而是多數人形成群體覓致共同的見解（consensus 共識）。因此多數決與政治討論都可視為集體行動的一環。多數決可視為導致最後完全同意的討論之一步驟，而政治討論的目的在於改變對社會各種可能性之興趣。蓋民主社會中各成員固然有其獨特的趣味與偏好，但經由討論後，應可形成為共同的意見與集體的利益。再說，國家有時也鼓勵或促進個人之結合為群體，俾推動群體的協議與行動。像德國 1967 年 6 月 8 日公布的「經濟穩定與成長法」條文（其宗旨在持續與適度的經濟生長下，保持物價水準、促進高度就業與外貿的平衡）中規定，一旦此一法律追求的目標發生困難或遭遇危險時，應採取協調行動（konzertierte Aktion）以資補救，亦即顧慮到整個經濟均衡的利益、政府機構、工會與企業家聯盟應摒棄私見，共同協商解決之法，而聯邦政府則提供經濟現勢之資料。在瑞士則有「聽證程序」（Vernehmlassungsverfahren），規定有關的各種團體參與討論，俾擇取適當的對策。

歐爾森在其所著《集體行動的邏輯》[32] 一書中，利用個人動機的分

析，而發展成一套集體行動的理論。他認爲集體去完成共同目標與滿足共同利益之行動，乃是那種能夠使集體的全部成員俱蒙其利的行動，而不管個人對此集體行動貢獻多寡。因此對一集體組織（團體）而言，在於它能夠提供不可分割、而又普遍化（概括化）的利益。凡一團體能夠提供的貨物（與勞務），而不計較該團體份子貢獻的大小，稱爲「集體財貨」（collective goods 公善、公利、公益）。因此團體的基本功能在於提供此種集體財貨。團體中之某些個人成員有時對集體行動不做任何的貢獻，或漠不關心，但仍能夠分享集體行動的好處。在團體中，對由集體行動產生的利害最關切的成員，常是最賣力推動該行動的人，這造成了個人對集體行動不負責的傾向（「反正總有人會去關心，何必讓我一個人去操慮？」）。這變成了「少數搭便車的人壓榨多數用心的人」的現象。顯然個人爲了追求利益的最大，而引起他參與集體行動。這樣一來表示個人只要有利可圖，便參與團體行動，一旦該團體不再提供好處，便掉頭不顧。特別是當該團體並非強迫性團體之時爲最。這與搭順風車（free-rider）的心態完全一樣，但要杜絕搭順風車並非容易之事[33]。此可以說明爲何消費者難以形成強有力的群體；反之，工會因具有強迫性的會籍，就可以發展爲有效與有力的團體。

　　瓦德曼（Sidney R. Waldman）在評論歐爾森的集體行動理論時，指出團體分配給個人貨物（集體貨物），絕非一視同仁，無分軒輊。反之，團體是按個人貢獻的多寡，而做不同的貨物分配（例如贊可、重視、地位、權勢等）。再說，並非僅僅由於「集體貨物」的緣故，才會出現團體，或集體行動。反之，人們是由於發現合作可以獲致更多的好處與更大的滿足，才肯成群結黨。要之，社會制約人們去履行其義務，而分擔集體操勞，如有人不肯履行義務則藉懲罰而使其認罪。此一負咎認罪的心理阻止人們在集體行動中投機取巧，也減低了集體行動中不負責任的傾向[34]。

六、政治交易論的提出

　　我們在前面曾經提過柯理與魏德兩氏有關消費者行為的理性理論，並由此引伸到政治上供需的問題。要之柯、魏兩氏企圖由經濟的合理想法來建立政治交易的理論[35]。

　　瓦德曼也同樣闡述政治行動的交易理論，不過有異於柯、魏兩氏不單單使用經濟學的理論，也引進了學習理論與其他心理學的理論。其主要的命題係取材自霍曼士（George Homans）《社會行為之基本形式》（*Social Behavior: Its Elementary Form*）[36]一書而做為交易理論的基本設準：

1. 如果過去一個刺激或一組刺激的發生，造成一個人的活動受到獎賞的話，那麼當前的刺激情勢假使與過去的相似，愈能促使該人做出相似的動作。
2. 在某一時期中，一個人的行動經常對於別人的行動是一種報償的話，則別人也愈益喜歡做該行動。
3. 受別人衡量愈高的活動，吾人愈喜歡去做。
4. 在過去一段時間中，一個人如經常從別人獲取報酬性的活動，那麼該活動的其餘單位的估價便會低落（飽足與厭倦的心理）。
5. 一人愈感受分配不公，愈感憤懣。在埋怨與氣憤中侵略性的行為會帶來報復的感覺[37]。

　　瓦氏利用這五個設準，嘗試解釋社會組織與統合的交易基礎、政治文化、正統、政府權力與反應、政黨、衝突解決與現代化等問題。譬如政策的決定經常是擁有不同資源的決策者彼此間的交易之產品。只要分析這些決策者所擁有的價值與資源，便可解釋與預測政治中的核心問

題：政策，蓋政策爲政治過程的結果之緣故。

七、應用與展望

新政治經濟學理論，不僅演展抽象的假設，也嘗試藉經驗事實來檢驗假設的可靠與否。國民經濟學已發展到計量經濟學的地步，政治學或會產生精確嚴密的計量政治學（Politometrie）也未可知[38]。

至於把理論應用到實踐方面，新政治經濟學所留意的問題，包括政府預決算程度與組成的解釋，也包括選民行爲的考察，蓋選民投票的目的，以及態度改變的原因，無非在追求效用與好處的最大。此外，政治與經濟兩者的關係中，最密切之處無過於經濟變項（如就業、通貨膨脹、經濟生長等）對政府聲譽好壞與選舉成敗的影響。政府必須嚴密注視經濟情勢對其聲望的影響。關於此，德國亞冷士巴赫（Allensbach）的民意研究所（Das Institut für Demoskopie）即經常在從事民意探詢的工作。

這方面的研究結果顯示：一旦失業與通貨膨脹加劇，執政黨的聲望與選舉獲勝機會大減。反之，每人每年平均所得一旦增加，政府的聲譽大增，獲選繼續執政的機會也大爲抬高[39]。在第二次世界大戰結束以後，英國與德國的例子足以證明：一旦經濟情勢有劇烈的變動，而形成選民群情洶湧的浪潮（這是經驗上可以明顯指出的），則經濟勢力足以影響政府的威信。在這種情形下，影響力量卻是一面倒的，亦即經濟情況的惡劣，造成政府的垮台，而經濟情況的改善，並沒有給政府帶來立即的好處。

新政治經濟學理論的提出與經驗的證實，尚處於發展初期的階段，但其未來的發展與成長卻是充滿希望與樂觀的。只要能夠匯合其他科學的成就，相信必能成爲一門嶄新的學科，或變做經濟學與政治學的一個分支[40]。

註 釋

[1] 關於近年來世界經濟危機，請參考本書最後一章（第二十章第三節）。

[2] Downs, Anthony 1957 *An Economic Theory of Democracy*, New York: Harper & Row Publishers, p.3.

[3] Arrow, Kenneth J. 稱公共抉擇為社會抉擇，參考 Arrow, Kenneth J. 1963 *Social Choice and Individual Values*, New York: John Wiley, 1st ed. 1951, New Haven, Con.: Yale University Press, pp. 1ff.

[4] Becker, Gary 1976 *The Economic Approach to Human Behavior*, Chicago: University of Chicago Press, p.4.

[5] Caporaso, James A. and David P. Levine, 1992 *Theories of Political Economy*, Cambridge: Cambridge University Press, pp.128-133; 華文林翰譯 1995《政治經濟學理論》，台北：風雲論壇出版社，第 193-200 頁。

[6] 參考本書第三、四章與第五章。新政治經濟學也是涉及公共抉擇與集體行動之理論，參考宋鎮照 1995《發展政治經濟學》，台北：五南圖書出版公司，第 201-219 頁。

[7] Frey, Bruno S. 1972 "Polittheorie: Warum man Ökonomie und Politik nicht trennen kann", in : *Wirtschaftwoche*, Nr. 13, S. 36.; 但後者卻批評了前者，參考以下 Olson 的說詞。

[8] Buchanan, J. M. and Gordon Tullock 1962 *Calculus of Consent*, Ann Arbor; Buchanan, J. M. 1960 *Fiscal Theory and Political Economy*, Chapel Hill: The University of North Carolina Press; Tullock, Gordon 1965 *The Politics of Burearcracy*, Washington D. C.: Public Affairs Press.

[9] Olson, Jr. Mancur 1965 *The Logic of Collective Action*, Cambridge/Mass, Harvard University Press.

[10] Frey, B. S. 1970 "Die Ökonomische Theorie der Politik oder die Neue Politische Ökonomie", in: *Zeitschrift für die gesamte Staatswissenschaft*, 126, S. 1-23.

Frey, B. S. und H. Garbers 1972 "Der Einfluss wirtschaftlicher Variabler auf die Popularität der Regierung", in: *Jahrbücher für Nationalökonomie und Statistik,* 186.

Frey, B. S. und L. J. Lau 1968 "Towards a Mathematical Theory of Government Behavior", In: *Zeitschrift für Nationalökonomie*, 28, S. 355-380.

[11]Herder-Dorneich, Ph. 1952 *Politisches Modell zur Wirtschaftstheorie*, Freiburg, 1968.

[12] *Public Choice*, 發行人Gordon Tullock, Center for Study of Public Choice, Virginia, 其前身稱為Committee on Non-Market Decision-Making, 參考 Tollison, Robert D. 1984, "Public Choice, 1972-1982", in Buchanan, James M. and R. D. Tollison (eds.), *The Theory of Public Choice II*, Ann Arbor: University of Michigan Press, p.3.

[13] Plott, Charles R. 1976, "Axiomatic Social Choice Theory: An Overview and Interpretation", *American Journal of Political Science*, 20（3）: 511-596; Muller, Dennis C. 1979, *Public Choice*, Cambridge: Cambridge University Press., p.1; Buchanan, James 1984, "Politics without Romance: A Sketch of Positive Public Choice Theory and Its Normative Implication", in: Buchanan, James M. and Robert D. Tollison (eds.), *op.cit.*, pp.11-22, 13; Ekelund, Robert B, Jr. and Robert D. Tollison 1986 *Microeconomics*, Boston: Litte, Brown, p.440; Stiglitz, Joseph E., 1988 *Economics of the Public Sector*, 2nd ed., New York: W. W. Norton, pp.145ff.; Mclean, Iain 1987 *Principle of Political Economy*, London, pp.9-11.

[14] Ekelund and Tullison, *op. cit.*, pp.440.

[15] Caporaso and Levine, *op. cit.*, p.135; 華譯林翰譯，第203-204頁。

[16] Sen, Amartya 1970 *Collective Choice and Social Welfare*, Edinbargh: Oliver and Boyd.

[17] Olson, 1965, *op. cit.*, pp.1-2.

[18]以上參考Caporaso and Levine, *op. cit.*, pp.138-143.

[19] Arrow, 註3, *op. cit.*, p.1.

[20] Curry, R. L. and L. L. Wade 1969 *A Theory of Political Exchange, Economic Reasoning in Political Analysis*, Englewood Cliffs: Printice-Hall, Inc.

[21]對無異曲線分析一理論最有貢獻者為牛津大學的經濟學家希克斯（John Richard Hicks, 與艾勞共同榮獲1972年諾貝爾獎），參考Hicks, John R. 1946 *Value and Capital*, Oxford: Oxford University Press.

[22]據艾勞指出第一位討論到「投票的困惑」的學者E. J. Nanson, 參考 *Transaction and Proceedings of the Royal Society of Victoria*, Vol. 19. 1882, pp. 197-240, 又艾勞所著之書（本章註3）*op. cit.*, p. 3, footnote 3.

[23] Arrow, *op. cit.*, p.3; Frey, B. S. "Polittheorie", *ibid.*, S. 38.

[24] Frey, B. S., *ibid.*; Downs, A. *op. cit.*, pp. 96 ff., 300.

[25] Selten, R. 1971 "Anwendungen der Spieltheorie auf die politische Wissenschaft", in: H. Maier, K. Ritter und U. Matz（Hrsg.）, *Politik und Wissenschaft*, München, 1971.

[26] J. K. Galbraith稱傳統的經濟學說法，認為顧客至上，消費者享有主權（consumer sovereignty），由顧客之要求而影響到市場銷路，而影響到生產者之生產，此稱為「接受的順序」（Accepted Sequence）；反之今日大公司（majore corporations）握有價格控制權，而消費者非聽其指揮不可。生產者出手干涉市場，操縱消費者的社會行為。此便是「修正的順序」（Revised Sequence），參考其所著*The New Industrial State*, Harmondsworth, 1967, 1972, pp.216-223.

[27] Stohler, J. 1964 "Wirtschaftswachstum und Wohlfahrtsstaat", in: *Zeitschrift für Nationalökonomie*, 24, S. 349-364.

[28]此為巴金森第一律，係指官僚們「增加其工作，目的在於打發時間」顯示忙碌狀，參考Parkinson, C. Northcote, 1964 *Parkinson's Law and Other Studies in Administration*, Boston: Houghton Mifflin Co., p.2.

[29] Downs, A. 1967 *Inside Bureaucracy*, Boston: Little, Brown, and Co., 1st ed., 1966, pp.262-263.

[30] *Ibid.*, p.279.

[31] *Ibid.*, pp.253ff., 279, 280

[32]參考註9.

[33]參考Iannaccone, Lawrence R. 1987 "Sacrifice and Stigma: Reducing Free-Riding in Cults, Communes, and Other Collectives", Paper read at the annual meeting of Western Economics Association.洪鎌德1998《21世紀社會學》，台北：揚智文化事業公司，第392-393頁。

[34] Waldman, S. R. 1961 *Foundation of Political Action, An Exchange Theory of Politics*, Boston: Little, Brown, and Co., pp. 248-250.

[35] 參考註20.

[36] Homans, G. 1961 *Social Behaviour: Its Elementary Forms*, New York: Harcourt, Brace and World, Inc., pp. 52-78.

[37] Waldman, *op. cit.*, pp. 22-23.

[38] 近年來美國已有人研究計量政治學（politimetrics），不過其研究方式與政治的經濟學理論稍有不同，參考Gurr, Ted Robert 1972 *Politimetrics: An Introduction to Quantitative Macropolitics*, Englewood Cliffs: Prentice-Hall, Inc.

[39] 參考 Liefmann-Keil, E. 1970 "Intertemporale Spillover effect und öffentlicher Haushalt", in: H. Haller, L. Kullmer, C. Shoup, und H. Timm （Hrsg.）, *Theorie und Praxis des finanzpolitischen Interventionismus*, Tübingen, 1970, S. 483-510; Mckean, R. N. 1969, "Die unsichtbare Hand in der Staatswirtschft", in: H. C. Reltenwald（Hrsg.）, *Finanzpolitik*, Köln u. Berlin, 1969, S. 68-77.

[40] Frey, *ibid.*, S. 40.

第十二章　經濟人與經濟行為

一、經濟現象與經濟社會學

　　經濟現象，乃是變動不居的社會現象之一。它不是靜止不變的狀態，而是川流不息的過程。經濟過程的起步和終點，都離不開人們的行動，這種行動是靠社會規範來導引，而與每個環境相牽連的。我們也可以說：經濟行為是社會行為的一種，是社會關係的一環。社會的其他活動，能夠展開，應歸功於經濟或民生問題獲得解決。既然經濟活動所造成的經濟事實，對社會的建構和形成，具有如此重大的關係，因此，撇開經濟因素的考究，是無法瞭解全盤的社會情況。

　　同樣地，我們也無法分析整個經濟的現象，而可以不考慮到與此經濟現象息息相關的社會局面。特別是現代的社會乃是建立在分工精細、市場複雜、貨幣和金融廣泛被應用的經濟體系，為了瞭解經濟和社會的關係，逐有經濟社會學（economic sociology）的產生 [1]。經濟社會學一項重大的任務，在於研究人們在社會中經濟活動的行為結構。普通要分析人類的經濟行為，我們可以遵循兩條途徑。一方面嘗試藉演繹而虛擬的方法，來推論出經濟活動的理念類型（Idealtypus）來；他方面則以歸納而寫實的方法來描述經濟行為的實狀。這兩派學說的爭論不休，對經濟行為的社會學分析，有很大的影響 [2]。

二、「經濟人」及其批判

　　古典學派的經濟學者對經濟行為的特徵，有時也會言之有物，鞭辟近理。例如重商學派的李維奕（Mercier de la Riviére 1720-1793）就曾經指出：「個人的利益不斷而急迫地驅使每個人，去改善其待售的物品，並使此類物品的數量增加。由於物品的質、量俱增，乃使每人藉交換而獲得的享受，也隨之增加」[3]。由此可知，早期的學者已能夠看出交易行為的社會影響，並且看出個人追求本身的利益——贏利——是經濟活動的動機。

　　亞丹·斯密更讚賞所謂「聰明的」經濟活動者。他說：「聰明的人在抑制當前的舒適和快樂，暫時忍受辛勞和節儉之苦，以成就來日更大與經久的舒適和快樂，這是贏得旁觀者十分讚美的。聰明人如有所企圖，有所作為，則非如此茹苦含辛不可，他之所以肯做這樣的犧牲，顯然是經過深思熟慮之後，明智的舉措，而不是一時輕率的決定」[4]。

　　亞丹·斯密的這段說法，明白的表示他想要為普通人的正常行為做個分類的典型。認為任何人只要懂得使用理性，就會必然地這樣去理智行事。於是，作為古典學派之理論基礎的「經濟人」（homo oeconomicus）乃脫穎而出。所謂的「經濟人」，乃是指遵循經濟的理性，而在處理其資產財貨之際，比較不受其他（宗教、道德、政治等）因素束縛的人。這是自由主義盛行的時代，經濟學家的口頭禪。後來曼徹斯特的自由主義勃興，乃將經濟理性，改易為經濟利益。李嘉圖遂提出「自利」為一切經濟活動的中心底看法。

　　於是經濟人便成為追求本身利益（且是最大的利益），並且擁有自求多福之權利的人。及至自由放任（laissez-faire）政策的經濟原則施行，乃確認個人能夠藉其理性，以競爭的方式來追求本身的利益。蓋每個人

都知道自己利益的所在，而會作最有利於自己的打算。再說，每個人如能獲得最大的利益，這樣綜合起來，就無異整個社會都得到最大的利益。原來當時學者的看法是認為：人與人之間的利益並不是互相衝突、互相排斥，而是彼此協調、彼此融通的。這種自由主義的思想，推到極致，便會造成種種流弊。特別是這種自由放任、各行其是的經濟政策或社會政策，如任其蔓延滋長，會導致失業或階級鬥爭的惡果，並形成嚴重的社會與經濟危機。馬歇爾（Alfred Marshall 1842-1924）遂指出：這種「經濟人」只是便利經濟科學的研究，而遠離道德與倫理的控制，是一個道地自私自利的人。實際上的人，則必須顧慮其家庭的幸福、鄰里的和睦、社會的共榮、國家的富強，從而其經濟行為，不單含蘊利己的初衷，也包括了利他的動機[5]。

席士蒙地（Simonde de Sismondi 1773-1842）也認為人們的經濟行為中摻雜很多非理性的成份。特別是每個人從事經濟活動的動機有異，而形式也不同。事實上，「經濟人」只是早期工業化過程中，英國企業家的榜樣，它反映了當時資產階級的形象，也是該時代與該環境的產品[6]。總之，繼古典政治經濟學家之後的新古典經濟理論幾乎把這種講求信用、具有紳士風度、有基本榮譽感的人，當成經濟人的典型，也就是維多利亞時代英國典型的紳士之寫照[7]。

後來國民經濟當中的歷史學派也曾經批評「經濟人」這個概念。認為它不符合現實的要求。約翰·穆勒為重新紮實這個搖搖欲墜的古典學說之根基，遂嘗試去解釋「經濟人」，把它當做一種學理上虛擬的結構，而歸根究底指出「經濟人」所依傍的形式原則無他，乃理性之謂。所謂理性的原則應包含下列四種先決條件[8]：

1.數種彼此可以互相代替的行為類別之存在；

2.每種行為類別均能產生明確的結果；

3.經濟主體對行為所產生的結果，擁有充分的情報或者是訊息（information）；

4.經濟主體擁有一套確定的偏好順序表（preference scale），好讓他依其所好能夠選擇他認為適當的行為類別。

接著，邊際效用學派，也以「經濟人」當做理論的先決條件。郭森（Hermann Heinrich Gossen 1810-1858）就認為人與人之間從事經濟來往，目的在滿足慾望。凡能夠滿足人們慾望的物品與勞務之力量，就是該物品的效用。物價不是取決於生產成本，而在於效用的大小。既然「經濟人」是一位動用理智思考的人，那麼他在尋找適當的邊際效用的活動時，便得運用「選擇的行徑」（Wahlakt）底理論（這一理論係由 Vilfredo Pareto 1848-1913 參酌 Francis Y. Edgeworth 1845-1926 與 Irving Fisher 1867-1947 的無異曲線引伸發展而成）。至此「經濟人」的理智可謂已發揮到淋漓盡致。不過，理智也好，理性原則也好，都是社會活動的主體（人）與其所處社會的價值制度發生關聯的產物。任何經濟行為是否合乎「理性」，主要受著整個社會制度及社群的看法所左右，也看該社會的行為標準如何而定。所以理性也受到價值系統與社會變遷的影響。像我們今天認為「交易」乃是合理的經濟行為，可是早些時候，某些地區的人們，卻認為「贈送」才符合理性的原則[9]。

既然理性受社會文化制約，而經濟主體又無法完全認清理性的存在，賽蒙（Herbert A. Simon）氏遂主張以「行政人」（administrative man）來代替「經濟人」（economic man），而視行政人為有限知識（消息有限）與有限能力（估量有限）的機體（organism），以從事接近理性的選擇。再說，個人或團體在下達決斷時，常是在一種組織的境況（organizational context）下進行的。因此學者不能捨棄公司行號、或廠商的內在結構、或其他的組織機構不顧，而逕採廣義理性原則，作為經濟行為立論的基礎[10]。

總之，經濟學是假定人們在經濟活動中，無論是生產、分配或消費都充滿理性，懂得怎樣待價而沽或精打細算，因而有「經濟人」這一理性原則的提出，這一理念乃是政治經濟學（political economy）興盛的時

代，學者用以說明人們如何運用理智，俾能夠以有限的手段，來滿足無窮的慾望，並克服因資財的稀少所造成的困境。事實上，人們的經濟行為中，不乏感情用事，或缺乏理智的例子。因此，經濟社會學正嘗試彌補經濟學之不足，企圖在人們的現實生活當中，尋出他們實際經濟行為的模式，瞭解現實生活中，人們經濟行為的結構。是以有關人們價值的種種情況，應予詳細研究。不但應該研究「經濟人」，也應該研究「習慣人」（*homo habitualis*）、或「傳統人」（*homo traditionalis*）等等。進一步，由於經濟主體所處的文化背景與時代情況之不同，而指陳個別經濟行為的歧異。

亞丹·斯密的經濟學說不但深刻地影響馬克思及其信徒的經濟理論，更影響到新古典學派的立論。前者（馬派）質疑經濟人及其理性的存在，不認為個人是經濟活動的主體。反之，人之進行生產與交換完全受到生產方式（經濟結構、財產關係、科技水平等個人之外的外在因素）的制約。後者（新古典學派）則相信追求自利和國家對契約遵守的確實保證，是經濟活動的基礎。

誠如金提士（Herbert Gintis）所說，新古典學派理論的「微基礎」（micro-foundation）並非無懈可擊。蓋新古典理論的微基礎建立在兩個假設之上，其一為個人對自利的追求；其二為國家會協助私人，使其訂立的契約隨時可以付諸執行，而不愁中途解約。

個人不只是追求自利的動物，有時也是犧牲本身的利益去成全他人的「仁人志士」。更何況，每人對自己利益之所在是否完全清楚理解，也大有疑問。其次，人們遵守契約、履行契約，常常也是基於交易習慣與各種習俗、法律規定而行，並非只相信國家或政府會全力維護契約的履行。是故新古典心目中的「經濟人」不過是講求信用、具有誠信與榮譽的英國紳士之翻版而已[11]。

三、「經濟人」與方法論的個人主義

　　無論是新古典學派，或 1970 年代以來的解析馬克思主義（Analytical Marxism）都使用方法論的個人主義（methodological individualism）來設定經濟人的模型，從而去分析資本主義制度下的經濟現象。換言之，「經濟人」的模型同方法論的個人主義有密切的關聯。

　　所謂方法論的個人主義是認為社會現象分析的出發點是個人，只有個人才是活生生的實在，是行動的主體，也是承擔行動的責任者。社會（或其他集體，像政黨、階級、國家等）雖是個人的累積和集合，卻沒有單獨的生命與存在，其活動不過是諸個人活動的累積而已。

　　方法論的個人主義把個人看成為類似物理學界的分子、原子、電子，只有他們在行動或互動。個人之外的家庭、社團、群體、階級、政黨、國家無非是個人的累積。是故在進行社會分析方面，只有個人，而無集體的單位。原因是集體並無其真實的存在，只有個人才會做出決定、抉擇和接受行動的後果，負起抉擇的責任。

　　是故，分析任何行動者的社會行為，必須由其目標、能力、處境、困阨、阻礙作為研究的出發點。由於個人是追求自利的，且會運用其理智去使其利益實現，因之，方法論個人主義者常常主張人是理性動物。在這種情形下，所有人類的行為都可以化約為個人運用理性達到最高自利的選擇途徑。「經濟人」的模型就完全符合這種方法論的個人主義。

　　與方法論的個人主義相反的為方法論集體主義（methodological collectivism）、或方法論的整體主義（methodological holism）。後者主張人是社會動物，與蜜蜂、螞蟻、海狸一樣經營群居的生活。除了與其他社會動物一樣無法離群索居之外，人有異於蜜蜂、螞蟻、海狸之處，為人類擁有理性、意識、言語等溝通工具。人在情緒、理智、經濟等生活

方面不但相互依賴彼此扶持，還透過不斷的學習、營構文化。文化的出現，是使人類較之其他社會動物更爲優越、更爲超脫。文化是人脫離自然，成爲利用自然、控制自然的歷史兼社會的人造產品。這包括文字、器具、技藝、制度等之總和，也是人類社會行爲與社會關係的產品，透過人類的學習過程積累下來的、傳承下來的寶藏。

方法論的集體主義者批評方法論個人主義者只見樹木而不見森林，忘記任何的個人都出生、成長與消失於特定的社會中。個人的動機、價值、能力、行動、行爲模式無一不是從社會學習而得、或取得。社會雖是集體現象，但透過其結構、功能、組織、制度，其存在是不容否認的。

社會結構的存在爲個人的學習提供條件，是故先於個人而存在，且超越個人而長存。是故方法論的集體主義認爲任何的社會分析，都應該由特定的社會關係之確定入手，從而解析何種的社會結構便利個人理性的產生。換言之，在何種既定的規範、價值、報酬和制度範圍內，個人的理性得以產生與運用。這就是說個人的行爲受社會條件的制約，這種受社會條件制約的個人行爲反過頭來創造社會的制度及其結構。

前面提及人是文化的創造者，也是文化的享用者，乃至文化的產品。每人有其姓名及其認同的標籤，就說明人有異於其他動物或物理上的分子、原子、電子，每人有其象徵性的認同體。每個人有其象徵的本身，人所追求、慾求的對象幾乎都具有社會性與象徵性。由是可知，每人的活動、價值、慾求完全是建立在學習的象徵事體之上，也是建立在社會上共享的象徵符號之上。因之，任何學者無法在瞭解行動者對象徵的價值之追求下，奢言人的慾求與理性。

在這種情形下，布朗（Norman O. Brown）提出所謂「理性人」（rational man）的典範，究其實並非理性、也不合理（見其所著 *Life Against Death: The Psychoanalytical Meaning of History*, Middletown, CT: Weslyan University Press, 1959: 234-304）。以上爲對濫用方法論個人主義的方法之批評[12]。

對杭特（K. E. Hunt）強調人是文化的創造者，也是文化的產品（被形塑者）一事而言，金提士雖表贊同，但卻認為這是涉及人的濡化（acculturation 涵化）和社會化（socialization）的問題。不過人並非盲目地接受其社會的所有象徵性價值，他並非盲目地被濡化與社會化，而是有所抉擇，亦即選擇那些有利於其生涯發展的文化，而摒棄他認為無用的、或有害的文化 [13]。

四、經濟行為的動機

我們知道，經濟行為是社會行為的一種。社會行為乃是二人以上互動而具有行為者意圖的行為。這是行為者主觀態度與客觀環境（情境）交互作用的產物。個人的社會行為，係建基於對別人行為的期待預測之上。行為的期待，也就是對某人在某種情境下，應具有何種行為，應扮演何種角色的看法。所以社會行為也可以說是人們角色的遂行（Rollenvollzug）。經濟社會學主要地在分析經濟主體在各種情況下，所扮演的社會角色 [14]。

首先,應該探究的是,什麼社會因素影響了人們對利益的主觀態度,這便是研究人們經濟行為的動機了 [15]。在經濟活動中，人們之所以扮演某種角色（像買者、賣者、或仲介者），乃是與他們的動機結構有關，動機結構產自經濟主體的個人特質與社會環境的相互作用，這種作用乃決定了經濟主體的想法和做法。動機結構雖然是心理的事實，但它不但在個人的態度上表露，尚且在社會的行為方式裏展現出來。個人的動機結構乃藉環境的影響，經由長期的社會化程序而塑成。特別是在個人動機結構中對目標的看法，乃是受其周遭環境的關聯體系（Soziale Bezugssysteme）所控制，所引導的。社會環境是一種社會的關聯體系，它藉教育或其他的手段，灌注於經濟主體的心目中，而成為經濟主題吸

收融化了的社會兼文化性的價值。社會環境也包括由於現時的社會接觸（像社會上的成群結黨，營群居生活），而產生的角色期待——期待何人在何種情況下，扮演何種的角色。因此，我們看到，在經濟活動中，一方面有經濟主體的動機結構（主觀的態度），他方面有經濟主體所處的社會關聯體系（客觀的環境）。社會關聯體系對動機結構的影響，也就是客觀環境對主觀態度的影響。這種影響常會在某種程度內，呈現經常與穩定的情勢，否則每個人豈不是每分每秒，都得隨時找出新的行為方式，來應付其千變萬化的周遭環境？換言之，每個人動機結構是趨向穩定的，以減輕個人每次都得提出一套新的目標偏好的麻煩。關於此點，杜森柏里（James S. Duesenberry）就曾經指出：收入的改變不一定會導致消費行為的改變，亦即不一定導致支出的改變。原因是在時間過程中，消費習慣業已養成，一時難以改變這種穩定了的動機結構[16]。

由上所述可知，經濟主體的動機，不單單是追求利益——贏利——一種而已，而還有其他的動機。依據動機結構的不同，我們不妨以瑪克士·韋伯所提及之社會行為的四種類型，來分別人們的經濟行為。韋伯所提的四種類型是目的合理性的、價值合理性的、情感的與傳統的四種社會行為[17]。

1. 目的合理性的經濟行為，是追尋經濟利益的經濟主體，權衡目標與手段的得失，估量以何種最佳（代價最小）的手段，來達到預先選擇好的目標。這類行為的先決條件，為追求的目標——利益情況——清楚明白和各種手段的仔細衡量。
2. 價值合理性的行為，乃是經濟主體所追求的目標，是其個人深信或確認的價值系統，是受宗教或倫理所影響的。這種行為的特質在於行為本身能合乎教條或道德的要求，而不考慮或很少考慮到行為產生的結果。例如廠商基於人道或宗教的立場，所施放的賑濟、賤賣、義賣、或同業協同一致的做法等等。
3. 情感的或情緒的行為，是透過當前實際的感情，而表露的行為，

或是受到日常的刺激，而不經深思熟慮直接反射的行為。例如由於野心勃勃，或與某人結怨，或對某事深懷恐懼而造成不平的心境。這種情緒性的動機結構，在下達購買的決定或投資的決定時，常扮演重要的角色。我們不妨這樣說：人們常會感情用事，一旦事過境遷，或是懊悔煩惱，或是為自己所做所為大肆粉飾、辯解。不過這種粉飾、辯解，並無法抹煞感情用事的事實。

4.傳統的行為，是安於故常、習慣性的日常舉止，常不經思考，不動感情，而隨著積習機械性地行事。在經濟活動中，我們常囿於傳統或故常的想法。例如我們心中所想到的「正常的」工作成績，「好的」品質，「便宜的」購買等等。這裡所指的「正常的」、「好的」、「便宜的」諸念頭，完全以個人習慣上的想法為主，不一定是經過深思熟慮之後，所找到的客觀標準[18]。

當然我們日常的經濟活動中，很少出現上述四種儼然分離的、純粹的動機典型來，常常是這四種類型的交錯混合。正因為如此，我們對經濟主體的反應行為，事先頗難預測正確而無訛。

不過現時代的經濟社會中，由於工商業發達，工業生產與消費條件之俱備，促成人們動機邁向理性化，而使從事經濟活動的人們底行為，接近「經濟人」這個理念[19]。但與此一傾向剛剛相反的另一種發展，則為現代經濟生活中情感力量的比例上升。例如廠商藉著耀眼奪目、勾魂動心的廣告或宣傳，而吸引大批的顧客。還有低階層收入的消費者為滿足虛榮心，而仿效高階層收入者的消費行為等等，便顯示情緒的動機，在工商業發達的社會，對經濟活動作用之大[20]。

五、經濟行爲的情境分析

討論過人們在經濟活動中的動機結構之後，我們應當回過頭來談談經濟主體所處的環境。原因是經濟行爲，乃是經濟主體與情境發生交接折騰後的結果。有關經濟過程的實際描述，必須與具體之情境的分析（Situationsanalyse）聯繫在一起。每一個情境，對於在此情境下，立於互動關係的經濟主體（個人或人群）都具有挑戰的性格。在正常的情形下，經濟主體多少能夠體認，每一社會情境的存在。個人或群體對此情境的反應，繫之於情境的壓力，以及情境穩定的程度。經濟社會學有關情境的分析，可按照分析的角度和焦點的不同而區分爲巨視（macro 宏觀）和微觀（micro 細觀）二種。巨視的分析，當然是以大環境之下經濟制度爲主要的分析的目標。微觀的分析，則集中在經濟互動所牽連的個別問題之上。例如「購買」——這一經濟行爲——我們可以用社會階級或社會階層的需要情況來考察（巨視），也可以用購買者的家計觀點來探究（微觀）。重要的是我們在進行分析時，不可把分析的事物，看成是靜態的狀況，而應與時勢相推移，把它看成爲動態的過程。更要緊的是指出造成經濟行爲相關聯經濟情境的種種特徵；指明在這種社會情況下，業已客觀化的角色期待爲何物。亦即在這種情況下，周遭的人與物對從事經濟活動的經濟主體，應扮演何種角色，懷有怎樣的想像，持有怎樣的期望等等。

我們還可以進一步，按照經濟情境對經濟主體所施的壓力——要求經濟主體能夠配合，能夠適應這種環境的壓力——底大小來分別經濟情境的種類。客觀的角色期待（經濟情境）與主觀的動機結構分離愈大，經濟主體愈會感受到情境的壓力，也愈想設法躲開這種壓力。此外，社會情境重要的部分，是它穩定的大小，以及對經濟主體熟悉的程度與久

暫。經濟情境愈不穩定或愈陌生，會使經濟主體愈難以適應，愈難以控制這種情境所造成的影響。要之，這種情況對決定過程之分析，尤有舉足輕重的關係[21]。

六、經濟行為改變的考察

由於涉及到經濟活動的決定過程，因此，近年來歐美學者對經濟行為的改變之分析，也漸感興趣。這種研究興趣的提高，乃是對「經濟人」看法有所改變的緣故。原來現代的學者，不敢再苟同古典理論有關經濟行為的說法。古典派學人，認為經濟主體，能夠根據一系列的偏好順序表或偏好等級，來權衡利害，來進行選擇的行徑，來下達決定，俾所選擇的行為，符合最大的效用和最大的利益。這種古典的看法，對現代複雜的經濟行為改變之情況，無法切實把捉，妥善瞭解。因為在工商業發達的今天，經濟情境的出發點，不是可以完全被洞悉的。而經濟主體的各種行為可能性，有待釐定，有待澄清。經濟主體心目中的偏好，常隨時勢改變。再說，現代經濟主體也不是個別一一從事選擇，下達決定，而常是集體性進行經濟決斷。此外，人們除了考慮利害得失，精打細算之外，有時也會情不自禁地、或糊里糊塗地習慣性從事經濟活動[22]。

對現代經濟行為的動機與彈性，提出較新穎的解釋之理論是博奕論（game theory）。這是莫根士登（Oscar Morgenstern 1902-1977）與諾以曼（John von Neumann 1907-1957）所建構的學說。他們首先假定：人們在兩方或多方，因尋求目的不同，而產生利益衝突時，會在各種可能途徑中，做合理的估計，以預測別人的行動，進而修正自己的行為，並做合理的選擇。基於這一個假設，博奕論乃得分析與說明：從事經濟活動的主體，在面臨某些情況時，如何選擇及應如何選擇（包括預測他方行為、或與他方聯合），始能達到最有利或最適當的收穫（optimum）。

這也就是一種求致最有利或最適當的策略（optimal strategy）。博奕論無疑地是視每一經濟行為的改變，乃是一種求取社會適應的過程。因此，我們應分析各種適應行為的決定因素。原來，這類因素常取決於行為主體，對經濟目標的看法，以及他對經濟情況和行為的各種可能性瞭解的程度 [23]。要之，博奕論主張：行動者在追求個人或群體的目標時，是受制於其掌握而能夠動用的資源，也是受到限制（constraints）的影響，其行動便受到遊戲規則的左右。博奕論的好處在於容許自主的個人可以採取策略性的行動。這點是馬克思主義者與涂爾幹等帶有自由主義色彩，但又採用方法論集體主義者所否認的。但在金提士眼中，博奕論卻是未來社會理論發展的希望所在 [24]。

　　經濟社會學除了採用博奕論的有利策略之外，尚應考察經濟行為中非理性的部分，以及習慣性的日常行為。只有當經濟主體的動機和他所處的環境，有完整而又有系統的加以分析之後，我們方才可以獲窺經濟行為的全貌。

　　近年來學者對博奕論的利弊比較熟悉。其缺陷經鮑爾士（Samuel Bowels）和金提士的指出，他們兩人為補偏救弊，提出修正的理論，稱為「社會博奕論」（social game theory），這一新理論有四大重點：

1. 社會生活中遊戲規則常是不對等（asymmetric），有些群體擁有優勢，有些則居於劣勢；
2. 社會的博奕（遊戲）是反覆變化的（recursive），行動者不斷在遵守，也不斷在修改遊戲規則；
3. 社會的遊戲是建構的（constitutive），參與者的目標並非事先設定，而是隨著遊戲的展開，在過程中不斷地重新建構著；
4. 社會的遊戲為重疊的（over-lapping），也就是說在家庭、社群、經濟、國家各種社會領域中，各有其特定明顯的遊戲規則，假使把它們連合起來使用，卻會造成社會生活的衝突、紊亂，這顯示遊戲有共通重疊之處，也有其矛盾衝突之處 [25]。

七、小 結

　　綜合前面所述，可知古典學派所標榜的「經濟人」，是一項虛構的經濟活動底理念類型。它以經濟主體追求利益為出發點，指出贏利的動機，會導致理性的思考，和選擇的行徑，俾獲取最大的利益和效用 [26]。這種遠離社會現實的構想，有待經濟社會學來加以匡正，加以補充。以描述實狀為主的經濟社會學，除了考察經濟主體的動機結構（包括理性運用、價值取向、感情用事、或囿於慣常等）之外，尤重經濟主體所處的社會情境。由於社會情境的分析，而特重經濟決斷與經濟行為轉變的考察。博奕論是以尋覓最佳策略，作為經濟行為的理想準據。經濟社會學則應於理性的分析之外，兼涉情緒性與習慣性的舉止之研討，俾人們更進一步地去瞭解經濟行為的本質。進一步而言，社會博奕論修正博奕論的瑕疵，而使遊戲規則的分析更接近社會的現實。總之，探究人類的經濟行為不能囿於傳統的政治經濟學，而有必要邁入經濟社會學的門檻，才能充分理解人類的經濟活動。

　　經濟學作為社會科學之一，也是社會科學最頂尖發展的一個分支──社會科學的皇冠，都是集中在有關人的心理與行為之考察上。因之，經濟學係建立在特別的心理學理論與倫理學理論之基礎上。不過這個理論是否明顯地表述出來，還是當做經濟學內涵的假設來看待，尚有進一步加以釐清的必要。總之，大部分的古典經濟學理論與所有新古典理論的基礎，無疑地是功利的、享樂的（hedonistic）人性觀與倫理觀之產物。因之，經濟人這一模型，不只含有理性選擇的本事，也是個人主義的、和享樂主義的人性縮影 [27]。

註 釋

[1] 關於經濟社會學，可參考洪鎌德，1972，1986，《現代社會學導論》，台北：台灣商務印書館，第八章，pp.204-240；同作者1998《21世紀社會學》，台北：揚智文化事業公司，第七章；本書第十三、十四、十五及十六章；Neil J. Smelser, 1963, *The Sociology of Economic Life*, Englewood Cliffs, N. J.: Prentice-Hall; Friedrich Fürstenberg, 1961, *Wirtschaftssoziologie*, Berlin: Walter de Gruyter, 以下引用本書一概使用 Fürstenberg1961，並附頁數；反之，Fürstenberg1969 "Wirtschaftssoziologie", in G. Eisermann, *Die Lehre von der Gesllschaft*, Stuggart: Ferdinand Enke Verlag. 此文以下引用時，則用 Fürstenberg 1969, 並附頁數，以示區別。

[2] Fürstenberg 1961, S. 21.

[3] Mercier de la Riviere, 1767, 1909, *L'odre naturel et essentiel des sociétés politiques*, éd. E. Depitre, Chap. XLIV.

[4] 亞丹·斯密的話見1949, Adam Smith, *Theorie der ethischen Gefühle*, Neuausgabe von H. G. Schacht, in der Reihe *Civitas Gentium*, Frankfurt a. M., S. 265-267.

[5] A. Marshall, 1907, *Principles of Economics*, 5th edition, 1907, Preface to the first edition of 1890.

[6] Fürstenberg 1961, S. 22-23.

[7] Bowles, S. and H. Gintis 1991 "The Revenge of *Homo Economicus*:Post-Walrasian Economics and the Revival of Political Economy", *Journal of Economic Perspectives*, 引自 Gintis, Herbert 1992 "The Analytical Foundations of Contemporary Political Economy: A Comment on Hunt", in: Roberts, Bruce and Susan Feiner（eds.）, 1992 *Radical Economy*, Boston, Dordrecht and London: Kluwer Academic Publishers, pp.110-111.

[8] Fürstenberg 1969, S. 269; 關於「經濟人」的討論可以參考 Goetz Briefs, 1915, *Untersuchungen zur klassischen Nationalökonomie*, Jena; G. Hartfiel, 1968, *Wirtschaftliche und soziale Rationalität*, Stuttgart.

[9] 參考 Bernhard Laum, 1960, *Schenkende Wirtschaft*, Frankfurt a. M.

[10] 關於賽蒙氏的行政行為，參考彼之著作1947, 1961, *Administrative Behavior: A Study of Decision-making Process in Administrative*

Organization, New York: Macmillan, second ed.見Herbert A. Simon, 1968, Administrative Behavior", in: *International Encyclopedia of the Social Sciences*, Vol. I, pp.74-79.

[11]Gintis, H. 1992, *op. cit.*, pp.110-111.

[12]Hunt, E. K. 1992 "Analytical Marxism", in: Roberts and Feiner（eds.）, *op. cit.*, pp.93-99.關於方法論的個人主義之解析與批評也可以參考洪鎌德 1999《從韋伯看馬克思──現代兩大思想家的對壘》，台北：揚智，第58-59頁。

[13]Gintis, H. 1992, *op. cit.*, pp.111-112.

[14]Fürstenberg 1961, S. 24ff.

[15]關於經濟行為的動機可參考W. Moede, 1958, *Psychologie des Berufs- und Wirtschaftslebens*, Berlin: Walter de Gruyter.

[16]J. S. Duesenberry, 1952, *Income, Saving and the Theory of Consumer Behavior*, Cambridge, Mass.

[17]參考洪鎌德著：1976, 1977《社會科學與現代社會》，台北：牧童出版社，第七章；同作者1997《人文思想與現代社會》，台北：揚智文化事業公司，第199-200頁。

[18]Fürstenberg 1961, S. 27-28.

[19]參考Friedrich Lenz, 1969, "Wirtschaftssoziologie", in: G. Eisermann （Hrsg.）, *Die Lehre von der Gesellschaft*, Stuttgart: Ferdinand Enke Verlag, S. 37ff.

[20]Katona, G. 1960, *Das Verhalten der Verbraucher und Unternehmer*, Tübingen.

[21]Fürstenberg 1961, S. 27-28.

[22]同前註，S. 28-29.

[23]J. V. Neumann und O. Morgenstern, 1944, *Theory of Games and Economic Behavior*, Princeton; O. Morgenstern, 1971, "Spieltheorie: Ein neues Paradigma der Sozialwissenschaft", in: Reimut Jochimsen und Helmut Knobel（Hrsg.）, *Gegenstand und Methoden der Nationalökonomie*, Köln: Kiepenheuer & Witsch, S. 175-187.

[24]Gintis, H. 1992, *op. cit.*, pp.111-112.

[25]參考Gintis, H. 1992 *op. cit.*, pp.111-112; Bowles, S. and H. Gintis 1986, *Democracy and Capitalism: Property, Community and Contradictions of Modern Social Thought*, New York: Basic Books.

[26]對經濟人是否具有理性，是懂得最大化其利益之追求，仍為當今學者爭論的主題，參考Gauthier, David 1990 "Economic Man and Rational Reasoner", in Nichols, Jr., James H. and Collin Wright（eds.）, *From Political Economy to Economics and Back?*, San Franciso, CA: Institute for Contemporary Studies Press, pp.105-131.

[27]Hunt, K. E. 1993, *History of Economic Thought: A Critical Perspective*, New York: HaperColins, 2nd ed., p.633.

第十三章　經濟學與社會學的關聯

一、理論經濟學所具有的社會學性質

　　今日，在社會科學的領域中，我們經常聽到各學科要合作、或統合的呼聲。在此種呼聲中，社會科學各學科彼此的界線，似乎逐漸趨向模糊不清，而幾近消失。不過我們如果再進一步加以考察，則不難發現口號與行動不一致的現象。很多學者雖然嚮往社會科學統合的遠景，但其合作或統合的基礎，卻是由確認本科的獨立或存在做爲起點的。在這種情形下社會學與經濟學之間，經濟社會學與經濟理論之間，仍舊是壁壘分明，彼此對峙。有些人甚至認爲這種獨立對峙之局，有助於解釋經濟實在不同的「方面」（Aspekte 面向）與「範圍」（Bereiche）。或認爲這些不同學科之間的關係、合作、統合，應建構於其歧異的基礎之上：由存異而趨同，由捨異而求同。

　　社會學與經濟學的不同、或經濟社會學與經濟理論的不同，一般歸因於其研究對象「社會」與「經濟」之迥異。至於社會與經濟究竟有何不同？何種關係？卻是一個聚訟紛紛、莫衷一是的問題。有些人認爲經濟活動是社會活動的一環，因此經濟是受社會的法則所規範、所決定的。反之，另外一批人卻認爲經濟是根本，足以決定整個社會的發展。更有另外一些人主張：經濟與社會是處於相互影響、相激相盪的關係。

由於對經濟與社會彼此間關係的看法不同，因此產生了經濟學與社會學的分別。經濟理論家視社會學為經濟學「剩餘的」、或「延伸的」科學，可以藉經濟學的模型來予以處理，或者是藉由「經濟之外」（ausserökonomisch；externalities）的因素，來加以說明。反過來說，社會學家傾向於把經濟當成「社會體系一個複雜的面向」來看待，把它當做「體系的部分」、或「部分的體系」看待。「由全社會的觀點出發，視經濟活動，在於完成某些功能。經濟的分析有賴經濟理論，所演展的模型來做內在連貫的解釋」[1]。

正當經濟學家發現愈來愈難於清楚釐定經濟學的界線之際，也正是他們逐漸懷疑是否只重純粹理論，而不顧政治、社會、文化的實際之時，社會學家卻在羨慕經濟學所建立的理論模型，認為這些模型的塑造是社會科學尖端發展的表現，是值得仿效的。社會學家這種讚美與羨慕的態度，並沒有導致他們放棄社會學本位的意願。因此，我們不妨說，國民經濟學與社會學保持其相當的對立，乃為當前社會科學界所盛行的學科分工原則之維護。在此種說法下，經濟學與社會學的研究法、問題的提出、研究的對象也就各個不同。

曾任教早期的西德曼海姆大學社會學教授阿爾伯特（Hans Albert）對這種流行的看法，表示強烈的反對[2]。他認為各自為政的看法，有抹煞傳統經濟思想特質之嫌。因之主張在避免過度讚揚模型思想之下，分析問題的本質是否適合經濟理論的解答、分析經濟學對待社會學處理問題的態度，分析單單靠經濟學一途能否解決問題。因為如果答案是肯定的，自然可以強調經濟學的獨立自足，而不必偏勞社會學、心理學、政治學的「補充」、「合作」了。

如果吾人仔細檢驗重要的經濟學理論著作，那麼不難發現經濟學討論的重心之所在。如眾周知，經濟學產自近世工業社會（帶有濃厚商業味道的工業社會）。其研究主要的問題，為工業社會的市場現象，特別是在工業社會環境中價格的形成與所得的形成諸問題。我們如果再進一

步分析經濟語言的邏輯結構，那麼便可以發現，它所涉及的無非是個人與群體之間商業性的關係，亦即人際之間相互行為所滋生的問題。經濟理論的建構，乃藉著將它應用於社會實際之上，俾解釋人群的市場行為（Marktverhalten），以及解釋此等行為所產生的結果。經濟學理論所針對的研究對象既是商業性的關係，但商業性關係又無異為特殊的社會關係——人際相互應對的關係，因此經濟學也就成為部分的社會學（partielle Soziolgie），或至少可以做這樣的解釋 [3]。這種說法，一般而言是可被接受的，除非認為經濟學主要限於邏輯兼數學問題，或道德兼政治問題的解決。

二、經濟思想獨立自足的問題

我們將經濟活動解釋為人際之間的商業關係、或市場的行為，這對經濟學家堅持其學科的獨立自足有負面的影響。不過單單指出經濟思想具有社會學性格，並沒有解答經濟學獨立自足的問題，包括工業社會商業領域滋生的問題，是否可以單獨（純經濟理論的）處理、商業行為從社會關係的整體中抽象地分隔出來，有無可能等等。因之，國民經濟學是否能夠獨立自足，還得看它能否解決下列三組彼此互有關聯而難以嚴格分開的問題：

1.方法論方面的獨立自足；
2.邏輯方面的獨立自足；
3.理論方面的獨立自足。

如果我們考察了這三組問題之後，能夠肯定地指出經濟學有其獨立自足的方法論、邏輯與理論，那麼才能確定經濟學在社會科學中獨立自足的地位。但考察的結果卻是負面的。

（一）方法論的問題

　　有些經濟學家認為，經濟學研究所使用的方法與眾不同，具有其獨特性質，其原因為經濟學研究的對象特殊之故。這種說法，印證於當今科學的邏輯（科學方法論）是很難立足的。因為科學邏輯所討論的是理論的邏輯結構、理論的應用（俾解釋與預測事實的演變）、以及理論的檢驗。

　　今日檢驗經驗科學理論可靠與有效與否的判斷標準，為奧裔英國哲學家的柏波爾（Karl R. Popper 1902-1994）[4] 所做的主張，俗稱「柏氏評準」（Popper-Kriterium）。柏氏評準告訴我們，理論的假設具有「錯證性」（Falsifizierbarkeit），亦即藉著事實與反駁的嘗試，來檢驗假設之對錯。此中的原因是尋找「合適的」（Konform 同型的）例子，來證實某一假設，固然非常容易，但無法保證此一假設之相對真實可靠。因為有朝一日一旦出現了異例，便足以摧毀此一假設的存在。是故理論或假設的證實，不能靠無數同形的實例，而只能藉尋求「相反的」（Konträr）例子——異例——之不出現，才能獲致。原則上，任何一個科學的理論或假設都不是放諸四海而皆準，俟諸百世而不惑的真理。它應有一朝被事實「挫敗」（Scheitern）的可能。否則，它必是大而無當、無所不談、無所不應用的原理、原則，而很難應用於具體、特殊情境的解釋與預測。這就是柏氏評準的大意。

　　一個理論或假設，其應用於事實的解釋或預測底「活動空間」（Spielraum）愈狹小，其所含「訊息內涵」（Informationsgehalt）也愈豐富，其可檢驗性（錯證性）也愈高。這類理論與假設也具有更大的證實可能性。因此，假設的證實是指努力企求反證——以經驗事實來反駁假設之可靠——之不斷的努力過程 [5]。但此一證實，並不是一了百了，反之，它無法永久保證此一假設的「效準」（Geltung）；蓋繼續檢驗下去，是無法完全排除負面的結果——異例——之出現。

經濟學典型的歸納與演繹方法之「相互為用」（Zusammenspiel），如果認真地加以邏輯的分析，是很成問題的；蓋由觀察而綜合地獲取某些理論，早便由休姆（David Hume l7ll-1776，又譯為休謨）證明為不可能[6]。柏波爾也認為「不論有多少驗明為真實的陳述語句之存在，也不足以支持具有解釋功能的整體（寰宇性的）理論之為真理底要求」[7]。這意思便是說，歸納法做為求知的方法，在邏輯的分析上不是無懈可擊的。從而，我們便懷疑經濟學採用歸納法的明智[8]。

如果我們接受了柏氏評準，那麼任何經驗科學，絕不因其研究對象有別，而採取任何特殊的研究方法。是故，做為經驗科學之一分支的國民經濟學，自無理由要求方法上的獨立自足。

（二）邏輯的問題

假使我們把經濟問題，看做「處理稀少的物資，俾滿足無窮的慾望」之問題，或強調經濟學在於探討「經濟原則」——理性行為的理論，那麼我們很可能把經濟濃縮成「決斷邏輯」（Entscheidungslogik）——指明在各種可能的方法或手段中，選擇某一方法或手段，俾合適地獲致既定的目標。經濟學一旦濃縮成決斷邏輯，則它將不再成為經濟科學，從而喪失了經濟思想的社會學性格。換言之，它不再以交易經濟中的價格形成與所得形成，當成國民經濟學的研究核心。

在一社會中，有關價格關係與所得關係的解釋，以及這些關係變動的解釋，如以經濟學語言的邏輯分析來講，都是涉及社會行為的問題，也是人類各種生活據點上，人際相互的行為底問題。總之，這些問題可用社會「角色」來加以綜括。由是可知經濟問題歸根究底，是有關的社會之角色結構的問題。再說，在經濟思想中居於主導地位的「價格調整機制」，牽連到生產與分配的關係之形成。這一價格（自動）調整機制，實無異財政上的「賞罰（制裁）機制」（Sanktionsmechanismus）——以價格的高低來決定供需的數量，來影響生產與分配的情形，有如獎賞與

懲罰的作用。賞罰機制之能發生作用，亦即其特定的動機效果、統馭效果、控制效果，都受到人們行爲方式與行動傾向的制度化與內心化所制約、所決定；亦即受到人們在社會與文化環境中所表現出來的某些態度所影響。例如新教倫理促成資本主義社會中勞動工作與追求財富的精神，這種精神在 19 世紀中，開始擴散到社會各階層，包括廣大的工人（普勞）階級 [9]。

經濟學說中企圖建構均衡模型、或流動（過程的變遷之）模型，都必須考慮到與此模型相配稱的社會行爲。因此凡不牽涉人際行爲所展現的社會空間之任何經濟模型、假設、或理論，都是悠游於柏拉圖式空洞而不切實際的妄想裡。

一旦經濟學者分析「價格機制」，他便考察了現代工商社會一般社會現象的特例。由特例的研究便自然擴及於社會行爲的普遍一般現象。因之，凡認爲社會的每一部門（政治、法律、經濟、宗教、家庭、文藝、文化等）必定需要完全獨立的科學、或獨特的理論，來加以解釋的看法，在科學的邏輯上來說是荒誕不經的，這就像以爲每一礦類，便需要一種化學，每一生物種類，便需要一種動物學來加以解釋一樣，同樣地荒謬。因此，經濟問題之具有社會學性質，以及反對經濟學邏輯上的獨立自主，將有助於排除理論趨向孤立的傾向。

（三）理論的問題

有些經濟理論家以爲經濟範圍，可自其餘社會範圍分開、或至少理論上可以隔絕，因而主張不需考慮經濟以外的任何外在關係，而掌握特殊的經濟法則 [10]，於是提出經濟理論獨立自主的要求。

這一問題所涉及的主要是：究竟在保持傳統的經濟學界線（與其他社會科學的分支之界線）之情形下，經濟問題是否能夠獲得適當地處理或解決，以及我們是否有希望可以建構一個經濟理論，它的解釋力完全牽連到社會的面向——經濟——之上，及這裡所強調的是理論解釋力的

問題，而不是涉及理論描寫——描寫經濟狀態、經濟變化——的問題。談到經濟理論的解釋力方面，我們認爲不能完全倚賴經濟本身法則的發現與說明，例如非經濟的社會因素、制度因素、文化因素等也扮演相當的角色。至少要適當地解決經濟問題，必須也得考慮其他相關的因素。

傳統的經濟思想，在理論上是將市場的現象，當做社會實在的一環來處理，亦即把它視爲互相依存的因素構成的社會性作用體系（Soziales Wirkungssystem）。在此種看法之下，便認爲商業體系，乃爲獨立或多或少自足排他的體系，亦即一種藉內在因素便可以解釋清楚的體系[11]。事實上，市場體系的自足性、排他性、自成單位等與經驗事實並不符合。

經濟現象本身之欠缺圓滿自足的情形，早便被那些重視歷史兼制度的經濟理論家所發現。當他們注視歷史發展之際，不難發現經濟模型的行爲假設之有效性，是隨社會環境之不同而異的。蓋制度的變遷，理念的改變與社會生活的自然基礎一旦發生變動，要建構具有普遍效準的一般性經濟理論便非常的困難。鑒於超越時空，普遍有效的理論難於建立，他們只好求其次而發展具有「歷史性格而又相對的」理論了。這種理論在社會科學界之被大肆應用，阿爾伯特遂稱之爲「準理論」（Quasi-Theorie）[12]。準理論有別於精確的自然科學之原理，也有別於一般普遍的理論，而其有效性是受時空的制約，爲一具有歷史性格的理論。這種理論被英國愛丁堡大學一群搞科學的社會學與知識的社會學之學者（像Barry Barnes, David Bloor, Stevan Shapin 等）描寫爲一種「強勢的計畫」（strong programme）。強勢的計畫在於填平哲學家對科學普遍求真的要求與科學家實地操作兩者之間的鴻溝。亦即把科學原則看作是受時空制約的，具有「地方性格」（local）、「隨機隨緣的」（contingent）和「脈絡倚靠性」（context dependent）的研究模式。科學所追求的真理只是相對，而非絕對[13]。阿爾伯特認爲經濟學的陳述體系，如果只能應用於特定的歷史領域裡，則其本質實爲市場社會學的準理論。

正因爲理論家自知能力有限，不能建構訴諸四海而皆準、俟諸百世

而不惑的普遍理論，所以他們只好自限於某一特定範圍之中，改而建構準理論。在理論的塑造中，歷史因素愈少，理論愈不受研究的對象之範圍所囿限。不過我們也不必因此而陷於絕望裡，而誤認廣泛性，具有普遍效準的社會理論絕無建成的一日。總之，在社會科學的領域中，由於社會生活之具有歷史性，因而研究的結果，帶有濃厚的時空色彩，應是可以理解的。

由上面有關國民經濟學方法論的、邏輯的、與理論的分析，可知經濟學要求獨立自足是辦不到的。加之，國民經濟學具有社會學（市場社會學）的性質，因之，我們乃得到一個結論：經濟學應吸收與應用其他社會科學業已建立的理論，才能妥當合適地解釋經濟現象。此外，經濟問題的解決，若僅以經濟領域為主，則其獲得的理論，非但不像自然科學那般嚴謹，且具有普遍效準的理論，反而僅能求得受時空制限的準理論而已。在這一意義下，具有普遍效準的社會學理論（既不囿於研究的對象，又非歷史的相對性）或者在某種情況下，適宜於解釋經濟現象。

三、經濟學的與社會學的透視

要求經濟學獨立自足自成體系，乃是近世主流派的做法，而非古典經濟學的本意。古典經濟學家的「偉景」（vision 願景）是廣大的，深遠的。它所包含的諸種因素，以今日方法論的觀點來區分，勢必隸屬於各種不同的學科。眾所周知，古典經濟學是建立在自然法的思想與功利主義的思想之根據上，俾分析它們那個時代發展而成的工業社會。這種分析的結果，產生了市場社會學與理性行為的邏輯理論之結合，更由此結合而形成為一種意識形態的觀點。在此種意識形態的觀點下，以市場為中心而進行的自由買賣，被視為天經地義，而自由放任與有限政府也成為古典經濟的理想目標。

由是可知古典經濟學是含有濃厚的社會學、政治學、倫理學的意味。但隨著邊際效用學派的興起，經濟學由古典主義而邁入新古典主義，原有的社會學、政治學、倫理學的色彩逐漸褪盡。跟著出現的便是靜態的經濟科學。靜態的經濟科學或是綜合意識形態（自由主義）與決斷邏輯（因而發展福利理論），或是大力促使決斷邏輯精密化（因而發展價值理論與價格理論），偶然也應用到經驗事實之上，俾使經濟學不失為經驗科學，而究其實則積極發展為「純」（不受社會影響的）經濟科學[14]。意識形態（分配公平的社會之建立）與社會學因素（經濟所受時空的影響）的排除，使新古典的經濟學說導向「計畫的邏輯」（Logik der Planung）之途，亦即大肆發展決斷與抉擇的理論，並放棄任何帶有規範性的陳述。在立論方面則主張「價值祛除」、「價值中立」。新古典學派的這些主張，在今日仍舊籠罩整個經濟學界主流派的思想。從「經濟計畫的理論」、「經濟景氣循環論」到「投入產出理論」，無一不是決斷邏輯的引伸、精化、昇華。

　　由是可知，邊際效用學說與均衡理論都是牽連到計畫的邏輯、或決斷的邏輯。這些都與社會的市場現象之解釋無關，同樣與市場的社會學無關。

　　新古典主義的巔峰為瓦拉士（Léon Walras 1834—1910）所創立的純經濟理論體系。他此一體系所強調的為一完全競爭下全體均衡的問題。我們知道古典經濟學的中心問題為「價格形成的法則」之問題，可是一到瓦拉士及另外兩位邊際效用學派奠立者（孟額和吉翁士）手中，遂變成為價值的問題——純經濟學的問題，且企圖藉理性行為的原則來解答這些問題。換言之，新古典的價值觀使學者不以社會學的看法來研討價格的形成，而卻發展為經濟行為的邏輯思考[15]。也就是不用事實來檢驗其理論之可靠與否。完全競爭的理論可說是靜態經濟科學典型的思考模式，由於不與經濟事實發生關聯，故無被經驗事實反駁或拆穿的可能。這點至今仍為主流派津津樂道。

再說，靜態理論所設想的最佳狀態——全體的均衡，乃是指社會全體的份子之經濟計畫彼此相容，而無扞格難行的現象發生。這種觀點實在潛藏在決斷邏輯本身的動向裡頭，而把理論家導向到這個理想狀態去。原因是當所有計畫都能相容而不發生爭執的情境中，經濟社會全體成員之合作才有可能。這種新古典主義的理論，其實與古典主義的假設無分軒輊，都是假定社會的各種利益自動趨向和諧圓滿。

就「純」經濟科學的觀點而言，亦即由計畫邏輯的價值觀來說，在市場經濟的完全競爭下所獲致的徹底合作，與在中央經濟統制下所做計畫的取捨，基本上應無多大分別。這一說法豈非把自由經濟與統制經濟混淆為一體？事實上正是如此。因為在古典與新古典的學說中，即存有統一經濟計畫與集體領導的想法——「共產主義的虛構」（kommuistische Fiktion）。譬如將社會看成為其經濟領導中調整融合各方的單位；社會在克服自然的短缺稀少方面，有照顧其成員利益的共同任務；經濟努力的成果——社會產品——應在顧慮全體成員的需求滿足（福利）之下，加以合理與一致地評價。這些看法無異為集體的經濟活動之念頭，認為社會的每個成員，挾著他特定的成就，對整個生產活動提供其貢獻。這類的想法都是含有強烈的意識形態（共同利益、社會福利、社會公平、人道等）味道，而本身卻是套套邏輯（反覆循環說）的。這也是新古典主義的傑作，欲擺脫社會學分析的結果。這樣一來經濟與社會生活的關聯之問題，便告喪失，因為它既不能以意識形態來加以討論，也不能以意識形態來加以處理之故。

但經濟活動與社會生活的關聯，勢須加以理論上的解釋。要做到這一地步，只好換一個角度、換一個觀點來討論它。於是由經濟學的透視（或看法、視界），轉變為社會學的透視（或看法、視界），遂大有必要。亦即不是從經濟的理論中抽離社會學的因素，而是把理論做根本上的、極端的社會學化（Soziologisierung）。這並不是說把價格的問題，加以擱置不談，而是使用意識得到的社會學之解釋，來說明價格的問題，以及

將它的處理置入於社會學的思想底關聯中，凡純經濟學就視為「騷擾」、「虛構」、「經濟以外的因素」、「特殊問題」、或「例外」之類的事物，從經濟社會學的觀點來分析，或有其系統性的重要作用，也說不定。且以寡頭壟斷為例，我們知道它是新古典學派所提出的，也充分地反映了純經濟學靜態思想，它理論的可資應用性，令人深表懷疑[16]。我們在處理寡頭壟斷時，不期然地發現了許多非經濟學，而為社會學的問題。使用純粹的決斷邏輯，是無法妥當地解決寡頭壟斷的問題。事實很顯明，價格問題的社會學解釋，在於以「作用關聯」取代「意義關聯」（Sinnzusammenhang），在於把價值理論轉化為權力的分析。

當純經濟學在完全漠視權力的因素之下，將價格的形成當做價值現象來看待之時，社會學的透視卻把價格的問題，看成社會的權力現象。換句話說，經濟社會學是把市場經濟中的生產、分配、消費看做社會權勢地位鬥爭的副產品，亦即含有購買力的權勢地位爭奪的結果。這種權勢地位反映了市場權力結構的一群，同時也與社會其他部門（政治、宗教、社會地位、知識水準等）的權力結構緊密勾結，而不可分。例如財力雄厚的經濟人，必然在政治上或社會上也擁有某些勢力。由是可知，被新古典主義視為經濟之外的因素底權力現象，卻是主張經濟學為社會學一環的市場經濟學者，引為研究的重心[17]。

四、經濟思想的社會學化與權力的問題

假使我們把新古典主義的價值觀點暫時擱置，並採用經濟思想的社會學化，那麼過去一向被經濟學家視為騷擾的因素底權力問題，便變成國民經濟學的主題。事實上如果我們回顧一下古典經濟學者對競爭問題的看法，便不難知道他們也是藉此（競爭原則）試圖解決社會中權力的問題。他們解決的辦法或訴諸「需求的滿足」、或訴諸「效率」。可是到

了新古典學派手中,「需求的滿足」之問題,居然成為研究注意的焦點。這一注意的集中,卻把社會的變遷一大因素忽略了。須知隨著社會的變遷,社會權力結構也發生變動,同時也導致需求滿足的變化。假使新古典學派能夠注意到這一連串變動的情形,而予以適當的理論解釋,那麼經濟學與政治學,乃至社會學的合致、統合早便大功告成,而不致延遲到今天,依然爭論不休。

以權力為導向的經濟問題之研究,有機會獲致解釋經濟現象的目的。反之以價值為導向的經濟問題之研究,則無解釋經濟現象的可能。其原因在於後者,無可避免地在其觀察中,帶有最終目的(例如經濟平等、福利等)之因素。這種最終目的之因素或導致決斷邏輯的、或計畫理論的、或規範性的,甚至意理性的陳述。這類陳述不可能把社會發生的經濟現象,做因果性的分析;反之,充其量僅能提供「準因果性」的分析而已。

新古典派之被迫考慮到寡頭壟斷的不完全競爭、或壟斷性競爭底問題,意味著社會學的想法已突破了它原有的藩籬。在此情形下,新古典學派乃提出市場形式、市場關係、市場行為方式等的分門別類 [18]。這不僅是受到社會學思想的影響,也是由於今日經濟生活日趨複雜的結果。此外,藉理論以明瞭經濟實體也發生了很大的困難。困難的所在係至今為止的經濟理論,並未能妥切地掌握經濟實在(實體);因之必須求助於經濟學以外的知識。在此情形下,經濟基本看法有意識的修正,經濟學透視之轉換為經濟社會學的透視,乃屬必要。從而「經濟學的」、「社會學的」、或「政治學的」觀察法之分別,逐漸消失。事實上,我們又何必受新古典「準因果性的」想法所束縛?與其受制於新古典的那套想法,倒不如恢復古典的解釋方法,更接近事實。

如果吾人能夠脫出新古典想法的窠臼,便會瞭解社會的實在(實體)乃是無數個人組成的社群(社會群體、團體、組織),充滿了衝突的交往互動之網絡。這些個人在不同的角色中,各獲得其權力位置,各擁有

其特定的利益，並追求與保有這些位置與利益。社會是具有一定的權力結構，而權力結構每隨著社會的權力鬥爭而改變，權力結構影響了某些人目標的實現，另一方面也使某些人行為受到規範。在社會發展的每個階段上，都出現了不同利益的衝突、利益的合致、利益的認同。它們是與當時社會的權力分配情勢（Machtkonstellation）相配套的，同時也控制了該社會的面貌。

我們不妨把「企業」與「家計」（家庭）當做社會群體來看待。就市場的活動之觀點而言，企業與家計乃是商務關係最重要的兩個環節，是市場現象活動的單位、活動的主體。傳統的經濟學便一直以分析這兩者的活動與關係為主旨。但是社會群體不限於企業與家庭（家計），尚包括政黨、經濟團體、政府機構等（為政治學研究的對象），也包括其他各種社團（為社會學研究的對象）。再說，構成社會生活作用關聯最重要的因素為「利益」，而利益包括個人與團體交易以滿足需求方面的經濟利益，也包括其他方面（社會安全、安定、有秩序、科學與知識的進步、文化的提昇等）的利益。由是可知經濟利益僅是各種利益總和的一部分，就如同經濟單位是社會群體結構的一環一樣，只是社會實在的片斷，而非其全體。由是可知，以「消費需求」與「生產組織」來做為市場關係的主體所演繹的理論，是有關社會理論的片段，而不是瞭解社會整全的知識工具。這種只囿於「家計」與「企業」的經濟理論，其發展的結果不是產生與經驗內涵不相關聯的分門別類，便是導致缺乏理論的經驗主義。這意思是說傳統經濟學只重描述與分類，而欠缺事實之解釋與預測的功能。

一般而言，所有的社會組織，包括企業、家庭、政黨、商會、工會、教會、政府機構，都有相似的問題亟待解決。這些相似的問題大約可以分成下列種種：即該社會團體內在與外在的權力問題、內外關係的政策、社會意志構成的問題，以及在社會「場」（Feld）中，其目標的實踐等。特別是每一群體內在權力結構與對外所形成的權力據點之間的關聯，意

志構成與外在行為之關聯，都是群體必須應付的重大問題之一。在今日工商資訊社會中，一個企業對外的關係固然與市場有密切的關聯，但卻不能說該企業之對外關係完全侷限於市場一途。可是自古典經濟學倡論以來，經濟理論一直圍繞著價格問題打轉，且限於分析商業上的關係而已。眾所周知，一個企業對外的關係，絕不限於商務上的來往；反之，公司的信譽、（對外）人事上的圓滿和諧、金融上容易週轉、服務的週到、產品的特質，受到權勢機構的特別眷顧等，在在都可以便利企業的經營。從而說明其對外關係絕非僅僅為商務上的來往而已。再說，今天龐大的社會組織，包括企業、社團、政府機構、公營事業機關等，對內政策方面有一大問題亟待克服，那是指官僚化、人事組織所滋生的問題——亦即內部有效控制的問題。這些外在關係（超商務的關係）與內在問題（官僚化人事問題）的產生，說明純經濟理論的行不通。最主要的一點是當前各種社會組織極為龐大，其社會關聯又錯綜複雜，以致吾人要解決任何問題（例如所得分配、生產與消費等之原因及決定因由的分析）時，絕不能單單倚靠經濟學[19]。

分析當前經濟的權力結構，我們不但發現要將經濟與其他社會部門徹底分開之不易，就是要把經濟與政治分開，也不易找到分界線。在此情形下，「價格機制」——在完全競爭之下，價格受供需的影響，價格成為交換經濟中的指揮機構——便受到嚴重的干擾，受到一些因素（包括政府的干預）的影響，而這些因素是古典與新古典的經濟思想中完全陌生的事物。換言之，做為經濟輔助工具的價格機制，已喪失其重要性[20]。它所受到政治與社會的影響，不下於原來主張的經濟之影響。再說現代工業社會中的企業之市場政策，乃是社會群體相激相盪、相輔相成的特殊例子，亦即各種利害因素激盪穩定後的結果。要分析企業的市場政策，應該把它看做社會群體的對外關係底社會學分析。

假使我們對經濟活動的理解，不侷限於貨幣的流動與產品（貨物與勞務）的流動底分析，不僅僅留意其流動量的多寡，而重視這些經濟活

動背後的社會力量，也就是分析社會的整個權力結構，與其基礎的利益形勢的話，那麼我們將會找到更合適解釋經濟現象的一般性社會學理論。此一理論的外形也許有點舊式，但它對現象的解釋卻是妥切而適當的[21]。

五、從「純」經濟學到「政治」經濟學

截至目前為止，我們已討論了經濟理論所包含的社會學性質、經濟學獨立自足的要求不適當、經濟學基本問題的社會學解釋、由價值透視轉為權力透視，以及經濟思想社會學化等問題。

總之，凡是把經濟學的基本問題，當做稀少物資的處理、或藉理性行為的說法，來解釋經濟現象的人，總難免陷入決斷邏輯的窠臼中。這麼一來便傾向於把經濟計畫的邏輯投射於經濟流變（經濟活動的變化）之中，亦即投射於社會群眾之上。由這種方法所獲得的經濟理論，也不過是一套偽經驗性的陳述，足以妨礙社會科學的統合。持這種觀點的人，固然可以保持一個獨立的、與其他社會科學隔絕的經濟理論（理論上的獨立）。但其中心問題是純計畫理論的，由特殊的方式所形構的（邏輯上的獨立）。這種理論在經驗事實方面無從證驗，而且對社會發生的事實無清楚解釋的功能（方法論上的獨立）。像這類純經濟的理論，固然不會遭受事實的「挫敗」，但也無解釋現象的能力，假使我們利用自然科學對理論的要求（柏氏評準）來加以衡量的話。

如果我們要避免此種錯誤，那麼我們勢必放棄新古典的價值透視，連同它所產生的決斷邏輯的看法，而以經濟問題的社會學解說來取而代之。這樣便有望導致經驗的、可資檢證的理論。傳統經濟學的主題——價格問題，也就變成權力問題。這是一大改變，這一改變使傳統上經濟學自成體系，與其他社會科學無涉的觀念，完全改觀。這不是意味，一

且採用權力的看法，便完全否認經濟學的獨立存在，而是說利用權力透視，使經濟理論具有真正解釋事實的能力。再說，在經濟的領域中，價格僅是控制的部分體系而已，將經濟體系與其他社會體系隔絕，特別是與政治分開，是不可能的，蓋價格體系是深受政策的影響。

從價值觀點轉變爲權力看法，必然導致純經濟學之變爲政治經濟學[22]。其實這只是恢復國民經濟學早期的稱謂，並且變爲一種放棄理論獨立自足的科學，目的在於解決權力的社會學問題。這是一門爲獨立的經濟思想所無從解決的問題之科學，蓋此種問題從道德與政治的角度來衡量，其重要性是無以復加；它不僅不具意識形態的性格，甚至還可以「價值中立」地予以處理。誠如羅素所言：「經濟學如果當做分離的科學來看待，是不切實際的。且如加以應用於實際之上，就有誤導的危險。經濟學乃是一個廣包的複合體之一要素——非常重要的因素。這一複合體無他，乃權力的科學之謂」[23]。

註　釋

[1] Parsons, Talocott 1955 "Die Stellung der Soziologie innerhalb der Sozialwissenschaften", in：Berndorf, Wilhelm u. Gottfried Eisermann（Hrsg,），*Einheit der Sozialwissenschaft*, Stuttgart: Ferdinand Enke Verlag, S.70 ff.

[2] 參考其所著 1967 "Nationalökonomies als Soziologie：Zur Sozialwissenschaftlichen Integrationsproblematik", in：Hans Albert, *Marktsoziologie und Entscheidungologik*, Neuwied a. R. und Berlin, S. 470 ff.本章主要參考此文改寫而成。

[3] 主張經濟學為社會學之一分支或部分的說法，不始於阿爾伯特氏，還包括：Amönn, Alfred 1911 *Objekt und Grunbegriffe der theoretischen Nationalökonomie*, Wien u. Leipzig, 認為國民經濟學主要的研究對象為社會事件與社會關係。此外，Myrdal, Gunnar 1932 *Das Politische Element in der nationalökonomischen Doktrinbildung*, Berlin；Löwe, Adolf 1935 *Economics and Sociology, A Plea for Cooperation in the Social Sciences*, London.

[4] Popper, Karl 1935 *Logik der Forschung*, Wien, Tübingen, 1973, 5. Aufl.；英譯1968 *The Logic of Scientific Discovery*, London：Hutchinson.

[5] 參考Popper. Karl 1963 "Philosophy of Science, A Personal Report", in：同作者*Conjectures and Refutations*, London：Routledge and Kehgan Paul, 1969 2nd ed., pp.33-65.易題為 "Science：Conjectures and Refutations".

[6] Hume, D. 1888 *Treatise on Human Nature*, ed. by Selby-Bigge, Oxford, 1960, Book I, part III, S ection xi, p.91; sect. xii, p.139.

[7] Popper, Karl 1972 "Conjectural Knowledge：My Solution of the Problem of Induction", in：同作者1972 *Objective Knowledge：An Evolutionary Approach*, Oxford：Clarendon, p.7.

[8] 參考洪鎌德1997《人文思想與現代社會》，台北：揚智文化事業公司，第328-330；同作者1998《21世紀社會學》，台北：揚智文化事業公司，第75-76頁。

[9] 關於新教倫理與資本主義的精神之關聯，參考Weber, Max 1934 *Die Protestantische Ethik und der Geist des Kapitalismus*, Tübingen；中文翻

譯：張漢裕譯1960《基督教倫理與資本主義精神》，台北：協志出版公司。又參考洪鎌德編著1999《從韋伯看馬克思——現代兩大思想家的對壘》，台北：揚智文化事業公司，第35-40；162-166頁。

[10]這種想法構成了「純」經濟學的基礎，熊彼得在其教授升等論文（1908 *Das Wesen und der Hauptinhalt der theoretischen Nationalökonomie*, Leipzig）中已有所發揮。

[11]Schoeffler, Sidney 1955 *The Failures of Economics, A Diagnostic Study*, Cambridge/Mass., pp.49以下。

[12]Albert, Hans, *ibid.*, S.484 ff.；同作者1957 "Theorie und Prognose in den Sozialwissenschaften", in：*Schweizerische Zeitschrift für Volkwirtschaft und Statistik*, 93.

[13]Coats, A. W. Bob 1993 *The Sociology and Professionalization of Economics*, London and New York：Routledge, pp.14-23.

[14]關於新古典主義經濟學的特質可以參考Hutchison, T. W. 1938 *The Significance and Basic Postulates of Economic Theory*, London；Akerman, Johan 1938 *Das Problem der Sozialökomischen Synthese*, Lund.

[15]海耶克早便看出「選擇的邏輯」（*Logik des Wählens*）是研究的重心，參考 Hayek, Friedrich A. 1952 *Individualismus und wirtschaftliche Ordnung*, Erlenbach-Zürich, S. 49 ff.

[16]參考Rothschild, K. W. 1953 "Price Theory and Oligopoly", in同作者：*Price Theory*, London.

[17]留意權力問題的文章，可參考Preiser, Erich 1948 "Besitz und Macht in der Distributionstheorie", in *Synopis, Festgabe für Alfred Weber*, Heidelberg；同作者 1953 "Erkenntniswert und Grenzen der Grenzproduktivitätstheorie", in：*Schweizerische Zeitschrift für Volkswirschaft und Statistik*, 99 Jg.

[18]Triffin, Robert 1940 *Monopolistic Competition and General Equilibrium Theory*, Cambridge.

[19]在強調社會各種因素的相互影響，特別是對發展國家的意義上，可參考 Myrdal, Gunnar 1957 *Economic Theory and Under-Development Regions*, London. 以及宋鎮照 1995 《發展政治經濟學——理論與實踐》，台北：五南圖書出版公司，227頁以下。

[20]Frei, Rudolf（Hrsg.）1957 *Wirtschftssystemr des Westens*, Bd. 1, Basel und Tübingen.

[21]Albert, *ibid.*, S. 506.

[22]關於政治經濟學，請參考本書第二章與第四章。

[23]Russell, Bertrand 1947 *Macht, Eine sozialkriticsche Studie*, Zürich, S. 113.

第十四章　經濟社會學的主旨與發展史

一、經濟社會學的定義和任務

　　一位從事經濟活動的人，總是衡量現有手段與目的之間的大小，企圖以最小的代價獲取最大的報酬，俾其生存得以延續，其生活的供應不虞匱乏，進一步使生活豐富圓滿。例如農夫的栽種農作物，廠主的推出新產品，商人的推銷貨物，他們不僅考慮到費用和收益，還想到顧客和零售商，想到業務的聯繫、負有義務的契約、一般交易習慣、衙門的應付，以及他們家庭的需要等等。因此對任何從事經濟活動的人們而言，經濟的行為與社會的關係是不容分開的，更何況經濟行為是錯綜複雜的社會關係底一環。社會的其他活動必待經濟、或民生的問題解決，方才能夠談到。一個社會的樣式和面貌，無疑地受其經濟制度所決定。像西方資本主義的經濟制度，賦予其社會以自由開放的形式，而共產國家的經濟制度，卻賦予其社會以中央計畫與調控的色彩，這些都足以說明經濟對社會制約的關係。

　　既然經濟事實對社會的建構和形成，具有如此重大的關係，因此，撇開經濟因素的考究，是無法瞭解全盤社會的情況。同樣，我們無法分析整個經濟的現象，而可以不考慮到與此經濟現象相關聯的社會部門；特別是現代的社會，乃是建立在分工精細、市場關係複雜、物資和金融、

科技、資訊和管理方式廣泛被應用的經濟體系上。經濟社會學（Economic Sociology, Wirtschaftssoziologie, sociologie économique）就是應這種需要而產生的一門特殊社會學（Spezielle Soziologie）。這個學門的名稱首次在 19 與 20 世紀之交，出現在經濟學者與社會學者的著作裡[1]。

作為特殊的社會學，經濟社會學跨越經濟學與社會學兩個學門。經濟學將人當做善用理性、錙銖必較、追求自利的「經濟人」（*homo oeconomicus*）看待，其研究的旨趣集中在貨物與勞務的生產、流通與交換之上。反之，社會學把人當成經營集體生活，受到社會勢力左右的「社會動物」（social being）。經濟人是講究理性，能夠按其偏好（preferences），做好抉擇（choices），而增大快樂減少痛苦的理性動物。因之，經濟學所設想的人，便傾向於理性決斷與理性抉擇。

反之，社會學設定的社會人，固然也充滿理性，但其行為卻也常受非理性的勢力（本性與社會力量）所影響、所支配。韋伯把人的行動分辨為目標合理性（zweckrationale）、價值合理性（wertrationale）、感情用事（affektuelle）和傳統例行的（traditionale）四種。只有第一種才是經濟學設定的人類行動。社會學則把四種行動，全部列入其研究的範圍中[2]。

除了以理性和非理性來區別經濟學與社會學對人的行為之假設以外，在方法學方面，經濟學傾向於以方法論的個人主義（methodological individualism）來處理經濟事象。所謂方法學的個人主義是認為經濟主體的個人、或社團（公司、行號、企業、工業等）是科學分析的單位，任何集體或社會現象都可以化約為組成該集體的個別成員之行為。反之，社會學家（除韋伯之外）都採用方法論的整體主義（methodological holism），視個人的行為基本上都受到社會壓力（結構）所左右的結果[3]。

經濟社會學的定義究竟如何？馮維史（Leopold von Wiese 1876-1969）指出它是屬於經濟活動中人們行為的學問。換言之，也就是在探討人們在講求生存、或生活當中，彼此如何行為的一門科學[4]。

就學問的關聯來說，經濟社會學的職責，主要把經濟現象融化於社會生活當中。從而經濟社會學旨在把特殊社會學，整合於一般社會學裡頭，原來經濟所牽涉的不僅是家庭、社區、社群、法律、統治、國家等關係，幾乎還涉及社會的每一部門。

熊彼得（Joseph Schumpeter 1883-1950）說：

> 所謂的經濟社會學是指涉與經濟有關聯的制度之描述與解釋。這包括習慣與一般行為各種各樣的形式在內。像政府、財產、私人企業、慣習的和「理性的」行為。至於經濟學則指涉經濟機制之描述與解釋。經濟機制係在既存制度，如市場機制中扮演重大的角色[5]。

史美塞（Neil J. Smelser）為經濟社會學下一定義。他稱：

> 經濟社會學係應用社會學的一般參考架構（frame of reference）、變項（variables）、闡釋模型（explanatory models）於一連串活動之上。這類活動所涉及的是有關稀少貨物與勞務的生產、分配、交換和消費[6]。

因此，經濟社會學首先注意到的是經濟活動本身：即這類活動怎樣在角色和集體中結構著？受怎樣的價值所認可？以及受怎樣的規範和制裁所規整？又這些社會變項如何交互活動？其次應注意的事項為：研究在經濟與非經濟的情境下社會因素底關係，例如家庭角色與職業角色怎樣隨同變化等等。

史美塞進一步又認為經濟社會學，在於研讀經濟變項與其他社會的——政治的、法律的、教育的——等變項之間的關係。此種關係的研究可分三層來說明：

在最具體的層面上，經濟社會學家，應用社會學的標準工具來研究經濟活動中特有的角色和組織。例如：他可以考察某一工業機構（公司）

熟練工人的聘用來源，這類工人的就業典型、生活方式和角色格調等；或是探究該機構（公司）的組織情形，分析其地位系統、權力與權威的關係、偏差模式、小集團和上述諸現象的關係[7]。

在第二層面上，經濟社會學者分析經濟結構和其他結構。例如研究西方工業資本主義所興起的歷史背景，亦即研究環繞在經濟現象周圍的其他制度結構之模式。

在第三層，亦即更抽象的層面上，經濟社會學家把經濟變項和其他的社會變項視為好幾套分析體系，這類體系與具體的社會結構相交接。經濟社會學家係致力於這些體系之間關係的研究。例如經濟體系包括生產者與消費者，他們不被目為特殊的社會結構，不過他們卻在市場的交織下，造成互動的關係。再說經濟支援其他的社會體系，如家庭、教育和專門訓練方面的結構等[8]。

在 1994 年刊行的《經濟社會學手冊》中，史美塞及另一位編者史偉貝（Richard Swedberg）認為經濟社會學簡單地說是「社會學觀點應用到經濟現象」之上，詳細一點的解釋為：

> 社會學的參考架構、變項和解釋模型應用到複雜的活動之上，這些活動包括稀少貨物與勞動的生產、分配、交易與消費在內[9]。

當史氏在早期（Smelser 1963: 27-28; 1976: 37-38），提出這一定義時，他重視的是個人與群體的互動，社會結構和社會控制之社會學觀點，但在最近的學術發展中，卻發現社會網絡、性別、文化脈絡與國際經濟變成研究者的重點。因之，有必要修正其早前為經濟社會學所下的定義。鑑於生態的破壞與失衡，以及其恢復與保護成為當務之急，則經濟社會學也應該包括生態學的觀點。是故史丁孔布（Arthur Stinchcombe）也提及：「就經濟生活的社會學觀點來說，重心應該是每個生產方式都是與自然的交接（transaction with nature）。因之，它〔生產方式〕同時是受

到社會怎樣使用特定科技與自然交接所決定，亦即依社會在自然中的關係所決定」[10]。換言之，經濟活動是在社會與自然的互動中展開，只重社會是不夠的，還要考量自然、或生態所提供的方便與限制。

在粗略地瞭解經濟社會學的定義之後，我們應當知道一項事實：即經濟社會學之有系統地發展成爲獨立的科學，乃是「純」理論形成之後的結果。因之，我們不妨討論一下它的演展史。

二、經濟社會學的發展史

（一）古典時期的國家科學

19 世紀以前的歐洲學界，對科學的分工尙不算精密，同時也由於社會問題彼此糾葛，因此當時所謂的「國家科學」（Staatswissenschaften），便是包羅萬象的社會科學，尤其是社會學、經濟學和法學的概念和理論，都統屬在國家科學的名義下，由一位學者予以貫穿發揮。就是德國 19 世紀的「政治經濟學」（politische Ökonomie）也是包羅甚廣的社會科學。其後由於個別和具體案件的研究，以求獲得與事實更相符合的知識；並且爲了社會科學企圖避免和政治立場相混淆，於是包羅廣泛的大型體系底研究慢慢消失，代之而起的是科學的分門別類[11]。

當人們對經濟過程的功能和流變所持傳統的看法，無從解釋事實上所形成的經驗時，以及經濟理論的架構亟需修正時，經濟社會學的問題和意見便產生了。重商主義者也好，重農主義者也好，都曾一度觸及經濟社會學的問題。就是古典國民經濟學的奠基者亞丹·斯密（Adam Smith 1723-1790）的主要著作《國富論》（或譯爲《原富》 *An inquiry into the Nature and Causes of the Wealth of Nations*, 1776），無異爲一部帶有經濟政策意味的社會理論，目的在將社會事實與一般社會哲學相印證。可是，

其後古典的經濟學家，將經濟學建構為首尾一貫的體系時，他們慢慢擱置經濟社會學的問題，而將這類問題（例如企業家的動機）束諸高閣，當做自明的和超驗的先決條件來看待。這樣便把社會事實的研究排除於靜態的理論之外（而這類靜態的理論又聲言要解答各種現實的，包括動態的問題），遂招致 19 世紀——一個石破天驚、旋轉乾坤的工業化時代——社會學家的批評。由於經濟的自由主義日漸趨向教條化、僵硬化，於是引起社會學家的不滿。他們配合此時方興未艾的歷史學派，大力撻伐片面解釋人類經濟行為的不當。經濟是受歷史與社會制約的人文現象，乃無可置疑，於是社會學的創立者聖西蒙（Claude Saint-Simon 1760-1825）和孔德（Auguste Comte 1798-1857），便因此與古典經濟學家亞丹・斯密，以及亞氏在法國的闡述者薩伊（Jean-Baptiste Say 1767-1832）展開論戰。

（二）歷史學派的方法論戰

雖然聖西蒙和孔德一開始便充分瞭解這門新興的科學——經濟社會學——的意義重大，但直至 1819 年以後，他們方才給與經濟的自由主義以廣泛的批評，由之使經濟社會學脫穎而出。他們這類批評與當時亞當・米勒（Adam Müller 1779-1829）有關經濟的自由主義底批評大致相同。只有一點是彼此相異的，即聖西蒙和孔德不像米勒主張返回帶有幾分羅曼蒂克的早期階級社會裡去，而是企圖把經濟的問題，置入於現實社會的現象裡頭去加以研究。由此，這兩位社會學的創立人乃提出歷史的研究法來，以資對抗古典經濟學的抽象之方法論。這一爭論較之德國經濟學中的歷史學派，如克尼斯（Karl Knies 1821-1898）、希爾德布蘭（Bruno Hildebrand 1812-1878）、羅雪爾（Wilhelm Roscher 1817-1894）的早期方法學論戰，還提早了 30 年。聖西蒙和孔德的經濟社會學，由後來日內瓦經濟學者席士蒙地（Simonde de Sismondi 1773-1842），加以擴充發揮而益臻完備。席氏於 1819 年發表其經濟學的「新原理」，

此乃構成經濟思想史上首次論及的「危機理論」（Krisentheorie）[12]。

近期歷史學派的方法論戰，係由史末勒（Gustav Schmoller 1838-1917）和維也納邊際效用學派創立人孟額（Carl Menger 1840-1921）所引發。前者主張歸納的方法，後者主張演繹，以研究經濟現象。換言之，史末勒和孟額各視國民經濟的本質，究竟爲歷史兼社會學的（historisch-soziologisch）學科，抑爲一抽象的、形式邏輯的（formal-logisch）科學？由於後一觀點的得勝，遂使經濟科學思想方法獲得輝煌的進展，但同時也從經濟學中，剔除了社會學的分析方法。

上述經濟及社會學早期和近期的方法論之爭執，引起了人們的一種看法，即純經濟主義（Ökonomismus）的觀念是行不通的。原因是經濟乃是社會構成部分之一，是隸屬於社會；脫離社會以研究經濟現象或本質，是捨本逐末。再說，社會這一觀念，只有從經濟的效用想法（Nutzvorstellung）出發，才能夠建立起來。例如黑格爾（George Wilhelm Friedrich Hegel 1770-1831）和馬克思，便曾視社會爲一種「需求的制度」（System der Bedürfnisse），社會與經濟是密不可分的。

總之，有關方法學之類的討論，幾乎貫穿了整個 19 世紀。參與者除了社會學家之外，主要爲新與舊的經濟學當中之歷史學派，其結果促成經濟理論的發達。同時，古典的經濟學理論當中，有關人性心理學方面的一些被視爲天經地義的公律，也慢慢銷聲匿跡。例如 18 世紀亞丹·斯密所提示的「交換的傾向」一觀念，目的在把「交換的傾向」當做人類經濟行爲的本性等等。這類觀念到了這個時候已成爲明日黃花。就像個人、社會與文化之不容分割，經濟的基本因素也是彼此互相關聯，而不是超越時、空的定項（Konstanten）——非變項。反之，它們是廣泛的社會演變過程中之結果，是一種變項（Variabel）。

（三）社會主義與自由主義的對抗

然則，反對古典自由主義的經濟理論之學者，逐漸固執其態度，這樣 19 世紀中，乃成爲自由主義與社會主義兩種思潮的相激相盪。一方面倚靠抽象兼邏輯的方法，他方面倚靠經驗兼社會學的說詞，彼此針鋒相對，互不相讓。可是這兩大思潮卻有其共通之處，都是首尾一貫閉鎖的體系，且含有倫理與自然法的基本設準。

馬克思「揭開」一項事實，即現代的經濟絕非「自然的制度」，而是勃興中市民階級的社會情勢（soziale Konstellation）使然底產品。馬氏的批評只對了一半，原因他自己也迷失於羅曼蒂克的社群（Gemeinschaft 又譯爲共同體）之烏托邦中。在這種團體裡頭，人被視爲「萬有的本質」（Universalwesen）[13]。他方面馬氏的社會概念與亞丹・斯密和黑格爾的社會概念，並無絕對的不同。顯然，馬克思是企圖熔化上述各種理論於一爐，俾有效地解釋資本主義的經濟社會。此外，馬氏的著作尙標示爲一種社會運動的策略，亦即一種政治的理論。

根據馬克思的看法：「不管每個社會發展的階段是前是後，都是建構在經濟的基礎之上。」馬氏稱這個社會的基礎爲「生產方式」（Produktionsweisen）。「生產方式」是由「生產力」（Produktivkräfte）和「生產關係」（Produktionsverhältnisse）構成的。所謂「生產力」，是指經濟活動中物理性和科技性的安排。「生產關係」乃指人們在生產中的關係，換言之，這種關係在法律中爲一種財產的關係。馬克思稱「生產方式」的整體爲「社會的經濟結構」（Ökonomische Struktur der Gesellschaft），亦即社會的「下層建築」（Unterbau）。社會是由「下層建築」和「上層建築」（Überbau）今成的。什麼是社會的「上層建築」呢？馬氏指出：法律的、政治的、宗教的、藝術的等等社會現象皆是。一言以蔽之，凡是意識形態的或觀念的（ideologisch）體系之屬，都是上層建築。馬氏接著稱：

生產關係的整體構成社會的經濟結構——亦即實質基礎。在實質基礎之上，矗立著法律和政治的上層建築，而這類法律和政治的上層結構乃與某一社會的意識形式（Bewusstseinformen）相當。生產方式決然地制約了社會、政治、和精神的生活過程。但並非人類的意識決定其存在，而是社會的存在決定人類的意識[14]。

馬氏跟著分析市民社會（Bürgergesellschaft）中的資產階級（Bourgeoisie）和無產階級（Proletariat 普勞階級），彼此為著經濟利益而發生政治衝突，最後無產階級聯合起來推翻資產階級，而導致資本主義的崩潰。馬克思就從這裡分析政治和經濟的關係。在無產階級和工人覺醒之後，政治勢力不再為小資產階級的經濟利益服務。在這種情形下，政治勢力不但不生作用（functional），反而產生了反作用或破壞作用（dysfunctional）。在這種破壞作用之下，工人階級經由革命而摧毀資本主義。因此在馬氏眼中，一個經濟制度處在蓬勃生長的過程時，政治的安排在於鞏固經濟的體系；及至經濟制度走下坡而趨向衰亡之途時，經濟和政治勢力彼此發生衝突，而這種衝突必然導致整個經濟制度的崩潰[15]。

在民生主義第一講中，孫中山對馬克思有所批評，只是這種批評流於形式與膚淺。倒是沙羅鏗（Pitirim A. Sorokin 1889-1968）比較中肯地指摘，馬氏以經濟因素解釋一切社會現象之不當，認為這是一種單元論。蓋忽略了社會生活各種因素的互相依存關係，是以偏蓋全的偏見[16]。

（四）韋伯的理念類型與資本主義崛起的解釋

在馬克思的影響下，宋巴特（Werner Sombart 1863-1941）與瑪克士・韋伯（Max Weber 1864-1920），都致力於資本主義的歷史性系統底分析。至於德國「社會政策研究會」（Verein für Sozialpolitik）[17]，有關經濟問題方面的研究，也算屬於早期經濟社會學的研討。

瑪克士・韋伯應用李克特（Heinrich Rickert 1813-1936）有關「理念類型」（Idealtypus）的方法，而予以拓展發揮。他認為：

> 理念類型獲自一個或數個觀點（Gesichtspunkte）單方面的提昇或強調（einseitige Steigerung），以及經由一連串渙散，而毫無關聯的個別現象（Einzelerscheinungen）之凝集，而此類個別現象，乃附加於被強調的觀點上，由之形成統一的思想構體（Gedankengebilde）。這種思想構體的概念，單純性是無法在現實中找得到，它只是烏托邦而已。歷史性的研究工作之課題，厥為在每一個別的案件中，確定這種理念類型與事實之間或大或小的距離，（例如）某一城市必須具有怎樣的經濟性格，方可被目為『城市經濟』云云 [18]。

韋伯這種理念類型的方法，固然有助於科學概念與體系之建構，但容易形成抽象概念的象牙之塔，而與事實脫節。因此關於經濟社會學精確的理論——它是一組純粹的形式底概念體系——必須在假設階段，印證經驗的研究。就如同歐意肯（Walter Eucken 1891-1950）所主張：從理念類型轉換為「實質類型」（Realtypus），對研究的作用會更大。

瑪克士・韋伯對經濟社會學的另一貢獻為問題的提出（Problemstellung），在有關他那個時代的經驗性研究裡頭，韋伯曾致力於諸如股票市場、農村之脫逸（Landflucht）、工業勞動之動機等等的研究。只是這類研究與他的歷史性和科學性的研究比較起來，對後世影響不大。韋伯較有名的貢獻，為他對現代資本主義產生的社會背景底分析，特別是研究刻苦耐勞的新教，尤其是喀爾文教派對西方資本主義的形成和發展的關係，最為各方矚目 [19]。

此外瑪克士・韋伯認為人事與官僚制度（Bürokratie），提供社會結構以理性的形式，有助於工業資本主義的延續。蓋政治與法律對財產的規範，對金融的規定，對契約的保障，在在有利於工業資本主義的成

長。

（五）第一次世界大戰結束後之演展

韋伯的後繼者，只集中全力從事歷史兼社會學（historisch-soziologisch）的研究，而忽視了韋伯對當代有關問題的考察，特別是像經濟動態（Wirtschaftsdynamik）的探究等。因此，他們的研究不超過實際行為的微觀社會學底分析，也不超過德國「社會政策研究會」所演展出來的一套性質描寫或分類方法。至於全部經濟現象的巨視社會學底分析，仍舊停滯在理念類型所形成的玄想底泥沼中，而不克自拔，這都是對韋伯學說缺乏了解的緣故。

以上所述的經濟社會學演展，是屬於接近國民經濟中的「歷史學派」之說法。此外尚有注重人種學兼社會學的田野研究，如涂恩瓦（Richard Thurnwald 1869-1954 又譯為湯華德）、馬立諾夫斯基（Bronislaw Malinowsky 1884-1942）、費爾士（Raymond W. Firth 1901-1986）、莫士（Marcel Mauss 1872-1950）等人。他們研究自然或原始民族的經濟行為和經濟設施，有助於對整個人類經濟活動底功能的理解，亦為現代經濟制度的社會意義提供一個嶄新的看法。

第一次世界大戰之後，德國的社會科學之再度觀念體系化、或再次意識形態化（Reideologisierung）使經濟社會學重新陷入兩分化的窠臼中，亦即成為現狀的保護、或「衛護之科學」（Rechtsfertigungswissenschaft），或為現狀的批判、或「反對之科學」（Oppositionswissenschaft）。正當某些枝節方面（諸如經濟形式）的研究頗具成效之時，卻有一些社會學的原理仍舊浸淫於歷史哲學的玄想裡。及至納粹黨攫取政權，便徹底壓抑有關當代經濟問題之研究，而僅容忍社會政策或社會史方面，一點有限之社會知識的存在。就在此時，全世界的經濟思潮深受凱恩斯總體經濟思想的影響，而集中注意力於經濟理論的發展。

（六）柏蘭尼的貢獻

匈裔美國學者柏蘭尼（Karl Polanyi 1886-1964）是 1940 年代一位重要的經濟社會學家。他認為美國人經濟問題可以大半解決，假定他們能夠放棄以市場為導向的經濟思維。美國人過時的經濟觀，把物質利益與市場看作經濟的核心，這是「經濟學家的謬誤」（economistic fallacy），而忘記經濟附屬於社會，經濟活動是人類社會活動的一環，人們必須採取整體的與人本的觀念來看待經濟 [20]。

在第二次世界大戰期間所出版的《大轉變》（1944）一書，柏氏不只反覆說明市場觀念的落伍失時，還進一步以歷史演變的眼光來看待市場心態的變化。英國 1834 年貧窮法之頒佈，使自由的勞動市場得以建立。這種沒有規範的勞動市場之出現，對英國工人階級的損害是難以估計。事實上，允許市場機制的自由操作，無異讓市場變成指揮與操控人類的命運，其最終的後果會使保護人民的文化制度虛廢，犯罪、飢餓到處橫行，社區與景觀的破壞，河川汙染、軍事安全堪慮，最終導致社會解體 [21]。19 世紀的歐洲便是市場自我規範力量的展示，是獨立於國家之外的經濟活動，人們無力阻卻市場活動的浮濫，其結果卻造成法西斯的崛起與第一次世界大戰的爆發。

柏蘭尼概念上的更新與貢獻表現在 1950 年代中期，他哥大的同事所編輯《早期帝國的商務與市場》（1957）一論文集。其中題為〈當成制度化的經濟〉的一篇文章，首先引進經濟應有所本、有所依據，亦即「嵌入」（embeddedness）的字眼，這一概念對後世影響重大，他說：

> 人類的經濟是……有所本、有所依據，也就是嵌入、嵌進
> （embedded）與羈絆（enmeshed）在制度中，這些制度有經濟
> 的、也有非經濟的。在非經濟的制度包括在〔經濟活動中〕內是
> 非常重要的，對經濟的結構與活動而言，政府與宗教的重要性，
> 不亞於貨幣體系和使勞動減輕痛苦的工具機器 [22]。

柏蘭尼分辨經濟意義的形式與實質的不同。前者為經濟學家以合理的行動來分析經濟，只取得經濟的表面，是浮表的與錯誤的。後者則為制度上看得見，而集中在解決民生問題的社會活動之上。經濟活動包括「相互對待」（reciprocity）、「再分配」（redistribution）、「交易」或「轉換」等等。要之，柏蘭尼認為不可把經濟簡化為市場，看成為市場的機制。就是市場本身也「嵌在」社會當中。

（七）德、法的經濟社會學

　　自 1945 年以後，德、奧有關經濟社會學的研究顯得分散零亂，除一般問題的討論之外（計有下列社會學家：Hans Albert, Gottfried Eisermann, Walter Jöhr, Woldemer Koch, Friedrich Lenz, Gerhard Mackenroth, Gerhard Weisser, Werner Ziegenfuss, Friedrich Fürstenberg），關於個別問題的研討，似乎不如以前踴躍。及至施默德（Günter Schmölder 1930-）倡導社會經濟之行為研究，於是經驗性方面的考察，諸如財政社會學（Finanzsoziologie）以及企業的決斷等事實，才開始步上研究的正途。

　　在法國方面，有關經濟社會學的考究，深受涂爾幹（Émile Durkheim 1858-1917）方法論的影響。除了方法論之外，涂氏最大貢獻厥為社會分工的研析。

　　早在 1890 年代中期，涂氏便把經濟社會學（sociologie économique）引進到他所主編的《社會學年鑑》（*Année sociologique* 1893-1987）裡，當成一個特別的部門來處理。由於他倡導的是方法論整體主義，所以對經濟學界大量使用方法論個人主義不很欣賞。他曾多次表示，經濟學應當被社會學所收編，而成為社會學的一個分支[23]。原因是他把經濟學當成為太重玄思，充滿了形而上學的學問。他說：「政治經濟學……是一種抽象的和演繹的科學，其注重的〔方法〕不是對實在的現象，而是建構或多或少理念〔的模型〕，蓋經濟學家所討論的人，是體系內自私自

利之人，是個理性的小人物，也是一個捏造的人物。我們所知的人卻是一個複雜的、真實的人、受到時空的制約，屬於某一國度、某一家庭、擁有宗教信仰和政治信念的人」[24]。

在其名著《社會裡的分工》（1893）中，涂爾幹矯正經濟學家的偏頗，把社會分工只描寫爲創造財富與提高效率的工具。其實社會分工尙具有更廣泛的功能：使社會凝聚與產生連帶關係的手段。這就是社會由早期機械性的連帶關係，發展爲當今生機性的聯帶關係之因由。現代人的權利與義務之交織，而造成人人之間的相互依存（interdependency），係由社會分工所促成的。工業社會中經濟的突飛猛進與社會規範進展的緩慢，造成重大的落差，這就是「脫序」（anomie）的現象。對現代社會產生解體因素固然包括脫序在內，也包括人們對經濟活動給予太大的比重。對涂氏而言，社會凝聚的力量，並非來自經濟，而是來自於道德。爲了補偏救弊，他主張商業與工業組成專業團體而滲透到社會各部門，藉由儀式、慶典和其他機制增強社會的團結與連帶關係。

涂爾幹的學生蒲格烈（Charles Bouglé 1870-1939）和辛米讓（François Simiand 1873-1935），曾主持涂氏所創刊的《社會學年鑑》中有關經濟社會學的部門，貢獻至巨。其中辛米讓藉經驗統計的方法，考察報酬與金融問題，尤具灼見。辛氏指出，即使人們在經濟範疇中，一般而言，所追求的是自利。可是進一步加以具體的解析，我們不難發現，就是個人想要追求自利，也得配合經濟發展的情勢，而這種經濟一般的趨勢卻是社會的現象。因此，求自利者仍必須考慮到整個社會的共富共榮。此外，霍伯契（Mauricc Halbwachs 1877-1945 應音譯阿爾布瓦希）著重於家計之探討。莫士注意原始民族交易行爲的考察，都有卓越的成績。當前法國社會學家集中於勞動之研究（如 Georges Friedmann 及其學派），另外有人（如 Jean L'homme 及 Jean Weiller）也從事經濟有關的廣泛問題底提出。

（八）英、美與舊蘇聯之發展

英倫有關經濟社會學之研究，係由倫敦政經學院（London School of Economics and Politics）主其事，側重民族學與社會學。此外尚著重社會史的探究。他們頗受德國移入的社會學家曼海姆（Karl Mannheim 1893-1947 又譯曼漢），及羅偉（Adolf Löwe）等之影響。

在美國則由韋布連（Thorstein B. Veblen 1857-1929 又譯爲韋布倫）肇其端，他討論到古典經濟學的「先決條件」，兼考察美國資本主義的社會結構。此外有人從事經濟行爲的動機之研究（如 Z. C. Dickinson, William F. Whyte, A. Lauterbach）。因爲人們向來便知道，人類的經濟行爲斷非自利（Eigennutz）一項所能左右，而是受其他一連串的想法、看法所影響，諸如社會的公認、或表彰底追求，此類追求與各該社會的層化之種類攸關。關於這方面觀點之考察，近時的工業與企業社會學，都曾留意及之。事實證明祇以報酬（薪水）作爲工人勞動的激發物（incentive）是不足的。反之，人們必須考究企業的社會組織和地位系統（Statussystem）等有關問題。此外在美國帕森思（Talcott Parsons 1902-1979）、穆爾（Wilbert Moore）以及史美塞則致力於討論經濟與社會之關聯，從而拓展經濟社會學的一般理論[25]。

在舊蘇聯和過去東歐共黨世界中，一度勃興的馬列主義底社會學也討論經濟與社會的問題。不過在共黨教條中只能奉馬、列的思想爲圭臬，而排除客觀的研討。具體地說，在共黨世界中經濟社會學和經濟學是融爲一體，名爲「政治經濟學」（*politischeskaya ekonomiya*），亦即不容許經濟社會學單獨存在[26]。

目前經濟社會學的研究所遭受的困難，一方面爲渙散的細節研究，與體系形成的假設建構之間缺乏聯繫；他方面歷史兼個別研究法，同比較兼典型化研究法，以及同非歷史性兼公準的研究法之間的相互競爭，乃至彼此排斥，而造成方法學的紊亂。因此關於經濟社會學定位的工作

（Standortsbestimmung）至為重要，因為經濟社會學常與鄰近的社會科學發生界限不清的混淆。所以目下有系統性的經濟社會學之著作畢竟較少。反之，討論經濟理論或經濟政策而非體系的論述較多。

　　總之，在經濟社會學的發展史上，除了個人學者的貢獻之外，基本上還受幾個學術傳統的影響。其一為經濟學者方面的貢獻，其二為社會學者方面的影響。後者方面又分為德國經濟社會學（1890-1930）、法國經濟社會學（1890-1930）和美國「經濟與社會」（1950-1970）三個傳統，加上美國最近的新經濟社會學（1970 至今），才銜接了早期的社會學研究，重振經濟社會學的雄風 27。

註 釋

[1]Swedberg, Richard 1996 *Economic Sociology*, Brookfield, VM: E. Elgar Pub. Co., p. ix.

[2]Weber, Max 1956 *Wirtschaft und Gesellschaft*, Tübingen: J. C. B. Mohr, I, S. 17.

[3]Boudon, Raymond, and François Bourricault (eds.) 1986 *A Critical Dictionary of Sociology*, Peter Hamilton (trans.), Chicago, Il: The University of Chicago Press, pp.139-140.

[4]Von Wiese, Leopold 1965 "Wirtschaftssoziologie", in *Handwörterbuch der Sozialwissenschaften*, Stuttgart, Tübingen, Göttingen: J. C. B. Mohr, Bd, 12, erste Aufl. 1956, S. 249.

[5]Schumpeter, Joseph 1989 *Essays on Entrepreneurs, Innovations, Business Cycles, and the Evolution of Capitalism*, New Brunswick, NJ: Transaction Publishers, first ed., 1949, p.293.

[6]Smelser, Neil J. 1963 *The Sociology of Economic Life*, Englewood Cliffs, N. J.: Prentice-Hall, Inc., 1976, p.32.

[7]Smelser, Neil J. 1968 "Economy and Society", in David L. Sills（ed.）, *International Encyclopedia of the Social Sciences*, New York: The Macmillan & The Free Press, Vol.4, p.500.

[8]*Ibid.*, p.501.

[9]Smelser, Neil J. and Richard Swedberg (eds.) 1994 *The Handbook of Economic Sociology,* Princeton, NJ: Princeton University Press, p.3.

[10]Stinchcombe, Arthur 1983 *Economic Sociology*, New York *et. al.*: Academic Press, p.78.

[11]Fürstenberg, Friedrich 1969 "Wirtschaftssoziologie", in: G. Eisermann（Hrsg.）, *Die Lehre von der Gesellschaft, Ein Lehrbuch der Soziologie*, Stuttgart: Ferdinand Enke Verlag, S. 260；洪鎌德1976《經濟學與現代社會》，台北：牧童出版社，第二、三、五章。

[12]König, René 1967 "Wirtschaftssoziologie", in R. König (hrsg.), *Soziologie, das Fischer Lexikon*, S. 340-341.

[13]洪鎌德1997《馬克思社會學說之析評》，台北：揚智文化事業公司，第253至289頁。

[14]Marx, Karl 1947 *Kritik der politischen Ökonomie*, Ost-Berlin: Dietz-Verlag, S. 12ff.; 華譯洪鎌德1997前揭書，第25至26頁。

[15]Smelser 1963, p.8；洪鎌德編著1997《馬克思》，台北：東大圖書公司，第293至301頁。

[16]引自謝康1961《社會學及社會學問題》，香港，自印本。

[17]洪鎌德1969〈社會科學研究一般方法概述〉，刊：《現代學苑》，第六卷，第四期（總目六十一期），第4頁；1969〈工業社會學研究的對象與方法〉，刊：《國立臺灣大學社會學刊》，第五期，第174頁。

[18]Weber, Max 1951 "Die Objektivität sozialwissenschaftlicher und Sozialpolitischer Erkenntnis", in: *Gesammelte Aufsätze zur Wissenschaftslehre*, Tübingen: J. C. B. Mohr., p. 191；洪鎌德1997《人文思想與社會學說》，台北：揚智文化事業公司，第188頁。

[19]Smelser 1963, pp.15-16；1968, p.501；Weber 1934 *Die protestantische Ethik und der Geist des Kapitalismus*, Tübingen, 本書有張漢裕中譯本1960《基督教倫理與資本主義精神》，台北：協志出版公司出版；張維安1995《文化與經濟：韋伯社會學研究》，台北：巨流圖書公司，第31至36頁；第45至51頁；洪鎌德1999《從韋伯看馬克思——現代兩大思想家的對壘》，台北：揚智文化事業公司，第35-40, 162-166頁。

[20]Polanyi, Karl 1971 *Primitive, Archaic and Modern Economics: Essays of Karl Polanyi*, George Dalton (ed.), Boston: Beacon Press, pp. 59-77.

[21]Polanyi, Karl 1957 *The Great Transformation*, Boston: Beacon Press, first ed. 1944, p.73.

[22]Polanyi, Karl, Conrad Arensberg, and Harry Pearson (eds.) 1971 *Trade and Market in the Early Empires: Economies in History and Theory*, Chicago: Henry Regnery Co., first ed. 1957, p.250.

[23]Durkheim, Emile 1970 *La Science sociale et l'action*, Paris: Presses University de France, 1st ed. 1888, p.103; p.151.

[24]*Ibid.*, p.85.

[25]Smelser, 1968 *op. cit.*, p.501; Parsons, Talcott, and N. J. Smelser 1966 *Economy and Society*, London: Routledge & Paul Kegan Ltd., first ed. 1956.

[26]Puschmann, Manfred 1969 "Politische Ökonomie", in: W. Eichhorn *et.al.* (hrsg.), *Wörterbuch der marxistisch-leninistischen Soziologie*, Köln und Opladen: Westdeutsche Verlag, S.345-351.

[27]Swedberg 1996, *op. cit.*, pp.1-26. 請參考本書第十六章。

第十五章　經濟社會學的研究對象

一、經濟社會學與鄰近科學的關係

　　經濟社會學一如其它的科學，係受到科學的三個基本條件所制約：
即問題的提出、考察的對象和研究的方法。考察對象和研究方法是與鄰
近科學共通的。至於經濟研究的範圍所包涉者，計有經濟理論、經濟政
策、經濟歷史、經濟地理、經濟法律等等。所謂嚴格社會研究的方法學，
則指應用社會心理學和社會統計學而言。經濟社會學與其他科學主要分
別的所在，在於其問題的提出。換言之，就在問題的提出方面，使經濟
社會學成為一門獨立不阿的科學。

　　關於經濟社會學與經濟理論的關係，一直是聚訟紛紜，莫衷一是。
一般說來，共有三種看法。一批重視經濟生活形象與結構等層面之學者，
視經濟理論和經濟社會學為同一物，其主要代表人物為宋巴特。宋氏稱：

　　　　若是社會學被視為人類共同生活的科學，而經濟所牽涉的
　　　正是人群的共同生活，那麼經濟學無異為社會學……。經濟社會
　　　學家為經濟理論家，以有別於經濟經驗家、或經濟歷史家。況且
　　　所有的經濟理論毫無例外地屬於經濟社會學[1]。

　　同樣地，韋舍（Gerhard Weisser）也把經濟學看成為特別的社會學，

原因是經濟的利益是派生的、間接的；因此世上並無經濟活動獨立的範圍，經濟活動總是附麗在社會活動之上。

帕森思的看法與此大同小異，他曾試圖把經濟理論，置入於社會的理論體系之中。他的目的在建構一套「行動的一般理論」（general theory of action），俾能包括整個社會學的總範圍。

對上述觀點持有異議者有寇赫（Woldemar Koch 1880-1963）氏。他認為經濟理論凌駕於經濟社會學之上，原因是經濟理論已發展至相當精緻的地步，而經濟社會學卻處在起步學走的境界，自感落後。不過經濟理論與政治社會學同為「理性的社會學」（rationale Soziologie）之一環，而理性社會學乃為一廣包且具有更高價值的社會學。

與上述兩種觀點均不同的，是另外一派社會學底看法。他們不以為經濟活動的社會學觀點必須與經濟理論相提並論，也不必高於或低於經濟理論。他們更不贊同馮維史區別兩者異同的方法。馮氏指出：經濟理論探討之對象為「人與事物的關係」（Mensch-Ding-Beziehungen），而經濟社會學則涉及「人與人的關係」（Mensch-Mensch-Beziehungen）[2]。其實即使是「人與事物的關係」，也構成社會學研究的目標，而不僅限於「人與人的關係」。再者，馮維史認為經濟理論是假定「經濟人」（*homo oeconomicus*）作為「理念類型」（Idealtypus）來加以考察，因此它所涉及者無非是模型之類的東西。反之，經濟社會學所研究的，卻是從事經濟活動的人底事實上之行為（tatsächliches Verhalten），是一種「實質類型」（Realtypus）。因之，經濟社會學特別重視個體（自由主義）經濟與集體（社會主義）經濟的對立[3]。

我們可以確定的是當代的經濟理論，和社會學的研究彼此分開進行。不過為求取進一步的知識，這兩者──經濟理論和經濟社會學──實有密切合作的必要。雖稱合作，但無需融合兩者為一體。我們僅能希望不久的將來，人們可以發展出一套廣泛的社會學理論來，能夠包含經濟生活的諸樣相，進而闡明經濟與社會的關聯。當我們將經濟理論與經

濟社會學作一個比較之後，至少可以獲得兩者根本上不同之點。

　　理論的國民經濟學集中其視線於一個基本問題之上：理智的經濟活動如何可以用理論來解析？這時分析的重心係放置在模型之上，該項模型的論據則爲公準的陳述。在這個模型的範圍內，數量的功能關係是導引自有限的變項。因此經濟理論的基本方法，就是孤立的、抽象的，只藉分析陳述的精確賴以建立，但同時卻與可被感受的現實，保持一段距離。經濟理論的首急之務，係在理想的經濟行爲之前提下，描述經濟活動經過的情形。從這些經過情形中，獲取經濟措施的結論。在形式上，經濟理論具有與機械性的技術結構相似的性質。這種類似技術的關聯在實際的經濟活動中出現的程度，決定了經濟理論的知識之應用可能的大小。

　　與此不同的是經濟社會學的基本問題。它所研討的對象是經濟過程實質的呈現樣式（Erscheinungsformen），這種樣式表現在社會關係當中，或影響社會關係的形式。經濟社會學不像經濟理論倚賴數學的模型，而是倚賴建基於現象之上範例型的結構分析和功能分析（Struktur- und Funktionsanalyse）。就算是有關數量的分析，也是以社會影響因素爲主。因此，在經濟社會學中，無從把「資料」與「問題」強行分開。

　　雖然經濟社會學和經濟理論有上述的分別，可是它們應該密切合作，俾獲取更大的研究成果。經濟理論必須先找出每一個理性行爲的「偏差」（Abweichungen）來，然後才能夠塑造嚴格理性的經濟行爲底模型。就在經濟理論描述這類抽象的功能底關聯下，它能夠藉假說之提出，而豐富社會學研究的內容。反之，經濟社會學對經濟理論也有所幫助，就在解決問題時，即在聯繫理論與實務之際，提供貢獻。其方式計有左列數種[4]：

1. 以變項（Variabel）所具有的社會重要性之大小爲斷，來加以選擇，並建構模型。
2. 在分析模型中變項的功能關聯，俾獲取社會學對社會反應方式的

認識。例如應用社會學的方法，來分析消費者的行為，俾有利於景氣理論的架構。

3.藉經驗中獲取的社會事實之印證，而考驗理論所具有的陳述價值。

4.應用知識社會學有關意識形態（Ideologie）、或教條（Dogma）的批判，以瞭解經濟理論的真義。

以上為經濟理論和經濟社會學歧異的所在。至於經濟社會學和經濟政策的分別，則比較顯明。經濟政策係講究經濟理論應用於社會事實的手段或方法。經濟社會學則不以直接應用、直接改變或形塑社會事實為首急之務。反之，它是提供可被驗證的知識。只是研究者在分析社會問題時，由於親自接觸事體，而混淆了理論和實務的界線。在此情形下，結論的陳述價值是有限的。就長期的觀點而言，一個成功的經濟兼社會政策，是不可與立基於偽社會學底主張之上，且帶有意識形態色彩的一廂情願相提並論。經濟社會學家為經濟政策和經濟社會學的益處，而保持本身在社會公眾前的地位，並力求保持最大的客觀性。

就方法學的觀點而言，經濟社會學和經濟史，一度界線不明。原因是一批喜用歷史材料為研究主題的學者，忽視了這兩種學科的分野，而將經濟史視為經濟社會學。事實上，經濟社會學所追求者為具有一般性效準的陳述，而有異於經濟史之重視個別事件的前後關聯之描寫。固然在經濟生活中的社會事實之具有歷史性是不容否認。否則，必導致與事實不相符合，甚而違背事實的形式陳述出來，不過我們不能就因此而抹煞經濟社會學和經濟史的不同。

經濟哲學的部門，比較少有人問津，因此它與經濟社會學也不致有太多的瓜葛。雖然如此，在所有社會學的部門中，都能夠找出哲學的影蹤。尤其是形而上學和倫理學的影響，較為顯著。具體地說，當社會學在考究某些行為模式，事情的演變或制度等等的「本質」（eigentliches Wesen）時，或是求取這類事實的「意義」（Sinn）時，必須要以某一

現存的「價值秩序」（Wertordnung）爲衡量標準，此時便容易滋生玄學與倫理學的困擾。因此，就算是要解釋本質或意義的問題，也應力求觀察得到的事件和關聯作一客觀的描述，或是一開始便指出意識形態和信條的所在，俾作相關的解析。

　　以上爲經濟社會學和經濟科學有關部門的比較。至於經濟社會學的本身，我們還可以進一步區分爲更小或更專的駢枝，像職業社會學、勞動社會學、組織社會學、工業社會學、企業社會學、工廠社會學[5]、財政社會學和稅務社會學等等。

　　要之，經濟社會學脫胎自主流派的經濟學(mainstream economics)，因之，它與主流派經濟學之同異可用 312 頁**表** 15.1 略爲說明。

二、經濟社會學研究的對象和範圍

　　依據奧國教授傅士騰貝（Friedrich Fürstenberg 1930- ）氏的看法，經濟社會學研究的課題計有下列四組問題[6]：

1. 經濟行爲的決定因由（ Bestimmungsgründe des Wirtschafts-verhaltens ）；
2. 經濟生活的社會結構（Sozialstrukturen des Wirtschaftslebens ）；
3. 經濟動態與社會結構（ Wirtschaftsdynamik und Gesellschafts-struktur ）；
4. 有關經濟的秩序模型之意識形態批判（Ideologiekritik wirtschafts-bezogener Ordnungsmodelle ）。

茲詳細分述如下：

表 15.1　經濟社會學與主流經濟學的比較

兩種學門 比較項目	經濟社會學	主流經濟學
行動者的概念	行動者受其他行動者的影響，他本身是群體與社會的一份子，除擁有理性，還重感情與慣習；注重共同價值（目的）。	行動者也是受其他行動者的影響（方法論個人主義），不過具有獨立自主的理性可以獨立判斷、行動、選擇；注重有效的手段。
經濟行動	使用經濟行動的各種類型，包括理性的行動；合理性是一種變項（variable）。	所有的經濟行動都被假定為合理的；合理性是一種設準（assumption）。
對行動之限制	經濟行動被資源短缺所限制，也被社會結構及意義結構所限制。	經濟行動只被個人的嗜好與資源、或科技的短缺所限制。
經濟與社會之關係	經濟為社會不可分的一部分；社會成為基本的參考項。	市場與經濟為基本項目；社會被視為「既存」（given）的事物。
分析之目標	描述與解釋；殊少預測。	預測與解釋；殊少描述。
使用之方法	各種方法。多指歷史與比較方法；資訊由分析者所產生。	形式的，特別是數理模型的建構；不常引用官方的資訊。
知識的傳統	馬克思、韋伯、涂爾幹、帕森思、史美塞；古典作品不斷的詮釋。	斯密、李嘉圖、穆勒、馬歇爾、凱恩斯、沙繆森；強調目前理論與研究成績。

資料來源：Smelser and Swedberg 1974 *The Handbook of Economic Sociology*, Princeton,
　　　　NJ: Princeton University Press, p.4; Swedberg 1996 *Economic Sociology*,
　　　　Brookfield, VM: E. Elgar Pub. Co.；經本書作者重加修改。

（一）經濟行為的結構

　　自亞丹‧斯密和穆勒（John Stuart Mill 1806-1873）以來，經濟學家總是假定人們在經濟活動中的行為，合乎理性，因而提出「經濟人」的概念來。

　　所謂「經濟人」，乃是指遵循經濟的理性，而不受其他因素影響行事的人。此為自由主義盛行的時代，經濟學家常有的口頭禪。後來曼徹斯特的自由主義（Manchester Liberalismus）勃興，遂將經濟的理性易之為經濟的利益。於是經濟人便成為追求本身的利益（且是最大利益），並擁有自求多福的權利的人。及至自由放任（laissez faire）政策的經濟原則施行，便確認個人能夠藉其理性，以競爭的方式來追求本身的利益。蓋每個人都知道自己利益的所在，而會作最有利於自己的打算。再說每個人如果能夠獲取最大利益，就無異整個社會都得到了最大的利益。原來當時的人主張：個人與個人之間的利益並不相互衝突排斥的，而是彼此協調融通的。這種自由主義的思想，推到極致，便會發生種種流弊，特別是這種自由放任各行其是的經濟兼社會政策，導致了失業與階級鬥爭的惡果，並形成嚴重的社會與經濟危機。馬歇爾（Alfred Marshall 1842-1924）遂指出：這種「經濟人」只是便利經濟科學的研究，而遠離道德與倫理的控制，其結果只是一個自私自利的人。事實上，人必須顧慮其家庭的幸福，從而其經濟行為，不單蘊含利己的初衷，更要包括利他的動機。

　　關於「經濟人」這種理性的原則推到極致，就是邊際效用學派的「選擇行徑」（Wahlakt）。可是這類脫離事實的假想或理論模型，只有藉經濟社會學的落實化與具體化來加以補正。原來傳統經濟學中的理性原則，是假定個人必能認清：何種手段會達成何種結果。但現實的人在某一具體的情境中，卻難毫無偏差地做此種理智的抉擇。這是賽蒙（Herbert A. Simon）氏分析後得到的結論[7]。

　　事實上，經濟主體（人或法人）的行為是由於與情境（Situation）

發生交接折騰後的結果，而此類情境無疑地又受到社會因素所決定。換句話說在這種情境中經濟主體與其他經濟主體有一互動（Interaktion）的關係。這類互動又非事先可得預定或預測者。這表示有關經濟過程的實際描述，乃是必須與具體的情境分析連結在一起。只有當這種分析業已備妥，方才可以提出可供各個事例引用的決斷模型來[8]。

顯然，從事經濟活動的人們底行為，乃為其主觀的態度與客觀的情境交互作用的結果。這類行為的展現並非自主自發，而是與個人在某一群體中的社會底角色之遂行攸關。換言之，人們從事經濟活動底主觀態度，繫於其「動機結構」（Motivationsstruktur）之上。

所謂動機結構乃是指：個人在目標取向下（在某一目標的指引之下），行動的推動力及其呈現的模式（pattern）；且這種推動力在長期中乃呈現穩定性而可資識別。每人從事經濟活動的目標常是不同，有人追求社會的地位，有人追求名利、或表現本身的才幹等等，不一而足。儘管動機結構是心理學的概念，可是它不僅表現於態度，而且也在社會的行為模式中流露出來。因此不僅是全社會價值，藉著社會化或教育而潛藏於經濟活動的人們底下意識中，就是某一階層社會的價值觀，也使從事經濟活動的人們潛移默化。由於動機結構一向是穩定而少變化的，因此從事經濟活動的人群，在面對一連串的目標以定取捨時，常可以不假思索而遽作決斷。再則動機結構並不常是合乎理性，反之卻常受偏見或其他激情所左右，且常是變為老套習慣的行為。

無疑地，經濟的行為是與情境牽連（situationsgebunden）的行為。情境的挑戰性表現在直接發生關係的個人或人群（買者與賣者，生產者與消費者、僱主與僱工等）交互關係之上。有時則表現在財產的分配、收入的分配、市場影響的傾向等等社會結構之上。情境固然可使經濟主體瞭解或體會，但常有主觀看法與現實情況不相配襯、不相符合的情事發生。經濟行為分析底起步，是要瞭解決斷過程（Entscheidungsprozess）。蓋每一經濟活動不啻為一決斷過程。然則由於經濟主體不可能無所不知

或未卜先知，因此，決斷過程是難免滲入非理性的因素，其結果無法作出完全合理的決斷來。只有當經濟主體能夠徹底控制環境時，方才能夠達到百分之一百的理性決斷。因之經濟社會學有關經濟行為的研究，不以個人為起點與終點，而是討論超個人以上的群體彼此的關係與實際的行為。此種行為係建構化於經濟的社會關係之上，從而與規範或制裁發生關聯。此種行為建構化深淺的程度，是以各該社會統治結構作為依據。由是經濟社會學有關經濟行為的分析，就得涉及此等現象，以及此等現象對經濟生活的影響。

（二）經濟生活的社會結構

　　每一個社會裡，總有一連串屬於經濟性質而又反覆出現的經常性任務，此類任務有賴制度——社會規範——的作用來加以完成。屬於這類組織較嚴密的經濟生活底基本前提計有：分工（根據從事經濟活動者的功能而作的分殊）、貨物與勞務交易的組織、組織的衡量標準和分配的原則等等。

　　分工雖屬於經濟兼技術性質的社會現象，但分工的程度卻反映了社會的價值系統和社會的組織形式。分工的現代樣式決定了勞動與職業的生活，並用以衡量工作的績效。分工的現代樣式，無疑地是廣泛的合理化程序（Rationalisierungsprozess）底結果。所謂合理化乃是為增加生產效果，而將生產因素符合目的地加以運用之經濟活動。嚴格地說，國民經濟中有系統的合理性努力之出現，係在工業化已趨積極階段之時。這是指生產因素、特別是勞動力，不在一時之間徹底耗用淨盡，而是藉科學的指導，有計畫地將這類生產因素投置於生產過程中，俾獲取更高、更大的效果。

　　其次，談到交易組織（Tauschorganisation）以及貨務（貨物與勞務）交易有關的評價標準（Bewertungsmassstäbe），此本為經濟理論研討的主題。根據文化人類學所獲得的資料來加以研判，原始的民族貨務交易

是強烈地儀式化的，即貨務交易的過程係藉象徵性的符號來表現（衛惠林 1968：214）。現代社會貨物的交易則是依賴金錢為媒介，而使交易成為合乎理性的事體。作為交易的媒介與價值衡量的標準底金錢，無疑地是人類最偉大的社會發明之一。原因是金錢成為交換（易）者動機和目標最普通的象徵[9]。

經濟主體在從事貨務交易時，並不是處於孤立無援的狀態中，而是在廣泛社會的「關係場」（Beziehungsfeld）裡進行的交換行為。這種關係場即一般稱呼的市場。

瑪克士·韋伯給市場下一個定義，即：具有交易興趣的人（Tauschreflektante）競求交易機會（Tauschchancen）之場所[10]。在經濟生活中，市場具有其取向以及統合的功能（Orientierungs - und Integrationsfunktionen）。蓋對從事經濟活動的人群而言，市場提供貨物與勞務價值的訊息，也就是藉著價格的作用，使需要與供給發生連結而形成交易的關係。因此經濟社會學對市場結構的變動乃特加留意。譬如有關市場的形成、擴大、交織、控制和消失等結構的變動，便有詳加研究的必要。

另外，一個有關經濟生活的結構最重要之問題，是指「分配的原則」。每一社會中，對於貨務的佔有和利用底方式是不盡相同，而是隨社會結構的不同而變化。在這類分配的問題當中，最重要的是對經濟財所佔有的財產關係。由於西方國家私有財產制度的存在，使從事經濟活動的人群獲得法律的保障。在法律許可下，個人與團體獲得經濟活動的特定範圍，從而激發他們對經濟新構想的提出和本身負責任的精神。不過對於無法任意擴張的財貨之持有，容易造成持有人在社會上的特殊權勢，而形成壟斷或獨佔的地位。因此對生產資料的佔有，乃構成社會和政治的問題。例如對生產資料無從持有的人，只好以勞工身分而被僱傭，並成為財產特有人的倚靠者。是以這類財產形式屢遭歷來學者的批評。

與此相關的改革措施，見之於私有財產權的限制、或公營事業的興

起。在比較高度發展的經濟體系中，我們不難見到財產形式和財產結構有日趨分歧的傾向。事實上與財產關係相連的社會問題，乃為社會的權勢地位（Machtposition）、或在一社會中的壟斷地位。改變財產關係並不能消除這種權勢或壟斷的地位。原來人們乃是藉著自立（獨立）或僱傭（非獨立）的勞動關係而獲得報酬，藉著報酬以參與經濟活動，獲取貨物與勞務。因此所得的分配底社會意義是非常重大的。蓋所得不僅反映個人對貨務的不同需要，同時也顯現個人的生活情況和社會地位。經濟社會學有關所得分配研究的重心，係置於工資的決定或形成（Lohnbildung）和勞工市場所發生的事項上。在勞工市場上不僅是貨物及勞務的交易，尚且是分工繁細的經濟過程中人際關係。它不僅使經濟活動的人群得以統合，而且也決定了彼等的生活情況。在影響工資形成的社會過程中，不僅包括有制度化的範圍秩序——如勞工法、社會法等——同時還有大型社會團體——如工會——的介入。因之勞工市場上交易對手的關係，已不限於經濟性質者，而是攙入制度化的規範，傳統的行為規則及自動自發的行為等。如前所述，在經濟活動中活動的人們並非孤立無援，而是在社會的關係結構裡，與其他的活動主體發生複雜的關係。

經濟生活最重要的單位有家計（以家庭為單位的經濟活動）、企業組織和國計（國家的財政收支）以及經濟底壓力團體（工會、商會、農會、漁會）等等。其中尤以企業之成為財政上和法律上獨立的營利團體，對經濟生活的影響至深且鉅。經濟社會學在這一方面研究的重心是分析企業的內在結構，以及其獨立的生產單位。當然經濟社會學也留意家計、國計和經濟團體等所牽涉的問題。

（三）經濟動態和社會結構

一國的經濟結構是隨著社會變遷的過程而變動。此項過程一方面表現在經濟強度方面定期的變化（景氣），他方面則形成為長期性的成長過程。

游欣生（Reimut Jochimsen）為市場經濟的發展階段提供三個衡量的標準：(1)經濟活動的水準（可被視為全部生產出來的貨務之總成績，亦即國民總生產量）；(2)在衡量營業與家計所牽涉的市場關係下，這類經濟活動統合的程度；(3)貨物供應給國民的比例或程度 [11]。經濟社會學在分析：不同的經濟發展水準之間底影響關係，以及每一發展階段對全社會結構的影響。我們且以工業化過程為例做一具體的說明。

早期人們便知道生產水準、供應程度和經濟統合，不可能由市場的現象直接來加以解釋，而是認為生產力的發展和社會結構的變動發生基本上的關聯。馬克思曾指出社會的組織程度和貨務之間交互適應的情形，只能從物質和技術的因素（生產手段）、社會制度（生產關係）以及全社會盛行的文化關聯體系（上層建築）底依存關係（Interdependenz）來加以說明。

從農業社會轉型為工業社會是需要充足的社會條件的。具體的說，只有當部分從事農耕的勞動力自農村解放而轉投入工業部門時，工業化方才有起步的可能。此中的原因無他，係由於死亡率的降低和出生率的抬高而使人口增加。此一部分被解放的勞動力藉社會遷移性的作用，由農村而湧入城市，並為工業生產機構所吸收。工業生產手段的結合有賴於技術發明（機器）、適當資金的運用和市場銷路的打開。達成工業化所需的社會先決條件是相當複雜的。它與發明家和企業家的行為模式（動機和紀律）有關，也與勞動者追求報酬、成就或陞遷有關。此外，社會的基本設施（Infrastruktur）——經濟發展所需的社會基礎——也是必要的。例如規範經濟活動的法律之穩定性、便利貨務交易所需的交通和傳訊工具之建置，發揮國民勞動力所需的教育和訓練之推行等等。

在工業化的最初階段中，如果隨著社會變遷而產生的經濟情況不穩定和混亂時，那麼在工業化次一階段中，趨向穩定的因素便會逐漸佔上風。這是由於在生產力擴大下，人口增加漸趨緩慢所致。此時隨著生活程度的提高，大眾對消費品的需求也與日俱增。其結果又促進更新更大

的工業性生產方式之採用。跟著市場的擴大和交織,乃有多餘設備之建置,以增進經濟的效能。到了這個時候,有關經濟方面的法律之演展、教育與訓練機構之擴充、交通和電訊傳遞之興建,乃至包羅各階層利益的社會政策之釐訂,在在顯現其重要性;就是在政治的和文化的領域中,也可以體會到這類結構的動向。在進步的國家中,工業化的第三階段,最典型的特徵爲政府提出廣泛的措施,俾有計畫地促進經濟的成長,並促成全社會的統合。勞動與經濟機構之大量採用自動化原理和設備,導致社會政策性的活動。在這種高度理性化而又極端分殊的過程中,經濟活動之間的相互關係,以及經濟活動與社會活動的過程之間的依存關係至爲明顯。從而產生了經濟事象中社會統合的問題。

我們再以汽車工業爲例,來加以說明。關於大量製造汽車所需的技術和企業組織之類問題,早已獲得解決。一般市民對汽車的需要也相當大。照理說汽車的大量生產和大量供應應不成問題才對。可是事實並不盡然,原來與汽車相關聯的事物,如人們的生活習慣(有人喜歡「安步以當車」)、道路是否寬大平坦、汽油供應是否不虞匱乏與停車場設置的問題,首需解決。而這些問題又和國家財政是否寬裕,自然蘊藏是否豐富、對外貿易是否發達等等牽連在一起。由是說明經濟的任何一部門,都和社會其他部門息息相關。

不僅經濟成長的過程,作爲經濟社會學研究的對象。就是經濟落後的現象和影響因素,也值得經濟社會學家的注意。此類問題屬於發展地區社會學研究的主要目標 [12]。發展地區的國家之經濟落後乃是受各該社會結構內在與外在力量所形成的。經濟的欠缺發展,與社會生活的其他部門之落後有關,特別是與社會的權力與統治運用關聯密切。其結果,經濟生活常與規範性事物(價值態度、組織形成等)混在一起;而阻礙了理性經濟活動的展開。在此種情形下,經濟的落後只有隨著其他社會生活的改善,特別是現代化而求克服。發展地區經濟落後所產生的嚴重性問題,卻不可使人們忽視了工業高度發達國家某些地區或某些經濟部

門的病態。須知在經濟結構的變動中，總有部分的人口或職業群體遭受奚落，乃至遭受損害，因此經濟社會學，對於經濟生長率高的地區所產生的結構問題和適應困難，也有加以注意的必要。

（四）有關經濟的秩序模型的意識形態之批判

由於經濟生活乃是一種合乎目的性手段的應用，俾以最小的手段達成最大的目的，而滿足人類的慾求。因此經濟社會學家自來便討論經濟活動過程中的結構及其變動。不過我們知道任何經濟行動，背後總蘊含特定的目標想法和價值想法（Ziel- und Wertvorstellung），它們構成了社會秩序的模型。

影響當今經濟生活的秩序模型（範式），無疑地是 19 世紀以來社會的意識形態（Ideologie）。意識形態是一種思想與信念的體系，它在法國大革命時，曾經簡化為自由、平等、博愛的口號。其後因為重點投置的不同，而衍變為自由主義、社會主義和階級保守的思想。

在自由主義的秩序模型中，經濟活動的中心觀念為自由。這種自由的觀念底實現，有賴從事經濟活動的人群從政府的干涉和束縛之下，獲得徹底的解放。亦即讓人們在經濟範圍中，自由活動，自求多福。在自由主義思想的瀰漫下，這種自由的要求，俾個性得以發揮的想法，是與社會演展過程之自我調節的觀念攸關的。自由主義實現的基礎，在於堅持法治和市場經濟足以保障社會的和諧發展。因此自由主義有關經濟的秩序模型，是建構在經濟發展過程的自動底圓滿和諧（Autoharmonie）之上。

社會主義的秩序模型，則是強調平等的理念。原因是經濟主體所享有的自由，顯然是虛有其表。固然，在法律形式的跟前，人人皆稱平等，但在實質方面卻為不平等。職是之故，社會主義者遂強調經濟生活起步平等。這種觀念亦即孫中山所主張的：立足點的平等，以有別於齊頭式的平等。對社會主義者而言，不管是自由的問題，還是倚賴關係的問題，

都是屬於不平等的問題，亦即社會權利和情勢不相同所派生出來的問題。社會主義者遂稱：自由與平等只有在一致——劃一平等——的社會中，也就是在不平等被剷除的社會中，方才有實現的可能。要達此目的，或遵循馬克思的無產階級專政，或須遵循民主的社會主義者，所主張之限制私產的擴大，增強集體的力量，從事社會改良，實施部分的國有化政策，順序以進而臻於完成。

社會主義者不認為人們應讓社會的或經濟的秩序，自由自在地、圓滿和諧地發展；相反地，主張有系統地加以改變現狀，提出計畫，進行調控。個人便不許任意地追求自利，而必須參與經濟生活的民主化，亦即藉政治的意志構成，而使其生活需要選取適當的滿足。社會主義的思想體系，在於深信個人需求的「社會化」可以奠立平等的基礎，而公共福利的保障則導致了社會的行為的同形性、或隨波逐流（Verhaltenskonformismus）。這種行為的同形性或一致性，乃由於少數居領導地位的人物所倡導的。社會主義的秩序模型如對現代社會有所貢獻，那麼它的貢獻是在機會平等一觀念的強調。蓋這種平等與公民的自由為不容分割的相關體（Korrelat），且個人只有在獲得團體或國家的支持下，方才有自由發展的餘地，國家可以掃除或減少個人的種種危險，且能夠運用政治的力量來化除經濟生活中滋生的利益衝突。

階級而又保守的「秩序模型」（die ständisch-konservativen Ordnungsmodelle），在今日仍有值得留意的所在。這類模型的出發點為否定個人主義和集體主義，他方面也可以說是折衷這兩種主義的優劣，即由個體之承受團體的意識和價值，來達到個人主義和集體主義的結合。這種價值並不是由各該社會隨意決定的，而是由具有自然法定性質超時空的秩序來決定的。階級而又保守的秩序模型，照例是出現在身分主義（Personalismus），或團結一致的連帶關係（Solidarismus）之形式中。其基本要求為：個人對團體應負有道義的職責，以及在團體中之人人的互助。因此份子之間道義的講究、集團對份子的擔保，以及團體的

操作種種觀念，被看做天經地義。不僅在社會政策方面，就是勞動生活中，這類團結互助的精神一再被強調。因此這類帶有幾分羅曼蒂克意味的保守思想，所重視的是法國大革命中的博愛。在經濟生活中，人們宜遵循傳統而不可另闢蹊徑。不過以我們今日的眼光來觀察並非每個傳統都是完美而無懈可擊。因此這種遵循傳統的要求，常是食古不化，而無助於真正經濟福利的實現。

上述三種——自由主義、社會主義和保守主義——的秩序構想各有所偏。或側重自由、或側重平等、或側重博愛。如何將這三者熔於一爐，擷其所長去其所短，是經濟政策學者的任務。第二次大戰結束以來，西德推行了「社會的市場經濟」（Soziale Marktwirtschaft）之政策，似乎頗能奏效。蓋此種經濟政策提供甚多解釋的可能性，而不致囿於一偏之弊。

自 19 世紀以來上述三種秩序模型的解釋，都不免有偏頗之失，其原因不外誤視經濟生活自身爲一超價值（wertfrei）的、符合目的性的有效工具。其實，這種技術化的經濟至上主義（technizistischer Ökonomismus），仍與價值牽連，而爲高度理性化的經濟社會之意識形態。蓋人們爲求取這種經濟至上主義的實行，常需排除其他的價值系統，也可能導致非人化（enthumanisierende）的結果來。因此，「只求對物質環境或社會環境產生功利關聯的這種思想，是再野蠻不過的了」[13]。

經濟社會學由於經驗的研究和理論的演展，俾印證思想體系的解釋和經驗實際的關係，其結果有助於批判精神的發揮。它並且使各種觀點相對化，而有利於在經濟政策形成中作正確而又合理的決斷[14]。

三、知識社會學與經濟思想史

　　由於近年間經濟學發展的迅速與成長的龐雜，只討論經濟學發展史上的偉人及其偉大的理念是不夠的。反之，像社會學家史悌格勒（George Stigler）把社會學的方法，把統計學的技巧應用於經濟學發展史的探討之上，可以取得重大的成果[15]。

　　在近年間知識社會學、科學社會學、科學哲學進步下，經濟社會學也水漲船高，注意一些新問題的鑽研。這些新問題包括經濟學派運動群體的源起、性質和重要性；經濟學分枝（次要學科）的興起與衰落；經濟學後起之秀的甄選、訓練、培養與社會化；國內與國外經濟學機構之間的競爭與領導地位之取得；經濟學家就職的狀況，升級的管道；代間的差異與衝突，經濟學術機構的特色，訓練與教育後進之方式與成就，經濟學「專業」（profession），任職學院，政府機關、或公司廠房等與社會之間的互動等等[16]。

　　最近在愛丁堡大學崛起的科學哲學、或稱科學的社會學，乃是對科學工作的社團（學界）採取激烈的相對主義。詳言之，愛丁堡學派的主要觀點為自然主義、激進的約定俗成（conventionalism）、注重傳統、效準（validation）與工具主義。所謂的自然主義是主張知識與實在之間存有相呼應、相印證的關係（correspondence）。天下無貫穿東西古今，為各文化所接受的真理之存在，任何科學的概念、理論、典範、測試、檢驗、判斷都是受到學界（或學派）贊成的約定俗成之結果。

　　科學是受到傳統約束、權威控制、建基於秩序、持續之上的知識體系。理論的真假完全視學界或學派的判斷，是故捨棄學界或學派的認可，無所謂效準的問題。所有知識之傳承、維持、放棄完全視其可否權充學界或學派的工具而後定。一旦學界或學派的興趣與利益改變，這些知識

便遭修改或放棄。在工具性的詮釋下，知識（科學）與其他認知系統（美感、宗教上的信持等）並無重大的不同，都是各種族、各文化在時空框架下的產物。科學是靠社會（學界）的信任度（credibility）與特別的用途而發展的事物，其成長是受預測與控制的明顯利益所影響的，也受到合理化與說服力的隱藏利益所影響[17]。

對愛丁堡學派的科學觀提出異議的是惠特禮（Richard Whitley）。他認為前者學說之毛病是在認知學上混淆了科學與其他知識系統之分別，以及對科學工作描述之偏頗。科學固然不在追求哲學上普泛之真理，但科學家所追求的卻是在特別的研究方法與程序中追求特別的真理。惠特禮認為愛丁堡學派把科學家的判斷與科學的改變，看成為物質利益與原因的副產品，並無法提供科學成品評價（效準）的理論基礎。反之，知識社會學應該關心信念、理性、社會結構與知識生產的組織之間的關聯。知識社會學有關科學信念的產生、形塑和接受，需要考察何以某一學派接受某一學說、或排斥另一學說的過程與實踐情況[18]。

惠特禮認為現代科學的特質在於利用知識來產生新的知識，以及知識生產者對這種創作過程加以控制的能力。科學家這種能力使他們獲得社會的肯定和聲望，亦即藉由一定的溝通（發表、評論、讚揚等），形成社會的「聲望體系」。聲望體系由各個學界組成，是以科學的社會學、或知識的社會學應當考察各種情況與歷史情勢中各科研究機構怎樣來推動研究，怎樣使學界再生產，或學人與研究主題之改變等等。

如以科學研究機構的組織結構及其內部關係來看待各種科學，把科學家以分等級的話，惠氏提出四個變項供我們對科學的分類之根據：

1. 科學家之間的相互依賴程度，這又分成下列兩項：(1)功能上的倚賴：在某一學科中，工作人員（科學家）因為研究成果上的協調，而按能力標準形成的分工與協力，及其彼此合作關係之程度；(2)策略上的倚賴：為了研究策略的協調，以及說服同僚相信某一特別的研究計畫整個研究計畫具有重大的意義作用，因之形成的科

學家之間的關係。

2.職務不確定性的程度：又分成兩項：(1)技術上職務之不確定性：
進行操作的技術了解的程度，以及產生可靠的結果之程度；(2)策
略上職務不確定性：把問題按其輕重緩急，至於一個上下垂直的
表上[19]。

　　使用上述四個變項來檢驗各種學科，惠氏發現在當代各種科學中，
物理學最為獨特。無論是功能的倚賴還是策略的倚賴，都顯示科學人員
彼此關係之密切。再就研究的問題之同形性（problem uniformity）技術
控制之程度，也使物理學界鶴立雞群與其他學界不同。物理學要求形式
上的聯貫和數學的一致造成其理論上的確定性提高，和實務不確定性的
減低。要之，物理科學界展示了「理念上整合的官僚體系」（conceptually
integrated bureaucracies）。反之，經濟學與之相比，變成了「分割的官
僚體系」（partitioned bureaucracies）。就像物理學一樣，經濟學當中理
論核心主宰著教科書、訓練計畫、溝通體系和學界聲譽。而且在分析的
經濟學中，學者間存有高度的相互倚賴，工作程序以及評估與問題提出
的高度的形式化與標準化，也含有高度職務的分化[20]。

　　但經濟學同其他科學不同之處，為高度的技術性職務不確定性。儘
管經濟分析的理論主宰學界，但理論工作與學界（應用）工作截然分開。
這是由於缺少控制經驗工作之技術的緣故，使得實用者很少倚賴理論
者，同時經濟的聽眾（對象）不限於學界，還包括社會各界。這就造成
理論與實務的分開。正因為理論與實務分開，使得學者只做抽象的，人
造的問題之分析，而不像實務者面對各種各樣的經濟問題，力求解決，
其結果實務上得到的知識無法回饋到理論上去。

　　由於經濟學研究的問題與日常生活的基本需要之解決十分密切，使
得經濟學專家之帶有「外行人的形象」（lay images），固然是由於經
濟學概念與日常生活攸關，也是由於經濟學家無法排除參與公共討論的
機會，以及他們擔任政府或商社的顧問之可能性，大於其他社會科學家

的緣故。

　　柯次（A. W. Bob Coats）認為社會學的分析可以提供經濟方法論與經濟學思想史溝通的橋樑。這兩門經濟學的分枝，過去都被排斥為太抽象，離現實太遠，對經濟實踐關係不大。但方法論卻是研究步驟，發現原理（heuristic principles）和科學慣例（scientific conventions）估量與評價的手段。反之，經濟學史是經濟理論生成、演變與專業活動改變型態的記錄。這兩者的結合對了解經濟學的來龍去脈非常有助。特別是在經濟學的領域中，學派林立諸如：李嘉圖學派、馬克思主義學派、奧國學派、凱恩斯學派、後凱恩斯學派、制度學派都需要在其學派的學說主張之餘，理解其崛起因由、科學性質、存活機會、學派之間的關聯，重要人物（開山鼻祖）的生平時代等等。

　　特別是在凱恩斯之後，紛紛崛起、相互競爭對立的經濟學說與流派，使得學者更為關心這些專業群體及其代表的利益，有待歷史學與社會學的考察。考察的對象是專業群體（學者）的意識形態之觀點，對所屬機構忠誠與介入之深淺、專業的聯繫與目標、他們有哪些假設、科學評準、方法、技巧、主張與政策等等 [21]。

　　西方過去半個世紀的經濟學之特色為採用數理、數量的方法來進行經濟現象的分析，這就是所謂的經濟學「數學與數量的革命」（mathematical-quantitative revolution）。經過這番革命之後，經濟學的理論核心更接近自然科學的理想。這種現象不只是 1945 年以後發生在經濟學之上的明顯變化。其實自從 1870 年代邊際效用學派出現之後，主流派經濟學的獨立與自主、權威與自足是愈益突顯。

　　原來以邊際效用為主流的新古典學派排除了經濟學中一些敏感的問題，諸如收入與財富的分配在社會中經濟權力的角色等，也排除了經濟學方法或技術所無法解答的問題，藉著這種排除來抬高經濟學的權威與自主。

　　但被排除的這類問題，卻常是非常重要的。以致經濟學被視為兩種

學問間的結合，其一爲「術數同形的」（arithmomorphic）的經濟學；其二爲辯證的經濟學，前者討論的對象是那些可以聚合或分解的事象，也就是西方文明所強調對自然與對人的控制。後者則研究人與自然的共生共榮與辯證關係 [22]。

術數型的經濟學與辯證經濟學之間的爭執，有時也是「正統」（主流）與「異端」（旁流）之間的鬥法，在可見的未來，仍將影響經濟學的發展走向，這是值得後人留意的。

註　釋

[1]Sombart, Werner 1930 *Nationalökonomie und Soziologie*, Jena, S. 11-12.

[2]Von Wiese, Leopold 1956 "Soziologie", in *Handwörterbuch der Sozialwissenschaften,* Stuttgart, Tübingen, Bd.9., S. 248.

[3]*Ibid.*, S. 248-249.

[4]Fürstenberg, Friedrich 1961 *Wirtschaftssoziologie*, Berlin: Sammlung Göschen, Bd.1193, S. 10.

[5]Smelser, Neil J. 1963 *The Sociology of Economic Life*, Englewood Cliffs, N. J.: Prentice-Hall, Inc., 1976, p. 33.

[6]Fürstenberg, Friedrich 1961 *op.cit.*, S. 20-111; 1969 "Wirtschaftssoziologie", in: G. Eisermann（Hrsg.）, *Die Lehre von der Gesellschaft, Ein Lehrbuch der Soziologie*, Stuttgart: Ferdinand Enke Verlag, S. 268-291.

[7]Simon, Herbert 1955 "A Behavioral Model of Rational Choice", in *Quarterly Journal of Economics*, vol.LXIX, p.104.

[8]Fürstenberg 1969, S. 270.

[9]Simmel, Georg 1900 *Philosophie des Geldes*, Leipzig: Duncker and Humblot Verlag. 6. Auflage, 1958, S. 19; Gerloff, W. 1952 *Geld und Gesellschaft*, Frankfurt, a. M., S. 12.；衛惠林1968《社會學》，台北：國立編譯館出版，正中書局發行。

[10]Weber, Max 1964 *Wirtschaft und Gesellschaft,* Studienausgabe, erster Halbband, Köln, und Berlin: Kiepenheuer & Witsch, I, S. 58ff.

[11]Jochimsen, Reimut 1966 *Theorie der Infrastruktur*, Tübingen: J. C. B. Mohr, S. 88.

[12]Behrendt, R. F. 1965 *Soziale Strategie für Entwicklungsländer*, Frankfurt a. M.; Eisermann, Gottfried 1968 *Soziologie der Entwicklungsländer*, Stuttgart.

[13]Von Ferber, Christian 1965 "Vorurteilsprobleme in der Wirtschafts-soziologie", in *Das Vorurteil als Bildungsbarrier*, W. Strzelewicz（Hrsg.）, Göttingen, S. 212.

[14]洪鎌德1976《經濟學與現代社會》，台北：牧童出版社，第十二、十三、十四與十五章。

[15]Stigler, George J. 1965 *Essays in the History of Economics*, Chicago：Chicago University Press, pp.31-50.又參考同作者1982 *The Economist as Preacher and Other Essays*, Chicago: Chicago University Press.

[16]Coats, A. W. Bob, 1993 *The Sociology and Professionalization of Economics*, London & New York: Routledge, pp.11-13.

[17]*Ibid.*, pp.14-17.

[18]Whitley, Richard 1983 "From the Sociology of Scientific Community to the Study of Scientists' Negotiation and Beyond", *Social Science Information*, 22: 687-694, 特別是 p.694.

[19]Whitley, Richard D. 1983 "The Development of Management Studies as a Fragmented Adhocracy", Manchester Management School and Centre for Business Research Working Paper Series, No.84. pp.14-28.

[20]Whitley, Richard D. 1984 *The Intellectual and Social Organization of Sciences*, London and New York: Oxford University Press, ch.5.

[21]Coats, *op. cit*, pp.23-25.

[22]Georgescu-Roegen, Nicholas, 1971 *The Entropy Law and the Economic Process,* Cambridge, Mass.: Havard University Press.

第十六章　經濟社會學的近態與
　　　　　工業社會的矛盾

一、經濟社會學發展近態

　　在 1950 年中期帕森思與史美塞發現大部分社會學家缺少經濟學的
知識，而經濟學家對社會學興趣缺缺，經濟學與社會學缺乏交流 [1]。這
兩門學科的疏離是由於經濟學者一心一意關心經濟技術面的解析；另一
方面，社會學家的理論層次還停滯不前的緣故。經濟社會學還雞零狗碎
地化解爲其次級學科，像工業社會學、消費社會學、閒暇社會學等。

　　1960 年代與 1970 年代學界出現新馬克思主義和新韋伯的流派，隨
之階級與政治概念大爲突顯，於是宏觀的社會學崛起。在其後 10、20
年間經濟社會學有復興的跡象。經濟學與社會學的界線逐漸打破。過去
30 年間著名的經濟學者（如 Albert O. Hirschman, Kenneth Arrow, Gary
Becker, George Akerlof 和 Robert M. Solow 等）企圖在其經濟學論著中
採用社會學的觀點。

　　與此相關的是，新制度經濟學（New Institutional Economics）的勃
興，企圖恢復韋布連、米契爾（Wesley Mitchell 1874- 1948）和康孟思
（John Commons 1862-1945）對經濟的看法 [2]。韋氏嘗試使用進化論的
概念與譬喻來建立制度的重要性。康孟思也以爲經濟制度會受到自然選
擇與淘汰的影響，只是這種選擇與淘汰含有自然的因素少，含有人爲的

色彩多。米契爾對貨幣經濟與景氣循環有極佳的詮釋和引用廣泛的資料，不過如同韋布連和康孟思一樣，並沒有建構理論體系。這裡所提及的制度，並非指社會組織而言，而是指經濟主體（行動者）在一個社會或社團中共享的、和不斷加強的習慣、想法，亦即在某一時期中這種想法、看法、習慣，會使行動者對其行動有個確定性的範圍，也為其行為加上某些形式。這種主張與社會學家強調制度同文化價值、同文化規範連結在一起，是相似的[3]。

　　不只制度派的經濟學家採用社會學的觀點來詮釋經濟行為，就是社會學家（如 James Coleman 和 Michael Hechter），也把理性選擇與方法論個人主義應用到社會學的分析當中[4]。

　　柯勒曼（James Coleman）在 1989 年創立《理性與社會》（*Rationality and Society*）一刊物。艾其歐尼（Amitai Etzioni）也於 1989 年成立「社會經濟學促進社」（Society for Advancement of Scio-Economics，簡稱 SASE），都在推動經濟學與社會其他制度之整合。造成經濟社會學振興的因由，一方面為 1970 年石油危機和經濟衰竭，而又被呆滯膨脹（stagflation）所困惑，也是受到 1960 年代與 80 年代女性主義的抬頭，以及少數民族爭取其平等的權益之社會運動，以及隨後盛行的新保守主義的出現之影響，這些都是促成學界檢討反省的動力。

　　賽蒙（Herbert Simon）企圖以心理學的分析來研討人的決斷（decision-making），他倡導「行為經濟學」（Simon 1987）。其實重視人的經驗與行為對經濟之作用，早在 1950 年代貝克（Gary Becker）便提及。貝氏在 1976 年再度強調人類行為的經濟研究（Becker 1976），並由其他學者寫成這方面研究的教科本[5]。這一行為研究途徑不只涉及經濟學，也分別研討人口學、社會學、法律學、政治學和經濟史。

　　由於新制度經濟學企圖越界、擴張其研究範圍，而引起社會學家的反彈。視此為經濟學者的霸權心態。自 1970 年中期開始懷特（Harrison White）便嘗試發展市場的社會學[6]。其傑出的學生葛拉諾維特（Mark

Granovetter）在 1985 年發表一篇重要文章，追述自柏蘭尼以來經濟社會學的發展 [7]。他批評經濟學者企圖應用新古典經濟於非經濟的領域，他特別批評新制度經濟學把「效率」當做經濟制度出現與結構之關鍵詞彙。詳言之，新制度經濟學家排開社會學、歷史與法學的論述，只以有效率或無效率來解決經濟問題，是造成他們對制度的結構無法確實掌握的原因 [8]。取代效率，應是經濟中的網絡（networks、或譯網路），葛氏說：「社會關係的網絡以不規則與不同的程度侵入經濟生活的不同部門中」[9]。網絡的概念可以幫助吾人理解在經濟運作中信託所扮演的角色，以及經濟制度實際運作的情況。葛氏可以說是經濟生活新社會學研究的（new sociology of economic life）倡導者之一。經濟體制在結構上是有所本的，是「嵌入」（embedded）在經濟結構的網絡中。

　　要之，在 1980 年代以來，經濟社會學討論的主題與過去相比並沒有重大的改變，只是有幾個新方向的出現。在理論方面傾向於折衷與多元，而沒有任何一個理論途徑獨占鰲頭。馬克思與韋伯的影響仍舊不衰，而柏蘭尼的觀點仍受尊重。他對資本主義的批評、對經濟等同為市場的「經濟學家之謬誤」（the economistic fallacy）之抨擊，備受注目。他對經濟應有所本、有所根據「嵌入」（"embeddedness"），逐漸為學界所重視。換言之，經濟乃是更大的、更寬廣的制度結構之一環。葛拉諾維特把「有所本」、「根據」、「嵌入」限制在更縮小的範圍內。對他而言，經濟的根據與所本是指經濟行動在社會網絡上展開，社會網絡建構了一個社會結構。但有人則主張經濟行動的所本與根據不在社會結構，而在社會文化 [10]。為此社會學家對經濟之所本分辨為認知的、文化的、結構與政治之不同種類 [11]。

　　目前研究的重點擺在網絡之上，它應用於人與公司，個人與產業，甚至個人與經濟之關聯 [12]。由於網絡的定義不明，有些人把它當成制度結構來看待，引進此一詞彙的葛拉諾維特認為，縱使大部分的經濟互動在網絡上發生，但經濟制度仍會分開發展，因之有時把經濟制度之產生

原因看做是特殊的網絡，「鎖在」一個單一的制度性類型當中[13]。

當今經濟社會學研究的焦點為市場，市場按其性質可分為產品市場，還是產因（勞動、資本、工地）市場，而各有不同的社會結構。例如資本市場充滿變動彈性；反之，勞動市場就欠缺這份活力。此外，學者也留意公司行號的運作。新制度經濟學的範圍內的著作如韋廉遜（Oliver Williamson）之《市場與上下主從關係》（*Markets and Hierarchies*, 1975），引起之注目與爭議[14]。蓋有人認為市場與公司的分別並非如韋氏所說的清楚明白。其他學者則研究大公司、大財團的興起，他們不認為這些大公司只是拜受新科技之賜，而是考察大公司背後的權力與國家之支持。

最近經濟社會學之研究強調性別（gender）之角色，其中研討兩項主題：其一為女性勞動薪資僱傭的待遇；其二為無酬的家計勞動。前者在指明與解釋基於性別待遇的落差與工作的隔離（segregation of work）。主要的成果，可從幾位作者的研究發表可知[15]。後者則涉及女性包攬家庭絕大多數的雜務，而女性一旦外頭有專職與全程的工作時，男性甚少協助家務的情形。另外一項研究為分析女性的薪酬與家庭中的權力關係。一般的結論是指：在戶外能夠賺錢的女性，比起全職擔任家務的婦女，在家中的地位要高得很多。此外，婦女在公司行號中的角色也成為有關性別研究的主要項目[16]。

最後，文化在人們經濟活動上所扮演的角色，也成為學者關懷的重點，他們認為不當使用狹義的文化定義，而是把文化擴充到包括市場、消費與工作場所的互動之上。在這方面卜地峨（Pierre Bourdieu）及其助手布爾坦斯基（Luc Boltanski）以及齊爾惹（Viviana Zielzer）的作品，討論人的價值與市場的關係，值得吾人注意[17]。

從北美主要兩個學術流派：新制度經濟學與經濟生活的新社會學的活動，看出過去四分之一世紀中，經濟社會學發展的動態主要以美國為中心；歐陸方面，首推德國對制度感覺興趣的經濟學者長久以來，藉《制

度與理論經濟學刊》（*Journal of Institutional and Theoretical Economics*）
之推動，進行經濟社會學的研究。其次，法國卜地峨、布爾坦斯基，德
國魯曼（Niklas Luhmann 1927-1998）等社會學家，也有理論上的貢獻和
經驗性研究的表現。最後則提及其他歐陸學者與第三世界學者在國際社
會學會（International Sociological Association）的分支「經濟與社會」
都熱烈參加活動。連前蘇聯與解體的東歐集團，其學界致力經濟與社會
之解析者，也日漸增多。要之，經濟社會學再度活潑起來，其前景是被
看好的[18]。

二、工業社會的主要矛盾

20 世紀下半葉，世界大部分地區與國度都採用「工業主義」
（industrialism）作為政府施政的目標。所謂的工業主義就是以發展工業
作為社會改革的首要目標，這包括工業化、城市化、現代化等一連串的
過程與措施，俾現代人的物質生活更為富裕、更為舒適。可是工業主義
帶來幾種重大的價值衝突，也造成現代人生活的矛盾重重。米勒與傅姆
所著《工業社會學》第三版（1980），對現代生活的矛盾，歸納為五種，
我們略加參考[19]，並加以引申闡釋：

（一）生活的目的：工作抑休閒

傳統上，人們相信生活的意義，在透過勞動展示人生的目的：成就
個人、光宗耀祖、裨益社群。但隨著物質生活的改善與生活水平的抬高，
繁榮與閒暇成為很多人追求的生活目的。他們遂視工作為一種手段，甚
至認為認真工作與追求利潤是以往根源於社會的匱乏。一旦先進的工業
社會如美、歐、日進入富裕而不虞匱乏的境界時，勞動的減少、乃至廢
除，又成為人們另一種的夢想，由此展開工作多寡與閒暇長短之間的爭

論。

　　由於先進的工業社會已由生產為主導的經濟進入以消費為導向的經濟。因之，勞動群眾的主要收入之薪資，含有「富裕的金錢」（affluent money）和「匱乏的金錢」（scarcity money）的雙重意涵。首先富裕的金錢表示，人們的收入應當用以消費之上，俾刺激經濟的活用與流通。不只收入的現金應該大量用盡，就是銀行的信貸之提款卡（塑膠貨幣）也要經常使用，而視儲蓄為落伍陳腐的觀念。另一方面現代人的收入也可以說是含有匱乏的金錢之意味，這是指在時機不佳（例如經濟疲軟、通貨膨脹、金融危機、大量失業）的情形下，每塊錢都視為以血汗換回之所得。這時公家機關也好、私人廠商也好都會鼓勵個人勤儉持家，不可浪費，把勤勉工作視為美德。

　　在工作與閒暇成為先進工業社會人們的魚和熊掌難以兼得之際，社會學家呼籲大家不妨在工作與遊戲之間選擇一個平衡點，既不盲目工作，也不沈溺於遊戲。從而使享受閒暇的自由與感受壓迫的工作獲得新的調整，如此一來工作的組織不再是經濟的組織，而是社會的組織之一環。

（二）民主的理念對抗經濟權力的集中

　　先進工業社會大都是採用西式民主政治的社會，講究的是人權、人的尊嚴與平等。不只在政治上人人應該平等，就是經濟方面也應享平等的待遇。但這種民主的理念與社會現實卻有很大的差距。這是由於先進工業社會同時也是資本主義的社會，由於資本主義鼓勵私人發展其才華、能力、創意、自由地去發揮冒險犯難的精神、追求利潤與財富，而又以法律保障私人的財產，以致造成人人的不平與貧富差距的擴大。不僅此也，先進工業社會，經濟權力或是掌握在少數財團手中，或是權勢極大的政府機關（例如「五角大廈」）的官僚手中，於是私人企業與政府公營事業的對抗也成為不爭的事實。

以美國為例，在其立國之初，每 20 個人有 16 人靠本身的創業而擁有私產，並靠此產業以謀生。但經過 200 年的發展，如今每 20 個美國人當中，居然有 17 位家無恆產而靠僱傭為生者。這就造成現代美國人不再「製造生活」（make a living），而是「掙錢生活」（earn a living）。大公司行號像吸塵機一樣，將小企業、小買賣、小販、小商人大小通吃，一一吸入其機關中，於是個人獨立自主擁有的小產業完全變成大公司龐大資產的部分。從而政治權力與經濟權力之間的關係劇烈改觀。經濟權力的集中被視為對民主制度的重大威脅。隨著工業與企業的不斷成長，美國人寧願廠商的擁有權大增，而不願看到政府擁有權的擴大。這是美國民主傳統中，對政府坐大的擔心所造成的結果。從大公司的私產制對抗政府的私產制發展到私人排斥公家的種種管制，成為美國政治爭論的主要話題。這說明經濟權力的集中固然威脅了民主的理念，但用政府的力量來控制經濟權力，又會造成自由企業精神的受損。要之，造成此種的困境和美國人的想法與環境之落差有關，也就是說美國人的心態是在地的、地方的（provincial），但其所處的社會卻是寰球的、萬國的（cosmopolitan）。這就是指兩種心態與文化造成的混亂與困惑。

（三）鄉巴佬的心態對抗大都會的生活

美國人相信靠著本身的努力與辛勤工作，可以出類拔萃，也可以騰達富貴，也相信透過競爭而使產物的品質提高、價格合理，這都是大小公司面對的問題。由人們居處的地方社區所面對與解決的問題，可以理解整個社會、整個國家所面對與所要解決的問題。可是今天美國人所處的社會不再是一個自給自足、鄰里聞問的社區，而是一個關係複雜、人種薈萃，牽涉萬國的寰球都會。地方的問題常有國際勢力的影子，畢竟人們生活在一個相互依存、禍福與共的地球村上。換言之，以鄉巴佬的心態來看萬花筒的世界，其不眼花撩亂、困惑迷失者幾稀？

李普曼（Walter Lippman 1889-1974）在討論公共輿論時，就分辨

人們「看得見」的世界和「看不見」的世界。所謂看得見的世界是每人每日在處理日常事務時,與其本人發生密切關聯,但卻是狹窄的現實,這時一般人的心態只侷限於看的見的範圍,但影響與決定我們的生息者,卻都是那些廣泛的、看不見的世事 20。美國人傳統的想法是受其工作與休暇的場域所塑造的、所圍限的,這是地方的、鄉下的、社區的觀念。其與外界的隔絕,造成其孤立而自足。但隨著工業主義的來臨,現代通訊與交通之方便把世界各地各族的理念與生活方式呈現在美國人的眼前,加上經濟生活造成人人的相互依賴,關係緊密。可是這種鄉巴佬的心態要應付複雜繁亂的現代經濟生活,其不發生矛盾是不可能的。

查賓(F. Stuart Chapin 1916-)就指出經濟生活中的矛盾重重,是造成常人無法理解經濟過程的主要原因。他說,在經濟活動的整體裡就出現一條原理:「個人在進行〔經濟的〕決定與〔選擇的〕行動,每個人做這點決定與選擇時,都是獨立在其他人之外,也就是在〔狹窄的〕鄉下人的習慣之基礎上,達致〔經濟〕體系的建立,這些體系企圖在世界交通網絡下運作」21。總之,美國的社會乃是鄉下的、地方的心態與生活之道(folk ways),與大都會的變化萬千的外在影響勢力之接觸碰撞所造成的結果,一般稱此為社會變遷。在面對外頭勢力的侵逼下,美國大小社會,大城小鎮,難逃時代潮流的衝擊。在一波波的潮流沖擊下,這些城鎮連成一體有如鎖鍊,鄉下心態與大城生活方式的矛盾益形加強,社會非理性(irrationalities)表現在生活心態與結構衝撞之上。

(四)合作對抗孤立

由於現代科技的發達,交通與電訊縮短人與人的距離,特別是戰爭的陰影,天災的頻生(例如近期東南亞的霾災、臭氧層的破壞、氣候的反常、中南美風災、水災),都迫使不同地區與國度的人群必須緊密合作,共同防阻災難與禍害對現代人的威脅。但社會都把人群分裂為不同的、絕對的群落,不管是以財產(生產資料)有無而分化的階級,還是

以地區分別的核心與邊陲之住民，還是基於人種、宗教、文化分別的多數民族與少數族群，乃至以性別而分開的男女、同性戀者、整個社會（過去以國家為疆界的國民社會、國家社會）都有分崩離析的趨勢。同一種族、宗教、語言、文化群落也因為住在大都會中，隸屬不同職業團體，而成陌路，甚至成為生存競爭潛在的敵人。

因之，工業主義把人群團結的臍帶割裂，亦即使分裂、敵對的勢力潛長滋生。一方面人被組織起來合作，經營共同的組織性生活；他方面每個人也被隔離孤立，而原子化、雞零狗碎化。工業社會導源於游牧與農業社會，其生產方式是集體的、社會的、繁雜的，必須以有機的分工取代機械性的分工，使眾人發生連帶的關係。不只生產部門是這樣緊密聯繫在一起，就是交易、分配與消費部門，也顯示工業社會經濟的凝聚。不僅如此，在市場已擴大至全球之後，各國經濟關係更是相互依存，畢竟我們已進入世界經濟體系中。

工業化帶來城市化，今日先進國家的大部分人民生活在城市中，比生活在鄉下荒郊者人數更多。城市生活的特色就是雞犬不相聞，人人經營孤立忙碌的日常生活，城市居民生活步調的快速緊張，人際接觸的頻繁膚淺，使他們喪失了與社區或社群的聯繫。加上社會階層化、種族隔離、教育與文化差距，造成人與人的疏離，個人生活在鬧熱滾滾的大城小鎮中，內心卻是孤獨的、寂寞的、無助的。

（五）同情友善對抗侵略囂張

現代人是孤獨寂寞的，他追求的是愛情、友誼、關懷，但得到的是失落、無助、絕望。他的道德與宗教信條，要他把別人當成兄弟姊妹來看待，可是在忙碌庸俗的日常生活中，卻不時把別人當成競取金錢、地位、同伴、權力的潛在敵人。不只在學校、在公司、在工場、在教會、在公共論壇，競爭大受鼓勵，就是在家庭中夫婦對家計的控制、兄弟姊妹為爭寵獲利，也展開各種有形無形的競爭。幾乎在先進國家中，一個

人無法不進行競爭，假使他在社會中要贏取一席地位的話。

　　競爭必然帶來成功的喜悅和失敗的挫折，其結果造成每個人在一場遊戲中爭勝的決心，這也導致他侵略性更形擴大、更爲囂張的原因。結合著侵略性與佔有慾，人又恢復其弱肉強食的動物本性。這種接近動物本性的侵略性格與佔有慾之發揮，使西洋人兩三世紀以來發展爲征服世界的野心。在很大程度下，殖民主義、帝國主義、世界大戰，都是這種霸權思想的制度化、落實化。

　　在西方工業社會中，物質的累積、私產的擴大，成爲個人在社會上地位升高、榮譽突顯的標誌。爲了攀爬社會的階梯，勤勉工作固然是捷徑，但大膽、野心、無節制的侵略性，也是登高的手段，以致社會隨時要爲競爭訂立各種各樣的遊戲規則。當大眾還能以理性恪守規則時，社會的競爭不致惡化爲紛爭。這時法律、宗教或道德尚能扮演其角色。是故工業社會是否更需同情的、博愛的、忍讓的精神力量來阻止社會的紛爭，抑止個人的囂張，這也許已超過工業社會學家的研究範圍之外，而爲人文學者、宗教工作者、哲學家主要加以認真檢討的所在。

註 釋

[1] Parsons, Talcott, and N. J. Smelser 1966 *Economy and Society*, London: Routledge & Paul Kegan Ltd., first ed. 1956, p.xviii.

[2] 洪鎌德1997《人文思想與現代社會》，台北：揚智文化事業公司，第258至260頁。

[3] Hodgson, Geoffrey M. 1994 "The Return of Institutional Economics", in *The Handbook of Economic Sociology*, pp.58-76: p.64.

[4] Coleman, James 1990 *Foundations of Social Theory*, Cambridge, MA: Harvard University Press; Hechter, Michael 1987 *Principles of Group Solidarity*, Berkeley, CA: University of California Press.

[5] Becker, Gary 1976 *The Economic Approach to Human Behavior*, Chicago: University of Chicago Press; Simon, Herbert 1987 "Behavioral Economics" in Eatwell, J., M. Milgate and P. Newman (eds.), *The New Palgrave Dictionary of Economics*, Chicago: University of Chicago Press; Tullock, Gordon, and Richard McKenzie 1975 *The New World of Economics: Exploration into the Human Experience*, Homewood, IL: Pichard D. Irwin.

[6] White, Harrison 1981 "Where Do Markets Come From?" *American Journal of Sociology*, 87: 514-547.

[7] Granovetter, Mark 1985 "Economic Action and Social Structure: The Problem of Embeddedness", *American Journal of Sciology*, 91: 481-510.

[8] *Ibid.,* p.505.

[9] *Ibid.,* p.491.

[10] DiMaggio, Paul 1990 " Cultural Aspect of Economic Action and Organization", in Friedland, K., and A. F. Robertson（eds.）, *Beyond the Marketplace*, New York: Aldine de Gruyter. pp.113-136.

[11] DiMaggio, Paul, and Sharon Zukin 1990 "Introduction" , in Zukin, S., and P. DiMaggio（eds.）, *Structures of Capital*, Cambridge: Cambridge University Press, pp.1-36.

[12] Burt, Ronald 1983 *Corporate Profits and Cooptation: Networks of Market Constraints and Directorate Ties in the American Economy*, New York：Academic Press; Mintz, Beth, and Michael Schwartz 1985 *The Power*

Structure of American Business, Chicago: University of Chicago Press; Nohira, Nitin, and Robert Eccles（eds.）, 1992 *Networks and Organizations: Structure, Form and Action*, Boston：Harvard Business School Press.

[13]Granovetter 1992 "Economic Institutions as Social Constructions: A Framework for Analysis", *Acta Sociologica,* 35: 3-12.

[14]Williamson, Oliver 1975 *Markets and Hierarchies: Analysis and Antitrust Implications*, New York: The Free Press.

[15]England, Paula, and Lori. McCreary 1987 "Integrating Sociology and Economics to Study Gender and Work", in Stromberg, A., L. Larwood, and B. Gutek（eds.）, *Women and Work: An Annual Review*, Bevery Hills, CA: SAGE, vol. 2: 143-172.: England, Paula 1992 *Comparable Worth: Theories and Evidence*, New York：Aldine de Gruyter.

[16]Kanter, Rosabeth Moss 1977 *Men and Women of the Corporation*, New York: Basic Schuster; Biggart, Nicole Woolsey 1989 *Charismatic Capitalism: Direct Selling Organizations in America*, Chicago: University of Chicago Press.

[17] 以上參照 Smelser, Neil J., and Richard Swedberg (eds.) 1974*The Handbook of Economic Sociology,* Princeton, NJ: Princeton University Press, pp.17-19.關於卜地峨的社會學說參考洪鎌德1998《社會學說與政治理論：當代尖端思想之介紹》，台北：揚智文化事業公司，第二版，首版1997，第45至79頁。

[18]Swedberg, Richard 1996 *Economic Sociology*, Brookfield, VM: E. Elgar Pub. Co., p.21.

[19]Miller, Delbert C. and William H. Form 1980 *Industrial Sociology*, New York: Harper, 3rd ed.

[20]Lippman, Walter 1922 *Public Opinion*, New York: Harcourt Brace Jovanovics.

[21]Chapin, F. Stuart 1935 *Contemporary American Institutions*, New York: Harper & Row, p. 5; 同作者1973 *Work in America*, Cambridge, MA: M.I.T. Press, pp.1-75.

第十七章　經濟學典範與科際整合

一、古典的典範與凱恩斯的革命

當古恩（Thomas Kuhn）於 1962 年發表了《科學革命的結構》一書之後，世人才明白「正常的科學」（normal science）與「科學的革命」（scientific revolution）之不同。

古恩指出所謂正常的科學，主要是受到「典範」（paradigm）所影響、所主導的科學。所謂的典範是「普遍承認的科學成就，也就是在某一時期中提供從事科學操作研究的學界以模式（model）的問題，及其解決〔釋〕之道」[1]。

典範的功能有認知的作用，也有規定（規範）的作用，因為它提供給科學家不只是「一張地圖，也是有關製圖的主要指示」[2]。一個典範不只是一項原理，一項理論，它還包含「科學實踐的被接受之範例」，這就包括「律則、原理、應用和具體化〔實現〕」[3]。典範使科學家對其知識信以為真，不加質疑，而集中為具體的，更為現實的問題，或「謎語」的解答之上。

在接受主流的典範之時，科學家對異例、異議不太注意，甚至加以忽視。不過這種異例、或異議變成不正常的事物（anomalies）之後，而不正常的情況愈來愈增大，而造成學界的起疑，爭論時，那麼居於主導

地位的典範開始面對挑戰，面臨危機。此時對主流派的典範之不適用（inadequacy）逐漸形成。此時研究者便會從「解謎」（puzzle-solving）階段進入「典範測試」（paradigm-testing）階段[4]。

很顯然地，任何業已建立的典範之測試、批評、挑戰，都會引起原來典範信守者的反彈與反抗，因為這是對既存科學傳統的威脅。但批評與反抗力量的互不相讓，激發了批評者與守成者的情緒，最後引發了「科學的革命」，亦即舊典範被新典範所擊敗、所推翻。這時就出現了「改信的經驗」（conversion experience），與「效忠的轉移」（transfer of allegiance）。是故新舊典範的升降，並非由於「科學知識的邏輯結構」，也並非由於新典範的優越，而是由於新典範獲得學界愈來愈多學者的信服與支持之故[5]。

儘管古恩懷疑社會科學中有典範之存在，但他有關典範的概念並非一清二楚。因之，典範甚至可以解釋為一本書、或鋪述的形式、或是一個「基本理論」、一種世界觀、或是科學活動的總體。

以這樣來理解廣義的典範，則經濟學中，也許不乏各種各樣的典範之存在。不過嚴格而言，儘管經濟學中學派林立（社會主義、演化論、制度論等），在經濟學發展史中卻始終受到一個單一典範的主控，這是指通過市場機制謀取經濟的均衡（economic equilibrium）之典範。套用古恩的說法，經濟學家正享受著正常科學的兩個階段，其一為在典範中落實學者對相關事項（relevant facts）的知識之增長；其二為「精緻化」（articulation）其典範。

與自然科學的發展相比，經濟學還未超過「發展的階段」。因之，要尋找相當於自然科學的典範改變，在經濟學發展史上是相當不易的。勉強地說，1930年代凱恩斯的理論革命，尚可以比擬古恩的科學革命。在凱恩斯之前，已有不少經濟學界人士，關心已存經濟理論之不適用性，他們已逐漸形成「改信的經驗」。之後，在新舊經濟學家衝突之下，革命終於爆發。這些當年屬於青壯派的經濟學家是從出身於經濟學界，接

受傳統而又超越傳統。凱恩斯的革命彰顯了典範的認知功用與規範功能，在經濟學史上是獨一無二的[6]。

二、社會科學統合的利弊

　　有異於亞丹・斯密注意經濟問題是人類倫理道德的一環，古典經濟學者李嘉圖以來，特別是新古典學派，主張把經濟學模仿自然科學，講究研究方法，特別倡說「假設演繹」（hypothetico-deductive）途徑，來設置種種模型，俾發現潛藏在經濟行為背後的規律、原則。這種脫離文化的系絡、脫離經驗現實、脫離歷史實狀的抽象研究，把向來的政治經濟學陷溺為數理計算的經濟學，這是經濟學失去文化根源的主因，也是引起現代學者抨擊的因由。特別是接近伊斯蘭教的印度哲學家的批評[7]。是故，討論經濟學與其他社會科學，乃至人文學科之關係與統合有其必要。

　　可是 50 幾年前一位經濟學家，如果主張各種社會科學，包括經濟學在內，應邁向統合之途前進的話，他假使不被目為大膽，便是被看做無知。因為當時經濟學正慶幸能夠擺脫倫理、哲學、政治學、或歷史學的羈絆，而獨樹一幟，而分工精細，而趨向理論的尖端發展。在此情形下，誰願意把經濟學與其他社會科學混為一體，而成為統一科學（Einheitswissenschaft）呢？換句話說，經濟學如能夠保持其學科的獨立性，豈不是與其餘的社會科學，像社會學、人類學、社會心理學與政治學分庭抗禮，自成一門個別科學（Einzelwissenschaft）嗎？可是這種抗拒經濟學與其他學科（不侷限於社會科學而已）統合的觀念，在今日已受到挑戰，而不得不有所修正。當然社會科學的統合本身並非一種令人夢寐以求的價值，統合必須能夠為各學科帶來更大的進步，開拓更新的境界，才有意義。

在今日經濟學，或是工商管理學當中的市場理論與組織理論，可謂為經濟學中最具統合意味與傾向的。此外，近年來馬克思派的社會科學（Gesellschaftswissenschaft）[8] 之理論，漸有復辟之勢，其結果導致西方學界對社會科學統合的重加關注。正因為各方對社會科學的統合予以密切注視，因此，我們惟恐過猶不及，亦不得不提醒過度統合的危機，即指出統一科學的流弊。

社會科學諸學科相對的獨立，自有其優點，因為學者可讓各科門戶的對立，而以批判性與比較的方法，來體認個別學科所含蘊的社會政策之偏見。換句話說，每一學科自有其社會意義，也可供社會某種程度的應用。如諸學科統合為單一的科學，則其社會的應用與實踐——社會政策——一旦有所偏頗，便難以發現。反之，如果各科分立，則可藉比較分析之功，而指陳其實踐性的弊端，這便是分科的好處。正由於今日科學研究者，可以用專家的身分，參與政策的制訂與推行，因此他們對現實政治（包括狹義的政治與廣義的政治——經濟政策、社會政策、文化政策等）的影響力與日俱增。在這一意義下，科際的整合反不如科際的分離，更能夠提供各種專家以特定的、客觀的知識與判斷，使他們能夠矯正政治決斷過程的偏失。

不過我們也必須承認：社會科學的統合，也有其優點。那就是憑藉統合而改善經濟假設的檢驗，以及考慮到其餘社會科學的因素，而推進經濟理論的發展。

在經濟學裡頭，愈來愈多的學者認為要證實某一理論的真實，要保證某一理論的可靠，是非常的困難。學者所能為力的只是儘量接近真理而已。但要使理論接近真實的地步，只有仰賴經驗性資訊，而不斷地予以各種各樣的批判與檢驗。此外，數學與統計學之應用於經濟現象的測量，造成經濟學飛躍的進步。沙謬遜說過：「經濟學就像睡美人一樣，需要凱恩斯的一吻，才會醒轉過來。……但經濟學更需要數學的方法來吻它，使它活力充沛，銳不可當」[9]。

與此有關的是計量經濟學所扮演的角色，因為經濟學此一分支，有助於客觀、精確、可靠的檢驗方法之獲致。顯然早期的經濟學家，衡量經濟學理論真實的方法，只有推演的邏輯是否正確一途而已。經濟學家沃德（Benjamin Ward）在 1972 年出版的一本書《經濟學出了什麼差錯？》中，指出美國經濟學的分支（次級分科），按其重要性的大小可以區分為四個範疇：

　　1.微觀與宏觀經濟學，數理與計量經濟學；
　　2.國際貿易、公共財政、貨幣與銀行；
　　3.勞動、工業組織和經濟史；
　　4.經濟思想史、經濟發展和比較經濟體制[10]。

　　由是可知計量與數理經濟學之重要。計量經濟學的方法興盛的時代，正是重實證、重經驗，亦即經驗主義抬頭的時代，可是有些學者卻懷疑計量經濟學，是否能夠以批判性的精神，來檢驗經濟理論的真偽。就是那些承認計量經濟學具有批判功能的學者，有時也認為計量經濟學的體系中經常含有時空範疇的特質，也受到特定經濟體系所提供的統計數字之侷限，因而無法適用於超越時空定型的理論之檢驗上[11]。

　　我們且舉一個例子來加以說明：上述學者對計量經濟學之批評，見之於有關德國 1972 年消費之預測不準。該次預測係藉計量經濟學分析而得到的結果。但使用同一方法卻能夠正確地預測法國 1972 年的消費情況。再舉另一例子，如以長期的總體經濟來考察，則根據凱恩斯的假設：消費將隨所得的增加而增加，只是消費增加的速度不如所得增加的速度快。凱氏此一假設應用於實際經濟活動時，竟告失效。其無效的原因不是由於大幅增加之下，總體經濟的消費群保持長期性的穩定（沒有跟著做大幅度的增加）。而是另有原因的：主要是由於社會結構發生變化（例如懷有強烈儲蓄傾向的大批農民之湧入城市）的結果。但是凱恩斯此一假設，如應用於短期，則似能奏效。由此可知對一理論、或假設

之證檢，多少要牽連到時空的問題，在這方面計量經濟學如能將時與地的因素予以考慮，將較傳統的經濟學、或所謂的新經濟學，更具效準。

三、社會學參照群體的理論之引用

　　假使計量經濟學的檢驗產生難以解釋的結果，那麼其他社會科學的理論，便可以派上用場，而扮演相當重要的角色。設若經濟學的假設與業已證實的其餘社會科學之理論相抵觸，那麼我們將增強對此經濟學假設有效性的懷疑，從而加以修正。例如杜森柏里（James S. Duesenberry）就曾引用社會學的「參照群體」（Reference Group）理論，來批判凱恩斯有關消費的假設[12]。凱氏消費理論的假定是認為：每人的消費行為皆為個別的、與他人無關的，因之人際之間的消費行為乃為獨立自足的。杜氏則反對此種假定而指出：個人的消費行為係以其心目中的參照群體之生活程度為取向，而力求向後者（參照群體）看齊。於是杜氏有關消費行為的理論，比凱恩斯的假定更符合經驗事實，而為經濟學界所推崇。

　　顯然有兩個或兩個以上理論、或假設、或模型的並列存在——像上面所舉的凱恩斯之消費假設與杜森柏利之參照群體之消費理論——對同一現象的解釋，具有比較批判的功效。至少在現存理論之外又多了一個清晰的理論可能性，及替代性（Alternative），足以澄清有關計量經濟學的誤解；使人們不致誤會計量經濟學僅是供經濟學理論以「經驗性舉證」（empirische Aufführung）而已、或藉數理來證實先驗的經濟假設而已。事實上，計量經濟學的功能，在於分析和比較各種彼此排斥或競爭的理論，在其不同應用範圍中，何者能夠得到更佳的結果，何者能夠更正確地說明事實。

　　在經濟學中有關批判性檢驗（尋找可靠性）的想法，逐漸贏得學者的重視。此外，學者也慢慢留意到其研究活動，不當由既定認知目標所

指引,而應由其研究的問題──不斷在發生變化的問題──來開導才對。在這一意味下,理論與實踐的問題之解決實優於學問界限(各學科門戶分立)的尊重。當經濟學家一離開其專門領域之時,他通常無法馬上獲得現成的答案。於是在反覆思考之餘,他或者可以成功地把經濟學的典範(paradigm)推演到其他社會科學的領域裡。例如經濟學家所提出的民主與社會群體的理論,常導致新的看法與境界,而為政治學者與社會學者所歡迎 13。經濟學典範固然可能豐富其他社會科學的內涵,而其他社會科學的理論,也有助於經濟事實的解釋。關於此我們似可討論到技術更新(innovation)的問題,並以此為例來說明其他科學的解釋,對經濟理論建構的影響 14。

四、技術性與組織性的更新理論

現代總體經濟學中成長的理論指出:經濟成長之持續或增大,主要的不僅是勞動與資本方面量的增加,更重要的是技術與管理(組織方面)質的改善。技術與管理的進步,也就是涉及更新此一問題。不過造成技術與組織的更新底因素究竟是什麼,倒成為一個謎,而有待揭發。要揭開這個謎底,有必要深入地探討廠商與家計的行為方式,於是總體經濟的研究不得不變成個體經濟的探討。

當然個體經濟學,特別是競爭的理論,早便留意到這個問題,而企求有所解答。競爭當然不被當成一種情況來看待,在此情況中市場參與者(買方與賣方)的權力無足輕重,他們彼此對市場價格只有默然接受的義務,而沒有改變的能力。相反地,人們解釋競爭為一種過程,其中(在此過程中)某些廠商輪流地提供貨品的更新、或生產方式的更新,而其餘大群的廠商跟進、或加以仿效。在這種競爭的過程中,造成更新的條件究竟為何?而新產品、新方法何以擴散得這樣快?仿效得這般迅

速？都是一些疑問，而尚待合理的解釋。

　　當然我們可以試圖為上述的疑問提供解釋：例如指出更新的頻率（次數）主要與某一部門技術性的發展攸關、或受到研究與發展的支出所影響、或受到新競爭者威脅的減少等因素之制約。至於新產品、新方法擴散的速度，主要的受到模仿新事物所帶來的利潤之大小所影響。這些解釋一旦應用到實際的經濟政策方面，卻遭遇到一些困難，而只有一小部分的理論行得通。像過份限制競爭的措施，應該修正，俾具有更新能力的廠商，得以大展鴻圖，而缺乏更新精神的廠商，飽受壓力，而不得不改弦易轍，急起直追。

　　不過，競爭的壓力以怎樣的方式來刺激廠商從事更新與變革，卻是不易瞭解的。既然產品的更新、生產方式的刷新會帶來相當的利潤，而廠商又是追求最大的利潤，照理不需藉競爭壓力，廠商便自然地朝更新之途邁進才對。事實卻是不然，競爭壓力居然成為推動技術更新、組織更新的動力。再說，如果廠商是由於懼怕更大的風險，而不願生產新貨物、採用新方法的話，那麼提高競爭，反而縮小更新的意圖。這是不是可以這樣來加以解釋呢？在激烈的競爭下，廠商視不更新的風險大於更新的風險呢？那麼更新的意圖是由於與更新有關的利潤所引起的，還是由於害怕不更新而造成的損失所引起的呢？

　　從上面這一連串的疑問，我們不難知道，具有彈性（動態）的競爭理論，要解釋圓滿周延，非藉動機理論之助力不可，這點與靜態的價格理論不同。心理學方面動機理論的近期發展，對於更新的經濟問題之解決，大有幫助。例如成就動機的理論曾經指明：在求取高度成就或表現的動機——動機強度可以測出——中，新思想、新方法常會產生。這種新事物的發現與發明，幾乎不受到利潤的念頭、或損失的恐懼所影響。因此變革、刷新、發明等活動常是取決於追求成功的本身，亦即為滿足成就的慾望與需求而產生的（當然隨著發明而產生的聲名利潤、益處等也可列入成功的標準裡）[15]。

因此，企業或廠商更新的問題，似乎無法由競爭壓力（純經濟學）的觀點來加以解決；反之，應藉行爲的動機說（心理學）來加以說明。由是可知在經濟過程中，創新、變革、改善的增加，較少肇因於競爭的加劇；反之，卻導源於成就動機的加強、或是具有成就動機的人士，對於創新、變革、改良的決策之積極參與。心理學家麥克列蘭（David C. McClelland）與溫特（David G. Winter）在他們共著的書中指出：抬高成就動機基本上是辦得到，也是有可能的[16]。此外也可以檢驗，在企業的決策過程範圍內，具有成就動機的人士，如何能夠贏取更爲強大的影響力。今日已有很多社會科學家共同致力於建構完善的組織理論[17]。他們藉企業中決策過程之改善，而達致革新、變化、改良能力的增大。未來國家如有促進改革與更新的政策制訂時，則其影響企業的組織，比影響市場的組織，更爲明顯、更顯效力。

五、藉其他科學的助力來糾正經濟政策的偏失

　　到現在爲止，我們討論了社會科學統合對經濟學所能產生的影響，其目的在於指出：一個經濟學者一旦發現其研究的問題，無法憑恃經濟學理論來解決時——不管是經濟理論的檢驗也好、經濟理論的推擴演繹也好，應當設法符合目的地向其他社會科學的理論求助。但經濟學家通常不知自己學科的界限何在，蓋不同的學科之分別乃是人爲的、勉強的，而非源之於學科的本質。當然有人會持不同的見解，認爲學科與學科的分辨是由於研究的對象（問題）與理論之不同、或由於研究的取向與思想模式（典範）之不同所造成的。學者常受這些科學典範的圍限，也受它們所引導，俾選擇問題，選擇研究方法，乃至選擇某些理論框架。

　　正因爲學者專心一志進行研究，而忘記、或不曾意識到這些定型的科學典範底存在。這些科學的典範之所以活力充沛，產生科學的進步，

主要在於它集中於某一方面，亦即立基於片面之上。就像手電筒集中其光線於事實的某些方面，使我們清楚辨識光線所照射的對象，但是光線密集以外的景象，便完全沈陷於黑暗中，而無從辨識 [18]。這種科學典範的片面性或偏失，如應用到社會政策的實踐時，可能導致負面的影響。因此，由另一科學來糾正這種政策的偏失，是大有必要。關於此我們可以引用勞動快樂的問題 [19]，當做例子來加以討論。

如眾所知，工業社會中一個令人頭痛的問題，也可以說是一大惡德，便是對工作樂趣的喪失，也就是對在勞動中成就自己一事漠不關心。這種勞動的異化現象（Entfremdung der Arbeit）不僅發生在所謂的資本主義的社會，也出現在標榜社會主義勞工神聖的共產國度。經濟學家、社會學家、心理學家與政治學家如何來解釋這種倦工、怠工的現象呢？

經濟學家的出發點為勞動創造所得，勞動帶來快樂，勞動導致閒暇。所得、快樂與閒暇成為勞動的結果——總目標的各別部分。經濟學家乃假定前述總目標的各別成份——所得、快樂、閒暇——之間，是一種互補，或互相代替的關係。譬如閒暇保持不變，勞動如果帶來更多的快樂時，所得便趨向減少；反之，所得增加，閒暇時間不變，樂趣便減小。要使勞動的樂趣增加，不是減少所得（收入），便是減少閒暇的時間，或是收入與閒暇一同減少。通常勞動樂趣之減少，歸因於勞動者企求更高的收入，或更多的閒暇，或者歸因於勞動市場方面之競爭受到限制，以致勞動者無法轉業於其他更具勞動樂趣的廠商中工作。

為了改善人們對待勞動這種厭倦的心理，於是經濟政策建議改善市場不明朗的關係，或倡設工作場所交換之方便，俾便利勞動者隨時轉移工作場地，而抬高其工作熱忱與興趣。但結果並無產生預期改善的成效，原因是工作厭倦的心理連帶摧毀了交換工作場所的意願。經濟學家一直懷有這樣的觀念，認為人們的需求乃為一種定項，或說是具有一定的大小。對於一個企業家而言，其手下工作人員或顧客的增減，意味著他們的需求是否獲得滿足。如果他們的需求不得滿足，便掉頭他去，這樣自

然會驅迫企業家改變經營的方式，而力求適應。以上是經濟學家的看法，這種看法妨礙了人們尋找解釋厭工、怠工的其餘可能性。

　　社會學家與心理學家的看法則與上述經濟學家所持的觀點不同，前者認爲需求並非一成不變，而是受時空對象等所制約。換言之，需求是藉不斷地學習而獲得，且經常發生變化的。它是社會化過程的產品。人們內心中一項尚無法加以確實描寫的自我證實（Selbstbestätigung 證實自己之存在與能力）之慾望，在經過了教育與經驗的過程之磨煉後，逐漸形成一種明確的工作樂趣之需求。此外政治學者也指出：一個組織的成員一旦懷有不滿的心理，則會產生批評，甚而要求改變現狀。

　　如果把上述社會學家、心理學家與政治學家的意見應用到經濟問題，特別是倦工與怠工的改善之上，那麼結論是很明顯的。要改善與提高勞動的樂趣似應由教育與訓練方面著手，而並非只有把勞動市場的關係明朗化而已；不過，讓勞動者有公開批評的機會，而不讓他們掉頭他往，也是提高勞動興趣的一個步驟[20]。

　　由上面的敘述，可知其他社會科學的理論，對於經濟關係的認知與理解，具有何等的重要性。因此科際的整合對於經濟學而言，只有當它有助於促進經濟現象的分析與解釋之時，整合才有意義。但爲防阻對社會實踐方面，籠統的、片面的帶有意識形態的判斷，個別學科的獨立存在，也有必要。是以獨立的各學科底認知之重視，對於培養社會科學的實際應用之判斷能力，是非常重要的。在這意義下，經濟學不融於其他社會科學的混沌中，也不失爲一種聰明之舉[21]。

註　釋

[1]Kuhn, Thomas, 1962　*The Structure of Scientific Revolution*, Chicago: University of Chicago Press, p.viii.事實上，科學的典範包括在某一時期為學界所公認的一切術語、假設、理論、檢證方式、研究方法等之總稱。參考洪鎌德：《思想及方法》，台北：牧童出版社，1977，第十與十一章。

[2] *ibid.*, p.108.

[3] *ibid.*, p.10.

[4] *ibid.*, pp.82-84, 91.

[5] *ibid.*, pp.94, 150, 156-157.討論經濟學理論的典範有蕭全政1994《政治與經濟的整合》，台北：桂冠，首版1988，第14至21，38頁。

[6]以上參考Coats, A. W. Bob 1993 *The Sociology and Profession of Economics*, London and New York: Routledge, pp.58-62.

[7]參考 Kanth, Rajani Kannepalli 1997 *Against Economics: Rethinking Political Economy*, Aldershot *et.al.*: Ashgate, pp.1-8.

[8]馬克思派稱社會科學為Gesellschaftswissenschaft，以別於西方市民社會科學所採用的 Sozialwissenschaft，目的在強調社會的整體現象之分析。此一分別也可用於Gesellschaftslehre與Soziologie之不同之辨明。不過在其後期東德社會學家也逐漸採用後者（Soziologie）作為社會學的稱謂，只是他們強調將社會視為一完整的體系（Gesamtsystem）來加以分析，或將社會的部分當成複合體（Komplexität）、或全體（Totalität）之某些方面（Aspektet），來加以剖析關聯。參考Klaus, Georg u. Manfred Buhr, 1971, *Philosophisches Wörterbuch,* Berlin, Bd. 2, S. l024.

[9]Samuelson, Paul A. 1972 "Economics in a Golden Age: A Personal Memoir", in Holton, Gerald（ed.），1972 *The Twentieth Century Science: Studies in the Biography of Ideas*, New York: Norton, pp.159-160.

[10]Ward, Benjamin 1972 *What's Wrong with Economics?* New York: Basic Books, ch.1.不過這種重要性大小，或者聲望高低的劃分、分類，都是涉及區分者的主觀與隨意，不一定反應事實。在經濟學中的聲譽是隨著抽象層次、理論與技術的難度（數理化與精緻的數量化扮演主要的角色）攸關，也與討論的主題的廣度和科技統合的程度成反比，政策的應用性當然也是有別的考量因素。參考Coats, *op. cit.* p.45.

[11] 參考Pfromm, Hansadam, Hans-Dieter Heike與Hans-Jürgen Krupp等人有關計量經濟學的討論。刊：*Wirtschaftswoche*, Nr. 44/1971, Nr. 1/1972與Nr. 2/1972.

[12] Duesenberry, James S., 1959, *Income, Saving, and the Theory of Consummer Behavior*, Cambridge/Mass, p.43. 社會學的參照群體，又譯為參考團體，係指足資吾人借鏡與參考之社會群體，因為它的觀點、行為模式、價值判斷成為吾人行為模仿的指數、或為吾人希冀欣羨之對象。

[13] 參考Frey, Bruuo S. 1972 "Warum man Ökonomie und Polititik nicht trennen kann?", in: *Wirtschaftswoche*, Nr. 13/1972, S. 34-40.

[14] 參考Kennedy, Charles and A. P. Thirlwall 1972 "Technical Progress", in: *The Economic Journal*, March 1972, Vol. 82, pp.11-72.

[15] 參考McClelland, David C. 1966 *Die Leistungsgesellschaft*, Stuttgart.

[16] McClelland, David C. and David G. Winter 1969 *Motivating Economic Achievement*, New York and London.

[17] 參考Heinen, Edmund 1972 "Neue Denkansätze für Betriebswirtschaftler", in: *Wirtschaftswoche*, Nr. 11/1972.

[18] 參考Kuhn, Thomas 1962 *op. cit.* 與Lakatos, Imre and Alan Musgrave (eds.) 1970 *Criticism and the Growth of Knowledge*, London.

[19] Dolan, Edwin G. 1971 "Alienation, Freedom and Economic Organization", in: *Journal of Political Economy*, vol. 79, pp.1084-1094.

[20] Hirschman, Albert O. 1970 *Exit, Voice, and Loyalty*, Cambridge/ Mass.

[21] 本章主要參考Fleischmann, Gerd所撰1972 "Integration bedroht die kritische Funktion der Einzeldisziplinen" 一文改寫而成，該文刊：*Wirtschaftswoche*, Nr. 16, (21, 4. 1972), S. 51-53. 此外，又可參考Fleischmann, Gerd 1966 *Nationalökonomie und sozialwissenschaftliche Integration*, Tübingen: J. C. B. Mohr.

第十八章　經濟體制的比較與評價

一、經濟體制及其分類

　　在尚未把經濟體制分類與比較之前，不妨先界定經濟體制的意義。經濟體制（economic system 經濟體系、經濟系統，以下均稱經濟體制）是一組互動的制度，其目的在使一個特定的社會（通常爲國家、或國家聯合的區域，國家之間的地域等）的經濟行爲，得到活動的方便、協調、或是受到限制。所謂體制、或制度可以說是組織、實踐、習俗、慣例而言，或以有形的物質、或以無形的精神出現在社會的生活當中、社會的文化裡，而爲民眾所熟知、所遵行的社會機制。

　　爲大家最熟悉的制度，莫過於形式化的組織，像廠商、公司、工會、商會、和政府等機構（經濟部、財政部、勞工部、賦稅署、中央銀行等等）。除了這些有形的組織之外，制度也牽涉到人們的實踐（務農、經商、生產、流通、消費等）、慣例與習俗（以農立國、重商、工業化）與法制（各種商工法令、產權保障、競爭的遊戲規則等）。要之，制度或是產自共同問題之謀取解決（交通規則、交易規矩等）、或是產自爭端的合理消除（所有權、遺產繼承權之法律規定）[1] 等等。因之，經濟體制乃是這類彼此互動而有密切關聯的制度所形成的組合體。

　　通常要爲世上既存、或如今消逝的經濟制度做一分類，其分類標準

大概是以經濟的意識形態（資本主義、社會主義、混合經濟體制）爲主。但嘉德涅（H. Stephen Gardner）卻提出下列幾種不同的分類標準來[2]：

1. 根據所有權分類：可分爲私有（資本主義）、公有（社會主義）、公私共有（第三世界某些企業）等。
2. 根據調控機制分類：分爲照章行事（傳統經濟）、市場供需的機制（市場經濟）、國家操控（統制經濟、計畫經濟）。
3. 根據誘因獎勵而分類：或以強迫驅使人民勞動、或以奴隸制（童工、女工）進行生產；但也有以物質獎勵方式（以升職、加薪、紅利、分股等方式來獎勵員工進行生產）；更有靠精神道義的獎賞（以愛國主義、商家榮譽、以未來理想社會的實現來畫餅充饑）。
4. 或抬高消費水平、或爭取經濟成長、軍力強大、分配公平、或企圖達成全民就業、物價穩定，也有在意環境保護、維持生態平衡者。

從上面幾種分類標準，可知經濟體制的分類只是學理的，未必爲現實的（歷史的）經濟體制之類型劃分，嘉德涅勉強劃分下列各種類型（如下頁表 18.1）。

經濟體制的特徵，其實也就是前述經濟體制分類標準，歸納爲四種：

1. 決斷的組織：由權力集中的少數人、或是分散的多數人去進行經濟的決斷。
2. 市場與計畫：市場與計畫乃是兩種機制，俾爲經濟決斷訊息的提供或抉擇的調控。
3. 財產權之控制與收入之分配：財產權涉及私產的處分、使用、轉移等。收入的分配則根據公產與私產之不同有所分別。
4. 獎掖鼓勵：物質或精神獎勵[3]。

表 18.1 經濟體制運作上的分類

分類標準／分類類型	主要的所有權在於	主要調控機制	主要的獎賞與制裁	主要的經濟目標
傳統經濟	部落	傳統習俗	軟硬兼施	自給自足、安和樂利
封建主義	君王、貴族、地主、僧侶等統治階級	以傳統為主，以市場為輔	強制、物質獎賞	王權伸張、貴族安富尊榮、照顧附庸農奴
自由企業的資本主義	私人、資本家為主	市場	物質獎賞	個人的自由、社會的穩定與繁榮
規劃的（regulated）資本主義	私人	市場，偶而也介入部分計畫	物質獎賞	個人的自由、富裕和社會的共榮兩者兼顧
法西斯主義、納粹主義	私人	市場	強制與物質或幾種獎勵	國家的權力與民族的光榮
統制的社會主義	社會公有	國家或政府的調控，容許部分市場的存在	物質與道義的獎勵，強制存在	力求社會分配的平均、宣揚社會主義的優越
市場的社會主義	社會公有；公私合有	改革開放後，讓市場自由運作	物質與道義的獎勵	追求均等、自由，俾實現社會主義的商品與市場經濟

資料來源：取材自 Gardner 1998：15；已由本書作者加以改寫，增加新項目與新觀點。

二、經濟體制滋生的問題

從上面的敘述，我們不妨把經濟體制界定為：「社會中組成經濟活動的行為之制度與模式底總和」[4]。當我們談到私有企業體制、或中央計畫的社會主義經濟體制時，使用的概念就是這樣的意思。在現代工業經濟體（economy）中，貨物與勞務的生產與分配，是涉及千千萬萬人互助合作的過程。為了提高效率，社會分工與專業化成為必要，而人人之間相互依存的程度，也日甚一日。共同操作與勞動所產生的社會產品，無論量方面，還是質方面，比起所有的個人單獨生產的成績之累積，不知超過好幾萬倍。不過千萬人在龐雜的合作過程中所涉及的互存關係，卻產生了無數的問題，而有賴各種不同的經濟體制，藉不同的方式來予以解決。

第一個問題便是決定究竟要生產什麼東西？生產量究竟多少？儘管生產的資源可以用無數種的方式來加以結合，可是科學技術與人力卻限定了最終的結果（產出）。特別重要的是國民生產物，通常分為投資貨物與消費貨物兩種。投資方面有所增加，固然有助於未來的消費，但卻削減當前的消費。

第二個問題是無數相互依存與關聯的生產過程，必須適當調節配合，經濟體才能順利發揮功能。但是要加以調節配合，卻是一件萬分艱鉅複雜的工作。只要社會生產的合作過程中，任何一部分稍微遲緩，便會影響其餘部分，乃至經濟體全部，真是所謂牽一髮而動全身。

第三個問題是如何把共同生產品加以分配的方式。這與勞動的報酬有關。由於人類並非單單是本能與習慣的動物，因此要使他們在正確的時間、正確的地點，做正確的工作，有賴誘導與報償。一旦社會的運轉主要仰賴成員追求自利，而非強迫、或精神上的激勵時，勞動的報酬（物

質的、或非物質性的）至爲重要。

　　現代的經濟體制之分門別類，主要的是靠它怎樣解決上述三大問題。本質上，體制之不同與下列三個特徵有關：(1)生產資料究竟是私人或公家所擁有，以及擁有的程度；(2)計畫強調的輕重；(3)公家或私人決定份量的大小 [5]。這三個特徵皆有關聯。譬如說，經濟體的目標，如受政府制定的成份大過私人，那麼中央計畫以及公家擁有生產資料的情形必較顯著；反之，消費者的需要之決定指引生產，則市場的過程必然存在，生產資料也多數爲私人所擁有。

　　不過上述的分別也不可以過份強調，因爲即使是中央計畫體系（統制經濟），也可能包含相當程度的個人自由，而能夠運用市場的力量。反之，私人企業體系中，包含大量公家經濟活動的成分，政府甚而藉財政與貨幣政策來干擾私人的活動。不過，我們無論如何得分別研究中央統制經濟體制與私人企業體制之基本原則，才能比較與分析現存各種經濟體制。當這兩種典型的經濟體制，檢驗清楚之後，我們才能轉過頭來看看各國經濟實狀，也才能判斷各種體制的得失。

三、經濟體制的基本類型

（一）私人企業經濟，又稱為資本主義體制

　　此一經濟體制的理論模型建構在幾種假定之上，包括生產資料的私人擁有與控制、職業的自由選擇，以及消費者至上的說法──消費者主權（consumers' sovereignty）[6]。這種類型的資本主義，反應了人們的信念，也就是說社會應該怎樣來加以組織的信念、貨物與勞務怎樣生產的信念。以美國爲例，這些信念都已轉化成爲制度的安排，而成爲資本主義的典型：包括私產、利潤的動機、價格制度、企業的自由、競爭、個

人主義、消費者至上、勤奮的勞動倫理和有限的政府 [7]。私人企業、或廠商、或公司將消費者對消費品（貨物與勞務）的需求，轉變為對勞力、資本與其他生產因素的需求。消費單位藉出賣生產因素給廠商，而賺取所得，其後將所得的大部分花在消費之上。於是金錢（貨幣）由廠商而流入消費者手中，再由消費者而轉流於廠商。這一貨幣流轉的數量大體保持一定數額。因為經濟學者假定，即使國民所得的部分不馬上供消費之用，而加以儲存，但仍貸供廠商做為投資財使用，或貸給消費者進一步消費之用。可是，儲蓄的國民所得之部分，如不繼續使用（再投資、或擴大消費），那麼貨幣流轉的循環，便受到干擾，而有可能造成不適當的需求、減產、與失業的嚴重結果。

價格與成本的關係，決定了每個廠商在各種市場中，究竟應生產何物及生產量若干。如果需求超過供給，產品價格超過單位生產成本，導致廠商的謀取暴利，而促其增產。反之，供給超過需求，價格低於成本，廠商少賺或虧本，只好減少產量。私有企業經濟的市場過程，涉及一系列的價格關聯，它們在充分就業下，有趨向均衡之勢。在此均衡狀態中，各種資源都以最高價格來被支付。其所以如此，係由於資源配合著消費者的需求，而被僱（應）用於最能發揮其作用之處。

為了說明價格機制（機能）運作的情形，我們不妨做一個均衡遭受破壞的假定。假定由於生產技術的改變，而導致某一特定均衡狀態之遭受干擾。譬如說代替人力生產的新機器的發明，增加了產量、減少成本（且在競爭條件下）、降低單位產品的價格，進一步還使廠商減少對勞工的需求。此時由於價格低落，所以購買此一商品者大增、或者別的商品的銷路也大增。在這兩種情形的任一情況下，對勞動力的需求會再度增加，雖然工人要由一行業轉途其他行業多少有點困難。如此一說，我們便可以知道，對於產品與生產因素需求的改變，固然會造成各種各樣的（產品與產因）市場上價格的變動，因而導致連串的反射作用以求適應，但最終還是達致一個新的均衡。

由是可知追求自利、藉競爭性市場而操作，理論上應該能夠使私人企業體系解決社會經濟的問題，而不必求助於政府的干預才對。在這種體制中，即使政府也參與經濟活動，其活動範圍限於滿足公共慾望，而為私人所不欲為、或不能為的那部分經濟功能。一旦政府不告訴其人民，如何生產、如何分配、如何消費時，私人企業體系乃享有高度自由，而非中央計畫經濟所能匹敵的。

可是私人企業經濟卻遭受三項基本上的批評。第一個批判涉及理論與實踐，第二與第三個批評則僅牽連到其運用之上[8]。

1. 由於私人所得取決於生產因素的擁有及其價格，因此私人企業經濟的社會分配是很不平均。此外，私人所得無法依賴政府的稅賦、或其他政策，來使其相等，因為此一體制之能夠運用自如，完全是由於生產資料私有，以及報酬不等的緣故。這一體制雖聲稱尊重消費者主權，但鑒於市場上貨物的流通，取決於購買力的有無，有錢與無錢者消費成一絕大對比，因之這個體制無法滿足經濟社會全體的慾求。

2. 私人企業經濟的市場機制（機能）端賴競爭。但壟斷專賣的日漸囂張，足以打開壓榨之門，進而壓抑私人倡議，或藉價格的操縱，而破壞了自由價格活動為主旨的私人企業體制。再說，政府頗難自市場中清除壟斷性的障礙，蓋這些障礙乃是今日大量生產技術所造成的惡果。

3. 經驗曾經告訴吾人，私人企業體制不是能夠永保高度的就業。在蕭條與停滯時，生產資源常被浪費，就是平時，國民所得也在最大可能性之下。不過不幸中的大幸是指政府的貨幣與財政政策的應用，有助於保持高度的就業。這類政策與中央計畫、或大工業的國有化不同。亦即政府一旦發覺私有經濟部門欠缺需求，便設法增加公家的支出，而造成充足的總合需要，而便利生產資源的充足使用，進而推動經濟活動。

（二）中央計畫經濟

又稱為「統制經濟」（command economy）、或「威權式的社會主義」（authoritarian socialism）。

這種經濟體制的特色是：所有生產資料（包括勞動力在內）為公家擁有與控制，以及由中央依據計畫下達命令，以指揮經濟活動。這種統制經濟、或威權式的社會主義其實就是舊蘇聯、東歐、中國、北韓、越南、古巴等建國時所採用的共產主義。這號稱共產主義的經濟體制，為有異於馬克思理想的烏托邦——共產主義社會——而是曾經存在過、或是目前尚存的社會主義國家所採用的經濟體制。所謂的共產主義的經濟體制也有不同次級型態，從舊蘇聯的官僚集體主義到前南斯拉夫的互補性市場經濟，正顯示其不同的內涵與樣貌。

共產主義的經濟體制，也是由各種制度所組成，這些制度的出現，完全是受到馬列主義（以及毛澤東思想、鄧小平思想、金日成思想、胡志明思想等）之意識形態的導引與控制。其主要的制度有經濟計畫、國有財產（產權歸國家所擁有）、權力集中在專政的共黨手中，以及以合作取代競爭，以集體對抗個人主義。不管是社會主義、或共產主義都大談：要建立新的經濟秩序和社會秩序，以改善資本主義之弊端。後者企圖藉社會改革的方式循序漸進來實現平等的理想，前者則不惜以暴力革命改革世界的面貌。社會主義在 20 世紀逐漸在西歐、北歐取得選舉的勝利，而以社會民主方式參與政治之改變，共產主義則因舊蘇聯、舊東歐共黨政權之垮台，而只由堅持改革開放的中、韓、越三共黨勉強撐持馬列的旗幟，而其實質則為擁抱社會主義的商品經濟與市場經濟[9]。

不過中央計畫這種嚴控國民經濟生活之極端的形式，在現實生活中尚不存在，事實上也沒有任何的共黨政府，可以不讓其人民享有部分的生產與消費之選擇自由，而重新分配國民所得。世上即便是最專橫、最獨裁的政權，也得允許消費市場的存在，而讓人民享有部分的職業選擇

之自由。

　　因此，中央計畫經濟還是應當被看成為致力於公有生產資料（土地與資本）與人力計畫的配合之經濟體制。亦即一面為物質生產工具之公家擁有與控制，一面在容許私人擇業與消費自由的限度內，實行中央的計畫。因為政府對人民擇業與消費自由的讓步，是有重大的影響關係。如果勞動者不肯依據計畫參與生產行列，只好藉強迫或獎勵方式為之。就長期觀察，獎勵比之強迫更能抬高生產效率。獎勵的方式，包括工資（職位升遷、或薪津）的分等。這也就是意涵著中央計畫經濟，無法達致所得分配均等的理想，以及它的勞動市場與私人企業體制也有大致相似之處。

　　在中央計畫經濟制度下，消費者被允許享有某些選擇消費品與勞務的自由。這表示消費市場仍有存在的必要，不過並不意味生產是符合消費需要而自動調整。事實上，一個中央計畫，是無法機動到像價格與成本的估量那樣，自動調整其生產部門。在這意味下，消費者的選擇是極為有限。

　　中央計畫經濟解決其社會經濟滋生的問題之方式如下：經濟的重大目標由政府決定，然後將這些目標轉化為中央計畫的詳細方案。由於在充分就業下，新的投資與消費品的生產一起在爭奪國家資源，因此計畫必須無所不包。至於實施細則端賴既定目標、生產資源可供利用的程度、生產技術、以及某些均衡的需要等因素。所謂的平衡，是指投入與產出的均等而言。實際上，平衡的獲致乃是經由試行錯誤而趨近相等。

　　中央計畫並不依賴價格與成本的計算，也不允許各地企業擁有獨自決定（主要的決定）的權力。計畫已訂下產出的比例（限額），而由固定的生產資源之動用，而達成既定目標。擁有技術性知識的經理人必須遵守不具這類知識的計畫者之命令。當然計畫者也由執行者獲得情報，俾供下次制訂計畫、或修正現行計畫的參考。提供情報的執行者，常是企圖影響中央的決策，而便利自己的實踐，因之曲解自己能力者有之，

罔顧事實者有之，胡作亂爲者有之。

中央計畫仰賴物質上的、或物理上的均衡，亦即仰賴一種關係體系之建立。譬如說供應給所有需用鋼鐵工業（俾生產預訂的鋼鐵製品之配額）的鋼之總供應量，應與造成此鋼產出之數量的各種資源投入量相當。當然不是所有的均衡，都可以用物質數量來標出。當不同事物（勞動、油料、運輸、服務等）湊合時，便須用貨幣的表示來指明平衡是否已達致。貨幣平衡之不可缺，不僅由於計畫上的便利，尚且牽涉到薪資的問題，即勞動者獲取金錢的報酬，而公家購物時，也得償付貨幣。

中央計畫經濟中貨幣的使用，並不意味著計畫的實施，是跟著市場價格的指引。所有的價格俱由政府所制定，而很少變動。價格僅供平均與計算之用。國有企業與企業間貨幣的流通，僅便利計畫的推行而已。

對中央計畫經濟最大的批評，是這種體制無法有效率地分配其資源。計畫者與經營人員（實行者）無法將其決定置於價格基礎上，蓋價格能夠實際地反映貨物與勞務的真正成本。不過有關機構卻擁有決定投資率大小的權力。由於投資率的大小對經濟成長率，具有決定性的影響關係，因此中央計畫經濟，可藉投資率的調整，而補償它在生產資源分配方面的誤失。當然統制經濟最受詬病的是人民僅能享受低度的消費 [10]。

（三）市場的社會主義經濟

又稱爲市場的社會主義（market socialism）、或自由的社會主義經濟體制（liberal socialist economies）。

這是尊重消費者的主權，而摒棄中央統制經濟獨裁的性質。它們堅持由消費者來指引生產，俾獲致真正的消費者主權，而不是配合政府的願望所生產的有限貨物（與勞務）中，由消費者做低度的選擇。這類制度的擁護者也認爲，在社會主義的經濟中比私有企業制中，更有可能實現消費者至上主義，因爲公家擁有生產的物質資料，更能促成所得分配的平均。不過自由的職業選擇與報酬的不等會使完全的平等無法達致。

在市場社會主義體制中，每個社會主義的廠商可以在一定的限制下，對其產品之數量、價格、科技應用程度作出決定。亦即依市場的供需體制作出決定，其管理層或由政府指派、或由工人自行管理。至於利潤，或歸國家、或歸全體工人。工人的協力管理與控制，保障其職業之穩定與收入之公平 [11]。

市場社會主義者一般都排斥統制經濟，蓋後者權力過於集中之故。他們要企業的管理（經紀）人員，依價格的信號而做出其決定。他們認為將生產資源作有效分配與運用幾乎不可能，除非能夠將反映產因（生產因素）與產品之間相對稀少性之價格結構，也正確地與連貫地加以估量。在這一意義下，市場社會主義者不反對私人企業的其他屬性。

但市場社會主義經濟體制也遭遇問題與困難。首先，自由的社會主義遭逢的事實，是生產資料的公家擁有，排除了投資財貨的真正市場，亦即企管人員，無法自由動用國家的資源，從事競爭性的再投資。要達到此一地步，除非各種各樣的價格都很正確，都能夠正確反映產因與產品相對的稀少性，而做到價格與成本相同的情形。這當然是一種的奢望，而一時辦不到的。

另一個困難涉及經紀人員，他們究竟將如何取捨？特別是發現計畫當局的決定與消費者的願望背道而馳的話。有些社會主義者認為在此情況下，建議經紀人員不妨比照在完全競爭的市場裡從事決斷的私人企業家，做獨立的決定。當商品的單位價格與成本相似時，他們宜進行生產。假使要再度創造私人企業制中完全競爭的條件，那麼必須重做各種的計算，就如同價格不受經紀人員的決定而獨立存在一樣。

波蘭的經濟學家（也一度擔任過波蘭共和國駐聯合國代表團團長與副總統）郎額（Oskar Lange 1904-1968），指出：「社會主義的真正危險，乃是經濟生活的官僚化，而不是不可能解決資源配置的問題」[12]。無論如何，官僚現象必然猖獗，因為公家的企業之間各種來往（金錢或實物的流通）所依賴的市場，早已不存在之故。總之，市場的社會主義

經濟與中央計畫經濟，同樣遭逢類似的困難：中央（決策者、計畫者）欠缺知悉真實價格的能力；而真正處在經濟活動最前線的經理人員，雖擁有技術知識，卻不願把計畫所制定的價格，看成為正確的價格[13]。

四、西方典型的市場經濟

　　私人企業體制的存在為時不算太長。對於私人企業的加重與強調，係演展自對重商主義的反彈。誠如亞丹·斯密所言：「這乃是一種嘗試與企圖，旨在指引私人應當如何來使用其資本」。他相信每人都在追求自己所熟知能詳的利益。因此每個人都被「一隻看不見的手所指引，而增進一些他無意追求的目的」[14]——社會的利益。斯密曾經被誤解為只贊同完全私人的企業，而反對政府的干預。事實上由於他的影響，使過去一味由政府干預的情形，變成干預減至最小程度。

　　不過就是政府干預降至最低程度的說法，也難取信於人。原因是自由競爭的市場過程，只是一種手段而非目的。如市場任其自由發展，必然會導致壟斷現象的產生，隨之而來的是大眾失業的危機，而造成社會分配的極端不均，亦即為眾人所指責的社會不公，是故政府某種程度的介入，仍屬必要。

　　然則 19 世紀的資本主義，乃是一種具有高度生產力的經濟體制，也是競爭的資本主義鼎盛的時代。連馬克思都證實這種說法，他說：「在不到 100 年的統治期間，布爾喬亞（資產階級）創造了更大量、更巨大的生產力，超過過去數個世代努力的成績」[15]。就整個情形來判斷，這一體制尚能運用自如，才能使西方國家在第一次世界大戰後，迅速復興。一直要到 1930 年代初，由於世界經濟大恐慌。與大量失業的發生，與危機的延續多年，才使世人徹底重估此一制度，由而釀成所謂的「凱恩斯革命」。

凱恩斯指出：「古典的經濟理論固然包含很重大的真理……。但今日我們不能毫不加修正地全盤接受」。他主要的批評爲：古典經濟學教導我們，市場經濟傾向於造成充分就業的均衡，而且儲蓄會被用於再投資之上。凱氏卻認爲此種說法不可靠，蓋減少支出的慾望之增高，以及流動性平衡的保持（在期待價格繼續下降的情形之下），將會提高利率，而減少投資支出，其結果造成失業的情勢。他又認爲在壟斷的市場之條件下，工資與價格喪失下擺的彈性之假定，是比較符合事實。假若市場經濟有賴價格做爲信號，又假如價格下降遭遇困難，那麼只有兩種的結果產生：或是通貨膨脹、或是（當政府緊縮銀根，而企圖穩定物價時）大量失業，蓋固定的物價與上漲的成本造成生意難做的緣故。因之，凱恩斯認爲政府大力干預，乃爲保持高度就業的經濟體，所不可或缺的條件[16]。

在西方先進工業國度中，政府承擔了保持高度就業水準的職責。政府預算中，不以預決算平衡爲上策；反之，故意造成（暫時性）赤字。亦即由增加支出與減少稅收，而造成入不敷出的情形，以保持有效的總合需要。由於這類財政與金融政策極爲複雜，每國使用方法有異，因此成效也參差不齊。其最明顯者爲一時求得就業與貨幣穩定之兼顧，殊屬不易。所有西方財政與金融政策彼此間儘管有異，但與早前共產集團的中央計畫比起來，又是絕大的不同，而自成一體制。就是西方盛行社會主義的國家（北歐、西歐等民主社會主義），也逐漸失去大工業國有化與中央計畫的興趣，因爲私有企業制，只要能保有總合需求，而無太劇烈的通貨膨脹時，尚不失爲一種成效優越的體制。

在西方經濟體制中，儘管公家部門成長率高低有很大的不同，但大體上其經濟結構上的功能與私人企業的操作具有相似之處，最終，主要地仍仰賴私人企業之產出，來求滿足全社會的需求。

五、蘇維埃類型的經濟體制

(一)前蘇聯的中央計畫經濟

前蘇聯經濟主要的問題，在於它的中央計畫之複雜性。自史達林死（1953）後，人們開始懷疑到這一體制組織的正確性。雖然沒有人建議取消中央計畫，但卻指出它的誘導體系有問題，因而主張經理人員需要更多的獨立決定權，又指出中央計畫者的毛病——不能解決資源配置的問題。於是改革者企圖改善中央與地方的關係，藉一套新的誘導體系，來獲得經紀人員的支持，而非破壞中央計畫，並激勵那種為消費者所真正需要的貨物之生產。

有鑒於中央計畫的流弊，因此改革呼聲集中於分權方面，於是李伯曼主義（Libermanism）一詞逐漸為西方研究共黨問題的學者所樂用。它涉及蘇維埃式的經濟之分散理念與架構，特別是牽涉到賦予個別企業以較大的獨立自主。李伯曼主義的倡導者即蘇聯經濟學教授李伯曼（Evsei G. Liberman 1897-1983）氏 [17]。他曾指出，中央計畫體系必然導致經理人員，對計畫機關隱藏其企業的潛能，且脅迫後者提供超額的物資與資本。由於經理人員浮報濫報成風，因此只有藉嚴格的監督來考核其工作。中央計畫機關必須花費龐大的人力、財力來控制與監督千萬個企業單位，既屬浪費，而又缺乏效益。李氏的意見連蘇聯總理柯西金也得加以承認，蓋後者說：「企業的經濟活動之過分規定，有取消的必要」，因而要求建立「使企業伸張的權力得以確定的立法之保證」[18]。

李伯曼提出的建議，旨在修正誘導生產的方式，「凡對社會有利者，必對企業的集體有利，也對集體成員的個人有利」。經理人員仍舊被要求去完成其一定的生產限額。此外，價格、投資、以及「所有的價值、

勞動、與主要品質指標，以及生產、分配與消費範圍中的比例」，仍舊受到中央的決定。不過「中央計畫單位對於企業的小節上的監護」，將被「經濟槓桿」（economic lever）──重視經濟效益──所取代。經濟槓桿之主要部分為「效益率」（profitability rate），即企業能否獲取利潤──由產出與投資的金錢比例上表示出來，用來與官方為各生產部門所訂的「效益規範」（profitability norm）相互比較，便可一目瞭然。李伯曼強調利潤（企業也可分享）的目的，在於阻止經理人員浪費資財，阻止他們要求超於其本身真正需要的資本。他們擔心努力增產造成規範的節節上升，因之改革方案中，規定此一規範以不超過五年為一期限。在迫切需要或特受重視的產業中，低度的效益規範是鼓勵倡導新產品與新技術的手段。

藉著分散的使用經濟槓桿，來改革中央計畫過程，在邏輯上必然要求建立一種價格體系，足以反映資本財、生產資源與商品之間相對的稀少性。假使利潤的增加率是由錯誤的價格與資本值估量而成，則毫無意義。只要沒有任何人能夠顯示，中央機構能夠正確制定千萬種正確的物價時，那麼要建立正確的經濟槓桿，談何容易。

另外一個難題為如何來制訂企業所需的操作計畫。經理人員可否競取投資用的資金，可否被允許使用投入混合，俾降低成本，這些都是未知之數。假使他們可以這樣做，那麼這些經理人員的決定，是否與政府所懸各種數字相一致，還是大相逕庭[19]？

總之，舊蘇聯的經濟體制是統制經濟，伴隨著貨幣的使用，與家計選擇的自由（但不是消費至上主義）。更重要的是這種體制乃為仔細詳盡的中央計畫。計畫的大部分是同等地位的相互調整（coordinative），以代替市場機制的不存在。制裁與獎勵是引導人們與計畫配合，以及促進生產力的手段。此一體制的組織，旨在動員資源、保持高度投資率，並利用現代技術，來提高最大程度的生長。其重點放置在重工業的擴建，俾迅速增大資本形成能力，與抬高國家權力。經過 20 多年的忽視之後，

農產品與消費品又獲得重視的機會。此一體系在浪費資源，與犧牲產品的式樣、素質與服務之下，使得工業生產劇增，顯示過度集中與抬高消費者的慾望。爲此改革乃爲必要。改革包括引入市場機制的某些因素，與分散權力於各地企業管理人員，以及新的利潤分享之誘導體系等之建立[20]。

柯西金 1965 年的改革，隨著其後布列希涅夫的掌權，在 1970 年代無疾而終。不過 1970 年代末期蘇聯官方多項宣布管理的改革與計畫體制的改善，特別是 1980 年代初管理權的下放分散，都在提高中央計畫的效率。此時計畫的電腦化、產品品質的合規格化、企業成功因素之探究等等，顯示對經濟決定的改善。不過，價格改革雖被提及，但未敢付諸實施。

1985 年戈巴契夫上台採取大刀闊斧的改革措施，推出「改造」（perestroika）方案。改造所涉及的不只是經濟改革，還包括政治與社會的改革，故其規模極爲龐大。由於改革之對象涉及社會全面，可謂空前的激烈，但初期的改革卻遭到執行改革的官僚之阻擾反抗。第一期（1985-1987），由戈氏宣布改革之原則：決斷權之分散、增強人員之角色、投資次序之刷新、西方資本的引進與民主化等基本項目。此爲剷除統制經濟之第一步。但除了政治上的改革引起注目之外，經濟改革並未取得成果。

第二期（1987-1991），由蘇聯共黨中央委員會於 1987 年 6 月開始發布一連串的經改命令。其中以 1987 年夏的企業法最爲重要，涉及外貿、外資與稅務等政策之修改。企業雖在政府指導下經營，但賦予自負盈虧的權力，可以自尋原料供應商，而不必依賴政府資源部門之供應。但農業部門的生產表現仍無多大起色。

第三期隨著 1991 年 8 月政變，戈巴契夫垮台之後，解體的蘇聯政權轉化成十五個獨立的共和國，其主要的繼承人爲俄羅斯共和國。由於過渡期經濟的運作，市場逐漸建立。不過市場的分配（資源與產品的分

權）並無法硬性套在既存的行政的統制經濟之上，亦即市場的遊戲規則尚待建立，這包括契約的履行、所有權的規定、價格決定之自由等明文之標明。

第四期為政變後期（1991-1999）至今的俄羅斯葉爾欽的改革。此期俄羅斯領導人仍高喊經改口號，但卻必須處理棘手的政經問題，例如政經分離原則、財產權、民法等，亦即徹底私有化的角色。這一時期出現的爭執究竟是以緩進方式，還是師法波蘭採取「震盪療法」進行全面而又急進的改革，成為爭論的焦點[21]。

（二）早期南斯拉夫工人參與的經濟

1948 年南斯拉夫與蘇聯決裂之後，走上「社會主義分開的路途」，決意實現「分散權力與民眾參與」的目標。此一實驗引起廣泛的注意。蓋世人正密切注視其所謂「參與的民主」（participatory democracy）之推行，以別於舊蘇聯模式。前南斯拉夫遂將市場的社會主義與工人的「自我管理」結合成一個新體制。從 1951 年至 1964 年貝爾格萊德採用了市場與計畫混合的經濟政策，由聯邦政府主導分配投資的資源。可是區域與種族的歧異造成分權的傾向，也為南國最終的解體埋下分裂對抗的種子。1965 年的改革開放造成分權大勢，而削弱統治的共產黨聯盟。1972年，形成朝諸侯（區域分裂）經濟發展，中央已無力控制全國。是故 1972年開始了集權與恢復社會計畫。1974 年新憲法出爐，1976 年的「社會計畫法」企圖重新抬高共黨的角色，而視市場為經濟活動協調的過渡性工具。1970 年代外債沈重，1979 年政府大力削減輸入。1980 年代重新進行經改，把權力由區域移轉聯邦。南國工人被迫尋找工作於西歐各國（流落在西歐的南國客工在 1988 年多達 65 萬人）[22]。

基本上南斯拉夫體制為狄托主義的經濟實踐。狄托主義含蘊重返市場價格體系、依賴效益標準與誘導方式。但它並不意謂放棄一黨專政與社會主義，也不放棄總體經濟目標的中央計畫。亦即它企圖在經濟體各

部門中，像一個工廠裡，可由其工人自行管理[23]。

在南斯拉夫工人管理下，工人有權可在其同僚中選出一工人理事會，以及一個經理部門。企業的總經理，在符合工人的願望下，推動生產工作。由於彼同時為地方團體的代表人，可以有時把工人之願望擱置一邊，當他認為這些願望違背現行法規之時。

可是工人理事會對企業的經營之影響力相當大。工人不僅共享企業的盈利，他們也可以要求提高薪資，甚至犧牲企業的投資財，也在所不惜。有時也在犧牲消費者的權利之下，制訂某些壟斷性的價格。

在南斯拉夫一連串的改革，將國家的經濟計畫降低至剩下重大生產計畫目標之釐訂。不過政府有權決定資本累積率與經濟成長率。企業並沒有被分配某些生產限額、或固定的物資配額。企業可根據價格的信號與利潤的考慮，而做成他們所要操作的計畫。

當時伯爾格萊德的聯邦政府，在分配投資金額時，不以市場為標準，而做政治上的斟酌。此外，控制企業活動的價格，在很多場合為政府所制定與控制，旨在引導企業配合政府的經濟目標。由於此類經濟體制，不完全仰賴市場，一旦其功能受到市場、利潤動機所影響時，錯誤的分配、與前後矛盾的現象便暴露無遺。再說，由於缺乏中央計畫，以市場為主所做的計畫之經濟，有時也會受到通貨膨脹與失業的襲擊[24]。

自 1950 年至 1973 年之間，南斯拉夫經濟進步是不平均的，且在集中與分散之間搖擺。這種具有「工團主義的結構」（syndicalist structure）之體系，使工人擁有較大權力，或可與吉拉斯（Milovan Djilas 1911-）所抨擊的「新階級」——官僚的權力相抗衡，也說不定。總之，此種體制之無法繼續運作，在狄托逝世後（1980），便告分曉[25]。

在狄托以 87 歲高齡謝世之後，南國不再有全國統一的強人，反而由各邦首長輪流（一年為期）擔任國家元首，以致長期的穩定與統一之計畫無從實施。區域與種族衝突難免，南國不久便陷入內戰與解體中，從而也結束了市場社會主義與工人自行管理的實驗。1980 年通貨膨脹由

30％跳至 1987 年的 100％，至 1989 年竟達 10000％，失業率也由 1970
年代末期的 7％，躍升到 1980 年代 10％和 1990 年代的 15％。

　　社會擾攘不安迫使執政共黨在 1990 年讓出其「領導權」，而讓克
羅西亞和史洛文尼亞進行自由的選舉。1991 年 5 月塞爾維亞阻止克羅西
亞之輪值南國元首，導致憲法危機。次月克羅西亞與史洛文尼亞宣布脫
離南國聯邦，而成為獨立國家。之後馬奇頓、波斯尼亞、赫左哥維納跟
進。塞爾維亞與蒙梯內哥羅合組成業已縮小的新南斯拉夫。南國血腥的
種族戰爭與屠殺於焉展開，雖有歐美與聯合國的介入，塞國對科索窩進
行的種族屠殺尚未因著國際介入調停而獲得解決。

　　檢討南國獨一無二的市場社會主義，工人自行管理體制，指出其毛
病，在涉及自行管理方面有四：(1)共黨的領導角色，使參與民主名存實
亡，名實不符；(2)工人真正參與工廠治理者很少、很小，大權仍操在經
理人員手中；(3)工人自我管理過程冗長緩慢，造成工時的浪費；(4)自
我管理的決定錯誤，導致無效率與失業人數增大。南國體制的另一問題
涉及勞工自管的廠商與供應商之關係，一旦供應材料起價，廠商的反應
是裁員與減產，造成了市場的不穩定。

　　南國體制並不獎勵新發明、新產品、新市場，以致新產品由舊廠商
在經營，在擴大其設備，俾滿足地方的需要，是故企業層無法產生。再
說工廠利潤大部分為工人均分，無再投資的心理準備，又無股票持有權，
工人離開工廠時，其福利、收入均告消失。此外，南國政府對通貨膨脹
控制之無力，而自行管理廠商的工人又投票加薪。廠商靠舉債來再投資，
加上無破產法之規定，中央銀行對信貸與貨幣供應的過多，也無力控制
貨幣的發行量，於是貨幣膨脹一發不可收拾。其結果失業率高攀，經濟
成長緩慢，更諷刺的是南國體制致力於收入的平均，但經過 40 年的經
濟實驗，在 1970 年代與 80 年代中期之間，南國國民收入平均值不若匈
牙利、波蘭、德國與瑞典，亦即貧富更為不均。反之，貧窮者（年收入
在 900 美元或以下）居然由 1978 年的 17％增加到 1987 年的 25％，在

這段期間北半球 25 個國家中只有波蘭的貧窮率勝過南國。

在眾多缺陷中，只有消費者主權方面，南國體制比東歐其他共黨國家為優。此外，環境的保護，也較符合工人及其附近民眾的需求。

總之，南國的實驗顯然不算成功，其理由不只是經濟的因素，更多是地理條件、歷史的包袱、以及兵連禍結、戰火連年。要之，要給予南國經濟體制一個客觀公平的評價並不容易。可以說，這一體制是由政府（或共黨、或狄托）硬行套在人民額上的枷鎖，而非自由與自然的發展演變，這是導致其失敗的主因[26]。

六、發展中國家混合的經濟體制

假使單靠市場力量便可奏效的話，任何具有經濟發展潛能的國家，便要積極利用市場的潛力了。由是可知還有其他的力量底存在。在此較為低度發展的國家之生長過程，有賴政府某些形式的活動之催促與刺激，目的在於創造有利成長的條件。這並不意味政府的行動與經濟的成長之間有正面的相應關聯。有時剛好相反，政府的積極參與，造成經濟的呆滯不前。假使政府能夠成功地帶動市場勢力與私人倡議，使其投入經濟過程，則可逐漸克服發展的阻礙，而造成良好的結果。

在發展中國家裡，中央計畫對於官僚的能力而言，造成過量的負荷。更何況在這些國度內，欠缺強而有力，辦事效率較高，而又清廉自守的官員。在欠缺這類行政人才之下，政府最好避免從事計畫的工作，以免弄巧反拙。

當然政府的倡議與帶頭活動是不可少，特別是在排除經濟發展的阻礙之時。主要的阻礙通常包括，相當程度的窮困、無力糾集充分的資財、貨幣誘導的欠缺與政府不合適的服務。經濟發展所需的政策之明確化是迫切的。一個混合型的經濟體制是無法由一個簡單的綱領，便可建立起

來。假使政策不是屬於蘇維埃類型的經濟體制，那麼不管它增強多少活動，其目的應在創造與維持強而有力的私人部門。

在此情形下，政府所要解決的是下列三項重大問題：

1. 政府首急之務在於將教育、健康、運輸、電力與其他經濟體的基本設施（infrastructure）所涉及之投資，予以優先考慮。可是要把極其有限的資金與行政人才，配置與挹注於上述急務，卻是困難萬分。

2. 因此政府必須儘量限制其活動，而賦予私人部門更大的活動空間。為此目的政府必須創造市場條件，俾便利私人企業有效操作。貨幣誘因必須加強，而投入的資金移位最具生產力的部門。正確的價格與成本結構必須建立，而便利這一配置的過程。

3. 政府必須獲致最高度的總合投資額，並使它與貨幣穩定相配合，而避免在公家開銷方面，動用過多的投資資金。

發展中國家的行政機構與行政功能，很容易受到誘惑，而犯錯累累。譬如說，政府可能會嘗試利用過剩的農業勞工去從事資本財的生產，而無視於吸收鄉村地區「偽裝的失業」之前，須要克服重大的阻礙。這些阻礙包括，在減少農業勞動人員的情形下，防阻農產品消費的增加；這些不再參加農業生產的過剩勞工，必須獲得資本財的供給；勞動者必須接受貨幣誘導，而有所反應；要改變這些事實，所需的行政方面與私人方面的帶頭作用（倡議）等等。此外，「偽裝的失業」與經濟業已發展的群眾之失業，不可相提並論。亦即不能以造成赤字的開銷，來加以應付。也不能一下子把這些過剩勞動力投置於需要龐大資金的大工業計畫裡。增加開銷並不能勸導工人從農業轉向工業，特別是如果不能抬高生產力，則可能導致物價上漲與通貨膨脹。此外，強調資金耗用的投資方案，也破壞了資源調整與配置的基本原則。在人口眾多而又貧困的國家，創造就業的方案，應以勞動力消耗為主的安排較為妥當。貧窮的國家如

一味模仿富裕國家建置「櫥窗式工業化」，無異是本末倒置，得不償失[27]。

七、經濟體制演化的展望

對於西方類型與舊蘇聯式經濟體制最近的演變，有稍加留意的人，或者不免要做出這兩種制度合致（converging，或稱殊途同歸）的結論。在西方經濟體制中，公家部門有逐漸坐大之勢，且人們一再關注如何在穩定的物價之下，保持高度的經濟活動。在蘇維埃類型的經濟體中，則出現權力分散的現象，以及利潤為激發劑的誘導作用。

所有的經濟體制必然要討論到這類相似的基本問題，因此諸種體制的顯示相似面貌實無足怪。各種經濟體制之所以有其相似之處，也可以歸因於現代工業化過程，蓋科技工藝無分國界，不管意識形態，到處可用之故。一旦時過境遷，財富增加，人們總會湧現消費自由的慾求，因而在中央計畫的經濟體制中，這種追求自由的信念，便會形成一股壓迫的力量。反過來說，在私人企業體制中，也產生集體消費的願望。假使這類相似之處，構成各種體系的交叉與合致，那麼我們得承認合致的存在。可是合致如果是指將市場力量與中央計畫予以合併，而造成一種單一的體制，用以取捨原來贊成或反對的事物，那就不算是真正的合致了。一面在分散經濟決定權，他方面在控制市場的價格，這些努力至今尚未奏效。此舉可能導致一個混合的、非人們所願望的體制，其結果生產過程既非適當地受到中央的調控，也非私人的決定所導引，而成為不倫不類的混合體[28]。蘇聯崩解後，儘管多次使用「震盪療法」（shock therapy）來改革俄羅斯的經濟，但其成效不佳，就是明證。

「合致論」（或稱殊途同歸論）的興起，是由於第二次世界大戰中、舊蘇聯與西方盟國對抗軸心國的緣故。也是科技高漲、意識形態進入「終

結」的 1960 年代末之表現。更是英國實施國有化、法國推動「指標性的計畫」（indicative plan）、德國（西德）實行社會市場經濟、舊南斯拉夫採用民主參與工人共管的結果。1960 年代末，隨著新左派與學潮、工潮的湧現，西方倡導改革與福利經濟之聲大起，接著是保守主義的抬頭。於是合致論之聲勢驟降，取而代之的是「殊途論」（divergence）。1970 年代開始的舊蘇聯與東歐之重新倡議經改，最後使共產主義潰敗，整個蘇聯解體，社會主義經濟有向資本主義靠攏的跡象，導致部分西方人竊喜，妄稱資本主義已征服全球。在此情形下，勉強復活了「合致論」的說詞，其哲學基礎無疑地爲福山所描繪的「歷史的終結」之經濟版。

事實上，後冷戰時代，區域主義（regionalism）與寰球主義（globalism）崛起，人們相信民主與市場終於在各種意識形態與制度的競爭中取得勝利。寰球主義一旦壓倒區域與民族主義，人類的和平與繁榮似乎可期 [29]。

隨著 1980 年代末與 1990 年代中，舊蘇聯與東歐逐漸鬆綁，它們放棄了計畫經濟，而接受市場經濟以來，這成爲過渡的經濟（economies in transition）。過渡時期的經濟，並非全心全力在擁抱資本主義，不少的經濟決策者對統制經濟，動用國家的力量來促成經濟快速成長，仍懷有眷戀之情。更何況體制改變帶來的社會不穩、失業、通膨、貧窮、與貧富懸殊，令他們對資本主義的弊端十分警惕畏懼。更嚴重的是 1990 年代初以來，暴露了舊蘇聯與東歐在過去半世紀當中對自然生態的破壞，對環境的汙染，令人觸目驚心。如今面臨經濟轉型，如何處理汙染、保護資源與環境，也成爲舉世矚目的問題。

經濟的轉型並不限於社會主義國家的經改，就是資本主義的國家其經濟制度、政策也不斷地在改變。通常認爲資本主義的改變在於權力、決斷運作的分散，而社會主義國家的經改，卻是由中央主導和主控，而非個別企業自動自發的改變。當今的改革計畫卻在尋獲體制的新成分與政策的新方向、新措施，俾取代傳統的安排。不過這些過渡時期的社會

主義，其經改不只是視爲既存的安排之更新，而是因爲市場力量，而非計畫統制，在促成其把整個體制「轉型」爲另一新體制。整個改革的重點似乎擺在轉型的過程之上。換言之，當今社會主義國家經濟的轉型並非在於組織的改變，而是資源挹注分配的經濟機制（mechanism）之改變。亦即市場機制取代了計畫的統制機制，其改變只有訴諸「私營化」（privatization）。但要使各行各業私營化卻是相當困難的事情，這也就是 1990 年代社會主義轉型的困挫之因由[30]。

誠如沙繆森（Paul M. Samuelson）所言，最好一個經濟體制的成員能夠擁有上述兩個制度的優點——有計畫地改善市場經濟的操作，同時又能擁有生活中最美好的事物，那些不藉國民總生產額而顯示事物——做自己喜愛之事的自由、批評的自由與改變的自由[31]。這就是擷取兩種制度的優點，而摒棄其缺陷，在這方面北歐（特別是瑞典）的民主社會主義似乎達到某種程度的成功，而爲世人所羨慕與讚賞。

註 釋

[1] Bromley, Daniel W. 1989 *Economic Interests and Institutions*, Oxford: Basil Blackwell, pp.82-104.

[2] Gardner, H. Stepher 1998 *Comparative Economic Systems*, Fort Worth, Tx, *et. Al:* The Dryden Press. 2nd ed., 1st ed. 1988, pp.5-15.

[3] Gregory, Paul R. and Robert C. Stuart 1994 *Comparative Economic Systems*, 4th ed., Boston *et. al.:* Houghton Mifflin Co., pp.17-22.

[4] Halm, G. N. 1974 "Economic System", in: *Encyclopedia Britannica*, Chicago *et al.:* Benton, 15th ed., Macropedia Vol. 6 pp.273, 本章主要參考此文寫成。

[5] Grossman, Gregory 將此三特徵濃縮為「調整機制」（coordinating mechanism）與生產工具「擁有」（ownership）兩個分類標準，參考 G.Grossman 1967 *Economic System*, Englewood Cliffs, NJ: Prentice-Hall, Inc., pp.15-16.

[6] 施建生指出：現代（西方或模仿西方）的經濟社會之特質為：第一、對於私有財產是維護的；第二、對於私人經濟的自由活動是允許的；第三、由於私人經濟自由活動的結果，有時並不能增加其社會一般的利益，有時甚至還會妨礙社會一般的利益，因而政府的經濟任務也就相應增加了。見其所著：《經濟學原理》，台北，第五版，1972，第28至29頁。

[7] Schnittzer, Martin C. 1994 *Comparative Economic Systems*, Cincinnati, Ohio: South Western Publishing Co. 6th ed., pp.22-29.

[8] Grossman, G., ibid., p.274, 又參考Leeman, A.（ed.）1963 *Capitalism, Market Socialism, and Central Planning: Readings in Comparative Economic System*, Boston; Bornstein, M.(ed.）1969 *Comparative Economic Systems: Models and Cases*, Homewood, Ill.

[9] Schnitzer, *op. cit*, pp.58-60.

[10] 關於中央計畫經濟體制，可參考 Sweezy, Paul M. 1949 *Socialism*, New York; Bornstein, M. and D. R. Fusfeld（eds.）1961 *The Soviet Economy：A Book of Readings*, Homewood, Ill., 1966; Montias, J. M. 1962 *Central Plannings in Poland*, New Haven.; Gelb, Allen H. and Cherye W. Gray, 1991 *The Transformation of Economies in Central and Eastern Europe*, Washington D.C.: US Government Printing Office: Kornai, Janos 1990 *The Road to a Free*

Economy: Shifting From a Socialist System: The Example of Hungary, New York: Norton; Solimans, Anders 1991 *On Economic Transformation in East-Central Europe: A Historical and International Perspective*, Washington D.C.: The World Bank; Bockarev, Andrew, G. and Don L. Mansfield（eds.） 1992 *The United States and the USSR in a Changing World*, Boulder, CO: Westview Press; Prybyla, Jan, "The Road to Socialism. Why, Where, and How," *Problems of Communism*, vol. XL （Jan.-Apr. 1991） Washington D.C.: U.S. Government Printing Office, pp.1-17; Spencer, Grant H. 1992, *Common Issues and Interrepublic Relation in the Former USSR*, Washington D.C.: International Monetary Fund.

[11] Zimbalist, Andrew, Howard J. Sherman and Stuart Brown, 1989 *Comparing Economic Syatems: A Political Economic Approach*, 2nd ed., San Diego *et al.*: Harcourt Brace Jovanovich Publishers, pp.10-11.

[12] 引自 Halm, G. N. *ibid.*, p.275,參考 Lange., Oskar 1938 "On the Economic Theory of Socialism", in: Lange, Oskar and Fred M. Taylor, 1969 *On the Economic Theory of Socialism*, Minneapolis, 2nd ed.

[13] 有關自由的社會主義政策,除參考註12之外,可參考 Dickinson, H. D. 1939 *Economics of Socialism.*

[14] Smith, A. 1776 *The Wealth of Nations.* 此書有中文譯本;周憲文譯,《國富論》,台北:台灣銀行經濟研究室編印,1958.

[15] 參考本書第三、四章。

[16] 參考本書第一、二、六與十七章,有關凱恩斯學說引起的辯論。

[17] 有關李伯曼經濟改革建議,請參考 Nove, Alec 1963 "The Liberman Proposals", in: *Survey*, No. 47, April 1963, pp.112-118;有關李伯曼傳記則參考 Stuart, Robert C. 1989 "Evsei Grigorevich Liberman", in *Soviet Leaders*, New York: Thomas Y. Crowell, pp.193-200.

[18] 引自 Halm, *ibid.*, p.276.

[19] 關於李伯曼改革建議,參考 Sharpe, M. E.（ed.） 1966 *Planning, Profit, and Incentives in USSR*, Vol. 1, *The Liberman Discussion: A New Phase in Soviet Economic Thought*; Vol.2, *Reform of Soviet Economic Management*: Halm, G. N. 1968, "Mises, Lange, Liberman: Allocation and Motivation in the Socialist Economy", in: *Weltwirtschaftliches Archiv*, Vol. 100, no.1.

[20] Grossman, G. *op. cit.* p.97；又參考Spulber, Nicolas 1962 *The Soviet Economy*, New York；Holzman, Franklyn D.（ed.），*Reading on the Soviet Economy*, Chicago.

[21] Gregory and Stuart *op. cit.* pp.413-437.

[22] Carson, Richard L. 1990 *Comparative Economic Systems*, Armonk, N.Y. *et al.:* M.E. Sharpe, Inc., pp.361-369.

[23] Samuelson, Paul A. 1973, *Economics,* Tokyo: McGraw-Hill ＆ Kogakusha, Ltd., 9th ed., p.875.

[24] Halm, *ibid.,* p.277.

[25] Samuelson, P. A., op. cit., p.876；又參考Magesich, G. 1964 *Yugoslavia, Theory and Pratice of Development Planning;* Pejovich, S. 1969 *The Market Planned Economy of Yugoslavia.*

[26] Gardner, *op. cit.*, pp.492-503.

[27] Halm, *ibid.*, p.277；Johnson, H. G. 1958 "Planning and the Market in Economic Development," in: *Pakistan Economic Journal*, 8, pp.44-55; Meier, Gerald M. 1964, *Leading Issues in Economic Development*, Oxford, 1970, 2nd ed.

[28] Halm, *ibid.*

[29] Gardner, *op. cit.* pp.733-738.

[30] Gregory and Stuart, *op. cit.*, pp.489-491.

[31] Samuelson, *op. cit.,* p.885.

第十九章　資本主義的近期發展與
解釋

一、資本主義的寰球化

　　當法蘭西斯・福山（Francis Fukuyama），在 1989 年的《外交事務》，
刊載他那篇引起各方囑目、也啓發爭論的歷史的終結之文章時，他尙未
看到舊蘇聯解體的悲劇。這方面還是布熱津斯基（Zbiegniew Brzezinski）
比較厲害，他在 1989 年出版的《大失敗》一書已預言蘇維埃共產主義
的沒落 [1]。不過福山在 1991 年的新書《歷史之終結與最後一人》中 [2]，
終於見證了蘇聯歷史的終結。由於共產主義與資本主義的競爭失敗後，
人類理想的政治與社會制度似乎只能在西方的市場經濟與民主政治中找
尋而已，而市場經濟也變成爲剩下來最佳、也是最有效的貨物分配機制。
由是可知西方的理想已擊敗共黨的意識形態，資本主義已獲得大勝，從
此人類可以繼續撐持法國大革命自由與平等的大旗走向歷史的終端，也
體現自由民主的政制。這是當代思潮中主流派的淺薄意見。
　　除了福山這種讚賞西方資本主義勝利的論調之外，賴希（Robert B.
Reich）也在 1991 年出版了《國族的工作——準備迎接 21 世紀的資本
主義》一書頌揚資本主義 [3]。他視共產主義爲過去無用之物，而預言 21
世紀的寰球經濟將是受資本主義主宰的美國，會領導世人把未來的世紀
轉化爲寰球的資本主義。過去半世紀中，美國把數百億的錢財資助歐洲

復興，也協助設立國際貨幣基金會（International Monetary Fund）與世界銀行。美國主要的大公司也把其規模與優越的技術擴展到美國疆界之外，而成立跨國公司，成為其後日、韓、歐等跨國公司的楷模。不過美國雖遏制了共產主義，但想在 21 世紀主宰全球的經濟秩序，卻有相當的困難。原因是資本技術工廠設備雖可跨越國界，但作為勞力的來源之人民，仍侷限在各國疆界之內，是以各國主權的存在對寰球的資本主義之形成仍會阻礙重重。

那麼資本主義如何由西歐、北美走上全球呢？為此我們不能不檢討過去半世紀間資本主義發展的過程。

根據政治經濟學家的說法，當代的資本主義已進入一個特殊的發展階段。在此階段中以英、美、德、法、日為主的資本主義共有三大特色：(1)壟斷性的企業一再浮現；(2)在資本主義的國際化當中跨國公司扮演領導的角色；(3)資本主義雖標榜社會公平，卻加強其剝削，造成更大的貧富不均，也極化社會的對立階級和造成國內外的各種危機。假使資本主義這種發展不加阻卻的話，那麼資本對勞動的統治對人類將造成重大的災難，人類要能夠繼續存活，只有把希望寄託在強而有力搞革命的反對勢力之重生[4]。

撇開激進、或左派的觀點，的確資本主義已征服了全世界。資本主義成為寰球的現象，這當然拜賜交通與通訊等科技發達之功，也受到整個國際政治、國際經濟發展趨勢的影響。在這一意味下，國與國之間的疆界逐漸消失，國際間的合作與競爭也日趨激烈，這種國際的合作與競爭又表現在以下幾個現象之上：

（一）貿易的國際化

在全球各國的生產總額中，各國輸出的總額由 1970 年的 14% 激增到 1995 年的 22%[5]。國際間貿易的快速成長，也受到國際的與區域的自由貿易組織與協定之支持。

（二）投資生產僱傭的國際化

在寰球性的跨國公司營業下，個別國家的企業與國際企業的界線分割愈來愈不清楚。要界定美國製品是否意味只有在美國境內，由美國工人所生產的商品？還是由美國人控制的海外廠商，而由非美國籍的工人所製造的成品呢？如以前面的定義（在美國境內生產），則發現在 1991 年美國對外貿易短少了 280 億美元（入超）。如以後面的定義來界定美國製品，則同年間美國賺了 240 億（出超）的美元[6]。

（三）財政的國際化

由於國際市場不斷地連結與統合，使投資者跨越國界在世界各地尋找商機，進行投資、也兼投機的活動。相互基金的設置便利，小額資本家也跨海投身於國際資本市場上。國際上的斥資從 1990 年的 100 億劇增到 1994 年的 540 億美元[7]。國際資本的流動對寰球經濟活動的分配產生衝擊。例如發展中國家在 1995 年間的儲蓄為其國民生產總值的 25%，但資本的流動卻使它們可以把相當於其 GDP 的 27% 投置於生產（投資）之上。

（四）訊息情報的國際化

據卓拉克（Peter F. Drucker）的說法，國際間的情報交流為人類歷史上各種交流中成長最快速者[8]。靠著網際網絡、CNN、塑膠與手提電話、衛星轉播影像電話、視聽聯絡的會談（videoconference）等高科技的溝通工具之普遍使用，通訊之寰球化逐漸成為日常生活之一環。

上述貿易、資本、生產、僱傭、訊息等等國際化對人們帶來是禍是福，對各國間的安全有增進、還是為害更大，每人的看法與答案是不同的。至少激進的經濟學者必定否認它們的正面作用，對他們而言，這表示資本主義的寰球化，意味著人工剝削與自然榨取的擴大、貧富的人際不均擴展到富國與窮國的落差，而加強了國際間的衝突。

反之，當代貨幣主義供給面經濟學和新凱恩斯學派等等的主流經濟學者，卻會引用古典經濟學大師斯密和李嘉圖的主張，認為國際交流（特別是國際貿易）無論如何都是一椿好事。

　　主流派經濟學家認為：國際貿易有助於國與國之間的溝通和相互理解，也增進和平友善。他們一般而言相信商品的國際流通對交易者都會均蒙其利。不過對國際投資、國際僱傭、國際金融是否會對所有參與者（客卿與在地人）達到雙贏的目的看法就不一致。有人認為這些產因（資本、勞動、管理技術等）的移動與產品（製成品、商品、貨務等）的移動不同，後者使雙方均蒙其利，但前者可能便利客卿而傷害本地人（地主國）、或適得其反，客卿受損，主人得利。像 1993 年有 7 萬到 9 萬俄國高級科學人員與才智之士放棄故土而移民他國。此外 1978 年至 1994年間，人數多達 23 萬名中國優秀的學生與青年學者到國外進修學習，結果回國者不及三分之一。從美國學成歸國者佔出國者的一成 [9]，更顯示倡導改革開放的北京政權人才流失的嚴重性。

二、世界資本主義的架構

　　在第二次世界大戰結束後，人們擔心過去的錯誤再度出現，而重蹈覆轍。原來第一次世界大戰以後，經濟的蕭條導致保護主義與以鄰為壑的國策之推行，遂產生了國與國之間壁壘森嚴，從而破壞國際合作，甚至進一步威脅了國際的和平，這算是當今人類的前車之鑑。1944 年全球44 個國家集會在美國新漢普夏州的布列敦森林（Bretton Woods），舉行首次國際金融與財政會議。經過三週的會議，與會代表決議成立西方重要的國際機構：其一為國際貨幣基金會；其二為國際重建與發展銀行，又稱為世界銀行。

　　按照布列敦森林體系的原始構想，國際貨幣基金會在推進國際貨幣

的穩定，其方式為協助會員國達到短期間國際收支的平衡，並建立一種
固定的，但又可以調整的貨幣交換率（兌換率）。世界銀行則藉資本流
通的方便，協助歐洲國家從戰火中重建復興。這兩個世界性的金融機構
的確發揮其功能，使歐洲迅速恢復正常，也使戰後 20 年間西方國家之
間的貨幣兌換率趨向穩健發展。

自 1950 年中開始，世界銀行把它協助的焦點從西歐移向發展中的
國家。最先協助低度發展的國家從事公共部門基本設施的興建。從此之
後世界銀行不但擴大其職能，也擴大服務的地區。在職能的擴大方面，
其資助的範圍包括教育、環保、衛生等計畫，解決公家呆帳，提供風險
保證（保險），支持各國進行經改，私有化計畫的推行，私人部門的發
展等等。至於地區擴大方面，已不限於發展中的國度，也包括東歐與舊
蘇聯等過渡性的新經濟體制，以及最近發生金融風暴的泰、菲、印尼與
南韓等國。

1970 年代初由於主要工業國家放棄固定兌換率，使國際貨幣基金
會的原始使命告一段落。但這一國際金融組織並未解體，反而由於 1970
年代初石油危機導致 1980 年代世界債務的繁重，使其活動重趨頻繁。
國際貨幣基金會對債務重構的談判扮演舉足輕重的角色，它協助債務（借
款）國進行經濟改革與取得財政的穩定。尤其是在舊蘇聯與東歐共黨垮
台後，使這些從中央計畫經濟邁向市場經濟的國家，能夠順利轉型，減
少過渡時期的陣痛，這也成為世界貨幣基金會的當務之急。

除了上述兩項世界性的金融機構之外，1944 年參與布列敦森林的 44
個國家代表，也討論設立一個國際貿易組織（簡稱 ITO）。這是企圖排
除各國關稅壁壘的國際性組織。ITO 的憲章會議之後在倫敦、日內瓦、
哈瓦那舉行過，卻因與美國的商業利益發生衝突，而無法獲得美國參議
院的通過。1947 年 23 個國家建議設立一個比較不像 ITO 那樣權力重大
的機構，這便是所謂的「關稅暨貿易總協定」（General Agreement on
Tariffs and Trade 簡稱 GATT）的簽署。GATT 的成立無須美國國會的批

准，所以美國也成爲其成員。每個成員同意：(1)透過多國協商減少本國的關稅、並降低商貿門檻；(2)降低輸入的比例設限；(3)擴大最惠國優待給予其他會員國。

在關貿總協定之下進行八輪多國雙邊談判，其目的在削減關稅，使主要工業國家的關稅在 1947 年產值的 40%減到今天 4% 之內。參與談判的國家數目也由當年的 23 國增加到今天（第八輪）的 117 個國家。最先六輪的談判在於降低各國的關稅，自 1973 年以來則商討去除關稅之外的商貿阻礙。該年的第七輪談判在東京舉行，第八輪談判則爲 1986 年開始的在烏拉圭斷續舉行，遲至 1993 年才完成。其中重要的議題與結論爲：

1. 世界商貿組織（簡稱 WTO）之籌建，以取代未曾落實的 ITO，也代替了關貿總協定。與 GATT 不同的是 WTO 擁有各國商貿爭端的解決權力，不受爭端會員國的否決。

2. 工業關稅：對於輸入工業品的關稅在已發展國家將降至產值的 38%，在發展中國家則降至 20%。已發展的國家同意將其鋼、紙、家具、藥品、建築品和農業器材之關稅完全取消。這佔其輸入總值的 40%左右。

3. 農業：農產品補助和其他輸入限制將在六年之內刪減，農產品輸出的補助將刪減 21%。日本與韓國同意取消食米輸入的限制。所有涉及數量的限制，都將轉變成關稅，然後逐一削減其數額。

4. 智慧財產：凡加入世貿組織之會員國，必須接受廣泛的智慧財產權之保護。包括對商標長達 7 年的保護，對專利權長達 20 年的保護，和長達 50 年的著作權之保護。

5. 服務業：烏拉圭會合中也簽訂一份服務業商貿總協定（簡稱 GATS），提供法律上可以強制推行與多國的架構，俾服務業的交易與投資能夠自由化。不過有關此事目前仍在商談研討中。

從一般均衡模型的計算中，可以大約推出烏拉圭會合的協定，如果能夠充分付諸實行的話，將爲全球各國帶來增加 GDP 總和 2% 的好處，大約可達 5100 億美元之鉅。這只是估量的數目。事實上世界貿易在減少各國壁壘對抗之下，其增加的價值必然超過上述的數目。世界各個地區必然會受到這個協定所帶來的好處，歐洲國家將會從農業補助的鉅額負擔下獲得舒緩的好處，而享受外國（北美與日本）高科技市場的產品與服務[10]。

三、寰球化與區域化

正如前面所述，1947 年的關貿總協定規定會員國之間不得有差別待遇的貿易與通商，也規定會員國彼此應給予最惠國優待。其後八輪的關稅總協之談判降低了多邊與寰球的商貿阻礙。此外關貿總協還允許會員國自成自由貿易區，假使這些國家符合下列發展條件：(1)該地區的商貿阻礙業已徹底清除；(2)該地區內之會員國對非會員國的貿易設限不再增長；(3)導向自由貿易區的臨時安排在時間上不算太短的話。

西歐各國迅速利用關貿總協這一例外條款，在 1957 年的羅馬條約中，形成歐洲經濟共同體。其後易名爲歐洲聯盟。1961 年也成立歐洲自由貿易協會。近年來由於亞太邊緣國家經貿發達，遂有亞太經濟合作協會（簡稱 APEC）之產生。跟著美、加、墨形成北美自由貿協（簡稱 NAFTA）。東南亞國協（簡稱 ASEAN 東協）也成立東協貿易協會（簡稱 AFTA）。加上南美共同市場（簡稱 MERCOSUR），可說各種區域性商貿組織一一出現。儘管各種區域組織形式不一，但其基本精神爲在自由貿易區中，成員國彼此取消輸入品的關稅，但對非會員國則自訂關稅之大小。至於採用關稅聯盟者爲自由貿易區的會員國，當然可以協調一致來設定關稅，對付非會員國。比關稅聯盟更具統合意味的爲共同市場，

表19.1　烏拉圭會合對工業關稅和福利的規定所可能帶來的好處

國家或區域	會合談判前平均關稅（%）	會合談判後平均關稅（%）	平均關稅減少程度（%）	好處的預測（億美元）
已發展的國家	6.3	3.9	38	1390-3940
加拿大	9.0	4.8	47	40-120
歐盟	5.7	3.6	37	610-1640
日本	3.9	1.7	56	270-420
美國	4.6	3.0	34	280-1220
發展中的國家	15.3	12.3	20	360-780
轉變中的經濟（獨聯體東歐）	8.6	6.0	30	370

資料來源：*Financial Times*, 1994 年 11 月 12 日，以及 Gardner, *op. cit.*, p.79.

由此再往前推進則成立經濟聯盟，如歐洲聯盟使所有金融、財政、勞工、反托拉斯等經濟政策熔冶成一爐。

　　站在寰球合作的觀點，來看這些區域性的經貿組織之成立，認為它產生了好處，也必須支付代價。在正面上說，商貿設限的降低、或取消便利本國輸入向來無法自產的商品，而藉大量的輸出，來抵銷輸入的成本。這會鼓勵各國按其專長發揮其潛力，而獲取比較的利益。但就其壞處來觀察，自由貿易區之設置打亂了會員國與非會員國之間的有效貿易，這會造成貿易的迂迴（trade diversion），產生了貿易量無效率的重加安排[11]。

　　由上所述，吾人得出兩個重要的疑問：其一自由貿易區的交易對世

界性貿易的總量與成效有怎樣的衝擊？它會促成貿易的增長還是貿易的迂迴？過去把歐洲視爲經貿的堡壘（Fortress Europe），就是排斥非歐的各國之接近，而有拒人千里之外的排他意識。不過根據近年統計歐洲聯盟與境外貿易的關係仍屬增長，而非減少，這不失爲一種良性的發展。

第二個問題與第一個問題相關聯，亦即區域內貿易的發展對寰球貿易有促進、還是妨礙的作用？麻省理工學院教授杜洛夫（Lester Thurow）預測未來 50 年將是美洲、歐洲、亞洲強力的商貿集團頭擠破頭的競爭（head-to-head competition）。屆時只要稍微超越門檻，略微強調區域主義的重要性，就會使寰球多國商貿體系受損，甚至使它不再能夠操作[12]。杜洛夫認爲過去兩個世紀都是受盎格魯撒克遜式的資本主義所主導，亦即大英帝國的資本主義壟斷了 19 世紀，美國的市場資本主義控制了 20 世紀。 21 世紀則將可能是歐洲的共同體資本主義（communitarian capitalism）發揮主導作用的新時代。不過烏拉圭第八回合的談判與其後出現的貿易組織，終於澆熄這種區域主義的氣焰。換言之，當世界又重陷入經濟衰退時，這種區域主義可能演展爲保護主義；反之，區域商貿的增進也有可能促成全球商貿的擴大。

其後出現的世界貿易組織（WTO）則是在西方資本主義大力擴充、四處氾濫造成勞力、資金、技術、資訊跨越國界，甚至環球化（globalization）之結果。

總之，造成今天資本主義的擴大是有其歷史淵源的，更有其社會條件的。市場交易的成長需要貨幣制度以及旅行安全的保證。在法政的範圍裡，資本主義的成長需仰賴財產權的承認與確保，以及社會絕大多數人享有相當的政治自由。在宗教思想範圍中，資本主義需要對個人主義的尊重、對財富累積的容忍。最後資本主義需要一批冒險犯難，敢拼敢闖的企業家和資本家，他們肯把儲蓄的金錢轉成生財的資本。近世資本主義的轉型與變遷受科技進步的影響極大，受國際政治經濟社會觀念的影響也不少，而制度性的安排尤其使資本主義如虎添翼不斷騰飛，而大有征服全球之勢。

四、資本主義、社會主義與民主政治

從上一節的小結，我們似乎認為資本主義與個人自由、社會繁榮、法治容忍有密切的關聯，因而認為資本主義有利於民主政制的發展。對此一問題熊彼得在半個多世紀之前所出版的《資本主義、社會主義和民主體制》早已有所析評。當他此書於 1942 年出版時，曾經引起經濟學界和其他社會科學界與人文學科的震驚。原因是他採用與馬克思不同的論據來預言資本主義的必然敗亡。有異於一般人視資本主義和民主體制相容或不容，他指出資本主義和民主政治有相同之處也有相異的地方。譬如兩者同樣、也同時從封建主義誕生出來，不過民主的壽命比資本主義更長，民主也可以與社會主義並存不悖。熊彼得劃時代的著作可分成五大部分。我們先簡單加以介紹，然後才看半世紀之後學者怎樣批評或修正他的觀點：

（一）資本主義的本質

熊氏認為資本主義所以能夠成功地增產貨品與勞務，乃是在於營利的動機與求償的心態，有異於一般人對中小企業爭財奪利的說法。他強調資本主義乃為壟斷的寡頭的龐大廠商，巧奪市場的商機之結果。他稱這種的資本主義為鬆綁的（unfettered）的資本主義，他說：

> 造成資本主義發動的基本動力，在於消費者的新商品、新的生產與運輸技術、新的市場資本營業的工具組織的新形式，這些發展不斷地使經濟結構內在的產生革命，也就是汰舊換新，這種創造性的破壞（creative destruction）過程，乃是資本主義本質上的事實[13]。

所謂的鬆綁的資本主義,就是指大公司、大廠商所經營的龐大企業,為著保持商業上的優勢排除競爭者的威脅,不惜追求科技的更新,突破固有的制度。與以往小企業間的競爭性資本主義不同。

(二) 資本主義能否度過各種難關而久存?

熊彼得不認為資本主義可以長存不朽。資本主義的失敗並非基於經濟的原因,他說:「正是資本主義的非常成功破壞了保護它的社會制度。結果會造成使它無法存活的條件」[14]。資本主義所創造的文化要素成為現代的文明,而現代文明將奪取資本主義的生命,而使它朝向社會主義邁進。他指出有兩股勢力分別出現在資產階級外頭與裡面,最後腐蝕了此一主導階級,而造成資本主義的衰亡。

前面提及的資本主義創造性的毀壞過程,是指企業家藉不斷的科技創新,來使生產過程產生革命性的變化。資產階級的角色就在大力更新,俾儘量榨取成果。但由於企業愈來愈龐大,個別的企業家勢被迫授權下屬,於是頗具創意的發明與更新之工作落入支領薪水的管理人員手中,從而使資產階級無從發揮其才能,其存活的理由遂告喪失。資產階級不但無法領導國家,連其階級利益都無法維護。

此外,資產階級本身之內的精神,也在解體中。自從家庭企業轉變為公司行號之後,個人企業家對企業的成敗的認同感與日俱減。不只此也,企業家與上層人士對生兒育女的興趣愈來愈小。熊氏已預言沒有兒女的婚姻、或沒有婚姻的家庭,將在上層社會流行。沒有兒女、沒有家庭,那麼賺錢、聚斂、傳宗接代的目的,也告消失。

資本主義並非一時應聲倒地,而是逐漸的解體。這種逐漸的式微,也為社會主義的出現做了鋪路的工作。

(三) 民主的本質

熊彼得認為資本主義轉化為社會主義,不必然意味著民主的政治過程之消失,在他看來社會主義與民主並非不相容。首先他駁斥傳統的民

主定義，把民主視爲人民的公意、或人民選出的代表、或官員去決議與執行公共的利益（公善）。他認爲多數公民對何謂公善？如何實行公善？或是無知或是意見相左。至於公意並非由下而上逐層形成（下情上達）。相反地，是由領袖的旨意由上向下貫徹。對熊彼得而言所謂的民主只是在選舉、或罷黜擁有政治權力的人民代表（官員或議員），在民主政制中即將成爲領袖者彼此競爭，來贏取人民的選票而已。因之，真正的民主在於政治領袖選拔過程的公正、公平、公開和投票之自由而已。在民主政制中人民選出的代表、或領導，固然爲保持權位而爭取人民的選票，卻也必須照顧民衆的利益，實行公善，這樣才能長期保持其職位。

民主的缺點爲代議士與官員常以近程的利益爭取百姓的擁護，而忽視了國家長遠的利益。民主政制要能成功有效必須有下列幾個條件：(1)高素質的政治家；(2)訓練良好且講究效率的官僚體制；(3)專家與技術人員的參與；(4)人民與反對黨對政府施政的善意回應，而非盲目抨擊，亦即講究民主的自制；(5)容忍不同意見的存在與表達。

（四）民主與資本主義

熊彼得認爲：在歷史上民主與資本主義同時崛起，且有因果的關聯。現代的民主乃是資本主義過程的產品 [15]。原因是資本主義仰賴個人的創思與倡議，亦即依靠個別企業家理智的、功利的精打細算，這種功利主義與個人主義的哲學思想，反映在經濟上爲資本主義，反映在政治上爲民主體制。個人選擇的自由就成爲資本主義與民主體制的動力。資產階級不但在資本主義的經濟活動中得到個人選擇的好處，同樣也在政治上，亦即民主的運作中，獲得個人投票所帶來的利益。

除了這兩種制度資本主義與民主體制具有相同的哲學基礎之外，資本主義還滿足了上述成功的民主體制的五個條件。是故放任無爲的政府、或守夜人的國家既可以保障私有財產權與個人自由，又可以達致國家的安全、社會的樂利。國家的職權只限於保衛人民免受外國的侵擾與

本國犯罪者的傷害，故其權限非常的小。有限的政府便利了「民主的自制」的推行。資產階級向來不關心政治，只要其利益得到保護，就心滿意足。由是放任無為的政府正可滿足其所需，但資產階級對政治的冷漠，使他們喪失了對國家機器的控制與領導，更因為公司行號組織的日漸龐大，使資產階級企業家的更新創思之功能式微，造成他們的日常化、庸俗化與政治地位的削弱。這也是導致資本主義最後垮台的因由，儘管民主體制不會因為資本主義的消失而化為烏有。

（五）邁向社會主義

　　熊彼得分析民主政制的目的在於證成社會主義與民主體制並非必然地不相容。因之，他聲稱削弱資本主義的諸種勢力卻為其繼承者的社會主義鋪好堅實的基礎。他說在資本主義中，由個別的企業家所扮演的創新的角色已由其後龐大的公司行號之經理層人員、或委員會所取代。這種集體的管理有利於資本主義無痛苦地轉變為社會主義。大公司行號的組合式官僚體系（科層組織），在政府官員鬆散的指導下，能夠有效地運作，這裡顯示熊氏不希望社會主義的民選官員對國營或公營企業過份的介入，逾越其職權的干涉。他希望訓練有素、經驗豐富、不偏不倚的技術官僚，可以扮演監督人的角色。由這批中立的公僕去控制，可以排除民選官員之濫權。熊氏認為社會主義國家的必然崛起對先進的工業經濟並非災難。在回答社會主義能夠運用自如有效推行這個問題時，他的回答是樂觀的與堅定的「會」一個字。

五、熊彼得觀點的當代評估

　　在讚美熊彼得為 20 世紀前半，經濟學與社會科學令人起敬的巨人之一以後，沙謀士（Warren J. Samules）指出：《資本主義、社會主義和

民主體制》為 20 世紀一本分析與解釋社會現象非常深刻的鉅作。嚴格地說，這本書不容易加以解釋和評估。其原因為該書的分析既廣且深，也極為複雜與精緻。有時涉及意識形態、有時呈現為科學分析，含有實證（事實描述）的部分、也含有評價（價值判斷）的部分。主要的是熊氏從不同的角度與觀點，來分析評判的緣故。全書最大的特色為坦白與率直（candor）[16]。

沙謀士認為熊彼得把資本主義定義為商業社會，為資本家的秩序，統治及資產階級利益的私產體制。包括生產資料的私人擁有與生產過程的私人管理。這是一項引起爭議的定義。蓋這個狹隘的定義包括兩項面向：其一、視資本主義為資本家利益世界觀與價值觀之綜合。這會把資本主義與市場經濟混為一談；其二、個別企業家的資本主義是否為眾多資本主義形式之一？為何熊氏只重視生意人與生意為優先的資本主義體系？沙氏質問除了個人與家庭經營之外，大型廠商、或財團的組合的資本主義不算是另一型態的資本主義嗎？

不僅熊彼得對資本主義的定義引起爭議，他所界定的社會主義也是問題叢生。他認為社會主義為一種制度，在其中生產資料與生產過程控制在中央威權之手中、或說經濟事務不掌握在私人手中，而掌握在公共的手中。但這裡熊氏似乎把私人與公共的兩元對立誤解為經濟與政治的不同。沙氏就指出，所謂的私人或公共的分別，完全看政府扮演的角色而後定。政府的政策界定為私人的就屬私人；反之，私人的利益與權力的結構要求政府把某些範圍劃入公共的領域，這就稱為公共的領域。因之，在商業社會中私人與公共的界線不清，完全看掌權的資產階級怎樣來看待這個世界，怎樣來界定現實。此外，沙氏強調繼承個人企業家的資本主義不是社會主義，而是組合的資本主義[17]。充其量如果社會主義可以看做國家資本主義的話，那麼組合的體系可以看做私人的社會主義。

沙氏進一步批評熊氏把企業體的領導從個人企業家轉變為經理人員

（委員會、企業老闆之下屬、專家等）視爲資本主義轉變爲社會主義。其實，後者不過是大型廠商的企業菁英，是組合的資本主義之領導層，其領導與控制生產原料與生產過程也是中心的，有如熊氏所界定的社會主義的方式。

熊彼得拒絕古典派把民主界定爲共同利益（公善）的追求與人民意志（公意）的體現。反之，他把民主視爲某一階級（資產階級）對政治領導權的爭取。這點獲得沙氏及現代政治理論家的贊可，因爲這種民主理論可以經得起實證與經驗的檢證，也就是檢驗某一群體、或階級懂得奪取國家機器、懂得利用國家來增進該群體或階級之利益。事實上，熊氏理想的民主政制爲不受外力牽掣的經理菁英對政策爭論的技術性解決。是故熊彼得對資本主義與社會主義的分析必然導致領導菁英——建立在上下垂直統屬關係（hierarchy）的新階層（stratum）的崛起——這批新的領導層將會集中精力去有效地管理國家、利用國家[18]。

要之，熊氏對當代資本主義的體制之分析有其精闢與創意的一面，也有其侷限與瑕疵的另一面。

六、後冷戰時期美國成爲國際新秩序的捍衛者還是破壞者？

在 1990 年代初舊蘇聯解體之後，東西集團長達半個世紀的冷戰終於化解，美國一躍成爲舉世無雙的超強，也成爲資本主義最堅強的堡壘。在後冷戰的世界新秩序之創建上 美國依然保持其霸主的地位：藉著其外交與商貿政策的活用，在柯林頓主政之下，美國的政治與經濟勢力再度主宰全球。華府協助決策的智囊團分別由新保守份子與自由派所把持。這兩派參與實務的理論家力主美國利用其不容挑戰的權力，把民主推擴到全球。於是柯林頓政府重用善意的霸權（benevolent hegemony）

的謀士之主張，以推銷民主的美名，鼓吹美國對國際事務的介入。他們聲稱國際的穩定，仰賴美國的領導。此外，美國的外交政策在於宣揚與落實美國的民主理想與價值。

柯林頓 1998 年 6 月的訪問中國，正是美國政府推行這種善意的霸權策略的表現。它不惜棄置長達半世紀的日美聯盟，也放棄其亞洲最親密的戰友——日本與台灣——而企圖與中國建立戰略的伙伴關係。美國對華外交政策之改變所持的理由爲促進中國的民主化、爲推行民主。協助中國在經改取得一定的成績之後，走上自由民主的途徑，或無可厚非。問題是時機的選擇，卻是亞洲幾個工業先進的國家：如日本與南韓飽受金融風暴與經濟危機肆虐之際，而東南亞印尼、泰國、菲律賓與大馬，以及香港的貨幣貶值引發的社會動盪與政治不穩之際，柯林頓政府的外交轉轍，所造成的傷害就是至深且鉅。更不要忘記，亞洲主要的國家採用美國所推銷的國際化、寰球化也是導致此次經濟危機的主要原因。原來在美國大力鼓吹下，這些國家的投資與投機都連結在一起，成爲國際金融體系之一環。一旦日圓貶值，韓圜、泰銖、印尼盾、菲國披索便應聲而倒，美歐股市也受到波及震盪。這種國際金融市場的勢力比起任何一個亞洲政府的權力要大得很多，遂有金融風暴相繼傳染，鎖鍊式、或骨牌效應方式的經濟災難之發生。

亞洲市場的國際化與解除管制（deregulation）是華府新自由派謀士向來經貿的主張，認爲此舉可以達致全球的繁榮，也可以使全球邁向民主化。可是寰球化、國際化一開頭便隱含不穩定的作用（destabilizing），它是對既存事物的挑戰與毀壞，也是熊彼得所說的「創造性的破壞」。在破壞中達成建設的結果。這種經濟的意識形態顯然是經濟學家個人的信條，但應用到現實時，似乎弊多於利。

1998 年柯林頓政府的經貿與外交政策，對於亞洲而言，顯然造成不穩定的情勢大於其推擴民主的原意。但對其支持者與獻策者而言，卻是穩定國際局勢與促銷美國價值觀念的良策。顯然，美國是一股激進與

破壞的力量。她利用其霸權解除各國對市場運作的規定，破壞外國現存的經濟制度，而妄想更改外國既存的政經體制，強行傾銷其民主理念。對於此一政策的擁護者而言，美國的積極介入世界（特別是亞洲）的事務，是善意的舉動，也是一種解放的力量，一旦世界如能改善，就會符合美國的國家利益。

批評者卻認為美國主政者與謀士們低估了國際社會的複雜性，未看清美國式的楷模對他國之不適用性，也不知度德量力，確實評估美國的勢力能否勝任改造世界的任務。批評者甚至指出舊蘇聯與東歐的解體，使華府權勢者浸淫在勝利的驕狂下，而對世局的走勢陷於迷惘無知中。

主張介入國際事務的政客與御用學者，動輒把美國對外國事務的介入，特別是派兵到海外維持和平，看成為十字軍東征的翻版。危言聳聽指斥反對者、批評者為孤立主義者、或鴕鳥主義者。所幸美國大眾雖然喜歡路抱不平介入國際爭端，但對派遣軍隊到海外去冒生冒死，還是持審慎的態度。他們在承平時代，仍舊分清十字軍東征與本身利益的孰重孰輕。

在一個世紀之前，密西西比州國會議員於聽到美國政府決定派兵到菲律賓敉平叛軍時，提出強烈的質問：「是誰把我們造成上帝在地球上到處流竄的統治者？」他這一疑問的重要性與時俱增，在今天仍有其關聯性、重要性，值得人們省思[19]。

自從 2001 年 911 恐怖活動爆發以來，美國首次遭遇本土受創於敵對勢力。而此一恐怖勢力又與伊斯蘭基本教義的偏激份子掛勾。為了對付與攻擊恐怖份子，美國又發動兩次波灣戰爭，出兵阿富汗與伊拉克，造成後冷戰時期美國稱霸與宰制世界的新局。[20]

註　釋

[1]Brzezinski, Zbiegniew 1989 *The Grand Failure: The Birth and Death of Communism in the Twentieth Century*, New York: Scribner.

[2]Fukuyama, Francis 1990 *The End of History and the Last Man*, New York: Basic Book;華譯1993福山《歷史之終結與最後一人》，李永熾譯，台北：時報文化。

[3]Reich, Robert B. 1991 *The Work of Nations: Preparing Ourselves for 21st Century Capitalism*, New York: Alfred A. Knopf.

[4]Sweezy, Paul M. 1994 "Monthly Review in Historical Perspective: Marxist Analysis of the 20th Century", *Monthly Review* 45, Jan. 1994; 關於資本主義怎樣由國家之內的體制發展為世界經濟體系，請參考宋鎮照1995《發展政治經濟學——理論與實踐》，台北：五南圖書出版公司，第149-170頁。

[5]根據世界銀行的報告*World Development Report* 1994, New York: Oxford University Press, 1994, p.179與*World Development Report 1997*, p.239.

[6]Landefold, J. Steven, Obie Whichard and Jeffrey Lowe, 1993 "Alternative Frameworks for U.S. International Trade", *Survey of Current Business* 73, Sec. 1993: 57-61.

[7]Euromoney Bondware估計，刊於*Financial Times*, 1995年1月23日, p.13.

[8]Drucker, Peter F. 1995, "Trade Lessons from the World Economy", *Foreign Affairs* 73, Jan/Feb., 1995: 99-108, 100.

[9]Chelshev, Dimitry 1994 "Brain Drain Threatens Nation's Scientific Heritage", *Inter-Press Service*, 1994年11月21日　Belsky, Gary 1994, "Escape from America", *Money*, July 1994年, p.10.

[10]以上參考Gardner, H. Stephen, 1998, *Comparative Economic Systems*, Fort Worth, Tx *et. al.*,: The Dryden Press, 2nd ed., pp.72-79.

[11]Yarbrough, Bethand Robert 1991, *The World Economy: Trade and Finance*, Chicago: The Dryden Press, 2nd ed., pp.378-381.

[12]Thurow, Lester 1992 *Head to Head: The Coming Economic Battle Among Japan, Europe and America*, New York: Willam Morrow and Co., p.77.

[13]Schumpeter, Joseph 1950 *Capitalism, Socialism and Democracy*, 1st ed. 1942, New York: Harper and Brothers, 3rd ed. p.18.

[14]*Ibid.*, p.61.

[15]*Ibid.,* 297又參考pp.296和129.

[16]Samules, Warren J., 1985 "A Critique of Capitalism, Socialism, and Democracy", in Coe, Richard D. and Charles K. Wilber (eds.), 1985 *Capitalism and Democracy: Schumpeter Revisited*, Notre Dame, IN: University of Notre Dame Press, pp.63-64.

[17]*Ibid.*, pp.61,89-91.

[18]*Ibid.*, pp.105-107.

[19]取材自Pfaff, William, "America's New World Disorder", 原刊於*International Herald Tribune*, 轉載於*The Straits Times*, 1998. 7. 14, p.10.

[20] 參考洪鎌德 2003《基本教義》，台北：一橋出版社， pp.120-129;又洪鎌德 2004《當代主義》，台北：揚智文化事業公司，pp. 384-389.

第二十章　經濟成長、生活品質、
　　　　　經濟危機與金融風暴

　　在世紀更迭的時局當中，其中 的一個特徵爲經濟問題的叢生與龐
雜。人類在面對艱難的經濟問題之挑戰下，力求解決困難化除風險，這
就牽連到人類生死榮枯的問題。跨世紀之際人類的經濟問題極多，其中
經濟成長、生活品質與經濟危機如何解決，以及如何轉化危機爲生機，
乃爲犖犖大者。

一、經濟成長與其極限

　　雖然有幾位對歷史演變較爲敏感的學者，像馬克思和熊彼德（J.
Schumpeter 1883-1950），以及 1971 年榮獲諾貝爾經濟學獎的顧士乃茨
（Simon Kuznets 1901-1985），把經濟成長當做他們經濟理論重要的一
環來加以討論[1]，可是經濟分析的主流派，卻對經濟現象的變動與進展，
少加注意。一直要遲到第二次世界大戰結束之後，經濟成長才慢慢引起
學者的注意，而逐漸成爲學界爭辯的主題。 1960 年代經濟成長更蔚爲
一時風尙，變成各國主政當局的運用，也成爲政治家鼓吹與誇示的對象。
經濟成長不但是施政的重心，更是政績的表徵。倚靠著它，歐、美、日
本等經濟大國，居然邁入富裕社會之域，落後國家更藉此搖身一變，而
成爲新興國家。
　　現代經濟成長理論，粗略地說，是指爲了達成經濟發展的穩定而促

進潛能（或充分就業）產出（potential output）的成長而言。潛能產出所牽涉的決定因素，計有勞動力量、科技狀態和資本儲存等三項。因此，經濟成長的政策，無疑地在努力改善這種潛在力量的產出，特別是加速勞動的生產力，抬高科學技術的水平，以及厚積各種人力、物力的資本[2]。

換言之，經濟成長乃指一個經濟社會，平均每人真實產量（或國民所得）迅速與持續的增加，伴隨著該社會的科技、經濟人口變動之情形而言。經濟成長，加上政治改善與社會變遷，就構成了現代化的內涵。隨著這一百五十年來世界各國經濟成長的結果，人們不但感覺到物質生活比以前更加富裕，而且生活的樣式，也有了劇烈的改變。

這種改變包含生產貨物、運輸貨物與分配貨物的鉅大變動，也包含了生產活動的規模與組織的變化，以及投入與產出形式的變更。這種變更牽連到生產資源的工業分配的變動，也牽涉到經濟基礎及金融交易的程度。在社會和人口方面，這種變化牽涉生殖、死亡、遷徙、居留、家庭大小、家庭結構、教育制度，以及公共衛生等的演變。經濟成長也將其影響力伸展到所得分配，階級結構，社會組織和政府體制之中。

如以圖表來解釋經濟成長則可以參考圖 20.1，及其說明：

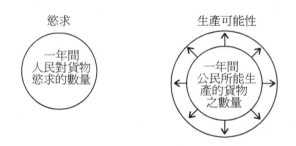

圖 20.1　走向富裕之途：擴大生產力

說明：在一年當中，人民能夠把生產消費品的資源，利用到更多或更佳方法的資源
　　　底生產之上。換言之，在時間的過程中（通常以一年為限），人們的生產能

力增大，則不僅可以排除匱乏，還能進入富裕之域。這是由於右邊的圓圈比
左邊的圓圈更大所造成的事實，亦即經濟較早前成長進步的緣故。

資料來源：Kohler 1989: 34.

經濟成長就是一個經濟社會，不把現成資源全部投置於生產消費品
之上，而是從生產消費品所節省資源之一部分，改投資於增大資源，或
改善生產方式（提昇科技、管理技術、改善人民勞動水平與基礎設施等）
之上。其結果在一定的時間（通常以一年為度）中，該社會之生產能力
增長，造成的產值較早前為多為大。經濟成長分為兩類，其一為廣泛的
經濟成長（extensive economic growth），是指同一經濟資源可以利用的
單位增多之意。其二為綿密的經濟成長（intensive economic growth），
即指高技術本事（technical know-how）與改善資源之素質的意思[3]。

多年來，衡量經濟成長的指標一直為國民生產總額、或稱國民所得
總額、或為國民生產毛額（Gross National Product 簡稱 GNP），這是一
個經濟社會（通常以國家為單位）在一定的時期（通常以一年為度）中，
國民全體所生產的貨物與勞務的最終產品之市場價值[4]。

在大家刻意追求經濟成長之下，整個國家與社會的經濟雖然是進步
了，但是導致這個進步所付出的代價，以及成長所帶來的副作用或壞影
響，卻不為人知，也有人根本不想知悉，這也許是物極必反的道理。

首先我們發現整個國家與社會，以及其成員的財富，比起以前的情
形，雖是增多了，但社會所得的分配卻愈形不均。於是貧富懸殊、階級
的分裂，愈來愈大，造成社會擾攘不安。因此，消滅貧窮、謀求均富又
成為政治家當務之急。

其次，為了達致成長的目標，經濟當局顯然必須把當前的資源做一
調配，凡資源投於某一用途者，必然無法做其他的用途。要使下一代消
費者獲益，只有犧牲這一代的消費。因此，經濟成長的擁護者，勢為主
張以未來對抗現在的論調者。由於一心一意追求短期的經濟成長，從而

對長期資源與生產力的調配不加留意,遂造成自然資源的濫墾誤用。近年來世界性糧食的短絀、石油及其他能源的缺乏,雖然有國內與國際政治的因素,但也與人謀不臧有關,也涉及到人們不善於開物成務,利用厚生。特別是大力推動工業化的結果,人類及其他生物棲息發展的自然環境,遭遇嚴重的破壞污染,造成空前的生態危機(ecological crisis),更可以說是自然界對人類濫墾誤用的一種報復[5]。

最後,人們由於誤把物質幸福,視為經濟成長的終極目標,因而忽視了人類本身的價值與尊嚴,從而使精神生活淪為物質生活的僕役。人們只留意生活的數量,而忽視了更重要的生活品質(quality of life)。於是追求物慾、鄙棄精神文明,乃成為現代人生活的特色。

有感於過份強調經濟成長的弊端,近年來西方一些學者,開始反省和檢討這一成長理論與政策的利弊。

其實早在一世紀之前,英國作家、批評家、兼藝術家的賴斯金(John Ruskin 1819-1900)就曾批評過當時經濟學者,太過注重貨幣與物質的偏頗。他指摘這些經濟學家,未免把經濟價值看成為市場上可供交易的貨品之金錢成本,而無視於藏在貨物背後的人類心血。因此,他的一句名言便是:「捨開生活便無財富可言了」。由之他喚起人們對生活,特別是對人的價值之重視。

醫學家艾理希(Paul Ehrlich 1854-1915)更大聲疾呼:「我們必須獲取一種生活方式,這種生活方式的目標,在於使個人的自由與快樂達到最大程度,而不是爭取最大的國民生產總額」[6]。

在這一意義下,幾十年前美國耶魯大學的二位經濟學教授諾德豪(William Nordhaus)與涂賓(James Tobin),乃著手檢驗傳統有關 GNP(國民生產總額)做為經濟福利指標的不適當。他們否定 GNP 是衡量社會福祉與經濟進步可靠的計測工具。同理把 GNP 擴增至最大限度,也非制定經濟發展目標的上策。因為 GNP 最大的缺點,只是生產的指標,而非消費的指標。可是經濟活動的終極目標,卻為消費而非生產。

既然經濟進步與社會福利，不能單靠 GNP 來標明；所以諾、涂二氏乃提出新的衡量值。他們稱此爲「經濟福利測定」（Measure of Economic Welfare 簡稱 MEW），又稱爲「經濟福利淨量」（Net Economic Welfare 簡稱 NEW），MEW 或 NEW 係用以測量經濟福利與 GNP 之間顯著的差距。這就是說從 GNP 中扣除工具性與中間性的產出，然後把剩下的項目歸類到消費、或純投資之上。從而得出 MEW 較 GNP 數值爲小的結果 [7]。

顯然每個國家的 MEW 也同 GNP 一樣，每年都在增長。只是 MEW 每年的增長率，只是 GNP 增長率的三分之二而已，而且 MEW 增長率還有逐漸緩慢和減少之勢。其原因乃是由於城市的衰萎，環境的污染和生態的疲憊。換句話說，也就是自然與人爲的生長，都有趨向飽和終止的可能 [8]。

事實上，成長不可能是漫無止境的。1972 年美國麻省理工學院（MIT），以梅度士（Dennis Medows）爲首的四位系統分析學家，在所謂「羅馬俱樂部」（Club of Rome）──一群關懷世局好壞的有心人士之組織──贊助下，提出了《成長的極限》（*The Limits to Growth*）一報告來 [9]。他們指出當今寰球五大亟需解決的問題爲：工業化的加速度推動，糧食短缺所造成的普遍飢餓，無法遞補的資源的減少，人口的迅速增長而趨向爆炸，以及環境污染的加劇。這五項問題可以說是當今全球五種成長的趨勢，而其間彼此互相關聯。其對人類之爲福爲禍，有待十年乃至百年的長期估量，而非一年一月就可看出端倪來。

如果這五種成長趨勢，照當前的速度往前推進，而不加以阻擋的話，那麼不出一百年成長便達到極限，跟著便將是各種成長趨向的急劇下降。爲了對這些成長，加以有效控制，便應建立使生態與經濟邁向穩定的條件。如此一來寰球性的平衡狀態可望獲致。俾地球上的每人都能使其需要獲得滿足，同時也使每個人得以實現其個人潛能的公平機會。反之，如果此一成長趨勢不及時阻遏，而任其蔓延滋長，那麼人類文明將

有毀滅的一日 [10]。

　　梅度士等人的忠告，曾引起學界與政界人士廣泛的注意與熱烈的討論。但有人（H.C. Walich 和 Robert M. Solow）卻斥之為危言聳聽，譁眾取寵，認為作者有關自然資源業將耗盡，環境污染勢無法控制，人們缺乏洞燭機先無從獲致平衡等等論據，論述鬆懈無力，無法得到科學的證實。是以生長已趨極限，係無稽之談云云 [11]。

　　可是自從 1973 年能源危機爆發以來，世人對工業發展與經濟成長的動力──石油──之重要性，已有深切的體認。一些遭遇石油禁運影響最深的經濟大國：如日本與西德，對 1974 年經濟成長的估計，一度頗為悲觀。隨後的情勢雖然較之於當時為佳，但人們大概不致再盲目追求一切表面的進步，當會憬悟經濟成長，或有飽和極限之虞。事實上，自 1992 年里約・熱內盧國際環保會議舉行以來，世人更會理解資本主義盲目的成長與累積，對當代人、對下代，特別是對我們這個唯一可以養活人類的星球之傷害，已達到何種可怖的程度。資本主義還可以無休無止地榨取大自然嗎？這不只是資本對勞動的剝削，更是對人類生活環境的剝削。市場經濟與環保政策的矛盾，資本主義與社會正義的衝突，需要人們進一步深思，並採取國際合作的方式來加以糾正，加以制止，加以解決 [12]。

二、生活品質及其問題

　　自從 18 世紀歐洲啟蒙運動展開以來，政治、社會、經濟、思想的劇烈改變，加上科學技術的突飛猛進，使整部人類的歷史驟增新頁，世界的面貌幡然改變，人生的內容大為豐富。人們開始抱持無限希望，歌頌空前進步。進步不僅成為時代的標誌，更是社會類型分類的標準。進步一觀念已根深蒂固潛植人心 [13]。於是無限制的工業發展，被目為進步

的現象，無選擇性的消費量之增加，也成為進步的表徵，甚至生活內涵數量的擴大，也當做進步的指標。於是講求效率、重視物質、鄙棄精神的機械文明於焉誕生。正當人類沉溺與陶醉於技術與工業文明之際，成長或增長的最大追求，乃成為現時政治與社會行為的最後目標與最終理念（*ultima ratio*）。可是追求成長，特別是漫無止境的最大成長的結果，必然會導致：

1. 無法擴增的資源之耗竭；
2. 供應爆炸性暴增的人口所需的糧食之短缺；
3. 亂墾濫建所造成環境污染的惡化[14]。

退一步說，就算成長或增長不致造成這樣嚴重的惡果，我們也很容易看清，整個經濟社會的生產，和收益與消費的增加，並不等於我們每個人的滿足、幸福、機會也跟著增加。因此，我們似乎在追求成長、或增長的最大化（growth maximization）之外，去追求成長或增長的適宜化（growth optimization）。因為只有成長的適宜，全人類才能夠獲得較佳的生活條件，全球也才能夠在長期均衡下繼續發展[15]。

有鑒於追求成長的偏枯，1970 年代的政治家及學者，開始留意到生活品質、或稱生活素質（quality of life）的問題。

什麼是生活品質呢？時至今日我們似乎還找不到一個適當的定義。粗略地說，生活品質當然涉及到生活內涵的品質問題。這是針對只重視生活層面中的數量，特別是經濟與物質成長的數量而言的。

生活品質不僅是物質生活的富裕，不僅是經濟的大力成長，不僅是國民總生產額的增加。原因是這類人們身外的財富之激增，斷然不該以人性的尊嚴之受損為支付的代價。正當人們物質願望獲得滿足之際，隨之而產生的則是精神方面是否愉快，心靈方面是否安適等這類涉及公平與否的問題。這無異二千三、四百年以前，希臘哲人窮思激辯「正義」之問題。也是較早時代中國聖人孔子所稱的：「有國有家者不患貧，而

患不均,不患寡,而患不安。蓋均無貧,和無寡,安無傾」(《論語》〈季氏第十六〉)。是以這種安和均衡的政治理想,在今日物質文明極度發達下,重又獲得一層新的意義,也獲得一番新的評價。

如果我們勉強要爲生活品質下個定義,那麼在消極方面,生活品質是指掃除橫梗在生活道上的各種危險與障礙,種種妨害生活進展的天然與人爲的險阻而言。這包括排除湖、海、河川汙染;掃蕩城市中空氣的污穢,清除工廠發出的濃煙及工業廢物;制止汽車及煙囪冒出的煙霧;也包括減輕各種吵雜的噪音;減少交通失事案件;防阻工地意外事故;減少各種社會犯罪與反常行爲(anomy)、清除導致臭氧層缺口的原因、協力阻止溫室效應的擴大等[16]。

生活品質的積極意義則爲:提高一般人民的生活水準;增加國民的所得,力求國民所得趨向平均;縮小貧富的差距、進行稅制之改革,使納稅力求公平;增加醫療設備,使人們在獲得便宜與充分的醫療照顧之外,尚能及時發現或防阻疾病的發生(預防勝於治療);改善城鄉關係,增加城市短程公共交通運輸量,而減少私人汽車漫無止境湧入市中心;制訂合理的土地法規,防阻土地價值被哄抬、被濫用;減少工作時數,增加休閒時間,延長各種給假;擴大各種保險與社會福利;改善工作場所,使成爲人們發揮才智的地方,增加勞動(勞力與勞心)者對工作有關事務的發揮權與決定權,俾人們不致成爲壞的決策之犧牲品,而本身便參與了決策的構成;增加文娛、體育、運動、休閒、療養的設備,使人們的娛樂與休閒活動得以展開。最重要的是增加與改善教育設施,以提高人民的知識與技能,培養人們對文藝的愛好,擴展人們生活的境界,而使其安富尊榮,樂享平生[17]。

顯然生活品質不僅牽涉到常被社會所忽視的老弱、殘廢、窮人、失業者、無工作能力等社會低層人士的社會問題,它更是涉及社會物質生活水準業已提高,且已享受到經濟福利的中上階級人士所切身的問題。進一步來說,如因過度成長,而使整個世界生態的均衡遭受破壞,甚而

導致人類文明的毀滅，則生活品質勢非一國國民的內政問題，而毋寧是億萬人類舉世矚目的寰球問題。

要提高生活品質，只靠頭痛醫頭，腳痛醫腳的辦法是不行的。政府勢須提出一套遠程與長期的計畫來。為了使生活品質能夠獲得改善，政治與經濟之間，必須謀求密切的合作。不僅政治與經濟的關係要日趨緊密，就是政治的操作運行，也要藉科學的指引為其助力，以防阻決策誤失、或執行偏差[18]。

在政治與經濟的關係裏，政治固然不宜阻止經濟的繼長增高，但政治勢須透過經濟政策的立法與措施，來改善經濟的結構，使經濟經常受到嚴密的控制與檢驗，亦即控制與檢驗它對生活品質到底有正面，還是負面的作用。顯然單靠經濟理性一項，我們無從解決社會問題。反之必須著眼於整個社會的繁榮滋長，特別是整體與普遍的社會利益應擺在個體與特殊的社會利益之前，俾作為決策的基礎。在牽涉到以政治力量來匡助經濟力量的不逮時，我們似宜認真檢討下列幾個問題：

1. 由於社會分工的要求（例如個人因性別、才能、志趣等的關係，而擔任不同的社會職位），人群的個性尊嚴是否受到損傷危害的問題。
2. 代溝（generation gap）的事實所造成社會統合的問題，特別是年老、衰弱者如何獲得扶養照顧的問題。
3. 我們生存（生態與社會）的環境之日趨惡化，應如何遏止改善的問題。
4. 城鄉之間如何謀求均衡發展，避免造成對抗乃至衝突的問題。
5. 高度工業化國家與第三乃至第四世界之間，整個經濟與科技鴻溝的日漸加深，利益與生存條件形成尖銳的衝突，此一衝突如何消弭調整的問題[19]。

這些問題的指出，無疑告訴我們，生活品質所遭遇的困難和危險究

竟在那裡，以及人們應當用什麼合理的手段，來謀求解決之道。只是至今為止，人們尚找不到良方，以對症下藥。這裡便不是單靠執政者可以獨挑大樑，迎刃而解，而是有賴科學的助力。科學家雖然不越俎代庖，替代執政當局下達決定——決策。但卻可以借箸代籌，為決策尋求論據、或予督促激勵、或予糾正補缺。要之，科學的工作在於發現一些基本問題：

1. 何者為人類衣、食、住、行、育、樂之外的基本需要？
2. 正當吾人在進行城市的營構，交通的計畫、工業化的推進之際，應如何來創造、或改善一個便利人們安享平生的環境？
3. 如何在人口擁擠的社區，既求取人們保持彼此之間的距離，又使人群和諧來往，俾人人的個性與自由尊嚴不受抑制？
4. 如何在涉及公眾事務方面，讓人們能夠積極的參與，發揮己見成為決策的主體，而非決策的犧牲品？

事實上，人們的需求，不僅限於具體的衣、食、住、行、育、樂等，也包括個人安全的維護，個人尊嚴的保持與個人才能的發揮等等抽象的需求。也許有朝一日科學會藉科際整合的方法，演繹出一門有關「人的需要之學」（Wissenschaft von den menschlichen Bedürfnissen），確立那些具體與抽象的需求，為人類生活所不可或缺者，從而使生活品質獲得科學詮釋與證實。那時顯然必定涉及到政治與科學之間關係的改變，而不僅僅是政治與經濟之間關係的調整而已[20]。此外，經濟成長與生活品質攸關者為涉及廠商的社會責任，亦即廠商為追求利潤，致造成對社會的損害，應如何賠償，應如何來支付其「社會成本」（social cost），也是討論生活品質所不能忽略的問題。與社會代價相牽連的則為「社會指標」（social indicators）的制定問題[21]。

總之，在人類為追求生存，而不得不將其精力，灌注於物質條件的創造與改善之際，當然不能不注意生產數量，也就是全力謀求民生問題

的解決。如今衣食足而後知榮辱，行有餘力則以學文。在物質生活獲得改善之後，跟著應留意到生活的內涵與文化的價值。由是生活品質便成為經濟生活的主題。生活品質牽涉到的問題，主要的是如何使經濟和科學，能夠與政治密切配合，俾人們的自由、尊嚴、才能獲得充分的發揮，而人類社會也能夠繁榮滋長、安和樂利。

表20.1　七個工業國家生活程度與健康情形之比較

比較項目＼國家	每人每年淨收入（美金一元）	生命預期（男女平均）	嬰兒死亡率（一千人中之）	每人每年健康花費（美金一元）
美國	20.998	75.9	9.2	2566
加拿大	18.635	77.0	7.2	1730
德國	14.507	75.2	7.5	1487
日本	14.311	77.1	4.6	1171
法國	14.164	76.4	7.2	1543
英國	13.732	75.7	7.9	974
義大利	13.608	76.0	8.5	1234

資料來源：United Nations Development Program, 1992 *Human Development Report* 1992, New York：Oxford University Press, pp.127-148.

三、漫談1970年代的經濟危機

　　如果純粹就經濟成長而言，那麼 1973 年是世上工業先進國家，打破記錄，最為繁榮的一年。它們的平均成長率都高達百分之六或七。不

過該年度躍升的經濟成長，也同時伴隨了加速度的通貨膨脹、大幅增加的利率、惡化的國際金融，以及接續幾年間的石油危機，所促成的生產成本劇增等現象[22]。

緊接著 1973 年高度繁榮之後，世界經濟竟普遍地陷於停滯衰退的低潮，而造成了舉世惶恐的大危機。於是我們看到：一方面物價水準不停地上漲，而資源卻告短缺；他方面失業人口不斷增多，而生產陷於萎縮。若干國家次年的經濟成長率，不僅降低，或趨近零點，甚且有些為負數。就在經濟衰退，大恐慌的陰影籠罩全球之際，能源問題的困擾，一時之間也不易解除。

本來 1974 年上半年，尚有人抱持樂觀態度，預測下半年經濟將恢復好轉。但到第三季業已結束時，卻看不出絲毫好轉的跡象，反而有更惡劣的情勢產生，迫得人們不得不為世界經濟的前途擔憂操慮。

這種惡劣的情勢表現在：多數國家國際收支的鉅額逆差、歐洲美元市場的萎縮、若干國際性外匯銀行的倒閉、各國股票價格的慘跌、部分國家因水旱風災，導致糧食的歉收、生活費用的飛漲、工廠裁員的增多，失業百分比的抬高等現象。

這是歷史上未曾有的經濟難局，為傳統的經濟理論與經濟政策所無法適用。其情勢較之於 1930 年代的世界「大恐慌」（Great Depression），似有過而無不及。難怪一向對科學預測持謹慎態度的，1974 年諾貝爾經濟獎得主之一的瑞典經濟學家米爾達（Gunnar Myrdal 1898-1987），對此種比較也表同感[23]。1930 年代的大恐慌、大蕭條，其主因為總合需要（消費者與投資）的缺乏。凱恩斯的經濟理論，倡導加強總合需要的辦法：亦即由財政政策引導，當總合需要不足時，增加政府的支出。此一政策的理論，使世界經濟在第二次大戰後迅速復建與成長。但 1970 年代的局勢則迥異：一方面是惡性通貨膨脹，他方面為不景氣。欲抑制通貨膨脹，則唯恐不景氣益深；欲促進景氣復甦，則唯恐通貨膨脹加劇。這種經濟停滯（stagnation），伴隨通貨膨脹（inflation）而產生的現象，

米爾達及其他經濟學者稱爲 Stagflation（停滯膨脹，係由上述兩個字各刪除部分而組成）。Stagflation 意含上漲的價格與日增的失業同時發生[24]。

　　儘管這種寰球性的經濟萎縮或衰退，可能造成損害與惡果之嚴重，一時無從正確預斷；但體認到經濟蕭條之造成的社會不安、政治動盪，乃至文化解體，則世人的憂急，當可理解。猶憶第二次世界大戰前，德國納粹黨徒之奪取政權，與日本軍閥之囂張得勢，終於煽動戰火，荼毒千萬生靈，便是肇因於 1930 年代世界性之大恐慌。

　　因此，1970 年代的經濟衰竭如果再蹈歷史覆轍，那麼人類或將淪於萬劫不復的悲境。本來單單一項惡性通貨膨脹，就足以敗壞所有的人際關係：造成夫婦不睦、雇主與僱員反目、國民與政府敵對。很多國家政治的不穩、社會的暴動，實由此通貨膨脹造成，更何況禍不單行，還牽到經濟停滯與不景氣呢？因之，1970 年代的經濟危機，不僅涉及經濟問題，而且造成政治問題、社會問題，乃至文化（生活方式、思想與觀念的）問題[25]。

　　然則導致當前國際經濟大危機的癥結何在？此一問題多年來已困擾各國主政當局、學術界人士、工商業以及社會大眾。大家所提的意見極爲紛歧，而莫衷一是[26]。綜合各方看法，粗略地加以分析：

（一）過高的經濟成長與過度的繁榮

　　多年來由於各國當局重視經濟進步，鼓勵經濟成長，強調生活水準的提高，使世界有限的資源，遭到濫用與浪費。換言之，經濟過度發展及消費水準提高，導致了需求超過供應，引起自然資源的短缺。供需一旦失去平衡，一遇意外情事發生，便感捉襟見肘，窮於應付[27]。

（二）世界人口的急遽膨脹

　　這是第二次世界大戰後，由於政治社會的穩定與經濟的繁榮所造成的突出現象。尤其在發展中國家，因無明確與有效的人口政策，造成「生之者寡，食之者眾」的人口爆炸形勢。以國家日趨耗竭的資源，勢難供

養呈幾何級數激增的人口。

（三）氣象反常導致糧食生產短絀

1970 年代初寰球氣候變化無常，水旱、風災、地震頻仍，加之肥料供給不足，造成空前的五穀歉收與糧價暴漲。根據聯合國糧食專家之說法，在 1974 年 11 月初假羅馬召開的世界糧食會議上宣佈：當時全球饑民多達五億之眾，飢饉的情勢至為嚴重。況且多年來若干國家一味發展工商業，而使農業生產失調，遂導致糧食生產難以自給，進而仰賴他國的輸入，以紓困迫[28]。

（四）美元危機與國際金融風暴

戰後二、三十年來國際經濟情勢的演變與越戰的負荷，造成美元價值的「高估」（over-valuation）現象。此一現象導致美國國際收支的不平衡，也造成西歐（特別是西德）與東亞（特別是日本）的通貨膨脹，是即通稱的美元危機。由於美元危機而釀成國際金融的風暴。國際貨幣制度因而解體，遂導致國際金融與商品市場的混亂。蓋今日世界經濟已趨一體化，各國經濟互相依存性大增，世上沒有任何一國的經濟，不受他國經濟變動的干擾。是以國際金融風暴一旦釀成，寰球性經濟危機也就益形加劇。

（五）石油危機的爆發

自從 1973 年秋阿拉伯國家以石油為武器，對付以色列及西方（包括日本在內）支持或同情以色列的國家之後，其後國際油商卡特爾混水摸魚乘機操縱，使過去二十餘年，未曾合理調整的油價，作了驚人調整，是以油價猛漲了四倍之多。其結果造成工業及日常用品價格的水漲船高，也促成各國貿易的鉅額入超，通貨膨脹的壓力於焉產生。其後油價稍有小幅度回跌的跡象。至於產油國家大量激增的「石油美元」，如何回流（或稱循環運用），也成為有關國家棘手且急迫的問題[29]。

（六）人謀不臧、對策失效

　　面對此一惡劣經濟情勢的降臨，各國主政當局與有關人士所採取的政策，幾乎一致地提高利率、緊縮信用，希望藉傳統的辦法來壓制由於需求過多所引起的通貨膨脹，或減少由於油價暴漲帶動的成本過高，或抑制由於成本增加而產生的價格高升。可是這種對策的結果，一方面造成了經濟衰退，他方面卻因利率過高，更提升生產成本與產品價格。在工會勢力雄厚的國家，工資也隨之升高。再說由於石油及自然資源價格上漲，也帶動地租的增高。於是利率、工資、地租均為大幅上升。至於利潤方面由於獨佔力量的強盛，不但未能下降，反有升高趨向。在此情形下百物焉有不貴之理？是故緊縮銀根與信用，只有造成經濟衰退與不景氣。何況在高度緊縮與高度利率下，消費未必減少，生產未見增加，投資也受到障礙。人們未蒙其利，卻先受其弊，這是人謀不臧的結果。隱藏在這些政策後面的動機，可以說是獨佔的作風、掠奪的行徑、轉嫁的企圖，其不歸於失敗幾希。

　　總之，1970 年代初世界不景氣，原因極多，問題極為錯綜複雜，絕非上述所能窮舉。不過歸結起來可以簡單地說：一方面是盛極而衰，乃是過去過度繁榮的一種反動；他方面石油、糧食、各種原科價格的飛漲，無異對石油及其他用品的消費國家，徵收沈重的間接稅，抑制此等國家的經濟浪費。

　　迄今為止，主要工業國家的經濟活動面對此一空前而又嶄新的危機中，並無新策略、新方法，以資對付。所有政策與構想，並未脫離傳統的窠臼：財政政策上力求預決算平衡，防阻赤字；金融政策上則緊縮信用，抽緊銀根；貿易則獎勵出口，限制輸入；匯率則表面浮動，實際釘住；工資與物價則力求凍結，必要時則放鬆；生產方面力求生產力的提高；消費方面則要求國民節約與降低生活水準，並鼓勵儲蓄。唯這些辦法在很多方面並未能奏效。

　　顯然，要為當時危機四伏、情勢險惡的世界經濟謀求解決之道，勢

須各國的政府與人民，確實體認環球「經濟相互依存性」（Economic interdependence）的重要。大家捐棄成見，推誠合作 [30]。首先應接受石油價格上升的事實，設法藉國內產品價格的適當調整，來抵消石油高價的影響；其次糾正過度重視經濟成長及物質生活的偏見，力求勤儉節約、開源節流；此外共謀有效控制人口數目、抑制其增加趨勢；調整農工業的畸形發展，而使兩者的生產趨向平衡、重建國際貨幣體制、恢復國際金融與商品市場的秩序、穩定各國幣值；最後則從事新投資、改良生產設備與技術、降低成本、提高生產力、供應短缺產品。要之，西方工業先進國家（所謂舊富），應大力減少浪費與無謂消耗，俾幫助發展中國家致力糧食增產，而石油輸出國家（所謂新富），應發揮同舟共濟的精神，適度抬高油價，並將其大量石油收入的部分，提供為發展中國家充作開發資金之用。如此一來，在適當的期間中，不但經濟危機可以克服，且舉世各國皆能共享地球有限的資源，增進人類普遍的福利。世界持久的和平與繁榮，方才可望維繫不墜 [31]。

四、1997/98年東南亞金融風暴的淺析

1997 年 7 月，東亞好幾個國家都遭受金融風暴的襲擊，以致經濟衰退、社會動盪、政局不穩，有如 1930 年代世界經濟大蕭條重新爆發的癥兆。這個開始於 1997 年 7 月由泰國首先引發，繼而波及菲律賓、南韓、大馬、印尼、香港，甚至新加坡與台灣的貨幣貶值 [32]、進出口萎縮、失業率攀升的經濟危機，不只造成區域貿易的衰退，也因俄羅斯盧布的貶值，日本振興經濟之不力，而導致歐美與拉丁美洲股市的震盪，於是寰球的經貿陷入第二次世界大戰結束以來的低潮。

台灣在地緣上、商貿上與東南亞關係密切，這次台灣與新加坡所受區域性金融風暴的衝擊雖然同樣嚴重，但由於兩國經濟基本面的堅強，

加上政府應對適宜，所以比起區域的其他國家來受害較輕。除了經濟體質與政策靈活之外，這兩個國度的社會結構也十分相似，都是以華人為主的移民社會。這個社會的特質除了是移民的、海島型的、以經貿為主向外拓展的之外，也是眾多族群、或種族群居雜處的多元文化、多元語言和平共處的社會[33]。

此次金融風暴台灣所受的襲擊與傷害，可謂東亞諸國中最低最小者。這與台灣未捲入整個亞太政經漩渦有關。換言之，受到亞太政治與外交上孤立，但經濟上卻有瓜葛的台灣，在此次金融風暴中未被風颱的裙角掃倒，算是幸事。不過在 1998 年年底台灣卻爆發了幾家重量級的大財團陷入資金週轉不靈、公司資本遭到主持人掏空、或因股票不尋常交易，造成的重大負債與跳票事件，使得東南亞金融風暴的陰霾似乎籠罩台灣的財經界、商貿界。為此吾人必須對此次金融風暴加以重視與省思。

釀成此番東南亞金融風暴的原因多端，有近因、也有遠因。在近因方面為這些東南亞與東北亞國家經濟基本面的不夠健全。亞洲新興國家 1960 年代與 1970 年代高速經濟成長，並不是來自勞動生產力的提昇，或是科技的突破、制度的刷新，而是來自不尋常的資本和勞力的大量投入（美國麻省理工學院 Alwyn Young 的說法），這也是美國學者克魯曼（Paul Krugman）何以指出「東亞無經濟奇蹟」可言的原因。

事實上，亞洲大多數國家在第二次世界大戰期間為尚未獨立的殖民地，它們過慣了貧窮與被壓榨的苦日子，戰後一旦翻身，也就是說獨立建國，便企圖在短期間發達起來、富裕起來。其中幾個國家（亞洲四小龍、或四小虎）的確碰上國際局勢劇變的因緣際會，在美國扶持下成為新富。這些暴發戶的人民，雖然導致其國內收入益形不均，但比起其他第三世界的人民來，畢竟要算富裕得多。於是，暴發戶的驕奢心態使不少人為著炫耀、為著體面，盲目跟進購買洋樓、公寓、商店，或投資股票、證券、或購買豪華轎車。因之，造成通貨浮濫、貨幣充盈，社會完

全是虛胖繁榮的假象，亦即造成泡沫經濟。這種超前的消費，不只虧空祖宗的遺產，更是提前耗用子孫的資源，在在顯示東方新興國家經濟基礎的薄弱、社會結構的鬆弛與文化意識的虛矯。這點也與西方發達的資本主義國家無法相提並論。

爲了維持「亞洲經濟奇蹟的神話」於不墜，幾乎亞太新興國家在經濟起飛之後，大量地把勞力與資本投入於生產線上，而不知抬高生產力。甚而這幾個國家相互攀比，惡性競爭，只關心市場大小，市場活動的熱絡，而不顧投入與產出的比率，也不注意投資回報率[34]。

除了這種暴發戶的驕奢心態，與一心一意要在短期間發財的妄想之外，就是「東亞發展模式」出了問題所造成的惡果。所謂的東亞發展模式是依靠廉價的勞力、土地和原料等生產因素的有利條件，充分利用國際市場大舉搞「出口導向」的商貿。像南韓還不惜向外大舉洋債來彌補國內資金的不足。在大量資金和勞力投入下，一時之間產出倍增，帶動出口增加，經濟成長迅速。在一片繁榮景象之下，通貨膨脹跟著快速攀爬，導致資本與勞力的成本水漲船高。由於國際利率差距擴大，外資乘隙湧入，但因勞力昂貴，造成出口的競爭力喪失，於是新興國家的國際收支不再平衡，這又造成外資的撤離和經濟成長的轉緩。

很明顯的事實，亞太新興國家經濟的起飛，主要是靠勞力密集型的產業之產品出口來啓動的，這算是東亞新興國家的優勢。可是當此一優勢發展到頂峰，而未能在技術、制度、管理方式上有創新的優勢來加以配合輔助的話，而只有意靠人力的投入，要維持長期的高成長是不可能的。

這次鬧金融風暴的幾個國家，除新加坡之外，大多數國家的政治體制不夠穩定、也不夠健全。特別是處處可看見金權與政權的掛勾，以及特權、貪瀆、裙帶關係之浮濫。各國政府宏觀經濟政策的失誤導致經濟結構、產業結構和經濟操作的失衡，政府指定的主導產業無法適應市場的變化。要之，東亞幾個國家中，政府、銀行與企業三者間之關係曖昧

不清，缺乏西方資本主義健全的制度來規整，造成行政干涉銀行的政策性貸款、或是企業自辦銀行的怪現象。企業一旦崩潰，銀行也一併遭殃等等不正常的情況。

促成社會繁榮、投資與投機或不可免，但過度的投資與投機，特別是把大量的金錢投入於房地產、股票、證券之上，卻會產生泡沫經濟的現象。尤其是銀行的貸款流向房地產時，一旦貸款收不回來，便造成銀行的呆帳、死帳，最後甚至會拖垮銀行。至於政府對銀行的控制的畸形和金融管理之不善，也是導致金融制度不健全的原因。其下策者厥為濫發貨幣，加速通貨膨脹與弊值之貶低。

此外，外債巨大，是造成此番金融風暴的另一原因。印尼和泰國的外債總額在 1991 至 1996 五年間增長一倍。在 1997 年中東亞各國外債佔其本國年均生產總額之比例為：泰國 51%、印尼 48%、菲律賓 34%，高於國際標準 30%至 35%，幾乎與拉丁美洲的 37%相當，都稱是高度外債國家，而各國償還的能力也相當低，除印尼之外，在 1991 年至 1996 年五年間，外債償還率都低於國際公認的警戒線 20%之下（見表 20.2）。

表 20.2　1991-96 年東南亞四國外債總額及償還率　　　　（單位：億美元）

年份	印尼	馬來西亞	菲律賓	泰國
1991	795 (34.3%)	178 (7.7%)	300 (19.6%)	333 (10.1%)
1992	880 (32.6%)	200 (6.5%)	309 (17.0%)	374 (10.6%)
1993	891 (33.6%)	233 (7.8%)	343 (17.1%)	468 (10.7%)
1994	965 (30.7%)	225 (4.9%)	371 (17.4%)	550 (11.3%)
1995	1,078 (30.9%)	274 (6.2%)	378 (16.0%)	681 (11.0%)
1996	1,202 (33.7%)	287 (5.9%)	383 (12.5%)	785 (11.1%)

說明：括號內數字為償債率（％），國際公認的償債率警戒線為低於 20%。

資料來源：亞洲開發銀行（1997，1998），*Asian Economic Outlook.*

至於造成這次金融風暴的遠因可能是 1994 年人民幣的貶值所釀成的效應，也有可能是日美經濟競爭，導致日圓與美元匯率的高低與增貶值，所引發了東南亞各國的過度反應。尤其是外資的迅速抽退和美國金融投機商索羅斯的操縱，也是此波金融風暴引發的外在勢力。

　　在很大的程度上，這波金融風暴何嘗不是資本主義寰球化的結果呢？「資本主義的擴張猶如福音的傳佈，現代版的十字軍東征，駕御的是日新月異的信息技術工具。疆域的藩籬打破了，國與國之間的距離縮短了，許多經濟屏障也都被洶湧而來全球化資金衝垮，新市場的開拓和新消費者的發現，對跨國公司來說意味著利潤的大量增長。但也有人對這一股全球化的經濟浪潮感到憂心忡忡，因為不受羈限的市場力量威脅到國家的經濟主權，降低了政府干預經濟活動的能力。他們擔心這股浪潮會變成資本主義新一波『創造性毀滅』……去年開始的亞洲金融風暴所引發的連鎖效應，似乎印證了悲觀論的憂慮」[35]。

　　的確，寰球的資本主義並沒有像任何一個國家之內的資本主義有中央銀行、或聯邦儲備局、或證券交易委員會等機制來支撐與監督其運作。國際貨幣基金會和世界銀行不具這種防禦金融或是經濟風暴的機制與職責，所以，在此番亞太金融風暴中，雖大力演出救火員的角色，卻無法撲滅燎原的大火。是以這次風暴的引發點正是經濟結構不健全的發展中國家。這是受到資本主義寰球化變成的新「巨靈」所摧殘、所壓榨的國家。

　　「巨靈」的長期影響目前尚難看出，但其短期間的衝擊，卻表現在全球資金市場的肆虐之上。「超過所有第三世界國家資金總和的巨資，在世界各地金融市場闖蕩，追逐短期利潤。有利可圖就一窩蜂進入某個新興市場。一有風吹草動就全盤退出所有新興市場，或為彌補融資虧損而挖肉補瘡，造成連鎖效應，使經濟都〔不夠〕健全的國家之無辜受累。在金融風暴下，沒有〔任何〕人是贏家」[36]。

要之，我們看到寰球化資本主義這個新「巨靈」，這個新怪獸正在威脅跨世紀的人類之安全。這使我們對馬克思終身批判資本主義的努力，更爲感念、更爲欽佩。該是重溫馬派的政治經濟學底時候了！

註　釋

[1]熊彼得關於經濟發展的理論，見其所著的書：1934 *The Theory of Economic Development*, Cambridge / Mass.: Harvard University Press, 及 1954 *History of Economic Analysis*, Fair Lawn, N.J.: Oxford University Press; 顧士乃茨之著作為1961 *Capital in the American Economy*, Princeton: Princeton University Press 及1960 "Notes on the Take-off", paper presented at the International Economic Association's Conference at Konstanz in September 及 1973 "The Economics of Take-off into Sustained Growth", 錄於Paul A. Samuelson(ed.)1973 *Readings in Economics*, N.Y.: McGraw-Hall, seventh ed., pp.262-265；同作者1966 *Modern Economic Growth*, New Haven and London.

[2]Easterlin, A. Richard 1968 "Economic Growth", in: *International Encyclopedia of Social Sciences*, N.Y.: Macmillan The Free Press, vol. 4, p.395ff.

[3]Kohler, Heinz 1989 *Comparative Economic Systems*, Glenview, Ill. and London: Scott, Foresman and Co., pp.33-36.

[4]參考孫震，1971〈國民所得〉一文，刊《雲五社會科學大辭典》，第五冊經濟學，台北：台灣商務印書館，第220-223頁。

[5]高度工業化所造成的環境危機，與資源耗竭所造成的貧窮和困乏的情形，根據Wilfred Malenbaum的看法，並非由於地球儲藏的資源有限，而是由於人們見識，才能與操作有限之故，應抬高人們政治意志。參考Malenbaum W. 1975 "Scarcity: Prerequisite to Abundance", in *Annals*, APSS, 420, July, pp.72-85.

[6]賴士金與艾理希的話分別引自Samuelson, *op. cit.,* p.262 and p.293.

[7]Nordhaus, William and James Tobin, 1972 "Is Growth Obsolete？", in: *Economic Growth*（Fiftieth Anniversary Colloquium Ⅴ）, National Bureau of Economic Research, N.Y. 節錄收入Samuelson, *op. cit.*, pp.293-297.

[8]*Ibid.*

[9]Meadows, H. Donnella, Dennis L. Meadows *et al.*, 1972 *The Limits to Growth: A Report for the Club of Rome's Project on the Predicament of Mankind*, N.Y.: University Books；要點摘錄於Samuelson, *op. cit.*, pp.298-302；中文檢討文字為吳炳鍾，1974，〈「成長的限界」的檢討〉，刊於《今日經濟》，五月號，第10-16頁。

[10]Meadows, *ibid.,* pp.299-300；吳秉鍾前引文。

[11]Wallich, H. C., 1972 "More on Growth", in: *Newsweek*, March 13: Solow, Robert M., 1972 "Notes on Doomsday Models", in *Proceedings of the National Academy of Science USA*, vol.69, no. 12, December 1972, 摘錄於 Samuelson, *op. cit.*, pp.302-305; Maddox, John, 1972 *The Doomsday Syndrome*, N.Y.: McGraw-Hill；其餘批評與反應參考吳秉鍾一文。

[12]O'Connor, Martin（ed.）, 1994 *Is Capitalism Sustainable？ Political Economy and Politics of Ecology*, New York and London: The Gulfford Press, pp.1-14.

[13]關於現代社會學由於進步觀念所造成的幻失，以及個人與制度之間心靈的、社會的、乃至國際的衝突，參考Aron, Raymond, 1968 *Progress and Disillusion*, N.Y.: Frederick A. Praeger.

[14]參考吳秉鍾，1974，〈「成長的限界」的檢討〉，刊於《今日經濟》，五月號，第10頁以下；Ward, Babara & Rene Dubos, 1972, *Only One Earth： The Care and Maintenance of a Small Planet*, Harmondsworth: Penguin, 1974.

[15]Brandt, Willy 1972 "Die Qualität des Lebens", in: *Die neue Gesellschaft*, 10, 19 Jg. Okt., S. 741; Foerster, Uly 1973 "Stichwort Lebensqualität: Weniger Kann mehr sein", in: *Scala International,* deutsche Ausgabe, Nr. 10, S. 10.

[16]Brandt, Willy *ibid.;* Charnes, A., W. Cooperand & G. Kozmetsky 1972 *Measuring, Monitoring and Modeling Quality of Life*, Houston; Dierkes, Meinolf 1973 "Quality of Life", in: *Wirtscfaftswoche*（以下簡稱*WW*）, Nr. 30,（20. 7. 1973）, S. 32-38; Giersch, Herbert 1973 "Mehr Lebensqualität trotz Wachstum", in: *WW*, Nr. 21, （18. 5. 1973）, S.78-82.

[17]吳德耀教授討論物質與精神生活俱重、衣食足而後知榮辱，才是生活品質的本義。參考Wu Teh Yao 1974 "The Quality of Life", in: *Prospect*, vol. 6, no.6, Singapore, June-July 1974, p.8.凱恩斯曾經在1930年代初期指出：人類一旦在短期間擺脫貧困，甚至擺脫數千年為求生存與繁衍而營求的經濟制度，則人們如何善於利用其剩下的時間、精力、而排遣其自由與休閒？這將是一大問題。換言之，當物質生活毫無匱乏之際，人類的精神生活，道德操持，都會發生巨變。凱氏的預言在今天已部分成為事實，也是人們何以討論生活品質的原因。參考Keynes, J. M. 1953 "Economic Possibilities for Our Grandchildren", *Essays in Persuasion*, London: Macmillan節錄於 Samuelson, *op. cit*, pp.379-384.

[18]Foerster, Uly *ibid.*；高希均1971〈生活水準與生活素質〉，刊：台北，《綜合月刊》，1971年6月；同作者，〈再論生活水準與生活素質〉，刊：台北，《中央日報》國事論壇，21, 11, 1971 及〈三論生活水準與生活素質〉，刊：《中央日報》副刊，1974年7月3、4、5、6日。

[19]Frey, Bruno S. 1971 "Wachstumstheorie: Wege aus Isolation？", in: *WW*, Nr. 21,（21. 5. 1971），S. 47-50; Brandt, *ibid.*, S. 741-742; Widmaier, Hans Peter 1972 "Warum der Wohlfahrtsstaat in die politische Krise treibt？", in: *WW*, Nr. 31,（4. 8. 1972），S. 23-26.

[20]Brandt, *ibid.*, Foerster, *ibid.*；參考洪鎌德1977《世界政治新論》，台北：牧童出版社，第11與12章。

[21]請參考：Dierkes, *ibid.*, OECD 1971: Working Paper on Social Indicators, Paris; Survey Research Center, University of Berkeley; 1971 *Toward the Development of Model Indicators: Research Proposal;* Kapp, K. 1971 "Sozialkosten", in: *Handwörtebuch der Sozialwissenschaften*, Bd. 9, Stuttgart, Tübingen, Göottingen；Bell, D. 1971 "The Corporation and Society in the 1970's", in: *The Public Interest*, no.24, Summer 1971; Bauer, R. and D. Fenn 1972 *The Corporate Social Audit*, N.Y.; Coase, R. 1972 "The Problem of Socail Costs", in: Doerman, R. and D.Dortman（eds.）1972 *Economics of the Environment*, N.Y.；又參考劉本傑 1976 〈生活質數指標建制芻議〉一文，刊《中央日報》副刊，1976, 2, 7.

[22]根據Hudson Institute主持人Herman Kahn的看法，全球總生產額的成長率在1950年至1960年代為5%，在1973年達到最高計為7%，他猜測自1976年至1985年，平均增長率為6%。參考"Odds are Still Against a Depression；Interview with Herman Kahn, An Authority on National Trends", in: *U. S. News and World Report*, Dec. 21, 1974, p.54.

[23]見Myrdal給予*Newsweek*的訪談記錄"This Economic Nonsense Must Stop", in: *Newsweek*, Oct. 28, 1974.

[24]*Ibid.*

[25]《未來震盪》的作者Alvin Toffler甚至指出1970年代寰球的擾攘不安，不僅是一個「經濟的大騷動」（economic upheaval），而是比傳統經濟學所能理解的範圍更深一層的人類危機。目前我們所見的是工業主義的總危機（the general crisis of industrialism）。這是一種超越資本主義與當年蘇維埃共產之歧異的危機，同時也是摧毀吾人能源基礎，吾人的價值體系，吾

人的家庭結構，吾人的溝通方式，吾人的時空感覺，吾人的認識與經濟體系的危機。至今所發生之事乃為世上工業文明瀕於崩潰，以及截然不同的社會秩序之降臨，這將是純以工藝為主的超工業文明（super-industrial civilization），而不再是工業文明的社會。見Toffler, Alvin 1975 "Beyond Depression", in: *Esquire*, Feb. 1975, p.54.

[26]根據美國激進政治經濟學家（radical political economists）的看法，此次經濟危機的造成，乃是由於美國的政府與大公司，企圖使勞動者償付改變經濟制度與結構所支出的代價。參考Gordon, David M. 1975 "Recession is Capitalism as Usual", in: *New York Times Magazine*, 27, April 1975, pp. 18-57.

[27]參考饒美蛟〈經濟學家面臨新考驗——談全球性通貨膨脹與經濟呆滯之因素、對策及其展望〉，刊：新加坡《南洋商報》，1974年9月28日以後；王作榮〈在國際經濟危機中的應付之道〉，刊：《中央日報》，1974年10月8日。

[28]黃登忠，〈氣象與糧食〉，刊：《中央日報》副刊，1974年9月5日與6日；張錦松，〈當前糧食危機〉，《中央日報》，1974年9月30日。

[29]王作榮，前引文與任熙甕，〈降低油價無捷徑〉，《中央日報》，1974年10月11日。

[30]關於各國的人民與政府共同協力以寰球性的眼光，來討論對付經濟危機的問題，請參考Jacoby, Neil H.1975 "Eco-Economics", in: *The Center Magazine*, May, June, 1975, pp.6-12；及洪鎌德1977《世界政治新論》，台北：牧童出版社，第十一章二節。

[31]同註27；洪鎌德，前揭書，第十二章。

[32]據北京大學經濟系蕭灼基教授的說法，東亞各國貨幣貶值的情形是印尼83.4%，泰國38.48%，馬來西亞39.28%，菲律賓36.15%，韓國35%，台灣19.01%，日本17.44%，新加坡15.7%，參考蕭灼基〈人民幣匯率穩定利大於弊〉，《聯合早報》1997年9月11日，20頁。有關東南亞經濟情況介紹之書極多，其中值得推介的有顧長永1998《台灣與東南亞的政治經濟關係——互賴發展的順境與逆境》，台北：風雲論壇出版社。

[33]洪鎌德、郭俊麟1997〈從新加坡看台灣的族群問題——族群的和諧與共榮〉，刊財團法人二二八事件紀念基金會編《種族正義與人權保障論文集》，台北：第80-85頁；郭俊麟1998《新加坡的政治領袖與政治領導》，台北：生智文化事業有限公司，第31-38頁。

[34] 彭華、張駿1998〈亞洲金融危機的成因、影響與啟示〉，刊：《信報財經月刊》，香港1998年9月，258：3-4.

[35] 殷惠敏1998〈資本主義全球化的夢魘〉，《中國時報》，1998.9.16 第5頁。

[36] *Ibid.*

人名引得

Kade, Gerhard 卡特 101, 103, 170, 185, 192, 193

Kahn, F. 康恩 154

Kahn, Herman 康恩 428

Kames, Lord 康米士 27

Kanter, Rosabeth Moss 康特 342

Kanth, Rajani Kannepalli 康次 354

Kao, Anpang 高安邦 48, 102

Kao His-chun 高希均 428

Katona, G. 卡托納 264

Kautsky, Karl 考茨基 34

Kennedy, Charles 肯尼迪 355

Kennedy, John F. 甘迺迪 14

Keynes, John Maynard 凱恩斯 13-14, 19, 39, 41, 49, 105, 112, 137, 139, 146-151, 155, 160, 162, 168, 176, 199, 202, 204, 205, 208, 297, 312, 326, 343-345, 346, 368, 369, 416, 427

King, J. E. 金恩 100

Klaus, Georg 柯勞思 354

Klein, Philip A. 柯萊因 21

Kloten, Norbert 克羅田 148-149, 155

Knapp, Georg Friedrich 柯納普 142-143

Knies, Karl 克尼斯 292

Knobel, Helmut 柯諾貝 136-137, 152, 155, 189, 191, 192, 193, 264,

Koch, Woldemar 寇赫 299, 308

Kohler, Heinz 寇勒 407, 426

König, René 柯尼士 303

Kornai, Janos 寇爾乃 382

Korsch, Karl 寇士 35, 98

Kosygin, Aleksey N. 柯西金 370, 372

Krugman, Paul 克魯曼 421

Krupp, Hans-Jürgen 柯魯普

Krupp, S. R. 克魯普 152, 192, 355

Ku Chang-young 顧長永 421

Kuhn, Thomas 古恩 164, 169, 181, 193, 343-344, 355

Kullmer, L. 古爾默 247

Kuznets, Simon 顧士乃茨 405, 426

L'homme, Jean 羅默 300

Labriola, Antonio 拉卜里歐拉 98

Lakatos, Imre 拉卡托斯 169, 355

Landefold, J. Steven 藍德福 402

Lange, Oskar 郎額 95, 103, 155, 191, 210, 367, 382

Langlois, R. N. 藍樂伊 16

Marcuse, Herbert 馬孤哲 98, 99,
100, 196, 216, 364

Marglin, Stephen 馬格林 11, 130

Marshall, Alfred 馬歇爾 13, 39,
41, 94, 142, 147, 251, 263, 312,
313

Marx, Karl 馬克思 11-13, 31,
34-36, 38, 40, 48, 51-77, 79-85,
87-92, 93, 94-95, 96, 97-99, 100,
101, 102, 106, 107, 108, 109,
112, 114, 118, 119, 122, 124,
127, 137-140, 141, 142, 146, 148,
150, 152, 153, 157, 158, 159,
161, 168, 171-172, 176-179, 181,
186, 187, 188, 190, 192, 195,
196, 197, 198, 199, 201, , 202,
204, 206, 208, 209, 210, 211,
216, 218, 219, 220, 221, 222,
223, 230, 233, 253, 261, 293,
294, 295, 304, 312, 318, 324,
326, 333, 346, 364, 268, 394,
405, 424, 425

Matz, U. 馬茲 246

Mauss, Marcel 莫士 297

Mayer, Hans 麥爾 146, 148

Mayrzedt, H. 麥齊特 193

McCarthy, Joseph 麥加錫 105,
195, 196, 207, 212

McClelland, David C. 麥克列蘭
351, 355

McCreary, Lori. 麥克利 342

Mckean, R. N. 麥金 247

McKenzie, Richard 麥肯西 341

Mclean, Iain 麥克林 246, 247

Medio, Alfredo 梅迪歐 106-107,
130

Meadows, Dennis 梅度士 409-
410, 426, 427

Meadows, H. Donnella 梅度士
426, 427

Meier, Gerald M. 麥爾 383

Meissner, Werner 麥斯涅 168,
169, 193, 194

Menger, Carl 孟額 11, 39, 40,
140-142, 147, 158, 185, 198, 275,
293

Meyer, Willi 麥爾 187, 194

Milgate, M. 米爾格特 341

Miliband, Ralph 米立班 25, 48

Mill, James 詹姆士・穆勒 10, 80

Mill, John Stuart 約翰・史徒華・
穆勒 10, 80, 135, 152, 251,
312, 313

Millar, Joh 米拉 27

Miller, Delbert C. 米勒 335-340,
342

Mills, C. Wright 米爾士 196

Mintz, Beth 米恩茲　341, 342

Mitchell, Wesley C. 米契爾　16, 331, 332

Montesquieu, Charles 孟德斯鳩　27

Moede, W. 莫伊德　264

Mohl, Ernst 莫爾　103

Montias, J. M. 蒙梯亞　381

Moore, Wilbert 穆爾　301

Morf, Otto 莫夫　97

Morgenstern, Oscar 莫根士登　260-261, 264

Moszkowska, N. 莫斯寇士卡　192

Mulberg, Jon 穆爾貝　21

Müller, Adam 米勒　292

Muller, Dennis C. 穆勒　246

Mundorf, H. D. 穆恩多夫　102

Musgrave, Alan 馬士格勒夫　169, 355

Myrdal, Gunnar 米爾達 162, 168, 175, 186, 191, 215, 283, 284, 416, 417, 428

Nairn, Tom 奈恩　127-128, 131

Nanson, E. J. 南森　246

Napoleon, Bonaparte 拿破崙　37

Nelson, R. R. 倪爾遜　16

Neumann, J. V. 諾以曼　264

Newman, P. 紐曼　341

Newton, Issac 牛頓　27

Nichols, Jr, James H. 倪寇士　49, 265

Nohira, Nitin 諾希拉　342

Nordhaus, William 諾德豪　408-409, 426

Northedge, Fred 諾士濟　25, 48

Nove, Alec 諾維　382

O'Connor, James 歐康納　114-115, 130

O'Connor, Martin 歐康納　427

Okun, Arthur M. 歐坤　49

Olson, Jr. Mancur 歐爾森　231, 232-233, 241, 245, 246

Oncken, A. 翁肯　98

Owen, Robert 歐文　12, 34

Paine, Thomas 裴因　33

Pareto, Vilfredo 巴雷圖　13, 252

Parkin, Michael 帕金　6, 238-239, 247

Parkinson, C. Northcote 巴金森　238-239, 247

Parsons, Talcott 帕森思　153, 283, 301, 308, 312, 331, 341

Peabody 皮巴第　210

Pearson, Harry 皮爾遜　304

Perrow, Ch. 裴洛夫　214, 225

Petty, William 皮特　82

Peng Hua 彭華　430

Pfaff, William 發夫　403

Pfromm, Hansadam 傅羅姆　355

Pigou, Arthur 皮古　13, 41, 146,
147-148, 149, 154

Piore, Michael J. 皮歐雷　131

Plekhanov, Georgi 朴列漢諾夫
34

Plato 柏拉圖　23, 134, 272

Plott, Charles R. 普洛特　246

Polanyi, Karl 柏蘭尼　298-299,
304

Popper, Karl R. 柏波爾　72-73,
77, 145-146, 153, 162-163, 168,
169, 179-184, 186, 192, 193

Preiser, Erich 普萊塞　284

Proudhon, Pierre-Joseph 普魯東
79

Prybyla, Jan 朴利比拉　382

Puschmann, Manfred 普士曼　101,
305

Quesnay, François 桂內（揆內）　8,
139, 146, 152

Reich, Robert B. 賴希　385, 402

Reich, Wilhelm 賴希　110

Reich, Michael 賴希　132

Reltenwald, Horst Claus 雷騰瓦
213, 247

Resnick, Stephen A. 雷士尼克
100, 168

Ricardo, David 李嘉圖　8-9, 10,
12, 29, 30, 31, 52, 56-57, 74, 75,
76, 106, 107, 139, 152, 199, 203,
250, 312, 326, 345, 388

Richter, Rudolf 李希特　192

Rickert, Heinrich 李克特　296

Ritter, K. 李特爾　246

Robbins, Lionel C. 羅賓士　136,
152, 172, 191

Roberts, Bruce 羅伯次　168, 212,
263, 264

Robertson, A. F. 羅伯琛　341

Robinson, Joan 羅賓遜　41, 76,
97, 147, 153, 154, 155, 199, 205,
210, 213

Rodbertus, Johann K. 羅伯圖　74,
75

Roemer, John 羅默爾　100

Rome, H. 羅姆　193

Roosevelt, Frank 羅斯福　218,
221, 225

Rooseveet, Franklin D. 羅斯福
14, 207

Röpke, Wilhelm 駱普克 146, 148-149, 155, 158, 185-186

Roscher, Wilhelm 羅雪爾 152, 292

Rosdolsky, Roman 羅斯多爾士基 77

Rose, Klaus 羅茲 187, 194

Rothschild, K. W. 羅特希爾 284

Rowthorn, Bob 勞松 107, 130

Ruskin, John 賴斯金 408, 426

Russell, Bertrand 羅素 282, 285

St. Thomas Aquinas 聖多瑪 134

Saint-Simon, Claude Henri de R. 聖西蒙 12, 34, 135, 152, 292

Salin, Edgar 沙林 93, 96, 102, 103

Samuelson, Paul A. 沙繆森 105, 146, 153, 169, 173, 188, 191, 206, 213, 225, 226, 312, 354, 346, 380, 383, 426, 427

Samules, Warren J. 沙謀士 397-399, 403

Sawers, L. 沙維爾 214

Sawyer, Malcolm C. 索耶爾 168, 202, 212

Say, Jean-Baptiste 薩伊 10, 29, 30, 67, 147, 292

Sayer, Andrew 薩耶 210-211, 214

Schacht, H. G. 夏赫特 263

Schiller, K. 席勒 155

Schmidt, Alfred 施密特 101

Schmölder, Günter 施默德 299

Schneider, Erich 施奈德 148, 153, 154, 155, 191

Schnittzer, Martin C. 施尼徹 381, 382

Schoeffler, Sidney 薛佛勒 284

Schotter, A. 索特 16

Schumpeter, Joseph 熊彼得 102, 139, 142, 153, 174, 191, 284, 289, 303, 394-399, 400, 402, 403, 405, 426

Schwartz, Jesse G. 施瓦慈 130

Schwartz, Michael 施華慈 341-342

Seidenfus, Helmut 賽登佛 169-170

Sellien, R. 塞利恩 103

Selten, Reinhard 謝爾敦 238, 246

Sen, Amartya 沈恩 232, 246

Senior, Nassau William 洗紐爾 10-11, 30

Shapin, Stevan 沙賓 273

Sharpe, M. E. 沙佩 382

Webb, Beatrice 韋布　35

Webb, Sidney 韋布　35

Weber, Max 瑪克士・韋伯　137,
142-145, 153, 173, 183, 257-258,
283-284, 288, 295-297, 303, 312,
316, 328, 333

Weber, Wilhelm 韋柏　153, 193

Weeks, J. 韋克士　214

Wei Huei-lin 衛惠林　316, 328

Weiller, Jean 魏愛勒　300

Weinberger, O. 溫貝格　153

Weisser, Gerhard 韋舍　299, 307-
308

Weisskopf, Thomas 魏士寇　132

White, Harrison 懷特　332, 341

Whitley, Richard D. 惠特禮　324-
325, 329

Whyte, William F. 懷特　301

Wicksell, K. 韋克塞　154

Widmaier, Hans Peter 魏德邁　428

Wilber, Charles K. 魏爾伯　403

Williamson, Oliver 韋廉遜　16,
334, 342

Winter, David G. 溫特　351, 355

Winter, S. G. 溫特　16

Wolfe, Alan 伍爾斐　130

Wolff, Richard D. 吳爾夫　100,
168

Wolfson, Murray 吳爾遜　76

Wordsworth, William 華茲華斯
38

Wright, Colin 賴特　49, 265

Wu Ping-chung 吳炳鍾　426, 427

Wu Teh Yao 吳德耀　427

Xiao Zhuo-ji 蕭灼基　429

Yarbrough, Bethand Robert 雅卜
樂夫　402

Yeltsin, Boris 葉爾欽　373

Yin Huei-min 殷惠敏　430

Young, Alwyn 楊氏　421

Zaretsky, Eli 查列次基　110

Zeitlin, Irving M. 蔡德麟　153

Ziegenfuss, Werner 齊根福　299

Zielzer, Viviana 齊爾惹　334

Zimbalist, Andrew 金巴利斯特
382

Zukin, Sharon 朱金　341

Zweig, M. 齊外格　210, 214, 225

事物引得

Contemporary Political Economy

by Dr. HUNG Lien-te

Contents

當代政治經濟學

著　　者☞ 洪鎌德

出 版 者☞ 揚智文化事業股份有限公司

發 行 人☞ 葉忠賢

總 編 輯☞ 林新倫

登 記 證☞ 局版北市業字第 1117 號

地　　址☞ 台北市新生南路三段 88 號 5 樓之 6

電　　話☞ (02)23660309

傳　　真☞ (02)23660310

劃撥帳號☞ 19735365　戶名：葉忠賢

法律顧問☞ 北辰著作權事務所　蕭雄淋律師

印　　刷☞ 鼎易印刷事業股份有限公司

初版三刷☞ 2005 年 1 月

ＩＳＢＮ☞957-818-011-X

定　　價☞ 新台幣 430 元

Ｅ-ｍａｉｌ☞ service@ycrc.com.tw

國家圖書館出版品預行編目資料

當代政治經濟學＝Contemporary political economy
　／洪鎌德著. -- 初版. -- 臺北市：揚智文化，
　1999[民 88]
　　面；　　　公分. --（Polis 叢書；5）
　含索引
　ISBN　957-818-011-X（平裝）

1. 社會主義學派　2. 經濟 - 哲學，原理

550.186　　　　　　　　　　　　　　88006070